LES FIGURES DE PROUE DE LA GAUCHE DEPUIS 1789

collection tempus

Sous la direction de
Michel WINOCK

LES FIGURES DE PROUE DE LA GAUCHE DEPUIS 1789

PERRIN

Secrétaire générale de la collection :
Marguerite de Marcillac

92, avenue de France
75013 Paris
Tél. : 01 44 16 08 00
Fax : 01 44 16 09 01

ISBN : 978-2-262-09934-3
Dépôt légal : janvier 2022

Mise en pages : Nord Compo

tempus est une collection des éditions Perrin.

Préface

par Michel Winock

L'idée de cet ouvrage est simple : retracer une histoire de la gauche par ses figures de proue depuis la Révolution française. L'exécution est plus malaisée, car la gauche est multiple, plurielle, contradictoire, au point qu'il est difficile de parler de la gauche au singulier. Nous avons donc pris la définition dans sa plus grande extension, de la gauche la plus modérée – mais de gauche néanmoins en son temps, face à des adversaires de droite – à la plus révolutionnaire. Trois grandes révolutions ont fait naître la gauche : la révolution de 1789, la révolution industrielle et la révolution bolchevique d'octobre 1917. Cette grille chronologique nous aide à clarifier sa pluralité[1].

Les dix années de la Révolution, de 1789 à 1799, ont été la matrice de la vie politique française. Elles

1. Jacques Julliard, *Les Gauches françaises, 1762-2012 : histoire, politique et imaginaire*, Flammarion, 2012.

ont donné naissance à la polarité entre la gauche et la droite, restée au cœur de l'histoire politique du pays. Les termes de *gauche* et de *droite* datent de l'automne 1789, lorsque l'Assemblée constituante, issue des états généraux, a vu s'affronter sur le projet constitutionnel un « côté gauche » et un « côté droit » face au président. Il n'existait pas de parti politique, pas de groupe parlementaire officiel, mais, tout naturellement, les députés se sont placés par affinités les uns près des autres. Ce clivage est né, au départ, sur la question de la place qu'aurait le roi dans les institutions. Les défenseurs du veto royal – c'est-à-dire le pouvoir attribué à l'exécutif de refuser d'entériner une loi – se heurtèrent aux démocrates hostiles à son instauration. Un compromis fut alors établi sur l'article d'un veto suspensif. Quoi qu'il en soit, dès la première année de la Révolution, la gauche est née qui confère à l'Assemblée législative en devenir la réalité du pouvoir politique, le roi n'étant plus qu'un fonctionnaire, le premier sans doute, mais dépourvu de la dimension sacrée qui en avait fait un monarque de droit divin.

Ce clivage gauche/droite s'est accentué avec l'échec de la monarchie constitutionnelle et l'avènement de la république en 1792. Tandis que la majeure partie des représentants de la droite se retiraient de la scène et émigraient en gardant l'espoir toujours ranimé d'une restauration, les républicains élus à la Convention se déchiraient, les positions de chacun se radicalisant sous l'effet de la guerre extérieure et de la guerre civile en Vendée. Après les Feuillants, on vit les Girondins dominer la Législative, et après eux les Montagnards prendre le dessus à la Convention. La pluralité de la gauche s'est donc d'emblée affirmée. Au demeurant, tous ces Conventionnels qui se sont déchirés ont laissé en héritage les éléments doctrinaux d'une gauche républicaine qui finira par prendre le pouvoir à la fin du XIXe siècle, avec l'enracinement de la IIIe République.

Les fondements idéologiques de cette gauche républicaine ont été formulés par des philosophes, tels Charles Renouvier sous la IIe République et Jules Barni sous la IIIe. Dans l'action, Léon Gambetta, Jules Ferry et Georges Clemenceau en ont été les défenseurs à la tête de l'État. Ces fondateurs sont « de gauche » en ce sens qu'ils adhèrent à l'idéologie du Progrès, à tout le moins au principe de la perfectibilité humaine. Ils croient en l'avenir de l'Homme – un homme devenu maître de lui-même, grâce à son émancipation des forces extérieures qui l'ont jusqu'ici aliéné : les monarchies et l'Église catholique.

La République, qui est « le gouvernement de tous par tous » (Barni), repose sur un socle en forme de trilogie : liberté, égalité, fraternité. Le régime de la liberté n'a cessé d'étendre son rayon dans le cadre républicain : liberté de pensée, liberté d'expression, liberté de réunion, liberté de la presse, liberté syndicale… Faut-il ajouter la liberté d'entreprise ? Nous touchons là un objet de discorde entre les diverses gauches. Pour la gauche républicaine, la liberté d'entreprendre fait partie du lot. Quant à l'égalité, c'est davantage une pente qu'un absolu. Elle traduit d'abord le fait que tous les citoyens sont égaux devant la loi, qu'il n'existe plus de droit de naissance ; que tous participent à la formation des pouvoirs auxquels ils ont tous le droit d'accéder. Cependant, l'égalité ne va pas jusqu'à l'égalité sociale. Ainsi, Renouvier comme Barni récusent le *nivellement* qui serait la ruine de la liberté. Cela ne signifie pas le « laissez-faire » qui nourrit l'inégalité sociale. La République doit veiller à éteindre la misère, à rapprocher les conditions sociales. Sur les moyens, les républicains divergent. Ferry place le progrès social dans l'instruction généralisée par l'école obligatoire et gratuite ; son contemporain Clemenceau juge, lui, que l'État a des devoirs dans la protection sociale et doit légiférer sur les horaires de travail, sur les retraites et sur l'aide aux malades. Au sein même de la gauche républicaine, conservateurs et progressistes s'opposent.

Quant à la fraternité, elle appartient à un autre domaine, non plus au droit, mais à la morale et aux sentiments. Barni, reprenant Renouvier, juge que « le respect du droit strict ne suffit pas dans la société ; pour qu'une société soit vraiment *humaine*, il faut que l'amour y préside », qu'on peut appeler fraternité, humanité ou altruisme républicain. Celui-ci ne se décrète pas. Une pédagogie de la fraternité est nécessaire : c'est une des missions de l'instruction publique. L'humanité doit aboutir au règlement des problèmes sociaux, de même que, étendue à l'ensemble des Hommes, elle doit aboutir un jour à la suppression de la guerre.

Enfin, Barni affirme qu'il n'y a pas de République sans vertu – Montesquieu l'avait écrit. Qu'est-ce que la vertu républicaine ? C'est d'abord la conscience de l'intérêt général qui prévaut sur les intérêts particuliers. Désintéressement, dévouement à la chose publique, notion d'esprit civique qui crée le lien social. La vertu, c'est le respect de la dignité humaine, le refus de l'esprit de domination, en même temps que le rejet du « servilisme » : on ne s'abaisse pas pour obtenir des places, des postes, des décorations. Raymond Aron écrit dans ses *Mémoires* qu'il y avait une chose qu'il partageait avec les gens de gauche : le refus d'être d'une *essence* différente des autres hommes.

On ne saurait évidemment oublier, dans ces principes républicains, la laïcité. Longtemps, la polarité gauche/droite a résulté de la différence de leurs conceptions sur la place de l'Église et de la religion dans la société. Pour les républicains, la religion relève de la conscience individuelle, de sorte qu'il ne peut y avoir de religion d'État. Le projet de séparation des Églises et de l'État est au centre du programme républicain. Pour un républicain de la République naissante ou renaissante, il faut combattre le catholicisme politique, l'ingérence de l'Église dans les affaires de la Cité (« le cléricalisme, voilà l'ennemi »). Par exemple, c'est contre l'enseignement de l'Église que le divorce est rétabli en 1884. La laïcité – ce mot est entré tardivement dans le dictionnaire – a été consacrée par la loi de séparation des Églises et de l'État en 1905. Loi d'apaisement, nullement antireligieuse, mais qui fut condamnée par le pape et le clergé français, avant d'être reconnue comme un instrument de coexistence pacifique entre « ceux qui croient au Ciel » et « ceux qui n'y croient pas ».

La révolution industrielle, qui se développe avec le machinisme et la naissance de la classe ouvrière, a eu pour conséquence la formation d'une autre gauche : la gauche socialiste. Ses théoriciens, ses prophètes, ses utopistes se sont multipliés dès le début du XIXe siècle ;

ses défenseurs ont été écrasés en juin 1848 puis sous la Commune en 1871. Il faut attendre les vingt dernières années du siècle et l'influence croissante du marxisme pour voir se constituer un véritable mouvement ouvrier et socialiste. Force syndicaliste qui s'affirme à l'occasion des grèves, puis force politique quand se fondent les partis ouvriers révolutionnaires ; la gauche socialiste, sans rejeter les valeurs et les principes de la gauche républicaine, a dénoncé les insuffisances de celle-ci au chapitre de l'égalité sociale. La finalité du socialisme était de fonder une société sans classes, dont les principes d'égalité et de fraternité seraient les ressorts. Le moyen en était la révolution. Sur ces moyens, les socialistes n'ont pas été unanimes. Le syndicalisme révolutionnaire prônait la grève générale et la prise en main de la nouvelle société par le syndicat. Le socialisme politique visait la prise du pouvoir soit par la force, soit par les urnes. L'ennemi est clairement identifié : le capitalisme. En France, les groupes rivaux se réclamant du socialisme ont fini par se rassembler en 1905 dans la fondation de la Section française de l'Internationale ouvrière (SFIO). Progressivement, le parti socialiste est devenu l'axe de la gauche, succédant au Parti radical et radical-socialiste, représentant majoritaire de la gauche républicaine : aux élections de 1936, les socialistes l'emportent sur les radicaux pour la première fois. Théoriquement, la SFIO se réclamait toujours du marxisme et du projet révolutionnaire, mais le parti socialiste accepta enfin de lever le tabou de l'exercice du pouvoir, autrement dit de gouverner, dans le cadre du Front populaire, dans une société « bourgeoise ». Après la guerre, le parti socialiste deviendra un parti *bifrons*, acceptant de participer au gouvernement sans renoncer en rien à sa doctrine marxiste. Cette ambivalence fondatrice ne cessera de déchirer cette gauche socialiste, entre sa pratique réformiste et son idéal révolutionnaire.

Enfin, la troisième source de la gauche fut la révolution bolchevique de 1917, qui donna naissance au Parti communiste français en 1920, adhérant à l'Internationale communiste fondée par Lénine. À l'origine, socialistes et communistes partageaient les mêmes objectifs et les mêmes références marxistes. La pierre d'achoppement devint l'Union soviétique, que les socialistes ne pouvaient accepter comme modèle en raison de sa nature autoritaire et plus tard totalitaire. Le PCF avait pour but la défense de l'URSS, le premier État socialiste créé dans le monde. Suivant la ligne d'une Internationale dictée par le Kremlin, la gauche communiste a connu ses heures les plus sombres en 1939 quand a été signé le pacte germano-soviétique à la veille de la Seconde Guerre mondiale. L'entrée en guerre de Staline, à la suite de l'attaque hitlérienne en juin 1941, a fait entrer massivement les communistes dans la Résistance. Ils en sont sortis, à la fin de la guerre, avec une puissance renforcée que leur ont fournie leur organisation clandestine, la discipline dans leurs rangs et la confusion noble du socialisme et du patriotisme exaltée en leur sein. La gauche communiste, après avoir exercé pendant une vingtaine d'années son hégémonie sur la gauche française, périclitera fortement à la suite du déclin, puis de l'effondrement de son modèle soviétique.

À ces trois gauches principales, il faut ajouter d'autres mouvements, d'autres doctrines, d'autres catégories et sous-catégories, tant la maison est riche. La gauche républicaine a longtemps vu s'opposer en son sein les modérés – qui se sont appelés « opportunistes », puis « progressistes » – et les radicaux. La gauche socialiste a mis plus d'un quart de siècle avant que ses différentes composantes ne s'allient dans la SFIO. Du reste, l'autre socialisme, celui du syndicalisme révolutionnaire, garda jalousement son indépendance par rapport au socialisme de parti. C'est aussi le cas des différentes écoles anarchistes, qui, pour minoritaires qu'elles fussent, ont entretenu un état d'esprit libertaire qui se différenciait nettement des disciplines partisanes. Enfin, la gauche communiste a connu des forces internes d'opposition, dont le trotskisme aux multiples visages est resté la plus vivante.

Retracer l'histoire de la gauche à travers ses grandes figures présente deux avantages. La diversité des portraits qui suivent donne la mesure de sa pluralité. Faire coexister Édouard Herriot et Arlette Laguiller peut paraître osé. Pourtant, Herriot a été le chef du Cartel des gauches, vainqueur des élections de 1924. Quant à Laguiller, elle a été certainement la figure la plus populaire du trotskisme contemporain. On pourrait s'étonner de trouver dans notre galerie sélective le nom de Benjamin Constant, qui passerait aujourd'hui plutôt pour un penseur du centre droit. Il fut néanmoins le porte-parole le plus éloquent de la gauche parlementaire sous la Restauration. La fracture entre gauche de gouvernement et gauche révolutionnaire est sans aucun doute une des lignes de force de l'ensemble. On verra cependant que les individus qui incarnent la gauche sont souvent, en eux-mêmes, le lieu de cette opposition. Rien n'est simple, rien n'est jamais définitivement tranché.

Dans ces portraits, des écrivains ont également et naturellement leur place. Il existe en France, depuis les Lumières, un magistère intellectuel qui a exercé son influence sur la politique, peut-être en constituant une gauche à part, une gauche indépendante, comme on l'a constaté au moment de l'affaire Dreyfus ou pendant la guerre d'Algérie.

Cette liste n'est pas exhaustive, car un choix s'imposait. Nos lecteurs ne manqueront pas de nous reprocher des lacunes ou de critiquer cette manière fragmentée de parler de la gauche – qui, dans sa culture politique, répugne à la personnalisation « monarchique ». Les masses, les classes, le mouvement profond des sociétés, les rapports de force et l'histoire inspirent la vision collective de la gauche. Pour le dire simplement, la gauche n'aime pas les chefs et répugne au pouvoir personnel comme elle l'a longtemps montré en s'identifiant à la république parlementaire. Du moins en théorie, car, en pratique, tous les partis et tous les mouvements de gauche sont en quête d'un *leadership* quand ce ne sont que des seconds couteaux qui se disputent la première place. Les individus ont assurément des défauts : ils ne correspondent jamais à une idée abstraite, ils sont contradictoires, imparfaits ; ils changent d'idées ; ils ne se tirent pas toujours bien des dilemmes auxquels ils sont confrontés. La grande figure de gauche n'est pas une épure, mais un être vivant. C'est pourquoi il en résulte chez beaucoup cette préférence pour la pureté supposée des idées à leurs incarnations imparfaites. Le propre de l'historien n'est pas de se soustraire à la complexité des choses, mais de montrer que la gauche n'est pas réductible à des abstractions.

L'équipe d'historiens qui s'est chargée de ce travail représente plusieurs générations, vieille garde et nouvelle vague. Tous ont fait leurs preuves dans leur spécialité. Ils ont écrit leur contribution en toute liberté ; leur perception de la gauche et de son évolution n'a pas d'orientation commune, politique ou autre : chaque auteur n'est responsable que de sa propre prose. Un tel ouvrage n'existait pas encore ; il est sûrement perfectible, mais il a été écrit avec enthousiasme, et offre une nouvelle approche – biographique et chronologique – des deux siècles qui ont fait les gauches, soulignant ce qui les divise mais aussi un esprit commun dans la quête d'une égalité du possible et de la justice sociale, dans la sensibilité à la pauvreté et aux minorités, dans la fidélité, enfin, à la Révolution française contre l'ordre héréditaire.

1

Condorcet, père de la gauche

par Mona Ozouf

La Révolution française a rédigé l'acte de baptême officiel de la gauche : c'est la nécessité, pour les députés de la Constituante, de se trouver une place sur les gradins de l'Assemblée qui fabrique ce vocable, donnant ainsi à une réalité politique une identité topographique. Rien certes n'obligeait les députés frais éclos à se choisir une place et à s'y tenir. Aucune commodité particulière ne désignait un côté à celui qui venait s'y asseoir pour la première fois. Mais on s'assied plus volontiers aux côtés de ceux que l'on connaît déjà, et avec qui on s'est découvert des affinités de sentiments et de pensées. Puis l'habitude s'installe, et la pratique parlementaire a vite fait de ratifier l'existence d'un côté gauche, promis à un bel avenir dans notre histoire politique.

À ce « côté », l'histoire révolutionnaire donne non seulement un nom, mais une couleur. Certes, il n'y a encore ici ni parti politique organisé à suivre, ni doctrine constituée à épouser. Très vite cependant, le côté gauche est identifié à la radicalité. Adrien Duquesnoy, député de Bar-le-Duc, note dans son journal que ceux qui élisent ce côté de l'assemblée ont parfois des opinions « exagérées », et toujours une « idée très élevée » de la liberté et de l'égalité. Il s'agit d'un groupe « avancé » qui fait ressortir par contraste la « pusillanimité » du côté droit. Très funeste, celle-ci, ajoute-t-il, surtout dans les circonstances actuelles, c'est-à-dire en révolution. Gauche et Révolution ont ainsi, d'emblée, partie liée. Lezay-Marnésia, qui deviendra préfet de l'Empire, écrit dès 1795 que ce sont les côtés gauches qui commencent les révolutions. Une touche d'extrémisme les marque donc à jamais.

On a souvent cru tenir, dans la personne de Voltaire, de Rousseau, et plus généralement des philosophes des Lumières, les artisans lointains, glorieux ou coupables selon qu'on en ait, de la Révolution et donc de la gauche. Mais il s'agit d'une filiation controversée. Géniteurs supposés, les philosophes n'avaient nullement annoncé une révolution, ni imaginé le tremblement de terre qu'elle allait engendrer. S'ils avaient rêvé de réformes, c'était pour protéger, non pour bouleverser l'ordre existant. À l'espérance d'une société meilleure, ils alliaient un robuste conservatisme social. Un gouvernement monarchique, pour peu qu'il fût éclairé, leur paraissait la forme la mieux adaptée à l'esprit réformateur. De surcroît, à supposer que les acteurs de la Révolution aient dévotement recueilli les principes de leurs aînés des Lumières, ils avaient à les mettre en œuvre sur une scène infiniment plus confuse que celle des Lettres, et dans une mêlée opaque où les principes recevaient chaque jour leur lot de cruels démentis. Voilà qui jette un doute sur l'évidence du lien causal qui unirait les Lumières à la Révolution.

Ces quelques remarques suffisent à saluer dans la personne du marquis de Condorcet le vrai père de la gauche. Plus radical que Turgot et d'Alembert, plus passionné que Voltaire, le jeune homme qui, contre les espérances de sa famille, déserte la carrière des armes pour présenter à l'Académie des sciences, à 18 ans, son premier mémoire scientifique a, bien avant la Révolution, mérité son brevet de radicalité. Il a montré qu'il ne craignait pas la rupture, qu'il avait conquis son autonomie. Son extrémisme intellectuel a déjà frappé tous ses amis. Il est très tôt entré en guerre contre un ennemi multiforme qui recrute une armée de zélotes, au premier rang desquels les prêtres, mais qui porte un nom unique, l'irrationnel. Il est déjà un militant.

De plus, à la différence des philosophes, et voilà qui rend son droit à la paternité de la gauche le moins contestable de tous, le marquis de Condorcet a un pied de chaque côté du gouffre que la Révolution vient d'ouvrir entre deux mondes. Dans le monde nouveau, dont il va être un acteur avant d'en être une victime emblématique. Dans le monde ancien, puisque l'Ancien Régime ne s'est pas contenté de faire du jeune homme brillant un précoce secrétaire perpétuel de l'Académie des sciences, il lui a donné la chance d'un exceptionnel apprentissage politique : Condorcet a participé à ce ministère Turgot qui se voulait celui de la réforme ; puis, après la fin amère de l'expérience, il s'est engagé dans tous les combats de la justice et de l'égalité. Seul des philosophes à avoir pu transporter sa passion du bien collectif sur la scène révolutionnaire. Seul exemple qui nous invite à ne pas abandonner tout à fait, même si on le desserre, le lien causal entre les Lumières et la Révolution.

Le physiocrate

Le Condorcet du monde ancien a développé sa pensée autour d'une conviction qui tire sa force de sa simplicité : que tous les hommes sont également doués de raison. C'est la raison qui les définit (et non le lignage, le rang, le statut ou la fonction) ; c'est elle par conséquent qui fonde l'universalité humaine. Nourri de la pensée physiocratique, Condorcet tient que nul ne peut refuser son assentiment à une proposition vraie : l'évidence intellectuelle, en effet, ne s'adresse pas à un homme singulier ; elle est un rapport entre des objets, fixe et impérieux pour tout homme qui le considère ; vraie donc pour tous, et partout. Et voilà qui dicte leur tâche aux politiques. Il leur appartient de réaliser le gouvernement rationnel des hommes, en concevant des lois aussi irréfutables que le sont les vérités mathématiques.

Cette idée mère de la pensée de Condorcet était, dans sa simplicité, riche de conséquences. Et d'abord celle de devoir rompre avec la croyance, si répandue dans les milieux parlementaires, en une ancienne constitution du royaume, perdue dans la nuit de l'histoire, où seraient cependant inscrits les droits des nations. L'idée d'une tradition immémoriale des peuples, à retrouver et à honorer, avait au milieu du XVIIe siècle fourni aux Anglais occupés à renverser Charles Ier un argument de poids : ils pouvaient soutenir qu'ils travaillaient moins à une révolution qu'à une restauration. Quant aux insurgés américains qui devaient, un siècle plus tard, se révolter contre la tyrannie anglaise, c'était aussi en invoquant une constitution ancienne qu'il fallait faire revivre sur le sol de la colonie.

Or, rien n'était plus éloigné de Condorcet que le rêve d'un retour au passé. Pour celui qui cherche à refonder la société sur des principes, il n'y a rien à attendre du regard en arrière. Croire à un ordre social émané de la seule raison, c'est évidemment croire inopérant l'appel à la tradition, et à ce qui est tenu pour tel, usages, habitudes, statuts, privilèges. C'est redonner à la société son autonomie par rapport à l'autorité de la coutume. C'est tenir la vérité pour indépendante de l'histoire. Car celle-ci, aux yeux de Condorcet, est un chaos d'institutions disparates, le répertoire des iniquités de toute nature, le théâtre monotone où s'est jouée la dépendance morale et politique des hommes. La durée d'une institution n'a donc rien à dire de sa valeur. Comment croire que des formes vieillies, parfois tombées en désuétude (ainsi les états généraux, en déshérence depuis cent soixante ans), puissent répondre aux besoins d'une société nouvelle ?

Tout cela suppose chez Condorcet une grande méfiance pour la pensée de Montesquieu. Il l'avait attentivement lu. Mais à l'instar de Voltaire, pour qui *L'Esprit des lois* était « un cabinet mal rangé, avec de beaux lustres en cristal de roche », il voyait l'ouvrage comme une collection confuse et sans utilité. À quoi bon retraverser toute la suite des sottises et des calamités qui ont jalonné l'histoire si aucune recette ne nous est donnée pour démêler le juste de l'injuste ? Attelé à la grave tâche de la réforme du royaume, Turgot avait vigoureusement contesté l'usage de décider ce qu'on doit faire au vu de ce qui s'est toujours fait. Leçon parfaitement assimilée par Condorcet. Dans l'*Essai sur les Assemblées provinciales*, il tranche : « Tout ce qui porte l'empreinte du temps doit inspirer de la défiance plutôt que du respect. »

Au soupçon sur l'histoire, Condorcet ajoute son mépris des particularités, celles que Montesquieu, précisément, s'enchantait de décliner, en les rapportant aux combinaisons infinies des terroirs, des climats et des caractères nationaux. Il a en ligne de mire le texte où celui-ci, surpris qu'un grand esprit puisse être séduit par l'instauration « de mêmes poids dans la police, de mêmes mesures dans le commerce », souligne le prestige fallacieux dont jouissent les idées d'uniformité.

À quoi Condorcet rétorque qu'une bonne loi, comme une proposition vraie, doit être bonne pour tous. L'uniformité donnerait aux habitants d'un pays « des idées précises sur des objets essentiels ». Sans doute les procéduriers y perdraient, mais l'égalité et la clarté y gagneraient, comme la sécurité, car la généralité de la loi protège les citoyens de l'arbitraire. La particularité, elle, brouille le jugement, complique les institutions, divise les hommes.

Dédain des différences locales, dédain du passé qui les a partout multipliées. C'est dire aussi que la dimension sacrale du temps est pour Condorcet le futur. Bien avant d'avoir écrit l'*Esquisse*, flamboyante illustration des privilèges donnés à l'avenir, il développe les forts motifs de croire que le progrès moral et le progrès des techniques, aiguilles de la même horloge, se suivront nécessairement. Ce futur, en outre, est résolument terrestre, et voici encore une touche de radicalité. Plus que tout autre penseur des Lumières, Condorcet a rompu avec l'idée d'un monde ordonné par Dieu. Chez lui, ni révélation ni miracle. Il n'accepte pas même les « tempéraments » imaginés par Bayle et Voltaire, qui pensaient utile au peuple un credo, quel qu'il fût. Ennemi juré du « fanatisme et de la superstition », le marquis de Condorcet, bien avant d'entrer en révolution, en parle déjà la langue.

La haine contre tous les prêcheurs d'illusion anime ainsi tous ses combats de l'Ancien Régime. Il a épousé toutes les causes de la justice et du droit, pour Lally-Tollendal et le chevalier de La Barre, contre les iniquités judiciaires, la question et les supplices barbares, contre l'esclavage des Noirs, pour le droit des juifs et, ce qui est en son temps le plus original, des femmes. Tout cela au nom d'un même principe simple : qu'aucune créature douée de raison ne peut consentir à priver de liberté des êtres également pourvus de raison.

Mépris du passé, toujours « gothique ». Mépris des particularités, toujours archaïques. Amour des lois générales, toujours libératrices. Souci des lendemains, toujours prometteurs, puisqu'ils sont gros des progrès de la raison et de la liberté. Bien avant l'existence officielle d'une gauche, ces traits signent une paternité. L'homme de gauche est en effet resté celui des promesses (ce qui le condamne inévitablement, tant sont fortes les résistances du réel, à être l'homme qui les trahit). Il est aussi un moderne qui ne craint pas l'innovation, mais la peur qu'on en a. Un radical enfin, qui fait de l'engagement politique une passion.

Le révolutionnaire

Pour conter la carrière révolutionnaire de Condorcet, on peut choisir le registre héroïque et tragique : elle s'achève en effet sur la vision de l'homme traqué, aux portes de la mort, et capable néanmoins d'écrire dans sa cachette l'*Esquisse d'un tableau historique sur les progrès de l'esprit humain*, hymne exalté au progrès. On peut encore opter pour le mode ironique : on énumère alors les échecs de l'homme qui s'est continûment trouvé en porte-à-faux avec l'événement.

Tout commence par la répugnance que Condorcet montre aux états généraux, dictée par son hostilité à l'hérédité et aux privilèges. Il avait adjuré le roi d'y renoncer, et son ordre se venge en l'écartant. Élu toutefois à la municipalité de Paris en juillet 1789, il s'emploie à contenir les désordres engendrés par les journées d'Octobre, et fonde avec Sieyès la société de 89, organe de l'opinion libérale qui milite pour une Révolution ordonnée. Mais la fuite du roi à Varennes, qui le convertit à la république, le détourne de cette alliance et lui fait rechercher, à la Législative où il est élu, celle des brissotins. Comme eux, il est habité par une double préoccupation : réduire le pouvoir du monarque ; contenir la violence insurrectionnelle de la foule parisienne. Et pour y parvenir, on le voit, comme eux, se faire belliciste, convaincu que la guerre servira la Révolution, avec en tête une guerre chimérique, accueillie avec enthousiasme par les populations conquises ; comme eux, se faire partisan des mesures contre les prêtres réfractaires ; comme eux encore, conducteur irréfléchi de la foudre révolutionnaire. Tout cet activisme se solde pourtant par l'échec de ses plus chers projets. À peine son rapport sur l'Instruction publique présenté en avril 1792, sa discussion – elle survient il est vrai le jour même de la déclaration de guerre à l'Autriche – est ajournée et ses dispositions bientôt contestées. Puis vient, le 9 août suivant, son rapport sur les principes du gouvernement représentatif. Mauvaise date à nouveau : le lendemain, l'insurrection en fait ironiquement litière.

La Convention lui sera encore moins amicale. À sa tentative un peu désespérée pour juger le cas du roi dans les termes de la justice procédurale, l'Assemblée restera sourde. Quant au projet de Constitution – il a l'intérêt de montrer à pied d'œuvre le théoricien qui rédige la première Constitution républicaine de notre histoire –, il l'élabore en février 1793 et le relance en mai. Une fois de plus il est trop tard. Encore quinze jours, et l'insurrection du 2 juin se solde par la rédaction précipitée d'une nouvelle Constitution, qui supplante la sienne et entérine le contrôle de la Convention par les Jacobins. La proscription des Girondins, enfin, l'épargne dans un premier temps, mais finit par l'emporter : il s'est éloigné d'eux, pas assez cependant pour l'empêcher, lui l'inventeur de la démocratie représentative, de protester, en toute logique, contre l'amputation de la représentation nationale. C'était signer son arrêt de mort.

L'énumération de ces échecs a un double inconvénient. Elle ne rend pas justice à l'homme de la raison pris dans une histoire qui s'est égarée fort loin de la raison. Elle est aveugle au fait que les déconvenues de Condorcet décrivent, mieux que ne l'auraient fait des triomphes, les dilemmes qu'il lègue, pour longtemps, à la gauche.

Et d'abord celui de la représentation. Condorcet était entré en Révolution avec la conviction qu'on ne peut représenter que ceux par qui on a été choisi : la prétention des planteurs de Saint-Domingue de proportionner le nombre de leurs députés à leur nombre d'esclaves lui paraissait un « blasphème contre la raison ». Mais il n'en avait pas moins identifié les difficultés à venir, et légué à toute gauche future sa réflexion inquiète sur la représentation. Dans l'impossibilité de pratiquer sur un territoire étendu la démocratie directe (car démocratie, à cette époque, ne s'entend que dans cette acception), il faudra bien concilier les droits d'une fraction éclairée à exercer le pouvoir et les droits des représentés : ceux-ci, dans la mesure où ils ont reçu la raison en partage, et si peu compétents qu'ils soient, sont aptes à juger de leurs droits. C'est donc à eux, et non à l'Assemblée, qu'appartient le pouvoir constituant. Dès lors, comment les protéger de la propension qu'ont les représentants à se croire le tout social ? Réciproquement, comment protéger les représentants de la vindicte populaire ? Et, plus généralement, comment une représentation peut-elle exprimer adéquatement la volonté du peuple ?

La solution que Condorcet imagine à ce problème est d'accorder quelque chose à la démocratie directe, en multipliant les assemblées primaires et en les dotant de véritables pouvoirs : d'accepter ou non la Constitution, d'élire les députés à l'Assemblée nationale et le Conseil des ministres, de trancher sur les questions proposées au référendum. Il accorde même à un citoyen quelconque le droit, sur un sujet inédit, de soumettre un vœu à son assemblée primaire qui le ferait, d'instance en instance, remonter à l'Assemblée nationale. Dont le verdict redescendrait à l'assemblée primaire à des fins de ratification. Ainsi pourrait s'établir un échange permanent entre représentants et représentés, qui participeraient donc de concert à l'exercice de la souveraineté.

Ce dispositif très complexe était encore suspendu à une exigence tout à fait essentielle à la pensée de Condorcet. Fort peu disposé à accorder un regard aux diversités inscrites dans l'espace, il était en revanche très sensible aux variations qu'apporte, ou exige, le temps qui passe. Aucune Constitution ne peut donc devenir un obstacle à l'accueil de l'innovation. Il faut, pour le moins, prévoir sa réfection tous les vingt ans. Et on doit même pouvoir l'envisager à tout moment si le sentiment populaire change. La déclaration des droits elle-même ne saurait être intangible. On mesure ici à quel point le modèle politique de Condorcet se calque sur celui du savoir scientifique, indéfiniment révisable.

Mais on pouvait douter que cette cascade de délibérations, qui exigeait patience et longueur de temps, convînt à une époque aussi tumultueuse que la Révolution. Il était par ailleurs facile aux adversaires de Condorcet de dénoncer l'avantage qu'elle donnerait aux habiles, aux hommes déjà dotés de compétences et de savoirs : sur ceux-ci, aux yeux des Jacobins, pesait déjà le soupçon d'un élitisme destiné à exclure le peuple des décisions, scandale pour l'égalité. L'inégalité des dons, cependant, n'était pour

Condorcet nullement scandaleuse, puisqu'on pouvait la corriger par une instruction libéralement répandue. Il n'en était pas moins conscient que la diffusion du savoir risquait de l'accentuer encore, en conférant un avantage supplémentaire à ceux que la nature et l'histoire avaient déjà pourvus. Nouveau dilemme : comment répondre au reproche d'avoir instauré un écart insurmontable entre ceux qui savent et ceux qui obéissent ?

La solution à cette difficulté, Condorcet l'a cherchée dans une définition du savoir élémentaire exigible de tous. Élémentaire, à ses yeux, et non rudimentaire : l'adjectif désigne seulement ce par quoi il faut bien commencer. Dans le savoir de base, il y a un talisman caché. Car il met celui qui l'acquiert à l'abri de l'imposture, apte à résister aux fables qu'on lui raconte, à juger par lui-même : le paysan éclairé qui consulte son baromètre ne s'incline devant personne, si ce n'est devant la vérité. D'autre part, et c'est le point capital, il n'y a pas, bien au contraire, de discontinuité entre des connaissances élaborées et le savoir élémentaire, tremplin nécessaire pour l'acquisition du savoir supérieur. Ainsi peut-on échapper à ce soupçon d'élitisme qui menace tout scientisme, et, point crucial, espérer concilier celui-ci avec une pensée libérale.

Le républicain

Où l'on comprend que Condorcet ne se contente pas d'explorer les difficultés qui attendent la gauche à l'épreuve du pouvoir, mais propose un examen de ses composantes obligées. Et, d'abord, l'allégeance à l'idée républicaine. Quand éclate l'événement de Varennes, il y a fort peu de républicains en France : les admirateurs des constitutions américaines eux-mêmes, persuadés qu'elles étaient menacées à terme par les divisions, préféraient, avec Brissot, se dire démocrates plutôt que républicains. Quant aux Jacobins, occupés, avec Robespierre, à amortir la portée de la fuite du roi, ils bronchaient devant l'idée républicaine. En comparaison, le choix de Condorcet frappe par sa netteté polémique : puisque ce roi-ci vient de faire la preuve de sa nullité, pourquoi ne pas le remplacer par un roi-robot qui observerait scrupuleusement les rites de la royauté, ferait ses pâques, s'agenouillerait à point nommé, roi-machine pourvu de l'avantage incomparable d'être réparable à volonté ? Dans les écrits que lui inspire la divine surprise de Varennes, on voit Condorcet pousser jusqu'au bout la logique des Lumières : tourner résolument le dos à cette tradition culturelle qui faisait du roi, avec sur lui le signe de l'élection divine, le berger de son peuple ; chez lui, pas trace d'investissement affectif ou sacral sur la personne du roi ; nier, avec Paine, qu'une légitimité quelconque puisse naître des précédents historiques ; enfin, calquer l'activité politique sur l'activité scientifique : qui donc, dans l'ordre des Lettres, des Sciences et des Arts, aurait l'idée de confier une tâche quelconque, d'invention ou de création, à un individu recommandé par sa seule filiation ? Condorcet doit au radicalisme de la raison de comprendre avant tout le monde que Louis XVI, en fuyant loin de ceux qu'il prétendait protéger, a signé, quel que puisse être son sort personnel, la mort de la royauté.

Donc, la république. Et, avec elle, son impératif catégorique, légué, comme l'idée républicaine, à toutes les gauches à venir : celui de l'école pour tous. Mais voici une surprise : cet impératif qu'on marie si volontiers à la contrainte est ici uni à la liberté. Condorcet était loin d'être le seul, à l'époque révolutionnaire, à présenter un projet éducatif. Le sien, cependant, se distingue par le refus de tout ce qui sent l'autorité. Il stipule en effet, à tous les niveaux d'instruction, la nécessaire gratuité de l'école, mais non l'obligation : l'appétit de connaître, la contagion de l'exemple, la demande sociale pourvoiront sans coercition à la fréquentation des écoles. Pas davantage de contrainte en ce qui concerne le contenu de l'enseignement : nulle doctrine à inculquer, pas de programme imposé, quand les Jacobins, avec l'image de Sparte en tête, voulaient un seul livre, une seule école, et le seul enseignement indispensable au bon citoyen, celui qui développe l'amour de la patrie. Tout ce dans quoi Condorcet, soupçonneux, voit la main de l'État.

Rien ne fait mieux comprendre ses attentes à l'égard de l'école que sa réponse à la question de savoir si on doit, ou non, y enseigner la Constitution. Oui et non, dit-il. Oui si on l'enseigne sobrement, comme un fait, du reste provisoire, puisque sujet à examen critique et à révision. Et non si on la sacralise indûment. Réticent à l'égard de tout ce qui peut ressembler à un catéchisme d'un nouveau genre, il se méfie de l'enthousiasme, fût-il révolutionnaire. Dans ce domaine comme dans tant d'autres, il n'entend céder qu'à l'évidence de la raison.

Et c'est encore cette conviction qu'on lit dans sa pensée la plus novatrice, celle qui concerne l'éducation des filles. Celles-ci, également pourvues de raison, ne sauraient être exclues de l'éducation. Quand on veut les en écarter, comme on fait avec les gens de couleur, c'est en leur supposant une commune débilité. Mais les uns et les autres n'ayant reçu aucune instruction, ou des plus médiocres, l'argument est privé de force. Quant aux traits négatifs si souvent attribués aux femmes, il suffit de les examiner : dans la frivolité et la coquetterie, dont dépendent tant de choses dans les destins féminins, n'y a-t-il pas un calcul rationnel ? Par ailleurs, si l'instruction consiste à se soumettre à un ensemble de preuves, on ne voit pas pourquoi la différence sexuelle introduirait une manière différente de recevoir cette vérité. Affirmation si extravagante cependant pour l'opinion commune que Condorcet juge bon de dire, à l'usage de ceux qui trouveraient superflu de dispenser le savoir à des personnes exclues des fonctions publiques, qu'on peut se contenter pour elles des premiers degrés du savoir. Mais c'est à contrecœur : il s'empresse d'ajouter qu'il n'y a aucune raison d'interdire l'accès aux degrés supérieurs à celles qui en auraient le désir. L'épanouissement de l'individu quel qu'il soit et sa liberté souveraine restent la foi de Condorcet.

Les héritiers

Tout fils trie dans l'héritage paternel. Et dans celui laissé par Condorcet, où coexistent de façon inattendue l'extrémisme intellectuel et le caractère principiel de la liberté, il y avait de quoi nourrir des allégeances variées. Parfois même contradictoires.

Il n'a pas fallu longtemps pour que l'histoire désigne ses premiers héritiers. Les thermidoriens ont immédiatement campé le philosophe en victime infortunée de Robespierre, et vu dans l'*Esquisse d'un tableau historique des progrès de l'esprit humain* l'authentique testament des Lumières. La Convention thermidorienne a répandu le livre dans les écoles, honoré son auteur en votant une loi sur l'éducation très proche de celle qu'il avait échoué à faire adopter. Et Benjamin Constant, hôte assidu du salon de Sophie Condorcet à Auteuil, s'est immédiatement présenté en fils légitime : aussi inquiet que le père des difficultés de la représentation, convaincu comme lui que les malheurs de la Révolution ont tenu à une confusion entre la liberté des Anciens – celle qui se prosterne devant la souveraineté collective – et la liberté des Modernes. Celle-ci est une irrépressible indépendance individuelle qu'il ne faut jamais, contrairement à ce qu'ont soutenu les Jacobins, sacrifier à l'activisme civique. Constant explore et résume toutes les bonnes raisons qu'ont les libéraux de se réclamer de Condorcet.

D'autres fils n'allaient pas tarder à revendiquer son patronage, séduits par la promesse d'une politique scientifique issue du progrès. Saint-Simon, puis Auguste Comte ont eu l'ambition de compléter le *Tableau historique*, et il est arrivé à Comte de se présenter en fils spirituel du philosophe. Filiation pourtant douteuse, Comte détestant dans la Révolution française tout ce que Condorcet a aimé : le suffrage universel (« maladie sociale » aux yeux des positivistes), le régime parlementaire, les droits de l'homme, l'idée de Constitution. Certes, les mots fétiches de Comte, progrès et liberté, étaient aussi ceux de Condorcet. Toutefois, ce que le premier appelle progrès, c'est la succession inévitable des périodes de l'histoire, chacune close sur un principe philosophique différent, et qui s'impose aux hommes (quand celui du second met en œuvre la profuse créativité de la raison humaine). Ce que Comte appelle liberté, c'est une faculté critique tout juste bonne à ébranler les régimes vermoulus, et destinée pour finir à abdiquer dans la soumission au Bien (quand celle de Condorcet est une capacité constante de contestation et de dissidence). Pas de malentendu plus complet par conséquent. La liberté comtiste s'incline devant l'histoire, quand Condorcet lui prête le pouvoir de se hisser au-dessus de l'histoire et de la juger.

Quelque temps encore, et un nouveau fils allait revendiquer ses droits à l'héritage. Issu lui aussi du positivisme, mais occupé à le réconcilier, souvent acrobatiquement, avec la tradition des Lumières : Jules Ferry, père de l'école républicaine. Dans le grand discours programmatique qu'il prononce en 1870 sur l'éducation, il décrit sa rencontre avec Condorcet comme une illumination, d'où il tire une conviction et un serment : la conviction que de toutes les inégalités, celle de l'instruction est la plus scandaleuse ; et le serment de se consacrer tout entier à l'éducation du peuple. Dans l'exécution du projet, toutefois, Ferry devait s'éloigner de son modèle. C'est qu'il légiférait pour une France défaite, avec sa capitale incendiée, son armée humiliée, son territoire amputé. De là les accrocs au libéralisme : le recours à la contrainte de l'obligation scolaire ; mais surtout la constitution d'un corps de croyances communes où Condorcet aurait vu un dangereux empiétement de l'État. Le malheur des temps fait de Ferry, fils révérant, un fils infidèle, que l'exercice du pouvoir réconcilie avec l'autorité : un pas de côté qui illustre toujours ce qui attend une gauche de gouvernement.

Les apories de cette recherche en paternité ne sont pas closes. Les hommes symboles d'une gauche libérale et progressiste se sont évidemment réclamés de lui : ainsi Hugo, plein de reconnaissance pour celui qui assimilait le mal à l'ignorance ; ainsi Jaurès, qui le fait sortir victorieux d'un parallèle avec Robespierre. Mais on voit aussi aujourd'hui les partisans d'un républicanisme exalté porter Condorcet aux nues pour la méfiance qu'il montre aux particularismes, au risque de faire du libéral un Jacobin qui s'est ignoré lui-même ; au risque, encore, d'oublier qu'aux yeux d'un universaliste, la patrie républicaine elle-même est un particularisme.

Quoi qu'il en soit, tous les admirateurs de Condorcet, comme la gauche qu'il a inspirée, rencontrent désormais la même difficulté. Nul n'est prêt aujourd'hui à croire que le progrès technique engendre nécessairement le progrès moral. Et tous craignent qu'il soit susceptible de rétrogradations brutales. Cette possibilité tragique, Condorcet l'avait lui-même entrevue, en imaginant « qu'un gouvernement du globe, sans anéantir l'espèce humaine, sans engloutir avec elle dans un abîme éternel les monuments qu'elle a élevés, fasse disparaître cependant et les sciences et les arts et leurs dépôts fragiles, et jusqu'aux langues aujourd'hui connues ».

Bibliographie sélective

E. et R. Badinter, *Condorcet (1743-1794). Un intellectuel en politique*, Fayard, 1988.

K. M. Baker, *Condorcet, Raison et Politique*, Hermann, 1988.

Colloque international, *Condorcet mathématicien, économiste, philosophe, homme politique,* Minerve, 1989.

Colloque international, *Condorcet, homme des lumières et de la Révolution,* Recherches nouvelles sur Condorcet, ENS éditions Fontenay/Saint-Cloud, 1994.

M. Crampe-Casnabet, *Condorcet, lecteur des Lumières,* PUF, 1985.

2

Robespierre, pour un bon usage d'un mythe national

par Jean-Clément MARTIN

Robespierre est incontestablement une des grandes figures de la gauche française ; mais aussi, sans aucun doute, la plus problématique. Il est évidemment l'emblème de la Révolution française et parce qu'il est associé à la Terreur, à la mort du roi et à la guillotine, la droite dénonce son intransigeance et lui impute la responsabilité des massacres, à commencer par ceux de la guerre de Vendée. Inversement, la gauche la plus radicale le loue pour sa détermination qu'elle justifie en invoquant la nécessité dans laquelle il se trouva, obligé de faire face à la guerre extérieure et intérieure qui ravageait alors le pays. Pour les centres, qu'ils penchent plutôt à droite ou plutôt à gauche, s'ils reconnaissent la rigueur de ses principes, ils désapprouvent les violences dont il est censé être l'instigateur ; ce qui lui vaut, encore dans ces premières décennies du XXIe siècle, de n'avoir aucune rue de Paris à son nom.

Le soleil noir

Le moins que l'on puisse dire est que Robespierre ne fait pas l'unanimité, même à gauche, pour laquelle d'autres aspects de sa trajectoire et certaines de ses décisions font problème, et ce, depuis plus de deux siècles. Si l'instauration, sous sa houlette, de la liberté des cultes et de la fête de l'Être suprême, sans oublier la reconnaissance de l'immortalité de l'âme, ont toujours suscité des réserves parmi les représentants de la gauche laïque, l'élimination des chefs sans-culottes et la politique autoritaire de l'été 1794 demeurent totalement inacceptables pour ceux qui sont attachés à un gouvernement populaire et qui rappellent, à bon droit, que Maximilien ne sut pas faire le bon choix dans les conflits entre « bourgeois et bras-nus ». On comprend alors que le personnage Robespierre, parce qu'il incarne la Révolution dans ses dimensions les plus contradictoires, soit présenté par les sondages d'opinion comme l'un des acteurs de l'histoire de France les plus discutés et, pour tout dire, parmi les plus dépréciés.

Peu de révolutionnaires échappent certes à la critique ; aucun autre ne rivalise avec lui pour incarner la gauche républicaine et révolutionnaire en France. Mirabeau, du fait de sa corruption, et La Fayette, à cause de ses intrigues, sont définitivement discrédités ; Marat garde l'image du comploteur malade et sanguinaire ; Danton souffre toujours de sa réputation de jouisseur et de corrompu, paradoxalement figée par le cinéaste Andrzej Wajda dans son film de 1982, qui voulait pourtant le réhabiliter ; Grégoire, intègre, hostile à l'esclavage, a toujours le défaut, pour nombre de républicains laïcs, d'être resté évêque même au sein de l'Église constitutionnelle ; ne parlons pas des Carnot, Barère, Fouché aux positions trop contournées ; relevons que seul Bonaparte, « Robespierre à cheval » comme Mme de Staël l'avait appelé, garde toujours une cote de popularité impressionnante comme héritier de la Révolution et illustration de la grandeur française. Les sans-culottes, Hébert ou Roux, ne sortent guère de la marginalité qui fut leur lot.

Dans cette course à la célébrité, aucune femme ne s'impose, que ce soit Théroigne de Méricourt, trop violente et trop girondine, ou Olympe de Gouges, certes récemment évoquée pour le Panthéon, mais décidément girondine et sans véritable envergure politique. Les plus révolutionnaires, Pauline Léon ou Claire Lacombe, n'eurent que des rôles éphémères. Même si la remarque peut paraître incongrue, il est à noter, en regard, qu'aucun contre-révolutionnaire ne jouit d'une large popularité, l'image de Louis XVI demeure toujours médiocre et celle de Marie-Antoinette trop paradoxale. Reste donc à comprendre comment Robespierre, haï par les uns, adulé par d'autres, critiqué par beaucoup, peut « incarner » la Révolution, comme l'a écrit, justement, François Furet.

Le pire est encore à venir. En effet, Robespierre reste confondu avec l'image qui a été donnée de lui après sa mort, au point où on s'interroge toujours doctement sur ce qui explique sa trajectoire, sur son lien à la guillotine, sur son incapacité à gouverner, en reprenant la dénonciation qui l'accabla à partir d'août 1794, quand il devint un « tyran » et un « monstre ». Si bien qu'au-delà de l'examen de ses positions propres, en les mettant en rapport avec celles de ses amis et rivaux, il faut surtout comprendre pourquoi sa chute, ce fameux 9 thermidor an II (27 juillet 1794), le transforma en une icône tout à la fois encombrante et essentielle.

L'éclosion

Que dès le début de la Révolution, Robespierre soit ancré « à gauche », personne n'en doutera. Quand la distinction gauche/droite commence à devenir courante dans l'Assemblée nationale, en 1790, il se range avec d'autres députés à la gauche du président de l'Assemblée parmi les « patriotes » opposés à ceux qui sont appelés « noirs » ou « aristocrates », désignés simplement comme « contre-révolutionnaires » à partir de 1791. Les « patriotes », partisans des réformes, qualifiés de Jacobins parce que beaucoup d'entre eux appartenaient au club portant ce nom, durent attendre 1792 pour être reconnus comme révolutionnaires et républicains. Cette opposition n'était pas inscrite dans les gènes des états généraux que le roi avait convoqués au début de 1789 avant qu'ils ne se transforment de leur seule autorité en Assemblée constituante en juin. Robespierre est un bon exemple de cette mutation qui concerne le groupe et la génération auxquels il appartient.

Jusqu'en 1789, avocat en sa ville, Arras, à la suite de son grand-père et de son père, il appartenait à la cohorte de jeunes notables remuants, voire carrément contestataires : Barnave, Barère, Le Chapelier, Pétion, devenus eux aussi députés. Ils possédaient la même culture ; ils connaissaient bien l'histoire ancienne, surtout romaine ; ils avaient lu Montesquieu et Rousseau, combinant souvent, comme le fit Maximilien, l'exigence du contrat social avec la nécessité de la représentation politique, retenant de l'histoire des institutions le refus du despotisme et de la tyrannie, régimes recourant à la terreur, et la crainte de l'ochlocratie, désordre lié à la démocratie directe. À ces influences, intimement mêlées, Robespierre ajoutait une sensibilité spirituelle, avec des accents déistes et des inflexions jansénisantes faisant de lui un bon représentant de cette jeunesse désireuse de changer le monde au risque de sa vie, d'inventer une société rassemblant des citoyens vertueux, poursuivant un idéal encore mal défini, indemne de confrontations avec la réalité.

Ces jeunes gens, qui furent ensuite ses compagnons, ses rivaux et parfois ses adversaires, possédaient les mêmes sensibilités réformatrices que lui, mais avec plus de radicalité. Barnave, dans le Dauphiné, Le Chapelier, en Bretagne, tous deux considérés quelques années plus tard comme modérés et guillotinés comme tels, avaient mené dès 1788 une fronde très efficace contre les prétentions de la noblesse et des parlements, avant de jouer des rôles très importants dès 1789. Pétion, ami de Robespierre jusqu'en 1791 avant d'être poursuivi comme Girondin, avait publié dès 1782 une critique acérée du système judiciaire au point d'être censuré. Il était un des membres actifs de la société des Amis des Noirs, comme Brissot, auteur de pamphlets contre la monarchie et partisan des insurgés américains, et lui aussi futur Girondin. En 1789, Robespierre n'a pas ces expériences, même s'il s'était appuyé notamment sur les revendications des savetiers arrageois pour s'opposer frontalement, et victorieusement, aux élites locales toutes-puissantes. Il n'appartient ni à la société des Trente, ce regroupement de députés patriotes qui joue un rôle considérable dans l'opinion, ni à « l'atelier » de Mirabeau, qui façonne et diffuse les idées du tribun, homme fort du moment.

Cette situation en demi-teinte va durer. Robespierre est rapidement connu pour sa défense du peuple insurgé, s'opposant à l'instauration de la loi martiale fin 1789 et justifiant le droit à l'insurrection. Mais ses prises de position (contre le maintien de la peine de mort, contre l'esclavage, contre le marc d'argent – cette somme qu'il était nécessaire de payer au titre de l'impôt afin de pouvoir être élu député) demeurent individuelles et se tiennent dans le cadre des débats d'assemblée sans que l'on connaisse les liens que leur auteur entretient avec les meneurs des sections parisiennes, les futurs sans-culottes, comme le fameux Lazowski. Il n'a ni l'audace de Danton organisant autour de lui, au besoin contre les autorités, ses amis des Cordeliers, ni l'âpreté de ton du journaliste Marat, qui critique la modération de l'Assemblée nationale.

Le censeur

Son image change au printemps 1791. Il devient « l'Incorruptible » pour le peuple parisien, ou plutôt l'un des incorruptibles puisqu'il partage alors ce surnom avec Buzot et Pétion – ce dernier représentant la gauche de l'Assemblée lorsqu'il fallut ramener la famille royale arrêtée à Varennes. En se posant avec quelques autres députés en gardien du club des Jacobins et en refusant de faire confiance au roi pour sauver la monarchie parlementaire, Robespierre est perçu comme une autorité morale de la Révolution en marche. Pour autant, il n'a pas appuyé ceux qui exigeaient l'abdication de Louis XVI, considérant que la république inspirée de l'Antiquité ou des Américains n'était pas adaptée à la France. Il ne prend pas part au rassemblement organisé par les Cordeliers sur le Champ-de-Mars le 17 juillet, et après la fusillade qui eut lieu ce jour-là, il lui suffit de se réfugier au sein de la famille de l'entrepreneur Duplay, sans-culotte aisé, pour échapper aux poursuites, alors que Marat et Danton durent se cacher, pour éviter de plus graves ennuis.

Dans les deux années suivantes, cette situation contrastée ne varie pas, même si son influence s'accroît. Écarté de fait des plus hautes instances du pouvoir jusqu'en juillet 1793, il tient sa partition de législateur-philosophe en s'opposant, d'abord, à la guerre contre les princes dans laquelle Brissot, homme fort des Jacobins, précipite le pays, avant de s'y rallier, plus tard ; de la même façon, sans participer directement à la chute de la monarchie le 10 août 1792, il la légitime et joue un rôle majeur dans l'élection des députés parisiens à la Convention, en septembre, sans être pour autant le mieux élu, ce qui est réservé à Danton ; s'il reste muet pendant les massacres de septembre 1792, il les cautionne en novembre et rejoint les sans-culottes voulant juger Louis XVI, rompant avec les Girondins et la majorité des députés ; quelques semaines plus tard, il réclame même l'exécution du monarque sans jugement préalable. Mais il se heurte à l'Assemblée, qui organise le procès et ne vote la mort qu'à une faible majorité ; dans le même temps, il désapprouve les manifestations populaires contre la vie chère, les estimant peu dignes d'intérêt.

Au printemps 1793, les hommes forts de la gauche de la Convention sont Marat et Danton, celui-ci réussissant à gouverner en s'appuyant sur le centre représenté par Barère et à éliminer les Girondins. Il faut le véritable séisme que provoque l'assassinat de Marat et le retrait de la vie politique de Danton pour que Robespierre, débarrassé de rivaux importants, entre au Comité de salut public en juillet 1793, où il est rejoint peu après par Billaud-Varenne et Collot d'Herbois, proches des sans-culottes. Avec cette configuration composite, allant des représentants du Marais aux Montagnards radicaux, le comité, sous l'influence de Robespierre, de Billaud-Varenne et de Barère, mène une politique de compromis en s'appuyant sur les sans-culottes pour éliminer les Enragés, avant de renforcer la centralisation politique au détriment de tous les militants.

Aussi dérangeant que cela puisse nous paraître, rappelons que, en septembre 1793, la Convention dans sa quasi-unanimité avait félicité les sans-culottes de vouloir mettre « la terreur à l'ordre du jour » sans pour autant l'inscrire dans la loi ; elle avait également créé « l'armée révolutionnaire » mais l'avait privée d'un tribunal et d'une guillotine, la soumettant ainsi à l'Assemblée ; enfin, elle avait renforcé son contrôle sur les comités révolutionnaires, à l'occasion de la fameuse « loi des suspects », limitant l'autonomie des militants. S'amorçait alors la mise sous tutelle des sections parisiennes, qui perdaient leur liberté de réunion et devaient abandonner leurs demandes d'égalité sociale, ainsi qu'entre hommes et femmes. Quelques mois plus tard, en mars-avril 1794, les Hébertistes allaient être exécutés, suivis par Danton et ses proches qui avaient remis en cause l'autorité des grands comités, de salut public et de sûreté générale.

C'est alors que son image est fixée. Mais est-il cet homme mince, élégant, austère de mœurs et menant une vie stricte qu'on peut voir sur les portraits qu'on possède de lui, ou faut-il retenir sa petite taille, ses gestes saccadés, sa voix aigre, ses yeux enfoncés et ses tics, en suivant nombre de ses biographes ?

Le guide

Dans cette configuration politique, Robespierre occupe une place de plus en plus importante. Il a imposé la liberté des cultes, il a pris ses distances avec l'armée aux mains des sans-culottes envoyée contre la Vendée et il a fini par réprouver la répression exercée à Nantes et à Lyon. Il joue un rôle essentiel, avec Saint-Just, dans le tournant politique qui, passé janvier 1794, limite l'emploi de la violence et empêche les procédures judiciaires expéditives. C'est sous son influence que Carrier est rappelé à Paris.

Jusque-là, Robespierre, tout aussi influent qu'il soit, n'a pas été le meneur unique de la gauche révolutionnaire ; ce sera le coup de Thermidor qui l'installera dans le costume paradoxal du tyran terroriste. Dans ces mois d'hiver et de printemps 1793-1794, il est le porte-parole du Comité de salut public à de nombreuses reprises, même si les formules de ses discours lui sont propres et qu'elles font souvent mouche. Il n'est certes pas le seul à maîtriser l'art oratoire, et s'il joue un rôle important dans l'exécution des sans-culottes, notamment de Hébert et de Ronsin, comme de Danton et Desmoulins, il fait partie d'un groupe composé par des membres des deux grands comités, unis dans une détermination commune. Ces hommes concentrent le pouvoir entre leurs mains, mettent en place une pédagogie politique et encadrent les revendications sociales. Or, à partir de mai 1794, si Robespierre ne se sépare pas de cette orientation, il se l'approprie véritablement en y ajoutant une orientation philosophique personnelle. Il avait déjà fait décider la liberté des cultes en décembre 1793 et s'était opposé à la déchristianisation, il cherche désormais à orienter la Révolution dans une direction morale et spirituelle qui va heurter nombre de députés.

C'est ainsi qu'au cours du printemps 1794, il s'isole des autres membres du Comité de salut public au moment où il accède à nouveau à la présidence de la Convention, dirigeant la fête de l'Être suprême et de la Nature, soutenant la loi du 22 prairial, dite beaucoup plus tard « loi de Grande Terreur ». Reprenant les dispositions qui avaient déjà réformé le Tribunal révolutionnaire, cette loi simplifiait les procès mais les faisait précéder par l'examen des suspects par des commissions exactement soumises au Comité de salut public. Les députés pouvaient d'autant plus en craindre l'application qu'ils avaient perdu toute exemption et que les proches de Maximilien, Lebas, les frères Payan, Hermann, avaient accaparé tous les pouvoirs militaire, civil et judiciaire dans Paris. Si les preuves d'une politique délibérée manquent, il est difficile de ne pas noter la cohérence du maillage qui, autour de lui, enserre les principales institutions.

Il est impossible de ne pas comprendre que tous ceux qu'il avait expressément menacés, les Tallien, Barras, Fouché, Carrier, ou marginalisés (Billaud-Varenne, Collot d'Herbois), redoutent sa prise de pouvoir alors que se prépare la fête en l'honneur des jeunes héros Bara et Viala, prévue le 10 thermidor. Robespierre avait été, avec Barère, l'inventeur de l'image de Bara, il devait présider ce rassemblement qui allait mobiliser la garde nationale, commandée par Hanriot et Boulanger, et les enfants de l'École de Mars, dirigée en second par Lebas. Préparait-il alors une épuration de l'Assemblée ? La question n'aura jamais de réponse, mais elle doit être posée. Reste que sa mise en accusation le 9 par une coalition hétéroclite de députés rassemblant des opposants déclarés, des alliés déçus et des indécis dénonçant la dictature à venir ne peut pas être une simple coïncidence. Depuis juin, des manœuvres sourdes, conduites par ses collègues, discréditaient Robespierre et le présentaient comme aspirant à la dictature, voire à la royauté ; elles le rendaient responsable de l'emballement des exécutions capitales à Paris, en réponse aux conspirations provoquées sciemment dans les prisons. Les recherches de compromis entre députés qui avaient été menées, notamment par Barère, s'étaient soldées par des échecs. Le 9 Thermidor est donc bien une sortie de crise, comme il y avait eu auparavant, en juin 1793, l'élimination des Girondins, en mars 1794, celle des sans-culottes, puis, en avril, celle des dantonistes.

Le bouc émissaire

L'originalité du 9 Thermidor tient à deux points : l'ampleur de la répression – plus de cent personnes sont guillotinées en deux jours comme « robespierristes » – et surtout l'écho qui lui est donné dans la foulée. Sa signification est changée, Thermidor n'est pas seulement un tournant après bien d'autres : Robespierre est désormais présenté comme un personnage hors norme, tout-puissant, et surtout il devient l'instigateur de « la Terreur ». Le 11 thermidor, ceux qui venaient de l'envoyer à l'échafaud, ordinairement rassemblés sous le terme de Thermidoriens, l'avaient simplement qualifié de « tyran ». Un mois après, en août 1794 (fructidor an II), Tallien définit tout ce qui a eu lieu depuis 1792 comme « la Terreur », dont Robespierre et quelques autres auraient été les responsables. Or il avait, le 8 thermidor, expressément rappelé son opposition à tout « système de Terreur », ce qui n'était pas une formule mais l'expression d'une politique compliquée jusqu'à l'ambiguïté. Elle avait consisté à utiliser et endiguer autant que possible – et autant qu'il était nécessaire – la violence des ultra-révolutionnaires, tout en les empêchant de s'approprier le pouvoir de l'État.

Thermidor n'avait été que l'aboutissement d'une lutte confuse rassemblant des députés de la Convention attachés à la sans-culotterie, à la déchristianisation et à la violence politique, les Carrier, Fouché,

Vadier, Tallien, avec des centristes, les Barère et Boissy d'Anglas, apeurés devant le pouvoir croissant de Robespierre. Il était impossible, en effet, de situer entre droite ou gauche les camps en présence ce jour-là, puisque Billaud-Varenne et Collot d'Herbois, qui appartenaient à l'aile gauche du Comité de salut public, avaient rejoint Barras ou Tallien, situés alors beaucoup plus au centre de la Convention. Robespierre avait été exécuté comme dictateur, ni de droite ni de gauche, ce que les sans-culottes, déçus par sa politique, avaient approuvé. Ces derniers étaient encore sur cette ligne lorsqu'ils se soulevèrent en 1795 contre la Convention pour faire appliquer la Constitution de 1793. Il fallut quelques années pour que Babeuf, qui avait commis un pamphlet destiné à une longue postérité contre Robespierre et Carrier, comprenne qu'il avait été berné et revoie son jugement sur Robespierre, ce qui amorcera la réintroduction de Maximilien dans la gauche populaire.

Tallien, en août 1794, a pleinement réussi son coup d'État. Il a déconsidéré des rivaux et fait oublier sa proximité personnelle avec les sans-culottes et les massacreurs de septembre 1792. En inventant la Terreur dirigée par Robespierre, il rassemble pêle-mêle Jacobins, Montagnards, sans-culottes, tous confondus comme « terroristes » – mot forgé dans l'automne 1794 –, tous susceptibles d'être livrés à la violence de la « Terreur blanche » de 1794-1795. Il fait aussi disparaître les rivalités personnelles ou doctrinales qui avaient existé entre Robespierre et les Montagnards de stricte observance, tels Vadier, Billaud-Varenne, et bien entendu avec les sans-culottes « historiques », rassemblés autour de Hébert, et les Enragés, fidèles au souvenir de leur meneur, Jacques Roux, mort dans la prison où il avait été jeté sur ordre de Robespierre. Même Carrier, revenu à Paris sur ordre de ce dernier en février 1794, impliqué dans la conspiration de Thermidor, est poursuivi, et exécuté, comme robespierriste. D'un seul coup, la gauche jacobine et sans-culottes peut être identifiée à un seul homme, Robespierre.

Le monstre

On admettra qu'il fallut beaucoup de chance à ce tour de passe-passe pour faire de Maximilien le prototype du révolutionnaire et le transformer en monstre. Indiscutablement, il tient à l'habileté de Tallien et de ses amis, dont Barras et Fouché. En imposant sans vergogne leur vision des mois de violence, auxquels ils avaient participé, ils disparaissent de la scène. La traque des robespierristes et assimilés poursuivie dans la « Terreur blanche » eut une efficacité inégalée, entravant toute revendication d'une quelconque fidélité à Robespierre pendant plus de trente ans, ce qui fit aussi l'affaire des Girondins et dantonistes survivants, qui restaient nombreux dans les institutions politiques et administratives et purent se présenter, eux aussi, comme des victimes du « monstre ».

Enfin, l'air du temps aida. La mode était au roman noir, au mélodrame, à la fascination devant les têtes coupées. Le personnage de Robespierre pouvait aisément tenir un rôle dans cette lecture du monde. Sa vie privée était demeurée discrète, voire secrète, ses affections restées inconnues et même ses relations sociales n'avaient guère bénéficié de publicité. La campagne lancée à partir d'août 1794 accentue ces traits, popularisant l'image d'un misanthrope maladif, d'un ambitieux dangereux et d'un doctrinaire sanguinaire. Mais surtout elle brouille définitivement l'image de la Révolution, puisque Thermidor en marque la fin, avant un nouveau régime : le Directoire. La Révolution n'avait cessé de proclamer qu'elle s'était établie au nom de la justice et de la vérité, prétention démentie par la chute de Robespierre elle-même provoquée par les complots et les mensonges. L'accusation fait écho à ce qui avait été reproché, auparavant, à Brissot puis à Hébert, sans oublier Danton et même Mirabeau dont la forfaiture avait été découverte en 1792, un an après sa mort. Thermidor, vu par Tallien, signe donc l'échec de cinq années de révolution. La personnalité de Robespierre, notable énigmatique, révolutionnaire austère, personnage retiré du monde, mais maître de la Révolution et initiateur de la Terreur, expliquait l'inexplicable : elle avait fasciné le pays, elle expliquait ce qui était présenté comme inexplicable, gommant les années de compromis, d'alliances et de luttes pour le pouvoir.

L'opinion se rallia facilement à cette lecture des années 1792-1794 qui, en désignant des boucs émissaires, avait l'avantage de faire oublier errements et renoncements. Napoléon imposa le silence sur les années de la Révolution et endigua soigneusement la gauche révolutionnaire, évitant ainsi de rappeler ses propres liens avec Augustin Robespierre, le frère de Maximilien. Il estimait cependant, comme le rapporte Las Cases, que ce dernier avait été victime « d'hommes sanguinaires et plus affreux », il n'était pas la dupe.

Même la Contre-Révolution et la Restauration furent heureuses d'invoquer l'exceptionnalité de Robespierre en gommant d'un seul coup leurs propres faiblesses, leurs initiatives ratées et leur absence en Vendée. La Révolution était identifiée à Robespierre, à la Terreur, à la philosophie, à la centralisation, préfigurant une historiographie vouée à une longue et prolifique postérité. En retenant le phénomène de la Terreur comme composante de l'histoire philosophique du monde, en le comprenant comme la négativité liée à la liberté absolue, Friedrich Hegel allait même la mettre au centre de la marche de l'humanité.

L'exception

L'image de Robespierre ainsi établie règne de façon quasi incontestée pendant les trente années qui suivent, philosophes, artistes, historiens, mémorialistes contribuant l'un après l'autre à l'œuvre commune. La dénonciation est paradoxale. L'homme est présenté comme un fanatique, une nullité, sans réelle grandeur ; il n'en reste pas moins qu'il est l'incarnation de la Terreur, un symptôme plus qu'un tyran. Nul ne remet en cause la légende noire avant 1830, quand les preuves de la manipulation commencent à être données, notamment par *L'Histoire parlementaire de la Révolution française* publiée par Buchez et Roux. Rien n'est gagné pour autant. Le débat reste vif dans les rangs de la gauche comme en témoignent les publications de Lamartine, de Michelet, d'Esquiros et de Blanc qui marquent l'année 1847. Même si Michelet est le plus hostile à Robespierre et si Lamartine fait l'apologie des Girondins, tous ces auteurs consacrent la place éminente de Robespierre dans une période historique hors du commun, avalisant le legs thermidorien. Historiens, écrivains, peintres se saisissent de cette interprétation qu'ils vont décliner inlassablement dans les décennies qui suivent.

Les conséquences seront paradoxales et inattendues. Parce que le rejet de Robespierre est partagé par les royalistes, mais aussi par les socialistes autour de Proudhon, ainsi que par les républicains, autour de l'historien officiel Aulard, installant Danton comme le héros de la IIIe République, naît, en réaction, un courant érudit qui entend réhabiliter « le maudit ». Pendant le Second Empire, Ernest Hamel s'y emploie avec une bonne volonté un peu désarmante, mais, dans les années 1920-1930, l'élève et rival d'Aulard, Albert Mathiez, édifie un monument incomparable à Robespierre, avec un savoir et une ténacité exemplaires. Il ravale à un piètre rang Danton, comme la quasi-totalité des autres révolutionnaires, et fixe ainsi les cadres de l'historiographie jusqu'à aujourd'hui : le personnage créé en 1794 se déclinant entre monstre qui fascine toujours une partie de l'opinion, initiateur des dérives étatiques et totalitaires, enfin martyr subissant le sort des révolutionnaires intègres. La légende noire a donc eu comme effet inattendu de cristalliser autour de lui tous les débats et de confirmer la singularité exceptionnelle de la Révolution française pendant ce qu'il est convenu d'appeler « la Terreur », en accumulant contradictions et paradoxes.

Le rôle accordé à Robespierre et la place qu'il occupe encore maintenant dans l'imaginaire national sont incontestablement l'héritage de cette fascination.

Ses écrits et ses discours ont déjà justifié leur publication en onze volumes constituant une œuvre inégalée, l'installant dans une position prédominante vis-à-vis de tous les autres grands acteurs de la période. Si Marat est lui l'auteur (puis l'inspirateur) de milliers de pages, Robespierre garde un ton et une hauteur de vues que le polémiste ne pouvait pas toujours avoir. Si ses réflexions politiques n'ont pas l'ambition de celles de Billaud-Varenne et de Saint-Just, qui entendaient fonder les institutions républicaines, elles sont déployées sur les cinq premières années de la Révolution, constituant une source d'inspiration pour des générations de réformateurs et de révolutionnaires.

En contrepartie, les inconvénients pour comprendre la trajectoire de Robespierre ne sont pas négligeables. Il ne s'agit que de textes destinés à des assemblées élues et militantes, laissant penser que la marche de la Révolution peut se résumer à des déclarations de philosophie politique. L'homme est définitivement réduit à ses déclarations, accentuant par là son côté doctrinaire, occultant ses relations sociales et minimisant l'accueil de ses idées parmi ses pairs. Il est littéralement surexposé, alors que l'activité considérable de Barère de 1789 à au moins 1804 ne sort pas d'une discrétion en partie voulue et que la pensée de Sieyès, particulièrement présent en 1789 et en 1799, reste difficile d'accès.

En résulte la solitude de Robespierre, que ce soit pour l'accabler, l'excuser ou le louanger. Elle est toujours postulée au détriment d'une lecture véritablement politique et politicienne de la Révolution, ce qui donne encore raison à Tallien ! Ne convient-il pas alors, pour rompre avec cette compréhension biaisée, de revenir aux faits, de considérer Robespierre à l'égal des autres hommes illustres du moment qui ont légué leurs noms aux rues et aux places, les Mirabeau, Danton, La Fayette, pour restituer aux événements leur épaisseur et permettre aux droites et aux gauches, débarrassées de ce fantôme, de se positionner autrement ? Répondre à cette interrogation ne lui enlèverait pas la place prééminente qu'il eut bel et bien au printemps 1794, et n'altérerait pas le fait qu'il incarne la Révolution dans ses aspirations et dans ses contradictions ; elle le montrerait plus humain, l'ayant débarrassé autant que possible de la légende noire qui l'isole et le déforme ; elle rendrait la personne Robespierre accessible, dans sa destinée grandiose et tragique, à la fois exceptionnelle et commune.

Bibliographie sélective

Marcel Gauchet, *Robespierre. L'homme qui nous divise le plus*, Gallimard, 2018.

Hervé Leuwers, *Robespierre*, Fayard, 2014.

Jean-Clément Martin, *Robespierre. La fabrication d'un monstre*, Perrin, 2016.

Jean Massin, *Robespierre*, Le Club français du Livre, 1970.

Peter McPhee, *Robespierre. A Revolutionary Life*, New Haven-Londres, Yale University Press, 2012.

Gérard Walter, *Maximilien de Robespierre*, Gallimard, 1989.

3

Olympe de Gouges ou le droit des femmes

par Sophie DESORMES

Le nom d'Olympe de Gouges, resté longtemps dans l'obscurité, a refait surface avec force en 2014 au moment où le président de la République, François Hollande, s'interrogeait sur les nouvelles entrées souhaitables au Panthéon. Dans une tribune publiée par Libération, *Martin Malvy, ancien ministre et président de la région Midi-Pyrénées, affirmait qu'« Olympe de Gouges est la mieux à même d'ouvrir aux femmes la voie du Panthéon car elle a été la visionnaire et la pionnière du féminisme », ajoutant : « La Déclaration des droits de la femme et de la citoyenne, qu'elle rédigea en 1791 et proposa en vain à l'adoption du législateur, a été dans notre pays – et probablement dans le monde – le premier manifeste à oser revendiquer l'égalité entre les hommes et les femmes. » Son vœu ne fut pas exaucé, mais le débat qui s'ouvrit alors à son sujet a permis de remettre au jour l'histoire d'une personnalité d'exception qui mérita, à défaut du Panthéon, d'être statufiée à l'Assemblée nationale : « Entre ici,*

Olympe de Gouges ! » a alors déclaré Catherine Coutelle, présidente de la délégation de l'Assemblée aux droits des femmes, tandis que le président Claude Bartolone constatait qu'il avait fallu plus de deux siècles pour que l'on reconnaisse le talent de cette pionnière de l'égalité des droits, le courage de cette « alliée infatigable des humbles, des laissés-pour-compte, des esclaves et du menu peuple comme l'on disait alors ».

Au cours de cette discussion, les défenseurs d'Olympe de Gouges mirent surtout en relief celle qui avait défendu la cause des femmes avec éclat, courage et panache. Toutefois, ce n'est pas faire tort à la cause féministe de rappeler que la profusion de ses écrits et de ses actions ne s'y réduit pas. Sa condamnation à mort sous la Terreur n'est pas due à ses analyses et à ses diatribes contre la domination masculine : elle fut une femme politique et du parti provisoirement vaincu de la gauche, celui des Girondins. Toutefois, si à la différence de Condorcet, avec lequel elle partageait bien des idées, elle a été si longtemps oubliée, c'est que, de son vivant, et pendant longtemps, il n'était pas admis que les femmes tiennent un rôle politique : « L'honneur des femmes, écrivaient à son propos les rédacteurs jacobins des *Révolutions de Paris*, consiste à cultiver en silence toutes les vertus de leur sexe, sous le voile de la modestie et dans l'ombre de la retraite. Ce n'est pas non plus aux femmes à montrer le chemin aux hommes. »

L'ascension dans les lettres

Née à Montauban en 1748, elle était la fille d'Anne-Olympe Mouisset, qui avait été mariée à un jeune marchand boucher nommé Pierre Gouze. Sa mère était en fait la maîtresse de Jean-Jacques Lefranc de Pompignan, grand seigneur, haut magistrat, l'un des hommes les plus en vue de Montauban, dont Olympe a toujours affirmé, selon toute vraisemblance, être la fille naturelle. Malgré une instruction « négligée » – elle parlait mieux l'occitan que le français –, Marie Gouze, qui devait prendre comme nom de plume Olympe de Gouges, rêvait de devenir une femme de lettres, convaincue d'avoir hérité des talents littéraires de l'ancien amant de sa mère. En attendant, elle dut se résigner au mariage, qui était la vocation des demoiselles, avec un homme qu'elle n'aimait pas, Louis-Yves Aubry, traiteur de profession, dont elle aura un fils avant que son époux ne meure. De ce mariage, elle garda un bien mauvais souvenir, qui contribua à fixer ses idées sur ce qu'elle appellera « le tombeau de l'amour et de la confiance ». C'est en jeune veuve libre, indépendante, et grâce à son amant et généreux protecteur Jacques Biétrix, en affaires avec la Marine royale, qu'elle put s'installer à Paris au début des années 1770. Elle y connut une rapide ascension sociale. Jolie, spirituelle, introduite dans les salons, entourée, courtisée, elle compta plusieurs amants entre 25 et 30 ans, ce qui lui fit une fausse réputation de courtisane. Un de ses meilleurs amis, Louis-Sébastien Mercier, l'auteur réputé des *Tableaux de Paris*, l'encouragea à écrire des pièces de théâtre ;

elle était aussi en relations avec La Harpe, Michel de Cubières, des philosophes, des poètes, et il est probable qu'elle eut des liens avec la franc-maçonnerie. À tâtons, elle commença à écrire des pièces qui pouvaient être jouées dans des théâtres privés. Inquiète de son orthographe et de son style, elle dictait la plupart du temps ses textes à des secrétaires. Très tôt, dans ses petites pièces connues d'un cénacle, elle aborde des sujets variés qui annoncent ses engagements futurs : le mariage, l'adultère, le divorce, les vœux religieux forcés, la prison pour dettes… et un sujet qui va devenir la première grande cause qu'elle défend publiquement : la lutte contre le racisme et l'esclavage.

En 1785, Olympe de Gouges donne en lecture à la Comédie-Française sa pièce intitulée *Zamore et Mirza ou l'heureux naufrage*, qui traite du thème de l'esclavage aux colonies. Malgré les concessions à la mode – un ballet clôt le spectacle –, le propos est clair : c'est une dénonciation des conditions de vie faites aux esclaves des colonies (Antilles, Saint-Domingue, Réunion, île Maurice). La pièce narre l'histoire de l'esclave Zamore qui, après avoir tué l'intendant violeur de sa fiancée Mirza, subit les pires avanies. L'auteur expliquait le choix de son sujet : « Le récit des cruautés exercées par des maîtres féroces avait ému ma sensibilité. Solliciter en leur faveur l'opinion publique, éveiller la bienveillance sur ces déplorables victimes de la cupidité, tel fut le devoir que je m'imposai. » Les comédiens-français firent la fine bouche en apprenant que l'auteur de la pièce était une femme ; c'est grâce à l'intervention de Mme de Montesson, protectrice et amie d'Olympe, que *L'Heureux Naufrage* fut lu et mis aux voix. Les auditeurs se partagèrent mais, au prix d'un certain nombre de corrections acceptées par l'auteur, la pièce fut reçue le 8 juillet 1785. Étape décisive pour la carrière d'Olympe de Gouges, qui, jusque-là, n'avait fait jouer ses compositions théâtrales que dans les seuls théâtres privés en marge des salons parisiens. Elle entrait au répertoire du plus grand théâtre public du pays. Elle se mit donc à attendre le moment où le jour de la représentation arriverait. Dans son impatience, elle commit plusieurs erreurs qui blessèrent la susceptibilité des comédiens-français, lesquels finirent par rayer *Zamore et Mirza* de leur répertoire sans l'avoir jouée. Olympe tenta de lancer une action collective des auteurs contre les tracasseries et l'arbitraire de l'illustre compagnie. Peu la suivirent, mais elle obtint le soutien de Cubières, Mercier, La Harpe et de quelques autres. La conciliation était en vue. Cependant, de nouvelles péripéties retardèrent la représentation de sa pièce, qui n'eut lieu qu'à la fin de l'année 1789, rebaptisée *L'Esclavage des Nègres ou l'heureux naufrage*. En fait, les comédiens du Théâtre-Français qui avaient accepté la pièce ne s'étaient pas rendu compte de son caractère sulfureux : la condamnation de l'esclavage portait atteinte aux intérêts considérables liés à la traite des Noirs et à l'économie coloniale, aux propriétaires terriens, aux armateurs nantais et bordelais, à tous ceux que le commerce triangulaire enrichissait.

Cependant, un mouvement d'opinion favorable à l'abolition de l'esclavage avait pris corps en Angleterre et en France. Un juriste de formation devenu journaliste, Jacques Pierre Brissot, inspiré par les abolitionnistes britanniques, avait créé en France, en 1788, une filiale de leur association, la société des Amis des Noirs, à laquelle adhérèrent notamment Mirabeau, l'abbé Grégoire et La Fayette. Entre-temps, Olympe de Gouges s'était résolue à publier sa pièce, enrichie d'une préface saisissante, « Réflexions sur les hommes nègres », une dénonciation de l'esclavage et une condamnation des préjugés racistes qui le conditionnaient. Elle prônait l'égalité entre tous les individus contre « l'injuste et puissant intérêt des Blancs ». Le mouvement philanthropique qui était désormais lancé en faveur des Noirs provoqua la réaction et l'organisation des riches colons. Ils firent campagne contre Brissot, Condorcet et Olympe – cette « donzelle écrivant de mauvais romans sur le Congo ». Brissot rendit hommage à cette femme qui avait adhéré à la société qu'il animait : « J'ai cité quelques-unes des femmes qui faisaient partie de la société des Amis des Noirs. Je ne dois pas oublier, parlant d'elles, Olympe de Gouges, encore plus célèbre par son patriotisme et son amour de la liberté que par sa beauté et plusieurs ouvrages écrits parfois avec élégance, toujours avec une noble énergie. »

Le conflit entre le comité colonial de Paris, soutenu par l'aristocratie foncière des colonies, et les Amis des Noirs prenait une vive intensité dans les journaux. Quand, en décembre 1789, la pièce d'Olympe fut annoncée, une brochure anonyme distribuée dans les rues de Paris, *Lettre à Madame de Gouges*, la dénonça. Le 28 décembre, le jour même de la représentation de *L'Esclavage des Nègres*, la feuille antirévolutionnaire *Les Actes des Apôtres* tirait à boulets rouges sur la « donzelle » qui se mêlait de ce qui ne la regardait pas, n'étant jamais sortie de Paris. La pièce était attendue par les deux camps en bataille, dans un climat orageux. Tout au long de la représentation rivalisèrent les applaudissements des uns et les sifflets des autres, au point que les interruptions se succédèrent. Les affrontements du théâtre se reproduisirent dans les journaux. La pièce connut une deuxième, puis une troisième représentation le 2 janvier 1790. La pression des colons, qui louaient une quarantaine de loges à l'année à la Comédie-Française, n'avait pas peu contribué à retirer *L'Esclavage des Nègres* de l'affiche. Combative, Olympe s'en plaignit dans une *Lettre aux représentants* (de la jeune Assemblée nationale) : « Quoi ! La cabale de quelques colons et la tyrannie histrionique l'emporteront sur l'intérêt public, sur la plus lumineuse équité, et l'an premier de la Liberté se souillera d'une injustice que n'eussent produite ni l'ignorance ni la barbarie du régime féodal ? »

Cependant, Olympe de Gouges avait mené avec quelques autres un combat qui n'était pas perdu. La révolte des esclaves de Saint-Domingue en août 1791 porta la question à l'Assemblée constituante. Brissot eut l'occasion d'y prononcer un grand réquisitoire : « La cause des hommes de couleur est donc la cause des patriotes, de l'ancien tiers état, du peuple enfin si longtemps opprimé. » Mais cette cause, à laquelle Olympe de Gouges avait donné tant d'élan, ne serait que provisoirement gagnée en 1794, avant de l'être définitivement en 1848. Elle en avait été à l'avant-garde.

Cet engagement pionnier est chez elle inséparable d'un attachement à la liberté et la révolte face à toutes les inégalités liées à la naissance, à la couleur de la peau, et bien sûr au sexe. Nourrissant jusqu'au bout le complexe d'une éducation incomplète qui la faisait hésiter sur les mots justes ou l'orthographe, elle en accusa à raison le fait qu'elle en avait été privée « parce que fille ». Ce fut son deuxième grand combat, celui de l'égalité des droits accordés aux femmes. Comme George Sand et nombre de ses consœurs des décennies suivantes (mais aussi comme Condorcet), ce qu'elle demande d'abord c'est le droit à l'éducation – une éducation qui leur ouvrira enfin un statut de femmes de lettres à part entière. Convaincue, à tort ou à raison, que ses échecs au théâtre tenaient au fait qu'elle était femme, elle forma le projet d'un « Théâtre national » qui serait consacré aux femmes.

Elle plaide sans relâche l'égalité pour les femmes, leur émancipation possible hors du cadre contraignant du mariage, ce qui l'amène à militer pour le divorce, garantie d'égalité entre les époux. Elle écrit en 1790 une pièce, *La Nécessité du divorce*, qui fut présentée à la Comédie-Italienne, sans succès. Elle défendait une autre forme d'union entre les époux qui prendrait entre eux la forme d'un contrat civil (« Contrat social de l'homme et de la femme »). C'était une vision flexible de la famille bien éloignée du sacrement indissoluble qui, en cette fin du XVIIIe siècle, faisait de la femme une prisonnière. De la même manière, elle dénonça l'enfermement des filles au couvent. C'est ainsi qu'en 1790 le Théâtre comique et lyrique de la rue de Bondy présenta sa pièce *Le Couvent ou les vœux forcés*, qui rencontra, elle, une réelle audience.

Ces revendications, qui seront en partie satisfaites par l'Assemblée législative (instauration du divorce, mariage civil, reconnaissance des enfants « bâtards », possibilité de rompre les vœux religieux), Olympe les a résumées dans son texte le plus célèbre, sa *Déclaration des droits de la femme*, en septembre 1791, en décalquant la Déclaration des droits de l'homme pour la compléter. L'article premier l'affirmait : « La femme naît libre et demeure égale à l'homme en droits. Les distinctions sociales ne peuvent être fondées que sur l'utilité commune. » Cette égalité des droits devait aussi se manifester dans l'ordre politique : « La loi doit être l'expression de la volonté générale, lisait-on dans l'article 6, toutes les citoyennes et citoyens doivent concourir personnellement ou par leurs représentants à sa formation ; elle doit être la même pour tous ; toutes les citoyennes et citoyens, étant égaux à ses yeux, doivent être également admissibles à toutes dignités, places et emplois publics, selon leurs capacités, et sans autres distinctions que celles de leurs vertus et de leurs talents. »

Que les femmes puissent être électrices et éligibles était considéré alors comme une aberration. On sait qu'en France il fallut attendre 1944 pour que ce droit revendiqué par Olympe de Gouges devienne une réalité. La philosophie des révolutionnaires, qui fut longtemps celle de la gauche, reléguait la femme dans la *domus*, au nom de la séparation de la sphère privée et de la vie publique. Olympe de Gouges savait que les femmes elles-mêmes, dans leur immense majorité, acceptaient cette division des fonctions entre hommes et femmes, qu'elles endossaient leur servitude. C'est pourquoi elle n'eut de cesse de s'adresser à ses concitoyennes, de les exhorter à prendre conscience de leurs droits : « Femme, réveille-toi, le tocsin de la raison se fait entendre dans tout l'univers. Reconnais tes droits. Le puissant empire de la nature n'est plus environné de préjugés, de fanatisme, de superstition et de mensonges. Le flambeau de la vérité a dissipé tous les nuages de la sottise et de l'usurpation. L'homme esclave a multiplié ses forces, a eu besoin de recourir aux tiennes pour briser ses fers. Devenu libre, il est devenu injuste envers sa compagne. Ô femmes ! femmes ! quand cesserez-vous d'être aveugles ? »

Sur l'émancipation des femmes, Olympe était à contre-courant, malgré les révolutionnaires féministes et malgré Condorcet. Rares furent ceux et celles qui la lurent et l'approuvèrent. C'est seulement à la fin du XIXe siècle et au début du XXe siècle que l'on reconnut son rôle défricheur et vit en elle une pionnière du féminisme en France.

Ses facultés d'indignation et de protestation s'exercent aussi et continûment sur les conditions d'existence des pauvres, des démunis, des travailleurs exploités, des « vieillards sans toit ». Sa pièce *L'Homme généreux*, d'inspiration maçonnique, datant de 1785, révélait ses préoccupations sur « l'aspect déplorable du peuple ». Elle multiplie les projets de réforme, dans sa *Lettre au peuple* (1788) puis dans ses *Remarques patriotiques* (1788 également) et dans bien d'autres écrits et pamphlets : elle préconise un impôt volontaire des trois ordres, des maisons ouvertes l'hiver aux ouvriers sans travail, aux « vieillards sans force », aux « enfants sans appui », des lieux d'accueil pour les parturientes en détresse. Elle imagine toute une législation sociale qui ne verra sa réalisation que très lentement au long des XIXe et XXe siècles.

La Citoyenne

Olympe de Gouges accueillit la réunion des états généraux et la révolution qui suivit avec ferveur : le moment n'était-il pas venu de mettre en œuvre les principes de liberté et d'égalité pour lesquels elle n'avait cessé de combattre ? Dans l'éventail des idées et des courants politiques, elle fut d'abord une monarchiste constitutionnelle, favorable à une royauté populaire selon les vœux de Mirabeau, qu'elle admirait. La disgrâce du grand tribun et la montée en puissance du jacobinisme lui valurent l'hostilité de la gauche. Après la fuite du roi et son arrestation à Varennes, elle fut en accord avec la majorité de l'Assemblée dans son désir de sauver la Constitution de 1791. Mais il fallait que le roi révise ses habitudes et ses préjugés. Dans sa brochure *Sera-t-il roi, ne le sera-t-il pas ?*, elle exhorte le souverain à faire confiance au peuple et à changer l'esprit de la Cour : « Faire une réforme totale de votre Maison, de même que celle de la reine, de Madame Royale, de Madame Élisabeth et régénérer entièrement, comme la Constitution, cette cour gangrenée ; mettre à la place des aristocrates des anciens nobles patriotes ainsi que les citoyens et citoyennes connus de même pour leur patriotisme. » Cependant, au lendemain du 10 Août et de la chute du roi, elle rallia sans ambiguïté la cause républicaine. Cela ne l'empêcha pas de s'opposer, par humanité, à la condamnation à mort de Louis XVI. Dans le conflit qui s'amorce et devient dramatique sous la Convention, elle prend nettement parti pour les Girondins contre les Montagnards.

Jusqu'à sa condamnation à mort, elle se bat sur tous les sujets, sur tous les fronts. Ses pièces et ses romans ne suffisent plus. Elle intervient par voie d'affiches. Ses textes, confiés à un imprimeur, sont placardés à ses frais sur les murs de la capitale par un colleur professionnel. Elle épuise sa fortune dans cette activité, elle s'endette, mais s'impose ; son nom est désormais connu, les journaux des deux bords parlent d'elle. Honnie des contre-révolutionnaires, elle devient la cible des Jacobins. Dans *Les Fantômes de l'opinion publique,* elle prend à partie Marat qu'elle rend responsable des massacres de septembre 1792 : « Marat ! Fameux agitateur, destructeur des lois, ennemi mortel de l'ordre, de l'humanité, de sa patrie, atteint et convaincu de vouloir introduire en France une dictature et de menacer sans cesse la Convention nationale de son entière dissolution. Marat vit libre dans la société dont il est le tyran et le fléau. »

Cette dictature, elle la pressent dans la personne de Robespierre. Dans une affiche rouge, intitulée *Pronostic sur Maximilien Robespierre par un animal amphibie,* elle l'attaque, en 1793, en termes véhéments : « Tu te dis l'unique auteur de la révolution, tu n'en fus, tu n'en es, tu n'en seras éternellement que l'opprobre et l'exécration. […] Tu voulais assassiner Louis le dernier pour l'empêcher d'être jugé légalement ; tu voudrais assassiner Pétion, Roland, Vergniaud, Condorcet, Louvet, Brissot, Lasource, Guadet, Gensonné, Hérault de Séchelles, en un mot, tous les flambeaux de la république et du patriotisme… Tu voudrais te frayer un chemin sur des monceaux de morts et monter par les échelons du meurtre et de l'assassinat au rang suprême ! Grossier et vil conspirateur ! » Ayant choisi son camp, elle prend tous les risques, au nom de la liberté menacée. Fidèle aux principes de la Révolution, elle adresse cette exigence aux membres de la Convention : « L'esprit de 89 doit renaître pour effacer l'esprit du 2 septembre. »

Le 2 juin 1793, à l'appel du Comité insurrectionnel, les députés girondins sont arrêtés. Olympe de Gouges adresse alors ses *Œuvres politiques* à la Convention et prend la défense de la Gironde, qu'elle renouvelle dans un nouveau pamphlet, son *Testament politique*. Les idées libérales ne sont plus de saison, mais elle persiste dans ses convictions. La voilà préconisant une manière de référendum dans chaque département pour choisir le meilleur gouvernement pour les Français, qui doivent se prononcer entre trois options : monarchiste, jacobine ou république fédérale – ce fédéralisme prôné par les Girondins et qu'elle soutient. Elle prépare une nouvelle affiche, *Les Trois Urnes*. C'en est trop. Elle est arrêtée le 20 juillet 1793, dans les jours qui suivent l'assassinat de Marat et la condamnation de Charlotte Corday. Son appartement est perquisitionné, on l'emprisonne à l'abbaye de Saint-Germain-des-Prés, avant de l'enfermer à la Conciergerie. Jugée par le Tribunal révolutionnaire présidé par Fouquier-Tinville qui la hait, elle doit répondre, sans avocat, à l'accusation d'avoir « composé et fait imprimer des ouvrages qui ne peuvent être considérés que comme un attentat à la souveraineté du peuple puisqu'ils tendent à mettre en question ce sur quoi il a formellement exprimé son vœu ». Elle explique le motif de ses *Trois Urnes* : « Voyant des orages s'élever dans un grand nombre de départements et notamment à Bordeaux, Lyon et Marseille, je m'étais mis en tête de réunir tous les partis en les laissant chacun libre dans le choix du gouvernement qui lui conviendrait le mieux. » Ce libre choix était considéré comme sacrilège. La sentence était inévitable ; Olympe de Gouges fut condamnée à mort ; elle marcha à l'échafaud sans faiblesse le 3 novembre 1793 (13 brumaire an II). À la foule assemblée, elle lança fièrement : « Enfants de la Patrie, vous vengerez ma mort ! »

Un si long oubli

Comment expliquer qu'une telle femme ait pu si longtemps rester méconnue de la gauche, alors que toute sa vie et toute son œuvre s'étaient illustrées par la défense, souvent héroïque, des principes qui ont forgé la devise républicaine : liberté, égalité, fraternité ?

La Révolution est intrinsèquement virile. Certes, de nombreuses femmes ont participé au grand mouvement d'émancipation révolutionnaire, mais avant tout au rang de figurantes. Celles qui se sont fait un nom – les Manon Roland, les Charlotte Corday, les Théroigne de Méricourt –, comme Olympe de Gouges, sont frappées d'indignité pour avoir voulu exercer un rôle personnel et public dans l'histoire. Car les femmes n'appartiennent pas à l'histoire ; elles relèvent de la Nature ; elles ne sont pas indépendantes, elles demeurent sous influence ; elles appartiennent à leur foyer comme, écrivait Rousseau, « la religieuse à son cloître ». Disqualifier celles qui trahissent leur vocation est du devoir des gardiens de la Révolution.

Olympe de Gouges a été, dès avant 1789, une activiste politique. Refusant après son veuvage toute idée de remariage, elle a voulu devenir une femme de lettres. Non point de celles, fort acceptables par la société, qui écrivaient des romans sentimentaux ou même des traités scientifiques, mais une femme dont les écrits et toute l'existence furent consacrés à réformer l'état d'une société profondément inégalitaire et injuste. Pour le sens commun, pareille ambition n'était pas acceptable. C'est en éprouvant toutes les difficultés, en rencontrant tous les obstacles dressés contre cette ambition qu'elle a mesuré l'abîme des conditions entre les deux sexes. En militant pour l'égalité entre l'homme et la femme, elle ne pouvait que heurter la société politique de son temps – et particulièrement, ce qui nous est difficile à comprendre, la gauche révolutionnaire, montagnarde et jacobine.

L'explication de l'oubli est également à chercher dans la manière dont se fabriquent les héros. Il y faut des chroniqueurs, des historiens ou des poètes. Olympe de Gouges fut privée de ces concours : à l'automne 1793, elle n'était utile à personne et ses rares soutiens furent réduits à lui rendre un hommage discret – quelques larmes séchées qui cependant font trace. Pendant cent cinquante ans ensuite, l'histoire républicaine a fait valoir ses droits ; ses combats étaient ailleurs. Il faut un parti pour construire et porter la mémoire d'un Gabriel Péri. Les Girondins en ont manqué. Même Lamartine, dans son *Histoire des Girondins*, lui fera défaut. Le poète est encore un romantique : sa martyre aura les traits de la sublime Pauline Roland. Pas de place chez lui pour les fautes de goût.

Son action dans tous les domaines et ses historiques *Droits de la femme* auraient pourtant dû retenir l'attention des historiens du XIXe siècle, Michelet le premier. Il n'en fut rien. Plus tard, la tendance jacobine impulsée par Albert Mathiez ne pouvait prendre au sérieux cette ennemie jurée de Robespierre, cette modérée adversaire des manifestations populaires, « obsédée par l'ordre » (Olivier Blanc). Elle était femme et girondine, ce n'était pas un certificat de bonne conduite pour des historiens qui avaient placé l'acmé de la Révolution dans le gouvernement révolutionnaire et les droits « de l'homme ». Pour tout dire, Olympe de Gouges était du camp libéral, peu disposée à mettre entre parenthèses la liberté au nom de l'égalité. Ennemie jurée de la violence, accusatrice de Marat et dénonciatrice des massacres de Septembre, réprouvant la condamnation à mort de Louis XVI, fulminant contre l'arrestation des députés girondins, elle s'inscrivait de moins en moins dans la ligne d'une Révolution dérivant vers la Terreur.

C'est par le féminisme que sa mémoire est tardivement rentrée dans l'histoire. En 1898, dans ses *Origines du féminisme contemporain*, Léopold Lacour lui attribuait un rôle déterminant dans la naissance du féminisme français, mais c'était au mépris de toute son action politique, sociale, humanitaire, dans l'ignorance de ses écrits, de ses interventions en multiples domaines. Dans le retour en grâce de l'ignorée, on ne saurait oublier l'importance des travaux d'Olivier Blanc, qui, après une première biographie en 1981, n'a cessé d'approfondir son sujet pour en arriver à une seconde version très complète, *Marie-Olympe de Gouges 1748-1793. Des droits de la femme à la guillotine*. En cette même année 2014 où cet ouvrage paraissait, la grande discussion ouverte sur les candidats et les candidates à la panthéonisation donna à connaître l'exceptionnelle personnalité. La gauche, dans sa majorité, avait cessé d'être robespierriste et, le mouvement féministe aidant, on se mit à redécouvrir la grande figure enfouie. Outre son buste, sculpté par Jeanne Spehar et Fabrice Gloux, désormais installé dans la salle des Quatre-Colonnes de l'Assemblée nationale, son nom a été donné à maints établissements scolaires, à de nombreuses rues et places dans toute la France. Reconnaissance tardive, très incomplète encore, mais en voie de réintroduire à sa juste place dans l'historiographie de la Révolution une prophétesse oubliée.

Bibliographie sélective

Olympe de Gouges, *Écrits politiques*, présentés par Olivier Blanc, Côté Femmes éditions, 2003, 2 vol.

Olivier Blanc, *Olympe de Gouges,* Éditions Syros, 1981.

Olivier Blanc, *Olympe de Gouges, des droits de la femme à la guillotine,* Tallandier, 2015.

Michel Faucheux, *Olympe de Gouges*, Gallimard, coll. « Folio biographies », 2018.

Michelle Perrot, *Des femmes rebelles – Olympe de Gouges, George Sand, Flora Tristan*, Elyzad poche, 2014.

4

Saint-Simon et l'invention du socialisme

par Christophe Prochasson

Saint-Simon n'est pas né « socialiste », il l'est devenu. Dans ses Études sur les réformateurs contemporains ou socialistes modernes, Saint-Simon, Charles Fourier, Robert Owen, *publiées en 1841, le journaliste et économiste libéral Louis Reybaud fut l'un des premiers à le faire entrer dans la famille. Le terme était récent. Être « socialiste », c'était d'abord s'opposer aux dérives individualistes engendrées par une Révolution qui s'était arrêtée en chemin, créant le désordre du chacun pour soi et ayant négligé l'émancipation de la « classe la plus pauvre et la plus nombreuse ». Saint-Simon fut de ceux qui partageaient ce constat.*

Élevé dans une grande famille aristocratique, arrière-petit-cousin du duc de Saint-Simon, le célèbre mémorialiste de la cour de Louis XIV, le comte Henri Rouvroy de Saint-Simon (1760-1825) n'avait pas hérité de sentiments politiques susceptibles de le porter à épouser les idéaux de la Révolution française. Il entretint avec celle-ci des rapports où se mêlaient adhésion, perplexité et déploration, beaucoup d'équivoque et d'ambivalence enfin, que des temps aussi troublés ne pouvaient manquer d'encourager chez une telle personnalité.

Comment on devient philosophe

De retour des États-Unis, où il avait combattu aux côtés des « insurgents » américains, il trouva une France en révolution. Il se tint d'abord prudemment à distance des événements, optant pour un affairisme nourri de spéculation sur les biens nationaux qui finit d'ailleurs par le conduire en prison. Après être parvenu à devenir l'une des grandes fortunes du Paris révolutionnaire, il finit ruiné, après une brouille retentissante avec son associé, le comte de Redern.

Il serait néanmoins exagéré de réduire les relations de Saint-Simon avec la Révolution, cette matrice de la gauche européenne, à cette seule dimension. Spéculateur certes, il n'en fut pas moins un observateur attentif et un commentateur aigu. Il en fut aussi un critique tempéré, se distinguant de son contemporain et rival en socialisme, Charles Fourier, qui, quant à lui, la prit immédiatement en grippe. L'un de ses biographes, Hubbard, cite même un discours de Saint-Simon prononcé devant l'assemblée électorale de Falvy, petite commune de la Somme, proche de Péronne, dépendant de l'ancienne seigneurie familiale, dans lequel le comte aurait renoncé publiquement à son titre : « Il n'y a plus de seigneurs, Messieurs : nous sommes ici tous parfaitement égaux ; et pour éviter que le titre de comte ne vous induise en l'erreur de croire que j'ai des droits supérieurs aux vôtres, je vous déclare que je renonce à jamais à ce titre de comte que je regarde comme très inférieur à celui de citoyen, et je demande, pour constater ma renonciation, qu'elle soit insérée dans le procès-verbal de l'assemblée. »

En septembre 1793, l'ancien comte prit le nom de Claude-Henri Bonhomme, se débarrassant de ses encombrantes origines. Sa propre famille se trouvait alors dispersée, prise dans le grand courant de l'émigration. L'opération ne suffit cependant pas à protéger l'ancien comte de l'arrestation. En novembre 1793, pour des raisons mal éclaircies, il fut jeté dans les geôles de Sainte-Pélagie, de Saint-Lazare puis du Luxembourg, dont il finit par être libéré, après onze mois d'emprisonnement, grâce à l'intervention de Boissy d'Anglas.

Cette angoissante incarcération le conduisit à se mettre en quête de brevets de républicanisme. L'homme d'affaires qu'il était aspirait à la tranquillité politique. Ne perdant pas le nord, il se lança dans la fabrication et la vente d'un jeu de cartes à jouer républicain sans roi ni valet. La dame de pique était remplacée par « la Liberté de pique ou de la presse » et le valet de carreau par « l'Égalité de carreau ou de couleurs »... La Révolution et la « gauche » furent ainsi opportunément mises au service du commerce.

Les biographes de Saint-Simon se sont longtemps disputés sur le degré d'engagement révolutionnaire du citoyen Bonhomme. Affairiste, il put aussi cultiver les plus sincères passions révolutionnaires. Si l'on en croit certains, appuyés sur une documentation aujourd'hui disparue, l'aristocrate déchu compta parmi les révolutionnaires les plus avancés de sa commune de Falvy. Il semble aussi avoir disposé d'un réseau d'amitiés et de relations de haut niveau qui lui facilita ses affaires. Il serait outrecuidant de trancher sur le fait de savoir ce qui fut le moteur premier de son existence entre l'enrichissement personnel, l'aspiration à la reconnaissance sociale, le goût pour le pouvoir et la politique ou l'ambition intellectuelle.

Les sentiments qu'il porta ultérieurement à la Révolution sont contrastés, diversement produits selon les interlocuteurs ciblés par ses écrits. Ses analyses dépendent aussi des contextes politiques très instables dans lesquels il vécut. Saint-Simon ne peut cependant en aucun cas passer pour un fervent et aveugle partisan des événements révolutionnaires pris comme un « bloc ». Ici, il condamne les « atrocités épouvantables » qu'entraîna, selon lui, l'institution du principe d'égalité. Ailleurs, il évoque les « extravagances révolutionnaires ». La Révolution, à ses yeux, avait surtout été détournée à son propre bénéfice par toute une classe de profiteurs, celle que composaient « légistes », « littérateurs » et « docteurs en us » qui peuplaient l'Assemblée législative avant que la Convention ne tombât sous l'influence des « hommes de la classe la plus pauvre et la plus ignorante ».

L'expérience de la Révolution n'en marqua pas moins un moment déterminant, se présentant comme une prise de conscience où s'enracina la philosophie politique de Saint-Simon. Il lui arrivait même de confesser pour elle une certaine tendresse. Mais de grandes questions restaient pendantes. Comment l'achever au mieux ? Telle était l'une des obsessions qu'il partageait avec nombre de ses contemporains. Toute son œuvre, éparpillée et dispersée sous des formats parfois déconcertants, s'efforce d'y répondre.

Vers 1798, sous le coup d'une véritable révélation, que Saint-Simon relate dans un étrange fragment autobiographique où il évoque une apparition de Charlemagne dont les Saint-Simon prétendaient descendre, le comte s'investit dans une mission « divine » que le vieil empereur lui aurait assignée : élaborer les recettes d'un monde nouveau. En 1803, il publia son premier texte politique qu'il adressa au consul Bonaparte : *Lettres d'un habitant de Genève à ses contemporains*. Rêvant bientôt de devenir le « lieutenant scientifique » de Napoléon, auquel il réserva ensuite ses critiques les plus dévastatrices, Saint-Simon se convainquit vite que les sociétés changeaient par la tête. Il convenait donc de proposer une « politique positive » susceptible de convaincre les élites. La science sociale, encore balbutiante comme science conjecturale, devait être bientôt en mesure de dégager des lois sur lesquelles s'appuieraient les gouvernants. La Révolution n'avait fait que renverser le monde. Il était désormais urgent d'en bâtir un nouveau selon les lois que les travaux les plus sérieux mettraient au jour.

Terminer la Révolution

Les *Lettres* passèrent presque inaperçues. Elles n'en indiquent pas moins le chemin que ne cessa de suivre Saint-Simon en accordant à la science une place éminente dans tout projet politique visant à remédier à un désordre social né de la tourmente révolutionnaire. Dans la première des *Lettres*, il suggère l'ouverture d'une souscription devant le tombeau de celui dont il se voulut l'équivalent en matière de science de l'homme : Newton.

Saint-Simon appréciait la fréquentation des hommes de science dont il fut, au temps de sa splendeur financière, l'Amphitryon. À sa table défilèrent plusieurs génies affamés. D'Alembert, Monge, mais aussi Cabanis, Bichat, Lagrange ou Berthollet comptèrent parmi les habitués du salon Saint-Simon. Lui-même se piquait de science, quitte à susciter le scepticisme, voire la raillerie de plusieurs savants contemporains. On rapporte que les conférences qu'il eut l'occasion de prononcer devant l'Académie des sciences indisposaient beaucoup les auditeurs. Ses toquades ou les soutiens qu'il apportait ne trahissaient pas toujours le meilleur goût scientifique, moins encore la robustesse de sa culture.

Cette confiance presque naïve dans la science et les savants est l'un des traits les plus marquants de la pensée de Saint-Simon. Selon lui, l'importation dans les sciences humaines de la loi que Newton avait établie pour la physique allait assurer aux hommes la maîtrise des lois régissant la mécanique sociale, prélude à tout changement. La loi de gravitation universelle le fascinait, soit dans sa dimension unitaire – elle semblait tout expliquer –, soit par le fait même de l'attraction qui, comme chez Fourier, pouvait devenir une propriété universelle, au-delà même du seul monde physique, jusque dans les relations sociales qu'elle semblait gouverner. Auguste Comte, qui fut, comme Augustin Thierry avant lui, son « élève » et « secrétaire », puisa dans cette intuition une inspiration à l'origine de la sociologie. Émile Durkheim, dont le cours sur le socialisme proposé aux étudiants de l'université de Bordeaux à la fin du XIXe siècle est centré sur l'étude de la pensée de Saint-Simon, ainsi que certains de ses proches et élèves, à l'instar de Célestin Bouglé, ont trouvé aussi en lui l'un des pères fondateurs de leur discipline qu'ils concevaient comme le socle du socialisme.

Le texte qui valut à Saint-Simon un succès de scandale et le conduisit en prison est plus tardif. Il contribua beaucoup à lui forger une réputation de socialiste aux yeux d'une postérité désireuse de se trouver des origines. Impatient de rendre ses idées publiques – elles avaient pour objectif de changer le monde et Saint-Simon n'était pas homme à négliger sa publicité, qu'il contrôlait avec une certaine efficacité –, il lança en février 1819 un premier périodique, fièrement intitulé *Le Politique*. La feuille s'éteignit dès le mois de mai. C'est dans une seconde, *L'Organisateur* (titre empruntant une terminologie assez moderne qui dit tout du projet saint-simonien), que parut au mois de novembre de la même année la célèbre « parabole », qualification d'ailleurs apocryphe et impropre, trônant au sommet de l'œuvre massive et complexe de Saint-Simon.

La « parabole », que suivit immédiatement un autre écrit qui la redouble, « Sur la querelle des abeilles et des frelons », parut pleine d'insolence. Quoique sur un mode tout à fait hypothétique (il ne s'agit que d'une « supposition » contrefactuelle) et sur un ton presque farceur, Saint-Simon y envisage la disparition des élites politiques du pays comparée à celle de ses élites économiques et intellectuelles. Les résultats de la comparaison sont cruels pour les premières.

La perte subite d'une bonne partie de la famille royale, des grands officiers de la Couronne, de tous les ministres d'État, de tous les conseillers d'État, maîtres des requêtes, des maréchaux, cardinaux, évêques, préfets et sous-préfets, employés des ministères, juges « et, en sus de cela, les dix mille propriétaires les plus riches parmi ceux qui vivent noblement » causerait sans doute beaucoup d'affliction mais n'entraînerait presque « aucun mal politique pour l'État ». De la peine sans doute, de la désorganisation nullement, d'abord parce qu'« il serait très facile de remplir les places qui seraient devenues vacantes ».

Il en irait très différemment de la disparition des meilleurs « producteurs », hommes de science, génies des beaux-arts, mais aussi mécaniciens, ingénieurs, architectes, médecins, pharmaciens, horlogers, banquiers, fabricants, maçons, charpentiers, fondeurs, etc. La France ne s'en relèverait pas. Quand le pays pourrait se passer aisément, malgré la tristesse qui en découlerait, de la perte des « trente mille individus » occupant le sommet de l'échelle sociale, elle ne pourrait en revanche supporter la destruction de ceux qui produisent des biens matériels ou intellectuels : « La nation deviendrait un corps sans âme à l'instant où elle les perdrait. Elle tomberait immédiatement dans un état d'infériorité vis-à-vis des nations dont elle est aujourd'hui la rivale. »

Il n'est pas certain que la « parabole » ait trouvé un grand nombre de lecteurs. Elle n'en inquiéta pas moins les autorités. *L'Organisateur*, qui l'avait accueillie, fut saisi. Le 3 février 1820, les assises condamnèrent l'auteur à trois mois de prison et 500 francs d'amende. Le second procès en appel l'innocenta malgré l'assassinat du duc de Berry par Louvel qui contribua à faire de ce second moment judiciaire, le 20 mars, un gros succès de presse.

L'épisode, qui eût pu ôter toute audace à Saint-Simon, ne mit pourtant pas un terme à sa carrière philosophique.

Refaire l'Europe

Cet inclassable penseur s'obstina à élaborer une doctrine sociale et politique singulière à même de répondre aux défis de son temps. Ses écrits débordent d'analyses et de propositions diverses visant toutes à la recomposition d'un monde détruit. Sa vision de l'Europe passe ainsi souvent pour avoir été prémonitoire, « utopiste » diront certains.

Saint-Simon fit de l'unité de l'Europe une question politique de première importance. Comme en toute matière, il ne s'agit pas ici de « croyance » ni d'« opinion » : la nécessité d'unifier l'Europe s'impose comme une loi révélée par la science de la politique. De cette science découle le constat que pour « sauver l'Europe », il faut unir la France et l'Angleterre. Du congrès de Vienne, réuni depuis le 14 septembre 1814 dans le sillage de la faillite napoléonienne, il dit ne rien attendre. Nulle Europe nouvelle ne pourrait selon lui durablement en sortir. En octobre 1814, aidé par son jeune secrétaire, normalien de 20 ans, Augustin Thierry, il livre donc publiquement un point de vue sur ce qu'il conviendrait de faire. Le titre de la brochure est tout un programme : *De la réorganisation de la société européenne ou de la nécessité et des moyens de rassembler les peuples de l'Europe en un seul corps politique en conservant à chacun son indépendance nationale*. L'objectif est ambitieux et il semble bien que ce texte fût le premier à rencontrer un certain retentissement public.

Le congrès de Vienne, constatait le philosophe, s'était engagé dans une voie où l'intérêt particulier, celui de chaque nation, se donnait pour la mesure de l'intérêt général, celui de l'Europe. Les révolutions, les guerres, les rivalités de tous ordres reprendraient bientôt. Le régime d'instabilité et d'incertitude dans lequel l'Europe se trouvait plongée depuis vingt-cinq années ne prendrait donc pas fin. Les vieilles recettes de l'abbé de Saint-Pierre visant à instituer la « paix perpétuelle » suscitent chez Saint-Simon le plus grand scepticisme. Le projet de créer une confédération générale de tous les souverains de l'Europe lui paraît « absolument impraticable ». Pourquoi ? Tout simplement parce qu'un congrès de délégués nationaux ne pourrait faire valoir l'intérêt général.

L'avenir lui paraît résider dans l'alliance la plus étroite possible avec l'Angleterre, qui saura redorer le blason français. La France sera en mesure de jouir d'une partie du rayonnement qu'exerce ce pays sur le reste du monde. L'Allemagne suivrait. Et sur ce trépied, l'Europe nouvelle trouverait sa base. Chaque peuple saurait y apporter son propre talent. Pour Saint-Simon, s'éloigner de la patrie préparerait à mieux y revenir : pastiche anticipé d'un mot célèbre de Jaurès qui préconisait, dans un tout autre contexte, qu'un peu d'internationalisme éloignait de la patrie et que beaucoup y ramenait... Il fait bien sentir qu'un peu d'Europe, celle du congrès de Vienne, égarait de l'intérêt bien compris des nations quand beaucoup (cette Europe politiquement intégrée qu'il appelait de ses vœux) le cultivaient.

Réorganiser la société

Saint-Simon s'est forgé une conception de la société reposant sur l'agencement de classes sociales définies selon leur rôle et leurs compétences. L'aristocrate rompt ainsi avec une société d'ordres que la Révolution a renversée. Ce trait de sa pensée explique tout l'intérêt qu'il a pu susciter chez les lecteurs socialistes des XIXe et XXe siècles. La sociologie saint-simonienne – quoiqu'elle soit évidemment dans la dépendance étroite de l'état social qui l'étaye – constitue l'un des aspects les plus modernes du saint-simonisme.

D'autant plus qu'il ne se contente pas de décrire. Il en appelle aussi à une transformation puisqu'il conteste la distribution des classes qui organise la société de son temps. Il préconise l'avènement (sans violence) d'un nouvel ordre social et politique par la stigmatisation d'un ou de plusieurs groupes (les « métaphysiciens », soit les prêtres et leurs apparentés, les « légistes », les « militaires » où les nobles pullulent) qui ont, à ses yeux, indûment accaparé le pouvoir ou ont établi une domination sociale injustifiée. Ce réformisme radical, fondé sur une observation scientifique de la vie sociale, est ce que Saint-Simon désigne sous le terme de « politique positive ». Les « industriels », soit tous ceux qui contribuent à la production, doivent prendre en main leur destin, créer leur propre « parti » (c'est-à-dire un groupe d'influence autonome), cesser de le confier aux « légistes » et se placer à la tête du gouvernement, car leurs intérêts se confondent avec l'intérêt général.

Cette « classe industrielle », qu'il distingue d'une « bourgeoisie » inutile car rentière, composant les « 24/25e » de la nation et dont on trouve la définition la plus nette dans le *Catéchisme des industriels* (1823-1824), n'est évidemment pas homogène. Historiquement inscrite dans la descendance des Gaulois, elle se compose de différents groupes hiérarchisés : les banquiers, qui doivent en prendre la tête, les commerçants, les cultivateurs, puis viennent, enfin, les « autres fabricants ». C'est l'utilité sociale commune qui ordonne cette classification et non une dignité arbitraire produite par la naissance ou par quelque mystérieuse alchimie sociale. C'est à elle que doit revenir la direction de la société puisqu'elle est la classe productive par excellence.

Ce n'est que tardivement que Saint-Simon se pencha sur le sort de la « classe la plus pauvre et la plus nombreuse » à laquelle il accorde plusieurs développements dans son dernier écrit (posthume) : *Le Nouveau Christianisme* (1825). Dès l'année précédente, il en avait fait quelque cas dans la livraison de 1824 du *Catéchisme des industriels* pour placer « la classe ouvrière », jugée « très nombreuse et encore très ignorante », sous la protection des « chefs de travaux industriels » afin d'éviter toute récupération des « démagogues ».

C'est un tout autre propos qui s'affiche dans *Le Nouveau Christianisme*. Le texte s'engage comme un dialogue entre un « conservateur » et un « novateur » qui n'a pas de mots assez durs pour dénoncer les renoncements de l'Église catholique. Infidèle au seul principe divin et au message évangélique – l'amour du prochain –, l'Église, accusée par le « novateur » de quatre chefs d'hérésie, est d'abord coupable d'avoir abandonné à son sort misérable « la classe la plus pauvre ». La réforme luthérienne, tout aussi impie, ne trouve d'ailleurs pas plus grâce à ses yeux : elle n'a pas su répondre à la trahison morale des princes de l'Église dont le pape Léon X est le représentant le plus satanique. Cette faute n'a pas seulement des conséquences morales désastreuses, elle explique aussi la médiocrité économique des nations sous emprise catholique. Cette défection aboutira à terme à la ruine des plus favorisés qui ne pourraient pourtant que profiter de l'amélioration de la condition de la « classe la plus nombreuse » : « Les riches, en accroissant le bonheur des pauvres, amélioreraient leur propre existence. »

Le « nouveau christianisme » est donc la doctrine, tout à la fois morale et pratique, qui renouera avec la parole du Christ et la mettra en œuvre en travaillant à l'amélioration de l'existence morale et physique de la « classe la plus pauvre » que rend possible l'immensité des connaissances scientifiques contemporaines, plus sacrées que les vieilles superstitions qui ont fini par discréditer le vieux christianisme. Le temps a manqué à Saint-Simon pour en préciser le contenu, *Le Nouveau Christianisme* étant resté inachevé à sa mort. Mais ici gît principalement le présocialisme de Saint-Simon, quoique celui-ci ne vise nullement à établir l'égalité parfaite entre les agents sociaux. Pour le faire triompher, son fondateur ne fait confiance qu'à un travail de conviction excluant toute espèce de violence. La « classe la plus pauvre » s'y ralliera parce qu'elle y suivra les voies d'une vie meilleure. Les plus riches y trouveront aussi leur compte en bénéficiant d'une société mieux organisée, pacifiée, qui assurera une prospérité économique dont ils tireront le plus grand profit.

Le saint-simonisme après Saint-Simon

La postérité saint-simonienne n'est pas en mesure d'attester la figure de Saint-Simon comme fondateur du socialisme, encore moins de la gauche française. Sa pensée est trop complexe et ses héritiers trop divers pour que l'on puisse se satisfaire d'une telle réduction historique. Les premiers saint-simoniens eux-mêmes se divisèrent selon différentes interprétations, les uns libéraux, les autres religieux, d'autres encore socialistes. Jusqu'à aujourd'hui, les traditions saint-simoniennes s'expriment dans différents camps politiques, ce qui a permis à quelques commentateurs pressés d'attribuer au président de la République Emmanuel Macron, prompt à dépasser les vieux clivages, le qualificatif de « saint-simonien ». Ne partage-t-il pas avec le comte un « industrialisme » pragmatique, une critique de la « rente », une volonté d'unifier l'Europe, voire un souci de mettre en place une organisation sociale consensuelle à même d'écarter les conflits les plus inutiles ?

Ce sont surtout les premiers saint-simoniens qui firent la fortune du saint-simonisme et le hissèrent au rang d'une pensée émancipatrice. Une poignée d'hommes, dont plusieurs avaient été formés entre les murs de l'École polytechnique, emmenés par deux « pères » à l'origine d'une « église » (l'idiome des socialistes, en ce premier XIXe siècle, est tout empreint de religiosité) et aux patronymes pittoresques, Saint-Amand Bazard et Prosper Enfantin, se firent les militants de la doctrine. Point d'ouvriers ou presque parmi eux, mais des intellectuels, des ingénieurs, des avocats.

En avril 1832, une quarantaine d'entre eux s'enferma dans une maison sise à Ménilmontant : quelques excentricités sensuelles et mystiques attisèrent la rumeur. Des visiteurs curieux se rendaient rue Monsigny pour scruter les gesticulations de cette tribu bizarre. Puis la secte se disloqua. Certains de ses membres donnèrent naissance, sous le Second Empire, à un authentique capitalisme saint-simonien qui sut séduire un empereur dont la jeunesse avait été frottée de la doctrine. Les prouesses techniques et financières de la construction du canal de Suez lui sont aussi liées. Preuve décidément que le biface socialisme-capitalisme est bien le fils prodigue du XIXe siècle.

L'histoire du saint-simonisme, délestée de toute structure sectaire ou partisane, n'en connut pas moins une suite qu'il est moins facile de restituer. Les méandres de l'histoire des idées lui font dessiner nombre d'îlots qui animèrent, plus ou moins consciemment, certains pans de l'histoire de la gauche. Le saint-simonisme, sous toutes ses versions, n'en fut pas moins écrasé par l'invasion de doctrines économiques moins romantiques, plus modélisées, dont les théories de Marx avaient constitué le plus beau fleuron. En dépit de la tentative durkheimienne, Saint-Simon et ses caudataires se sont peu à peu effacés. Leur indéfinition politique, au sens où le XXe siècle entendait le mot, ne facilita pas leur intégration à un corps de doctrine unique. Si la gauche s'y référa, bien plus que la droite, elle le fit davantage sous l'empire d'un ritualisme idéologique que sous celui de l'adhésion réfléchie à une œuvre d'ailleurs composite et parfois même insaisissable. Tout juste peut-on dessiner, avec prudence, quelques lignes d'analogie avec la culture modernisatrice des hauts fonctionnaires progressistes de l'après-Seconde Guerre mondiale (François Bloch-Lainé, Simon Nora, Michel Albert ou Paul Delouvrier), auxquels on pourrait associer sans trop d'impertinence Michel Rocard et plusieurs figures de la « deuxième gauche » dont certaines se retrouvèrent au sein de la Fondation Saint-Simon qui rassembla entre 1982 et 1999 une cohorte de « producteurs » installés dans un autre siècle.

Alors, Saint-Simon fut-il bien l'un des premiers de la famille socialiste comme une auguste postérité le soutint, quitte à lui accoler l'étiquette d'utopiste dont on peut d'ailleurs tout à fait contester la pertinence ? « L'imagination des poètes a placé l'âge d'or au berceau de l'espèce humaine, parmi l'ignorance et la grossièreté des premiers temps ; c'était bien plutôt l'âge de fer qu'il fallait y reléguer. L'âge d'or du genre humain n'est point derrière nous, il est au-devant, il est dans la perfection de l'ordre social ; nos pères ne l'ont point vu, nos enfants y arriveront un jour ; c'est à nous de leur en frayer la route[1]. » Cette formule

1. *Saint-Simon*, textes choisis par Jean Dautry, Éditions sociales, 1951, p. 99.

qui tourne la politique dans la direction de l'avenir attache Saint-Simon, avec quelques années d'avance, à une sensibilité politique entièrement vouée à la fabrique de lendemains enchantés : le socialisme. Au regard de ce qui suivit, on peut donc risquer l'anachronisme. Saint-Simon maria les trois piliers sur lesquels reposa le socialisme européen : la science comme fondement doctrinal, le progrès comme direction historique, la défense des plus démunis comme morale. Son « industrialisme » productiviste rencontre également la pensée socialiste sous toutes ses espèces. Toute son œuvre s'élève dans le triangle formé par ces trois côtés. C'est la raison pour laquelle il n'est pas tout à fait déplacé de l'intégrer avec un peu d'avance à la famille de sensibilités formée par les idées socialistes, à condition de ne pas faire de la seule égalité l'idée maîtresse du socialisme et sans oublier d'autres traditions, technocratiques ou libérales, qui ne se privèrent pas de revendiquer son héritage.

Bibliographie sélective

Henri Saint-Simon, *Œuvres complètes*, t. II, introduction, notes et commentaires par Juliette Grange, Pierre Musso, Philippe Régnier et Frank Yonnet, PUF, 2012.

Juliette Grange, *Saint-Simon*, Ellipse, 2005.

Gustave-Nicolas Hubbard, *Saint-Simon. Sa vie et ses travaux*, Guillaumin, 1857.

Pierre Musso, *Saint-Simon et le saint-simonisme*, PUF, coll. « Que sais-je ? », 1999.

Olivier Pétré-Grenouilleau, *Saint-Simon. L'Utopie ou la raison en actes*, Payot, 2001.
Antoine Picon, *Les Saint-simoniens. Raison, imaginaire et utopie*, Belin, 2002.
Christophe Prochasson, *Saint-Simon ou l'anti-Marx*, Perrin, 2004.

5

Benjamin Constant « La liberté en tout »

par Laurent Theis

Une gravure anonyme de 1825, intitulée Le Côté gauche, *représente d'un côté Horace Sebastiani, qui vient de l'armée et de la diplomatie, de l'autre Casimir Perier, industriel et homme d'affaires, entre eux Benjamin Constant, le plus facile à reconnaître car la personne alors la plus illustre de cette trinité. De fait, à 59 ans, le député de Paris est ainsi l'une des figures de proue de l'opposition au cabinet Villèle et à la politique réactionnaire, comme on dit déjà, qu'il conduit avec la bénédiction de Charles X. Trois ans plus tard, député de Strasbourg, il occupe dans l'hémicycle du Palais-Bourbon le siège n° 27, à l'extrémité gauche du deuxième rang. C'est de là qu'il lance ses interventions toujours redoutées par les ministres. En effet, la Restauration peut être considérée comme l'âge d'or de l'éloquence parlementaire, et Benjamin Constant, dans un style bien à lui, fait de logique serrée, d'informations précises, d'insolence maîtrisée et d'esprit de repartie, s'y impose comme un maître. C'est donc durant ces quinze années, de la chute de l'Empire à l'installation de la monarchie de Juillet, qu'il fait véritablement et puissamment figure d'homme de gauche, dans l'acception et le contenu que revêt alors l'expression. Mais quelle gauche ?*

Origines intellectuelles et politiques

En janvier 1829, Constant écrit à Béranger : « Je veux qu'on dise après moi que j'ai contribué à fonder la liberté en France. » En dépit de ses efforts et de son talent, il n'est pas sûr qu'il y soit parvenu. En effet, la passion démocratique puis l'interprétation socialiste de la Révolution française ont recouvert et frappé d'indignité la génération libérale qui commence avec les héritiers des Lumières et se clôt avec Tocqueville. C'est peu dire que le libéralisme, aujourd'hui, n'apparaît pas en France comme une conquête politique et sociale. La gauche le répudie comme l'expression du capitalisme sauvage, et la droite n'est pas loin d'en faire autant. Ni l'une ni l'autre ne place Benjamin Constant parmi ses pionniers ou ses inspirateurs. Seul le défunt et regretté parti radical-socialiste lui a reconnu quelque mérite. Il faut donc faire l'effort de remonter deux cents ans en arrière et d'inverser les termes de la topographie politique. Alors, nulle part mieux que dans l'œuvre et l'action de Constant ne se lisent les questions posées par l'irruption de la démocratie et les constructions destinées à réguler son développement tout en conjurant ses débordements. Entre 1790 et 1830, ce fut la tâche qui incomba, entre autres, à quatre personnalités presque exactement contemporaines, nées entre 1766 et 1769 : Germaine de Staël et Benjamin Constant, Chateaubriand et Bonaparte, cette « génération de transition » entre l'ancienne et la nouvelle société politique, selon l'expression de Constant lui-même. Lui, mieux que tout autre, inaugura l'analyse politique moderne sur le temps long, de sorte que ses problématiques sont loin d'avoir épuisé leur pertinence.

De fait, il était bien placé pour apprécier et opérer la transition entre l'Ancien Régime et la société moderne, à l'œuvre en Europe sous des formes diverses et plus ou moins avancées. D'abord parce que, très jeune, ce natif de Lausanne entama un parcours cosmopolite qui le conduisit de l'université d'Erlangen, en Allemagne, à celle d'Édimbourg, en passant par les Provinces-Unies, et bien sûr la France, où il fut reçu dans le meilleur monde intellectuel et philosophique dès 1785. Ensuite, son protestantisme, auquel il demeura toujours attaché, le mettait également en position d'entrer plus facilement dans les idées nouvelles. Enfin, son tempérament le prédisposait à se garder des idéologies systématiques et des certitudes dogmatiques. Si l'intelligence se mesure à la capacité d'entrer dans la compréhension de convictions qu'on ne partage pas, alors Constant en était suprêmement pourvu. Il possédait en effet une faculté de dédoublement, souvent prise pour du cynisme, qui le conduisait à regarder sa situation et sa propre personne comme celles d'un autre. De là un surcroît de lucidité et un déficit de volonté, dont témoigne son ouvrage le plus célèbre, *Adolphe*, roman d'initiation largement autobiographique.

Dans le célèbre *Dictionnaire des girouettes*, Benjamin Constant occupe une place de choix. Il était facile d'opposer son patronyme à son parcours, qui fait de lui à la fois un perpétuel rallié puis un opposant, parfois dans des délais très courts. Le monarchien des premiers mois de la Révolution, partisan du système anglais et plutôt proche de Mirabeau semble-t-il, car il se trouve hors de France à partir de juin 1787 et pour sept ans, se transforme en républicain jacobinisant à la fin de la Convention et pendant le Directoire, où il aspire à jouer un rôle politique dans le sillage de Sieyès, l'une de ses grandes admirations, n'hésitant pas à soutenir le coup d'État de Fructidor puis celui de Brumaire, ce qui lui vaut un siège au Tribunat avant d'entrer, dès la fin de 1801, dans une opposition frontale avec le Premier consul puis empereur, et de demeurer dans une sorte d'exil intérieur ; jusqu'en mars 1815, où il accepte de Napoléon, qu'il avait tant vilipendé jusqu'à la veille même de son rétablissement, une collaboration active à la rédaction de l'Acte additionnel aux constitutions de l'Empire et un siège au Conseil d'État. Il obtient de Louis XVIII la grâce royale, et se fait, dans la presse et à la Chambre, le protagoniste zélé de la monarchie constitutionnelle selon une interprétation de la Charte la plus libérale possible, passant du soutien à la contestation virulente. Après avoir contribué puissamment à la chute des Bourbons et à l'avènement de Louis-Philippe, il a encore le temps, avant sa mort, d'exprimer une certaine déception envers le nouveau régime, qui a pourtant épongé ses lourdes dettes créées par son addiction au jeu et lui a procuré une présidence de section au Conseil d'État. Dans ce trajet, dont peu de contemporains ont été exempts, il faut considérer le début et la fin. Benjamin a commencé à gauche, et c'est à gauche qu'il a terminé. Dans ses virages parfois en épingle à cheveux, parce que l'histoire elle-même se déroulait par à-coups, il s'est dirigé vers ce qu'il croyait de nature à servir non pas d'abord sa carrière, même si cela comptait, mais les principes auxquels, peu ou prou, il demeura toujours attaché.

Les équations de la liberté

Il est difficile d'exprimer cette pensée et cette action sans utiliser les mots mêmes de leur auteur, tant la clarté et la précision caractérisent son style. On en puiserait beaucoup dans les trois premiers ouvrages publiés de Constant, arrivé à Paris avec son amie Germaine de Staël en mai 1795, et qui s'échelonnent de mai 1796, alors que le Directoire est installé depuis sept mois, à mai 1797, de *De la force du gouvernement actuel en France et de la nécessité de s'y rallier* à *Des effets de la Terreur*, placé en tête d'une réédition de *Des réactions politiques* parue deux mois plus tôt. Au-delà des références relatives à la conjoncture, puisque ce sont des œuvres d'intervention, on y trouve énoncées les convictions que ne cessera de porter leur auteur.

D'abord, et succinctement, une interprétation de la Révolution. Les révolutions – et Constant pense aussi à l'Angleterre qu'il connaît et admire – se produisent lorsque les institutions d'un pays sont en décalage par rapport aux idées et aux opinions du plus grand nombre : « Lorsque l'accord entre les institutions et les idées se trouve détruit, les révolutions sont inévitables. Elles tendent à rétablir cet accord. Ce n'est pas toujours le but des révolutionnaires, mais c'est toujours la tendance des révolutions. » Et quand une révolution va au-delà de ce but, elle provoque des réactions aussi violentes que les excès mêmes de la révolution. Ces derniers, il convient de les conjurer pour battre en brèche les arguments des tenants de l'Ancien Régime, et ce fut, on le sait, la grande affaire des esprits éclairés que de tenter d'isoler la Terreur du cours de la Révolution. Pour lui, le meilleur antidote à la Terreur, c'est la République elle-même, « juste et légitime ». Pour être telle, elle doit se fonder sur deux exigences qui vont de pair : la liberté et l'égalité. La première est un principe, la seconde est un fait, toutes deux doivent être également recherchées.

Constant aborde le premier thème par le biais constitutionnel, longuement débattu à propos de la Constitution de l'an III, dont l'impuissance commence à se faire jour. « Une Constitution, écrit-il, est la garantie de la liberté d'un peuple : par conséquent, tout ce qui tient à la liberté est constitutionnel, et par conséquent aussi, rien n'est constitutionnel de ce qui n'y tient pas. » Et rien n'est juste non plus. C'est dire qu'il existe une très large sphère dans laquelle l'État n'a pas à intervenir. Cette conviction, qui fait son originalité, il la développera jusque dans ses conséquences extrêmes, en précisant les limites infranchissables séparant pouvoir et société, dont il s'agit de régler les rapports. « Le but des modernes, écrit-il en 1819 dans *De la liberté des Anciens comparée avec celle des Modernes*, est la sécurité dans les jouissances privées ; et ils nomment liberté les garanties accordées par les institutions à ces jouissances. […] La liberté individuelle, voilà la liberté moderne. » Et la pédagogie de la liberté est d'autant plus nécessaire qu'« une des grandes erreurs de la nation française, c'est de n'avoir jamais attaché suffisamment d'importance à la liberté individuelle ». Ainsi, la liberté est en France une idée neuve.

L'égalité, d'une certaine manière, ne l'est pas moins. En 1796, elle n'a guère, institutionnellement, que six ans d'âge. Mais le fait, lui, s'enracine dans le temps long des sociétés. « L'origine de l'état social, lit-on dans *Du gouvernement actuel*, est une grande énigme, mais sa marche est simple et uniforme. Au sortir du nuage impénétrable qui couvre sa naissance, nous voyons le genre humain s'avancer vers l'égalité, sur les débris d'institutions de tout genre. » Il s'agit de l'égalité civile, ou pour mieux dire anthropologique, et que Constant appelle « naturelle », qui fait que chaque individu, du fait qu'il vient au monde et vit en société, dispose d'une égalité absolue en droits par rapport au pouvoir. Ainsi s'accomplit et prend corps « la perfectibilité de l'espèce humaine », titre d'un essai paru en 1829, et qui « n'est autre chose que la tendance vers l'égalité ». Cette notion de perfectibilité, qui frappe la pensée de Constant du sceau de l'optimisme, se rattache à l'œuvre de Condorcet, que Benjamin fréquenta dans sa jeunesse, et il la partage avec Germaine de Staël. C'est donc le développement de l'état social, tel qu'il peut être historiquement établi, qui conduit à fonder des institutions politiques et une organisation sociale propres à assurer la liberté et à promouvoir l'égalité. Une telle observation place son auteur à l'opposé de Rousseau, lequel, en tête du

Discours sur l'origine des inégalités, assenait : « Commençons par écarter tous les faits. » Il lui répond dans toute son œuvre, et en particulier dans son journal *La Minerve* en 1819 : « Consultons donc les faits, qui peuvent seuls nous mettre en état de prononcer un jugement et de former des vœux. » L'entrée dans la modernité n'est pas conciliable avec cette *tabula rasa* qu'ont préconisée les métaphysiciens du XVIIIe siècle, Rousseau et Mably au premier chef. De fait, « la métaphysique du contrat social a été le plus horrible auxiliaire de tous les genres de despotisme » (*Principes de politique*, 1815). Au contraire le passé doit servir de point de départ à toute réflexion et à toute action politiques. C'est pourquoi ce sont la Révolution montagnarde et la tyrannie napoléonienne qui sont anachroniques, et le réformisme et la modération qui sont modernes : « La marche de l'espèce humaine étant graduelle, toute innovation qui lui imprime une secousse violente est dangereuse ; mais cette marche étant en même temps progressive, tout ce qui s'oppose à cette progression est également dangereux. » Pour éviter l'une et l'autre, il convient de tenir compte d'un agent historique essentiel, le temps : « Obéissez au temps ; faites chaque jour ce que chaque jour appelle ; ne soyez obstinés ni dans le maintien de ce qui s'écroule, ni trop pressés dans l'établissement de ce qui semble s'annoncer[1] », précise-t-il dans un de ses ouvrages les plus célèbres. Tant il est vrai que la philosophie politique de Constant se fonde sur la connaissance de l'homme non pas dans l'abstrait,

1. *De l'esprit de conquête et de l'usurpation*. Ajout à la 4e édition, juillet 1814.

comme chez Rousseau, mais inséré dans l'espace et dans le temps.

Le moins-disant institutionnel

De tout cela découlent ce que Constant appelle « les principes de politique », qui irriguent toute son œuvre. Le premier, et à vrai dire le seul, consiste à empêcher le despotisme dans le vocabulaire du temps, en vérité le totalitarisme dans celui d'aujourd'hui. D'autant que la tentation totalitaire, pour reprendre l'expression de Jean-François Revel, habite volontiers les sociétés et les individus, particulièrement en France, et sous deux formes : soit s'en remettre, par délégation populaire, au pouvoir d'un seul et à son bon plaisir, qui dégénère toujours en absolutisme, soit établir la souveraineté populaire intégrale et la mainmise illimitée de l'État sur la société puisque le peuple souverain, par définition, a tous les droits et tous les pouvoirs, c'est alors « ce système qui veut que les citoyens soient complètement assujettis pour que la nation soit souveraine, et que l'individu soit esclave pour que le peuple soit libre ». Dans les deux cas, la liberté est sacrifiée au pouvoir, et l'égalité réelle à l'égalité théorique est imposée. L'essentiel est d'écarter cette alternative mortelle. Or, si la France a subi, non sans complaisance, et le despotisme révolutionnaire et la tyrannie napoléonienne, c'est qu'aucun d'eux n'a connu et compris les fondements et les ressorts de la société moderne, ni les exigences de la nouvelle organisation sociale telle qu'elle découle d'une progressive émancipation, qui périme la conception d'un pouvoir omniscient et tout-puissant, placée au-dessus des hommes. L'État politique n'est plus producteur mais produit d'un état social : « Les lois sont la déclaration d'un fait social » (*Fragments*)[2].

Dans cette perspective, et alors que le tracassin institutionnel, inconnu des Anglais, ne cesse depuis 1790 de travailler la classe politique française, au point qu'en quarante années le pays a changé sept ou huit fois de constitution, Constant s'en tient à un système dont certains éléments lui sont propres. Il repose sur l'idée que la souveraineté ne réside intégralement nulle part : elle « n'existe que d'une manière limitée et relative. Au point où commence l'indépendance de l'existence individuelle s'arrête la juridiction de cette souveraineté » (*Principes de politique*). Dès lors république, empire, royauté, la forme est secondaire, dès lors que les droits individuels sont garantis par des institutions fortes, et que le gouvernement, limité strictement à son domaine de compétences, dispose de moyens efficaces et justes. À cette fin, Constant défend une interprétation et une pratique progressistes du système représentatif. Il ne faut pas se tromper d'époque. Au regard de l'acquis démocratique depuis la fondation de la IIIe République, il paraît très éloigné de ce qui fait l'ADN de la gauche, à commencer par le suffrage universel. Or, pour la génération à laquelle il appartient, et au moins pour la suivante, le suffrage universel, dans l'état de la société d'alors, représente un grave danger politique.

---

2. Ce paragraphe doit beaucoup à la préface donnée par Marcel Gauchet à son édition *De la liberté chez les Modernes* (LGF, coll. « Pluriel », 1980).

L'expérience de la Constitution de 1793 et des plébiscites bonapartistes se rattache aux moments les plus attentatoires à la liberté et aux droits de l'homme. Jusqu'en 1840, très rares sont ceux, même à l'extrême gauche, qui évoquent la possibilité proche du suffrage universel. La représentation appartient de droit à ceux qui sont à même de connaître et de juger le mieux des intérêts généraux du pays : « La propriété seule assure le loisir, la propriété seule rend les hommes capables de l'exercice des droits politiques. » Car les droits politiques, c'est-à-dire l'exercice d'une faculté, doivent être soigneusement distingués des droits fondamentaux inhérents à tous les individus, « depuis le mendiant qui n'a pas de propriété et vit de la charité publique jusqu'au roi qui siège sur son trône ». L'Assemblée et le ministère une fois constitués, il importe d'organiser leurs rapports sur des bases équilibrées, et c'est ainsi que Constant réclame avec d'autres, comme Auguste de Staël, frère aîné d'Albertine, la fille bien peu secrète qu'il a eue avec Germaine et devenue en 1816 duchesse de Broglie, une véritable responsabilité ministérielle qui n'existe pas encore : « Lorsque nous aurons un ministère qui agisse de concert, une majorité stable et une opposition bien séparée de cette majorité, nul ministre ne pourra se maintenir, s'il n'a pour lui le plus grand nombre de voix, à moins d'en appeler au peuple par des élections nouvelles. Et alors, ces élections nouvelles seront la pierre de touche de la confiance accordée à ce ministre. [...] La confiance dont un ministre jouit, ou la défiance qu'il inspire, se prouve par la majorité qui le soutient ou qui l'abandonne. C'est le moyen légal, c'est l'expression constitutionnelle »

(*De la responsabilité des ministres*, février 1815). Il faudra attendre la IIIe République pour que cette conception entre pleinement dans les faits.

Au total, l'essentiel est de permettre à la liberté de s'épanouir sous toutes ses formes, et de la défendre contre toute agression. C'est à quoi s'est employé, avec vigueur, Constant parlementaire.

Il monte au front

Il le fit à peine nommé au Tribunat, par un discours retentissant qui le fit d'emblée très mal voir du Premier consul et de ses affidés, en s'inquiétant, le 5 janvier 1800, de l'indépendance de son assemblée et du législatif en général par rapport à l'exécutif, qui prétendait seul procéder de la nation. Son salon, en fait celui de Germaine de Staël, fut déserté le jour même par ses commensaux habituels. Il récidiva un an plus tard, en s'élevant contre l'instauration de tribunaux d'exception après l'attentat de la rue Saint-Nicaise, toujours en défense de la liberté. Désormais, il fait figure d'opposant résolu, une espèce rare en ces temps-là, et est exclu du Tribunat à la première occasion, avec ses amis politiques Garat, Daunou, Marie-Joseph Chénier et autres « idéologues », certains de ceux qui, avec Sieyès et Talleyrand désormais ralliés au Consulat autoritaire, avaient en juin 1797 formé le Cercle constitutionnel, républicain modéré, destiné à faire pièce au royaliste club de Clichy.

Ce combat contre l'arbitraire, il le reprend avec une vigueur nouvelle sous la Restauration, comme publiciste et comme député de 1819 à 1822, puis de 1824 à 1830, avec de nouveaux partenaires et compagnons : La Fayette, Manuel, Laffitte, Casimir Perier et Sebastiani déjà nommés, Camille Jordan, le général Foy... Avec ceux-là, il forme dès 1817 un comité libéral informel, puis participe, en 1824, à ce que Rémusat désigne comme des « états généraux de la gauche », destinés à préparer les élections. Ses très nombreuses publications et interventions portent tout particulièrement sur le régime de la presse, pierre de touche de la politique gouvernementale puisque le roi, pouvoir neutre ou espéré tel, n'est jamais en cause personnellement. Dès le 7 juillet 1814, il écrit dans *De la liberté des brochures, des pamphlets et des journaux* : « L'unique garantie des citoyens contre l'arbitraire, c'est la publicité, et la publicité la plus facile et la plus régulière est celle que procurent les journaux. [...] Ce ne sont point les formes des Constitutions qui les conservent ; il n'y a point de durée pour une Constitution sans opinion publique, et il n'y a point d'opinion publique sans liberté de la presse. » Encore en 1826, contre le rétablissement de la censure : « La liberté des journaux est la liberté de tous les citoyens. La liberté des journaux est donc celle de la nation. » Et l'un de ses derniers discours à la Chambre, en septembre 1830, porte sur le même sujet : « Avec la presse, il y a quelquefois désordre ; sans la presse, il y a toujours servitude ; et dans cette servitude, il y a désordre aussi, car le pouvoir illimité devient fou. » Sur ce thème, il se retrouve souvent avec Chateaubriand, en particulier lors d'une offensive très violente de l'opposition contre la loi liberticide dite « de justice et d'amour » présentée en février 1827, et que le ministère Villèle dut abandonner.

Non moins vigoureuses sont ses interventions en faveur de la liberté individuelle, soit dans le domaine de la loi, avec les 7, 10 et 13 mars 1820 des discours saisissants « Sur la loi d'exception contre la liberté individuelle » présentés après l'assassinat du duc de Berry, soit dans le domaine judiciaire, prenant position, nouveau Voltaire, comme dans l'affaire Wilfrid Regnault dont il évite la condamnation à mort sur simple soupçon en 1818, ou l'affaire Lainé. Ces interventions retentissantes lui valent un surcroît de popularité. Ses arguments se fondent sur le strict respect des formes juridiques et judiciaires : « Ce qui préserve de l'arbitraire, c'est l'observance des formes. Les formes sont les divinités tutélaires des associations humaines, les formes sont les seules protectrices de l'innocence ; les formes sont les seules relations des hommes entre eux » (*Principes de politique*).

L'ouverture à la société

On aurait tort de voir dans les idées institutionnelles de Constant une indifférence ou un dédain pour les classes défavorisées ou ne vivant que de leur salaire. Lorsque, en avril 1821, sont proposées des mesures protectionnistes tendant à augmenter le prix des céréales, il s'insurge contre la pression qu'elles exerceront sur les salaires : « L'ouvrier qui manque de pain travaille pour avoir la moitié du pain qui lui est nécessaire. Vous ne devez donc pas faire renchérir les denrées au point de laisser la classe ouvrière à la merci de la classe productive. Il faut maintenir un juste équilibre, et vous l'avez rompu !

(*Interruptions à droite.*) » Cette préoccupation du sort des « pauvres » s'étend au domaine financier et fiscal : « Ne choisissez pas toujours le pauvre pour lui prescrire des privations ; si la classe pauvre multiplie, que la classe aisée se serre et se gêne » (*Commentaire sur Filangieri*, 1824). Et lorsque, en 1827, il défend la liberté de la presse, c'est en faisant également valoir ses conséquences économiques : « Si j'avais réduit, par mes lois, 40 000 ouvriers de la capitale, et 100 000 peut-être dans le royaume, à n'avoir plus ni travail ni subsistance, je sens qu'un repas somptueux me pèserait. Vous parlez de religion, de morale : la religion, la morale vous invitent à ne pas ruiner vos concitoyens, à ne pas les pousser au crime par la misère. » Au crime et aux révolutions, car l'écart excessif des revenus est une injustice sociale, mais aussi un danger politique. « Qui ne sent que ce dénuement tient à une cause plus éloignée, le système de concentration (de la propriété) qui laisse des milliers de prolétaires à la merci de chaque circonstance ? » assène-t-il à la tribune le 9 mai 1826.

On ne s'étonnera pas que Constant ait dénoncé avec force la traite négrière, « le plus abominable trafic qui ait jamais déshonoré l'espèce humaine », et le racisme dont s'autoriseraient les colons pour justifier l'asservissement, tant il est vrai que « toutes les races sont susceptibles de perfectionnement. La route peut être plus longue pour celles dont le point de départ est le plus éloigné, mais le terme est le même », comme le prouvent les Noirs de Haïti (*De M. Dunoyer et de quelques-uns de ses ouvrages*, 1826). La droite accueillait ces propos avec des ricanements, mais « je conçois que quand il est question, soit des citoyens français accusés, soit des nègres voués au fouet ou à la roue, on doit entendre des éclats de rire dans une portion de cette chambre » (*Sur la traite des noirs*, juillet 1822).

Enfin, autre marqueur de gauche, et pionnier à l'époque, Constant prône une séparation complète entre l'État et la religion, en particulier, s'agissant de la France, avec l'Église catholique, qu'il exprima de façon retentissante dans son réquisitoire contre le projet de loi sur le sacrilège d'avril 1825 : « De quelque manière que le gouvernement intervienne dans ce qui a rapport avec la religion, il fait du mal. » Et, allant plus loin que la majorité de ses amis libéraux : « L'axiome qu'il faut une religion au peuple est faux, et en outre propre à détruire toute religion » (*Principes de politique*), alors que lui-même demeure adepte d'un protestantisme proche de la religion naturelle. Et en 1830, il s'oppose à la référence dans la Charte révisée au catholicisme comme religion de la majorité des Français : « Je crois qu'il y a du danger à énoncer dans la loi ce fait que personne ne conteste. »

Les morts vont vite

Benjamin Constant mourut le 8 décembre 1830. Son ami Jacques Laffitte, alors chef du gouvernement, proposa, en vain, que sa dépouille fût transférée au Panthéon avec celles de La Rochefoucauld-Liancourt, illustre philanthrope, du général Foy et de Manuel, le 29 juillet 1831, pour le premier anniversaire de la révolution. Mais son inhumation au Père-Lachaise donna lieu à un immense concours du peuple, dont la jeunesse était la part la plus active, tant il avait eu des mots pour elle et lui avait fait confiance : « Moins frivole que celle de l'Ancien Régime, moins passionnée que celle de la Révolution, moins ambitieuse que celle de l'Empire, la jeunesse actuelle se distingue par la soif des connaissances, l'amour de l'étude, le dévouement à la vérité », disait-il en 1822, bref « une génération qui vaut mieux que nous ». Victor Hugo salua « un de ces hommes rares qui fourbissent, polissent et aiguisent les idées générales de leur temps, ces armes des peuples qui brisent celles des armées », et *Le Globe*, organe de la jeune France libérale, cet « ardent ennemi des classes dotées de privilèges rétrogrades, le zélé défenseur des classes progressives ». Pourtant, cet esprit singulier ne laissait aucun disciple avoué, comme si son héritage sentait le soufre. Guizot, qui avait fréquenté Constant davantage qu'il ne veut bien le dire, avec lequel il avait partagé de nombreux engagements, en particulier à la Société de la morale chrétienne, cette organisation humanitaire d'esprit protestant où l'on se souciait de traite des Noirs, de condition pénitentiaire, d'indépendance grecque, de jeunes gens nécessiteux, dont ils étaient tous deux fondateurs en 1821 et à la présidence de laquelle ils s'étaient succédé, puis au moment de la révolution de Juillet, et qui développait des conceptions semblables sur l'avènement des classes moyennes, relate sa mort avec une compassion dédaigneuse, plaçant le parcours de ce joueur, flambeur et pilier de maisons closes sous le signe de l'immoralité, tout en reconnaissant ses éclatantes capacités intellectuelles. Tocqueville, si proche de lui à bien des égards, et après lui penseur de la modernité démocratique, ne le mentionne nulle part, ou peu s'en faut… Charles de Rémusat, qui l'avait bien connu, fait exception en notant dans ses Mémoires rédigés peu avant 1860 : « Je suis loin d'adhérer à la dépréciation qui a été, depuis trente ans et plus, tentée sur sa mémoire. […] *Les Réflexions sur les garanties* et les *Principes de politique* furent les éléments où j'appris la science constitutionnelle. […] J'appris à mettre la liberté effective au-dessus des formes particulières de gouvernement, et surtout à préférer des droits positifs aux principes absolus. […] En un mot, je me fixai sur ce point : la justice limite la politique. » Car mieux vaut un désordre qu'une injustice, qui du reste crée un désordre plus grand encore. Cet acquis fondamental de la gauche, la gauche l'a-t-elle assez médité et fait sien ?

Bibliographie sélective

Quelques textes politiques facilement accessibles :

Écrits et discours politiques, présentés et annotés par O. Pozzo di Borgo, J.-J. Pauvert, 2 vol., 1964.

De la liberté chez les Modernes, textes choisis et présentés par Marcel Gauchet, LGF, coll. « Pluriel », 1980.

De la force du gouvernement actuel et de la nécessité de s'y rallier, préface et notes de Philippe Raynaud, Flammarion, coll. « Champs », 1988.

Principes de politique, préface de Tzvetan Todorov, Hachette, coll. « Pluriel », 1997.

Paul Bastid, *Benjamin Constant et sa doctrine*, Armand Colin, 1966.

Paul Delbouille, *Benjamin Constant, les égarements du cœur et les chemins de la pensée*, Genève, Slatkine, 2015.

Henri Gougelot, *L'Idée de liberté dans la pensée de Benjamin Constant*, Melun, Legrand, 1942.

Kurt Kloocke, *Benjamin Constant, une biographie intellectuelle*, Genève-Paris, Droz, 1984.

Tzvetan Todorov, *Benjamin Constant : la passion démocratique*, Hachette, 1997.

Émeric Travers, *Benjamin Constant, les principes et l'histoire*, Honoré Champion, 2005.

Michel Winock, *Madame de Staël*, Fayard, 2010.

Germaine de Staël et Benjamin Constant, l'esprit de liberté, dir. L. Burnand, S. Genand, C. Seth, Perrin/Fondation Martin Bodmer, 2017.

Depuis 1993, sous le patronage de l'Institut Benjamin Constant de Lausanne, les *Œuvres complètes* de Benjamin Constant sont en cours de publication chez De Gruyter. Trente volumes ont déjà paru, dont onze de *Correspondance générale*. Depuis 1980 paraissent les *Annales Benjamin Constant*, recueil substantiel d'articles et d'études.

6

Louis Auguste Blanqui ou la révolution permanente

par Jean-Noël Tardy

Le nom de Louis Auguste Blanqui suscite pendant tout le XIX*e siècle les réactions les plus violentes, détestation, peur ou admiration sans réserve. Il incarne la fraction la plus révolutionnaire de la gauche, de la Restauration à la III*e *République, et le paie chèrement, condamné à mort sous la monarchie de Juillet, cumulant plus de trente-trois années de détention sur soixante-seize ans de vie. Personnification de la Terreur pour les uns, il est l'« Enfermé », le martyr de la Révolution pour les autres. Sa vie pouvait frapper une société marquée par le romantisme. En revanche, ses insurrections et ses complots apparaissent peu compatibles avec les idéaux de la gauche parlementaire comme avec ceux de la gauche marxiste orthodoxe. De là, sa situation d'inclassable dans la mémoire de la gauche, qui contribue à faire de la figure de Blanqui, à l'instar de la Commune de Paris selon Marx, un sphinx politique. Pourtant ce* *parcours politique devenu exemplaire du révolutionnaire professionnel n'avait rien d'inéluctable. Et Blanqui, comme le mythe qui l'accompagne, doit beaucoup à une configuration politique née de la Révolution comme au succès du romantisme littéraire.*

Un parcours politique sous le signe de la Révolution

Louis Auguste Blanqui est le fils de Dominique Blanqui, ancien député à la Convention, et de Sophie Brière de Brionville. Il hérite son identité politique républicaine de son père, révolutionnaire arrêté pour ses sympathies pour la Gironde. Libéré après Thermidor, Dominique Blanqui se rallie à Bonaparte. Il devient sous-préfet de Puget-Théniers où naît Auguste en 1805. En 1815, le jeune Blanqui doit quitter la ville annexée par les Piémontais pour se réfugier en Beauce. La Restauration concentre tout ce qu'il déteste en politique : l'abaissement de la France, l'inégalité sociale et le cléricalisme. Comme d'autres fils de Conventionnels, Blanqui fait partie de cette minorité de républicains active pendant la Restauration. En septembre 1822, il est présent sur la place de Grève lorsque tombent les têtes des quatre sergents de La Rochelle. C'est alors, dira-t-il, qu'il fait le serment de les venger, scellant ainsi son destin de révolutionnaire. En 1824, il se fait admettre dans une vente de la charbonnerie française, alors en pleine décomposition. Néanmoins, cette première expérience des groupuscules clandestins est déterminante et Blanqui ne doute pas qu'il tient là un instrument révolutionnaire décisif.

Sur le plan idéologique, il appartient à la gauche libérale, constitutionnelle, patriote et anticléricale. Il est encore peu sensible aux problèmes économiques même s'il fréquente, avec son frère, le salon de Jean-Baptiste Say dont les théories sur la production ou la société le frappent. Après l'échec de la charbonnerie, Blanqui prend conscience du pouvoir de la rue parisienne. Il est là le 19 novembre 1827, dans la rue Saint-Denis, pour saluer la défaite électorale du gouvernement Villèle, lorsque les barricades font leur apparition. Il est blessé au cours du combat. Sensible à l'internationalisme libéral, il envisage de partir combattre en faveur de l'indépendance grecque, puis, en chemin, renonce pour voyager. Il est arrêté à Nice alors ville du Piémont. Relâché, il visite l'Espagne, modèle à ses yeux du pays ruiné par le cléricalisme.

Il est de retour à Paris au moment où Charles X décide de l'épreuve de force. Raillant les hésitations des intellectuels libéraux du journal *Le Globe* comme les songes réactionnaires de certains romantiques, il prend son fusil dès le 27 juillet 1830. Admiratif des artisans, combattant à leur côté, il participe aux Trois Glorieuses. Alors étudiant en droit, il organise la fronde des Écoles et adhère à la Société des Amis du Peuple. Il rencontre Raspail, qui devient un de ses plus proches amis. Il se lie également avec Buonarroti, le vétéran des luttes républicaines, l'admirateur de Robespierre et le compagnon de Babeuf. Le républicanisme de Blanqui devient social. Le procès en 1832 des Amis du Peuple lui donne une tribune. Il fait sensation en répondant à la question sur sa profession : « Prolétaire. » Emprisonné, puis malade, il est épargné par la répression qui suit l'insurrection de 1834. Il devient alors l'un des chefs de la société secrète des Familles, vite démantelée en 1836. Puis, bénéficiant de la grâce de 1837, il fonde avec Armand Barbès et l'ouvrier Martin Bernard la société secrète des Saisons qu'il domine incontestablement. L'insurrection du 12 mai 1839 le révèle en pleine lumière. Son plan, qui devait surprendre les autorités, un dimanche, en pleine crise gouvernementale, réussit au-delà de ses espérances. Mais l'action de la société secrète prend de court la population ouvrière. Surprise, elle ne rejoint pas les insurgés ou trop tard, alors que l'armée quadrille la capitale. Barbès, blessé, est arrêté. Son procès lui permet de s'affirmer comme le type du révolutionnaire courageux et désintéressé. Sa condamnation à mort est commuée en détention à perpétuité. Blanqui est arrêté quelques mois après et ne bénéficie pas de la même popularité. Il se mure dans le silence lors de son procès. Il est d'abord condamné à mort, puis à la déportation à perpétuité dans une enceinte fortifiée. Commencent alors les années parmi les plus dures de sa vie, dans les cellules insalubres du Mont-Saint-Michel, devenu prison politique. C'est là qu'il apprend la mort de sa femme. En 1844, il est donné pour mourant et Louis-Philippe le gracie. Hospitalisé à Tours, on cherche à l'impliquer dans des troubles de la faim en 1846. Acquitté, il se considère toujours comme un prisonnier politique. La révolution de février 1848 le ramène à Paris. Obsédé par la perspective d'un nouveau 1830 et l'escamotage de la République, il assiste au maintien du drapeau tricolore contre le drapeau rouge, ce qui, à ses yeux, augure mal du gouvernement provisoire. Il formule avec lucidité les inquiétudes des révolutionnaires socialistes et prend l'initiative de fonder un club : la Société républicaine centrale. Succès fulgurant. Le club Blanqui devient l'un des lieux à la mode où l'on dénonce les hésitations et les aspirations de plus en plus conservatrices du gouvernement. Les critiques blanquistes inquiètent même les progressistes, qui redoutent en lui un rival plus déterminé. Ses exigences détonnent dans un climat général de fraternité affichée : prolongement d'une dictature pour républicaniser la France, mise en place de mesures sociales et d'un programme éducatif se substituant à celui de l'Église. La manifestation du 17 mars qui conduit le gouvernement provisoire à repousser les élections passe pour une victoire blanquiste. Mais paraît opportunément dans la *Revue rétrospective* de Jules Taschereau un « document » reproduisant des révélations qu'un chef des Saisons aurait faites en prison en 1840. Blanqui est accusé d'avoir été ce révélateur, sa réputation est entachée. Sa participation à la manifestation du 15 mai 1848, où, comme la majorité des chefs de l'extrême gauche, il subit les événements, suffit à le faire arrêter puis condamner à dix ans de prison. Échec terrible. Il est en prison lors de l'insurrection ouvrière de juin 1848. Son image est fixée de manière définitive : apôtre de la Terreur et du gouvernement révolutionnaire, il est aussi celui qui a démasqué l'illusion lyrique de 1848 et prédit le massacre des ouvriers. Sous l'Empire, alors que beaucoup de chefs républicains sont discrédités, Blanqui comme Proudhon, avec un programme idéologique bien différent, conservent un prestige important auprès de la jeunesse radicale ou des ouvriers socialistes. Libéré à l'expiration de sa peine en 1859, à nouveau arrêté en 1861 pour constitution de société secrète, Blanqui, incarcéré à Sainte-Pélagie, noue des attaches précieuses avec la tumultueuse jeunesse républicaine emprisonnée pour des délits politiques. Lorsque ses jeunes amis le font évader de l'hôpital Necker en 1865, un petit groupe blanquiste est déjà reconstitué. Il s'illustre dans le mouvement libre-penseur, s'active dans certaines loges de la franc-maçonnerie, crée des groupes de combat parmi les ouvriers de l'industrie parisienne. Depuis Bruxelles, Blanqui rayonne sur un mouvement bien structuré de partisans concentré à Paris. Mais cette organisation a ses limites. La tentative insurrectionnelle de la Villette, le 31 août 1870, alors que la France est engagée dans la guerre contre la Prusse, échoue pour les mêmes raisons que l'insurrection du 12 mai 1839 : le groupe révolutionnaire est resté isolé au milieu d'une foule surprise et réticente. Les blanquistes jouent néanmoins un rôle important après Sedan, lors de la journée du 4 Septembre qui aboutit à la proclamation de la république. Face à l'invasion, Blanqui fait passer l'intérêt national avant tout et annonce son soutien au gouvernement républicain. Mais les tendances défaitistes de celui-ci et la mauvaise tournure que prend la guerre pour les armées françaises rendent le conflit inévitable. Les blanquistes manifestent avec les Parisiens mécontents. Le 31 octobre, Blanqui parvient même à occuper l'Hôtel de Ville avant de devoir céder face aux gardes mobiles. Découragé après l'armistice, il est à Bordeaux lorsqu'il est arrêté sur ordre de Thiers, la veille du 18 mars 1871 et de l'opération de désarmement de la garde nationale. Tenu au secret, ce n'est que bien après la « semaine sanglante » qu'il apprend l'existence de la Commune et le rôle actif mais désorganisé de ses partisans en son sein. Une nouvelle fois condamné à la détention à perpétuité, son sort mobilise les républicains radicaux, notamment Georges Clemenceau qui fréquenta le mouvement blanquiste sous l'Empire. Blanqui prisonnier est élu député de Bordeaux en 1879. Cette élection est l'une des grandes victoires du mouvement pour l'amnistie des communards. Libéré, il ne parvient pas à renouveler ce succès électoral et fonde un journal au titre célèbre : *Ni Dieu, ni Maître.* Il poursuit la lutte à l'extrême gauche et meurt d'une attaque en rentrant d'une réunion publique à Paris, le 1er janvier 1881. Son enterrement attire une foule considérable au cimetière du Père-Lachaise.

Le blanquisme, un socialisme ?

La vie de Blanqui est celle d'un révolutionnaire professionnel. Pourtant il était loin d'être seulement un homme d'action. Lecteur insatiable et éclectique, il consigne régulièrement ses réflexions dans des notes, restées largement inédites, à l'exception des *Critiques sociales*, parues après sa mort. Aujourd'hui encore, ses œuvres complètes n'ont pu être rassemblées et publiées intégralement.

Si le positionnement de Blanqui, à l'extrême gauche du spectre politique, n'évolue pas, ses idées se sont précisées jusqu'à faire système après 1848. En effet, dans sa jeunesse, il ne se distingue guère de la frange extrême des libéraux proches de La Fayette. Il participe au renouveau jacobin au début de la monarchie de Juillet, puis adhère pleinement au communisme d'un Buonarroti, partageant le culte de Robespierre, le rêve d'une société égalitaire, mais aussi le déisme du vieux révolutionnaire. Ce n'est que sous la IIe République puis sous le Second Empire qu'il se distingue plus nettement de la philosophie de Buonarroti, théorisant certains points négligés, comme la question de la prise du pouvoir, ou modifiant profondément le rapport à la religion du néobabouvisme. En effet, pour Blanqui, la politique est une affaire de rapport de force : la société inégalitaire prospère grâce à l'action de maintien de l'ordre du gouvernement mais aussi celle, plus redoutable encore, de la religion chrétienne sur les esprits. Buonarroti consacrait l'essentiel de son activité à réunir les hommes d'élite destinés à intégrer ses sociétés secrètes, soudées par une ritualité d'inspiration maçonnique. Il laissait la partie pratique de l'action révolutionnaire à d'autres, parfois aux militaires qui adhéraient à ses entreprises. Blanqui place tous ses espoirs dans le peuple ouvrier de Paris. Théoricien de la guerre des rues, il a composé tout un traité à destination des sections blanquistes sous le Second Empire : *Instruction pour une prise d'armes*. Rien n'est négligé : de l'organisation des combattants aux techniques de combat et aux analyses du terrain. Ce texte est plus qu'un manuel, c'est la vision blanquiste de la révolution : technicienne, stratégique, dominée par l'intelligence. Le héros de cette guerre des rues est l'artisan parisien. Il l'emporte sur le soldat ou le garde national, car il n'agit pas sous le joug de la discipline mais par le libre engagement révolutionnaire. Pour Blanqui, l'ouvrier insurgé est aussi un technicien, capable de transformer le paysage urbain en construisant barricades et fortifications. Il sait fabriquer de la poudre et fondre des balles. L'état-major de l'insurrection, issu de la direction des sociétés secrètes, impose néanmoins une stricte discipline. Et, après la victoire, conformément aux principes de Babeuf et Buonarroti, le pouvoir échoit à des dictateurs, des hommes sages, choisis parmi eux. Il n'est pas question de remettre le pouvoir aux masses, abruties par l'habitude d'obéir et la religion.

La pensée blanquiste offre ainsi d'étranges parentés avec des théories bien peu favorables à la souveraineté populaire, comme le conservatisme d'un Guizot mais plus encore avec le saint-simonisme. On retrouve la même volonté de confier le pouvoir à une technocratie, le même mépris des éléments improductifs, noblesse et clergé. À cette différence près que le saint-simonisme défend l'entreprise et le capital comme le note Blanqui. Autre distinction majeure : il refuse l'idée de progrès. Certes, il croit dans l'histoire, mais estime que la victoire du socialisme n'a rien de certain. Les peuples peuvent régresser. Il dénonce ce type de croyance eschatologique, et pour lui nul hasard si le saint-simonisme ou le positivisme deviennent des caricatures d'Église.

En effet, si Blanqui répugne à donner le pouvoir aux masses, c'est qu'il redoute l'emprise de la religion sur les esprits. Le catholicisme concentre son hostilité : religion de la servitude, sacralisant tous les pouvoirs, des Bourbons à Napoléon III, tant que ses intérêts sont protégés, il est également lié à l'esprit d'exploitation du capitalisme. La démonstration n'est pas aisée et prend le contre-pied d'un siècle de dénonciation libérale de la charité et de la mendicité. Mais Tridon, le premier lieutenant de Blanqui, dans *Du molochisme juif* rédigé vers 1867, pense avoir trouvé ce lien en remontant aux racines juives du catholicisme. Influencé également par des travaux allemands, il défend la thèse que les tribus juives ont sacrifié des victimes humaines à Moloch, introduisant le principe d'une exploitation jusqu'à la mort des individus au nom de la religion. Le livre développe ainsi une forme particulière d'antisémitisme, anticapitaliste et antichrétien. Cet antisémitisme diffère de l'antijudaïsme comme des obsessions raciales du scientisme. Il répond à des logiques profondes de l'idéologie blanquiste et vise moins les juifs comme groupe d'individus que l'ensemble des monothéismes, le catholicisme en particulier. Les blanquistes sont par ailleurs fermement convaincus de l'existence d'un complot de l'Église contre les partisans des idées des Lumières. La Congrégation de Jésus est l'organisation privilégiée de la conspiration. On sait toute la force du mythe du complot jésuite sous la Restauration et sous la monarchie de Juillet où il rencontre un succès populaire grâce à la plume d'Eugène Sue. Blanqui adhère pleinement à l'idée que les Jésuites ont mis au point un modèle d'organisation secrète, hiérarchisée, opérant à l'échelle mondiale.

Contrairement à Buonarroti ou aux principales figures de la gauche de 1848, Blanqui affiche un athéisme militant, condition indispensable à l'émancipation de l'individu. Néanmoins, son matérialisme n'exclut pas l'existence d'une forme d'immortalité. Dans un essai d'astronomie et de spiritualité, *L'Éternité par les astres*, il estime qu'il existe une infinité de mondes similaires à la Terre. Ces mondes alternatifs épuisent toutes les conjonctures humaines. Pensée déprimante : ces conjonctures sont limitées et les hommes répètent les mêmes actes, prisonniers des mêmes conditions historiques, sur des infinités de planètes. Pensée consolatrice : le conspirateur qui échoue sur cette Terre possède un double qui est parvenu à ses fins, si la chose est possible, sur une autre.

Face au capitalisme, Blanqui reste volontairement très vague, refusant tout programme précis. Certains ont même remis en question l'appartenance du blanquisme au socialisme. Il est vrai qu'il estime que les problèmes économiques se résoudront avec le développement du niveau intellectuel de la population. Socialisme et éducation fonctionnent de concert : « Le communisme est la seule organisation possible d'une société savante à l'extrême » (*Critique sociale*). S'il refuse d'entrer dans les débats entre écoles socialistes, par peur de s'aliéner d'éventuels soutiens, il n'en conserve pas moins de fortes convictions : il se définit finalement comme communiste, c'est-à-dire partisan d'une forme d'économie étatisée bannissant toute exploitation de l'homme par l'homme. De là son opposition aux coopératives économiques, tant que les socialistes ne contrôlent pas l'État, et sa méfiance pour la Ire Internationale qu'il juge marquée par le mutuellisme. Mais il demeure un impensé dans le système blanquiste : le programme économique à appliquer en cas de victoire. Les mesures qu'il a pu annoncer entre la monarchie de Juillet et 1848 paraissent modestes : suppression des impôts indirects, mise en place de l'impôt progressif, abolition de la dette publique. Blanqui sait que le capital peut fuir hors des frontières et qu'une crise économique majeure peut résulter de mesures trop brutales. C'est pourquoi il plaide pour le pragmatisme économique sans donner plus de précisions.

Enfin, son patriotisme a été stigmatisé par les tenants de l'internationalisme prolétarien. Il est vrai que le sentiment patriotique habite Blanqui, marqué dans sa jeunesse par l'invasion de 1815, confronté en 1870 à une nouvelle invasion du territoire national. Certes, il justifie ses positions par son attachement à la patrie de la Révolution. En 1848, il affiche sa préférence pour le drapeau rouge contre le drapeau tricolore. Néanmoins, à ses yeux, il ne peut y avoir de révolution sociale européenne sans la France à sa tête. À sa décharge, il connaît également les limites de l'internationalisme des révolutionnaires de 1848 et ses observations sur Kossuth et surtout Mazzini, dont il dénonce l'antisocialisme virulent, frappent par leur froid réalisme, très loin des discours sur la fraternité universelle.

Blanqui ou de la marginalité en politique

La carrière de Louis Auguste Blanqui laisse l'historien songeur. Face à une telle somme de sacrifices, une telle abnégation à la tâche révolutionnaire, un doute subsiste : est-il autre chose qu'une personnification de l'esprit des révolutions, une figure quelque peu spectrale, sans poids politique réel ? Les blanquistes n'ont jamais été plus que quelques milliers, concentrés essentiellement dans la capitale. Blanqui n'a jamais écrit d'ouvrage manifeste qui polarise la vie intellectuelle autour de ses propositions ; il n'a pu fonder le journal dont il rêvait et qui aurait pu être l'étendard du parti révolutionnaire en France.

Sa marginalité est en premier lieu la conséquence de sa vie de conspirateur. Ce n'est qu'après 1834 et la répression qui s'abat sur le mouvement républicain qu'il joue un rôle de premier plan au sein du mouvement révolutionnaire. Il prend le contrôle de la principale société secrète parisienne et applique alors ses principes : centralisation du commandement et strict cloisonnement quant au fonctionnement interne, introduction de la question sociale et des principes égalitaires. Il choisit de ne pas informer de ses projets les élites traditionnelles du mouvement républicain, députés et journalistes. L'insurrection du 12 mai 1839 les surprend complètement. Le mouvement légal pensait contrôler les conspirateurs et doit constater que ces révolutionnaires agitant des théories socialistes lui échappent largement. L'échec et la détention provoquent de nouvelles divisions au sein du groupe insurrectionnel. La haine entre Blanqui et Barbès naît dans la rancœur éprouvée par le second face à l'échec du plan du premier. La proclamation de la république fait éclater ces divisions au grand jour. L'opposition de Blanqui au processus électoral accroît encore sa marginalisation au sein de la gauche. En effet, le révolutionnaire se désintéresse depuis longtemps de la province. Lorsqu'il fonde la société secrète des Saisons, il choisit sciemment de la limiter à la capitale. Il a parfaitement compris les conséquences politiques de l'extrême centralisation de l'État français. Le pouvoir, c'est Paris. Cette situation, il l'accepte pleinement, car elle permet la mise en œuvre d'un gouvernement révolutionnaire soucieux d'égalité. La domination parisienne n'est pas illégitime à ses yeux : Paris concentre les intelligences, son prolétariat est constitué des éléments les plus éclairés de toute la France, venus dans la capitale. Il désigne ainsi la capitale comme « une véritable représentation nationale » (*Critique sociale,* t. I). Contrairement au mouvement montagnard, les blanquistes ne cherchent pas à convertir les populations rurales à la République sociale. Blanqui sous-estime d'ailleurs les potentialités révolutionnaires de la province et se prive de soutiens, notamment à Lyon. Il est surpris par la résistance provinciale au coup d'État de 1851 qu'il juge par ailleurs inutile car coupée de tous relais parisiens. Mais la stratégie blanquiste n'en reste pas moins adaptée à cette France des révolutions. En 1870, les blanquistes, présents pendant les manifestations du 4 Septembre, contribuent à la proclamation immédiate de la république, repoussant tout essai de régence impériale. On les retrouve parmi la direction de la Commune, qui consacre la force du foyer révolutionnaire parisien avant d'en révéler les limites.

L'importance des blanquistes dans cet éphémère régime révolutionnaire est aussi la conséquence d'une véritable résurrection du mouvement sous l'Empire. Pendant cette période, le caractère charismatique de l'organisation s'est accru. En 1848, Blanqui est un des hommes du jour et cultive avec soin son image politique. Son aspect frappe l'opinion et suscite des réactions contradictoires : le corps est d'apparence chétive, marqué par la détention, les cheveux blanchis prématurément, mais le regard reflète cette même détermination, déjà visible dans le superbe portrait peint par sa femme vers 1835. Tocqueville écrit qu'à sa vue lors du 15 mai 1848, il est pris de dégoût face à cet homme presque en haillons, semblant sortir « d'un égout ». Mais, pour ses partisans, Blanqui est un martyr de la Révolution. Rien de négligé dans son aspect : sa tenue vestimentaire est misérable mais propre, à l'image du peuple souffrant, en opposition manifeste aux représentants de la République conservatrice. Le déroulement des événements et l'avènement de l'Empire semblent le justifier *a posteriori* : le coup d'État et la mise en place d'un régime centralisé renforcent sa position d'opposant aussi intraitable que lucide sur les rapports de force politiques.

Blanqui fascine le groupe de quelques milliers d'adeptes qui le rejoignent. Pour eux, il est « le Vieux » dont l'autorité ne se discute pas. Ceux qui prennent leur liberté avec les consignes venues de Bruxelles sont exclus. Les relations avec les héritiers des démocrates sociaux de 1848, même les plus révolutionnaires, demeurent exécrables. Les frères ennemis se livrent à une sourde guerre d'influence. Les blanquistes fréquentent certaines loges de la franc-maçonnerie où ils tentent d'imposer l'athéisme ; on les retrouve dans la libre-pensée comme dans certaines sections de l'Internationale, à la fin de l'Empire. Afin de marquer sa distance avec le parti qui se réclame de la Montagne et de Robespierre, Blanqui se cherche un précurseur dans la geste révolutionnaire. Il le découvre dans la personne de Hébert dont il fait le prototype du révolutionnaire dévoué à la cause du peuple, un partisan du culte de la raison contre le déisme robespierriste.

Mais les blanquistes dépendent terriblement de leur mentor, qui doit souvent prévenir les excès de ses jeunes recrues ou réchauffer des enthousiasmes découragés par l'attente de la révolution. Comme tout mouvement régi par le charisme, le blanquisme est fragilisé par l'absence du chef. Blanqui en prison, les blanquistes se divisent pendant la Commune. Après sa mort, le groupe éclate. Certains rallient le socialisme avec Édouard Vaillant, beaucoup se retrouvent impliqués dans l'aventure boulangiste, d'autres se recentrent dans les rangs du parti radical.

La figure de Blanqui continue de diviser la gauche après sa disparition. La publication du livre superbe de Gustave Geffroy, *L'Enfermé*, consacre le martyr révolutionnaire. La République radicale peut honorer le combattant de l'idée républicaine, l'anticlérical et le patriote. Clemenceau ne cache pas son respect pour le vieux révolutionnaire. Blanqui donne ainsi son nom au boulevard Saint-Jacques à Paris en 1905. À l'extrême gauche, les socialistes sont tout autant divisés. Jaurès est partagé entre sa sympathie pour la vie de sacrifice de Blanqui et son rejet de ses tentatives révolutionnaires. Le plus sévère est assurément Léon Blum, qui, dès 1897, en réaction à la publication de *L'Enfermé*, s'interroge sur l'utilité de l'action blanquiste. En 1920, au congrès de Tours, il stigmatise comme blanquiste la voie des insurrections qui lui semble celle du nouveau parti communiste. Il reprend aussi un reproche des mencheviks à l'encontre de Lénine et de ses partisans. Or la réponse de Lénine, utilisant un texte de circonstance d'Engels en 1874 contre certains exilés français, fait déjà du blanquisme une déviation du marxisme, un système d'insurrection reposant sur une minorité et non sur l'indispensable parti politique.

Finalement, la figure de Blanqui alimente une tradition révolutionnaire et intellectuelle paradoxalement rétive à l'embrigadement. Les mouvements libertaires saluent le révolté et son slogan « Ni Dieu, ni maître » tout en constatant que l'« Enfermé » ne peut être considéré comme anarchiste. Walter Benjamin fait du blanquisme une forme d'héroïsme, contre toute philosophie de l'histoire. Blanqui entre dans la légende des glorieux vaincus de la Révolution dont l'exemple alimente l'espérance de triomphes futurs. Il est celui qui préfère la possibilité de la défaite à la résignation de ceux qui attendent le progrès de la génération suivante, car « le devoir du révolutionnaire, c'est la lutte toujours, la lutte quand même, la lutte jusqu'à extinction » (*Instructions pour une prise d'armes*).

Bibliographie sélective

Louis-Auguste Blanqui, *Œuvres. Des origines à la Révolution de 1848*, textes rassemblés et présentés par Dominique Le Nuz, Nancy, Presses universitaires de Nancy, 1993.

Louis-Auguste Blanqui, *Critique sociale. Capital et travail*, F. Alcan, 1885, 2 vol.

Louis-Auguste Blanqui, *Instructions pour une prise d'armes, suivi de l'Éternité par les astres,* textes établis et présentés par Miguel Abensour et Valentin Pelosse, Sens et Tonka, 2000.

Alain Decaux, *Blanqui, l'insurgé*, Perrin, 1976.

Maurice Dommanget, *Les Idées politiques et sociales d'Auguste Blanqui*, M. Rivière et Cie, 1957.

Gustave Geffroy, *L'Enfermé*, E. Fasquelle, 1897.

Maurice Paz, *Un révolutionnaire professionnel, Auguste Blanqui*, Fayard, 1984.
Gustave Tridon, *Du molochisme juif. Études critiques et philosophiques,* Bruxelles, E. Maheu, 1884.
Gustave Tridon, *Les Hébertistes. Plainte contre une calomnie de l'Histoire*, chez l'auteur, 1864.

7

Michelet, liberté d'abord

par Jean-Pierre Rioux

Né en 1798, mort en 1874, Jules Michelet repose au Père-Lachaise non loin du mur de ces fédérés de 1871 qui avaient salué l'auteur du Peuple. *Mais depuis il n'a guère été célébré comme un homme de gauche. Il reste l'historien national, le républicain prédicant, le fils romantique d'un premier* XIX*e siècle qui affichait « Liberté d'abord » : un homme du* Temps des prophètes, *dit Paul Bénichou. Au* XX*e siècle, les gauches installées et partisanes l'ont méconnu, sans lui faire crédit autant qu'à Marx, Jaurès ou Lénine et, en bonnes progressistes et laïques, sans partager sa vision eschatologique des destinées humaines. Pour elles, c'est un monument, pas un camarade ; un génie solitaire comme tout génie, pas un militant pour la Cause ou le Parti.*

De fait, non aligné, non engagé, non mobilisable pour la lutte des classes ou la dictature du prolétariat, il restera Michelet, ce qui est déjà beaucoup. Et ce n'est pas un hasard s'il fallut attendre le choc de l'affaire Dreyfus, vers 1900, pour que des dreyfusards aussi singuliers que Gabriel Monod son élève ou Charles Péguy son admirateur se recommandent de lui. Malgré ce feu de paille, malgré L'Évangile éternel *de Jean Guéhenno en 1927, malgré Lucien Febvre qui l'a enseigné au Collège de France sous l'Occupation, Michelet n'a jamais été de pleine saison à gauche.*

La Liberté

De son vivant, il est vrai, il n'a pas fait d'efforts en ce sens. Car si l'on suit quelque peu sa biographie, sa singularité et sa situation en surplomb sautent aux yeux. L'enfant unique du petit imprimeur parisien sans-culotte ruiné sous l'Empire, l'élève bûcheur et tourmenté, soucieux de se grandir par l'instruction, a participé de ce qu'on nommera la méritocratie républicaine. Mais il ne fut pas un « voleur de feu », un révolté ou un insurgé comme Vallès et, bien après, comme Guéhenno ou Camus. Et moins encore un homme d'action.

Petit Chose impécunieux, il a connu les tribulations du pauvre, « la mélancolie de l'atelier », le grouillement et les cris de la rue Montmartre. Et pourtant il a vite grimpé. Il a été un des premiers agrégés en 1821. Il a bientôt hanté les Tuileries où il a enseigné l'histoire à une fille de Louis-Philippe, puis les Archives royales dont il a dirigé la section historique. Après la révolution de juillet 1830, qui, dit-il, lui « a donné des ailes » mais à laquelle il n'a pas participé, le voilà, trentenaire, installé parmi les « capacités » bourgeoises, Légion d'honneur comprise. Quadragénaire, son *cursus honorum* est bouclé, somptueux, *via* l'École normale, la Sorbonne, le Collège de France, l'Institut et la protection de Guizot. Professeur écouté, historien fou d'archives, homme de lettres prometteur, il côtoie des importants, des libéraux et des orléanistes, il méprise les « sectaires » et les utopistes. Néanmoins, il ne se sent pas un parvenu et il se flatte d'être resté fils du peuple parce qu'il a soupçonné très tôt que « rester soi, c'est une grande force ».

Il l'a fait entendre au long des années 1840 dans ses cours au Collège de France où il s'est enflammé lui-même autant que la « jeunesse des Écoles » qui se pressait pour l'écouter et où il a fustigé les Jésuites et promis la Rédemption populaire. Mais il n'est encore qu'un historien singulier qui parle haut, pas un républicain en ordre de bataille. En janvier 1848, le gouvernement le suspend, la jeune République le rétablit en mars mais le parti de l'Ordre triomphe, le coup d'État présidentiel de 1851 sonne le glas : le voilà assommé par l'événement, privé de chaire puis destitué en 1852 pour avoir refusé de prêter serment au second Bonaparte. Tout au long de la monarchie de Juillet et de la IIe République, il est donc resté un homme de chaire, pas un révolutionnaire. Il n'a pas donné dans la campagne des banquets ou dans la presse en ébullition d'avant 48. On ne l'a pas vu aux barricades. Il n'a pas voulu devenir un élu du peuple comme Hugo, Lamartine, Proudhon ou Tocqueville. Il ne s'est pas rebellé physiquement contre Badinguet.

Dès lors, une triste fin l'attend. Pas d'exil vengeur à Bruxelles ou à Londres, pas de rocher de Guernesey ni de *Châtiments* comme Hugo. Non. À court d'argent, il se trimballe de la Normandie à la Côte d'Azur ou dans sa chère Italie tout en farfouillant dans les greniers en quête d'archives inédites et en écoutant des témoins déchus. Il réveille sa vie, sa jeunesse et ses amours, il toise la mort qui a tant fauché autour de lui, il rompt des amitiés, il côtoie des pauvres sans savoir les aider. L'historien renouvelle sa vision du passé en l'ouvrant à la Nature et à la Femme. Il achève ses grandes fresques d'histoire de la France et de la Révolution tout en rageant de ne pas savoir tourner un livre vraiment populaire. Voici même le vieil ennemi des prêtres et de l'Église établie face au Ressuscité, en théologien approximatif partant en quête d'une *Bible de l'humanité* en 1864. Jusqu'à la défaite honteuse et l'invasion « barbare » de 1870 : l'année suivante, *La France devant l'Europe* est un sanglot qui va jusqu'à mettre en doute l'évangile républicain qu'il a prêché. Dénudé, il meurt sans message, ne laissant que son œuvre. C'est sans doute parce que pendant ces années d'exil intérieur et de travaux multiformes la blessure du gamin de Paris s'est rouverte. Il l'a avoué en 1869 dans *Nos Fils*, en forme d'avertissement à tous les « doctes » et les « subtils » : « Je suis né peuple, j'avais le peuple dans le cœur. Les monuments de ses vieux âges ont été mon ravissement. J'ai pu en 1846 poser le droit du peuple plus qu'on ne fit jamais ; en 1864, sa longue tradition religieuse. Mais sa langue, sa langue, elle m'était inaccessible. Je n'ai pas pu le faire parler. »

Entendons ce cri. Parler au peuple et en son nom, le représenter fidèlement, c'est juste et démocratique. Faire parler le peuple ou l'entendre parler comme lui seul sait parler, avec ses mots simples des jours de colère et d'éternel printemps, avec ses exigences propres, c'est une autre affaire qui touche à l'intime de chaque être « engagé », à gauche ou ailleurs. Car si lutter est une exigence sociale et politique, il faut trouver en soi les mots pour le dire. Voilà tout Michelet, plein à jamais de ce *vibrato* inquiet.

On pourrait évoquer de grands noms qui ont trouvé, eux, leur langue vivante pour parler aux Français au nom de la liberté, ceux notamment de Jaurès, Clemenceau, Mendès France et de Gaulle. N'en retenons qu'un : celui de Lucien Febvre, l'historien qui l'a campé à sa meilleure place : en combattant de la liberté. Dans son cours de 1943-1944 au Collège de France comme dans son petit *Michelet* de combat à la Libération, Febvre a su saluer le jeune homme de 1831 qui osa entrer sur la scène nationale avec pour premier bagage une *Introduction à l'Histoire universelle*, « cet hymne à la liberté et à la France, à la liberté à travers la France, à cette liberté que Michelet, précisément, a voulu servir toute sa vie : la liberté philosophique et morale, la liberté qui s'oppose, et qu'il oppose, au fatalisme ». Il est, dit Febvre, dans la lignée de Rouget de Lisle.

Aujourd'hui, quand son *Introduction* est aux oubliettes et notre liberté confrontée à d'autres fatalités, il faut aussi rappeler trois noms porteurs de la « Liberté chérie » qu'il a scrutés et recréés en historien, mâchés et remâchés en évangéliste d'un Au-delà : France, Révolution et Peuple.

La France

« La France est la France », dit-il, par une tautologie dont seul de Gaulle a eu lui aussi le secret. Une

« personne », vivante, matricielle, inépuisable. Une femme, grosse du Peuple, une Madone. Idéale, charnelle et nourricière à la fois : « Notre bonne vieille France », ajoute-t-il dans *La Femme*, en 1859. Mais si ronde, si ramassée, si hérissée qu'il l'a vue aussi androgyne qu'un oursin : un être complet, qui puise en lui-même son principe vital. Concentrique, ovoïde, elle n'a rien d'un hexagone, d'un corridor ou d'un terminus de l'Europe : sa centralité parisienne et son rayonnement idéal lui viennent d'une diversité toujours fusionnelle, comme par génération spontanée.

À 35 ans, sorti haletant de l'élaboration et la rédaction des deux premiers livres de son *Histoire de France* et encore ébloui par les Trois Glorieuses de juillet 1830, Michelet a épanché tout cela en 1833 dans un bref *Tableau de la France*, l'année même où, en bon professeur et bien avant Lavisse, il publiait un de nos premiers livres d'école, le *Précis de l'histoire de France*. Ce *Tableau* est pour lui un texte princeps, un hymne à la réconciliation entre la nature et la société, la religion et les idées nouvelles, les individus, la morale et la Cité, dans un mélange d'optimisme et d'utopie bien dans l'air de son temps. Avec toujours le *vibrato* personnel : « Je sentais la fibre de l'individualité se déchirer. [...] C'est à vous que je demanderai secours, mon noble pays ; il faut que vous nous teniez lieu du Dieu qui nous échappe. » Et en fils aimant de 89, il pense et croit aussi que sa patrie nationalisée par la Liberté et les droits de l'homme tient certes de l'ordre du divin mais qu'elle a repris aux féodaux et aux rois tous les attributs de la souveraineté politique et morale. Pour toutes ces raisons, son texte-manifeste participe du libre patriotisme d'alors, celui des enfants du siècle et du « mal du siècle » qui préféraient une République idéale à un Napoléon trop botté et à un Louis-Philippe trop bourgeois.

Sa France n'est jamais une entité physique, un domaine foncier bien cadastré et défendu. Tout territoire, toute nation, pense-t-il, est une nature recomposée sans trêve, spiritualisée et comme libérée par un acharnement humain multiséculaire qu'il nomme l'histoire. C'est une géologie devenue biologie, un espace qui a pris corps et est devenu un être collectif, un foyer de mémoire pour peuple obstiné. Et finalement, à la coulée du creuset, une « personne morale ». C'est en ce sens qu'il faut entendre le jeu des formules qui jalonnent son *Tableau*, depuis « l'histoire est d'abord toute géographie » des premiers âges et des premières pages jusqu'à « l'histoire a effacé la géographie » aux dernières lignes pleines d'espoirs démocratiques.

Qu'a-t-il vu pourtant, lui si jeune et si occupé, si urbain de naissance ? Pris autant par son métier de professeur que par l'immense labeur de l'*Histoire de France* publiée à l'arraché, en 17 volumes, de 1833 à 1867, il n'a guère circulé. Il connaît un peu les Ardennes familiales, l'Île-de-France et le Paris de sa jeunesse, l'Est et les Alpes entraperçus à l'occasion des premiers voyages en Allemagne ou en Italie et, surtout, il a été impressionné à jamais par la Bretagne en 1831. Mais il ignore encore la Normandie et le Nord, l'Aquitaine, le Massif central et l'arc méditerranéen. Néanmoins, il a déjà immensément lu pour documenter l'*Histoire de France* et pour préparer les cours, souvent très géographiques, que jeune maître de conférences il a dispensés aux normaliens de la rue d'Ulm. Ces derniers lui ont beaucoup apporté, dit-il : « Les élèves qui nous venaient de toutes les provinces et en représentaient si naïvement les types, offraient dans leur réunion un abrégé de la France. C'est alors que j'ai commencé à mieux comprendre les nationalités diverses dont se compose celle de mon pays. Pendant que je contais à mes jeunes auditeurs les histoires du temps passé, leurs traits, leurs gestes, les formes de leur langage, me représentaient à leur insu une autre histoire bien autrement vraie et profonde. » Son génie a fait le reste, qui l'a fait passer de l'érudition à l'invention, de la description à la création. Paul Viallaneix a montré au prix de quelles plongées dans les archives, quel sens du contact humain direct, il a saisi l'intime rapport entre le centre et les périphéries, le socle et les marges, les paysages multiples et le sentiment national ; par quelles brûlures et fulgurances de l'écriture et de l'imaginaire surtout il a su mettre « le feu du style aux poudres du savoir ». C'est pourquoi, constate Viallaneix, « sans doute n'est-il pas encore venu en Auvergne. Mais l'Auvergne est venue à lui ».

Conclusion de cette « géographie physique et politique », de cette victoire historique de la patrie sur la « division physique et naturelle » ? La France de Michelet est une plénitude organique. Elle ondule comme une algue ou une truite dans le fleuve du temps : « C'est un grand et merveilleux spectacle d'embrasser de l'œil ce vaste et puissant organisme où les parties diverses sont si habilement rapprochées, opposées, associées, le faible au fort, le négatif au positif [...]. Considérée en longitude, la France ondule entre deux longs systèmes organiques comme le corps humain est double d'appareil, gastrique et cérébro-spinal. [...] La force et la beauté de l'ensemble consistent dans la réciprocité des secours, dans la solidarité des parties, dans la distribution des fonctions, dans la division du travail social. La force résistante et guerrière, la vertu d'action est aux extrémités, l'intelligence est au centre. »

Tout le début de cette *Histoire* avait été consacré aux « races » reines des temps barbares, puis aux « provinces » de souche mais trop porteuses de l'anarchie féodale, jusqu'à l'avènement de la « troisième race » avec Hugues Capet. Son troisième livre, qui va examiner la construction de l'État depuis le domaine royal d'Île-de-France puis celle de la nation à l'heure de Jeanne d'Arc, s'ouvre sur le *Tableau* parce qu'à la faveur de cette pérégrination qui suspend provisoirement le fil du temps, il entend faire sentir l'inverse de ce qu'a plaidé Augustin Thierry, porteur d'une histoire « trop peu matérielle, tenant compte des races non du sol, du climat, des aliments, de tant de circonstances physiques et physiologiques », mais aussi « trop peu spirituelle, parlant des lois, des actes politiques, non des idées, des mœurs, non du grand mouvement, progressif, de l'âme nationale ».

Au contraire, dit-il : le mouvement de l'âme est issu de ces « nationalités diverses » qui ont tramé et tissé la France tout en restant elles-mêmes filles d'un sol, témoins d'une matérialité économique et sociale, d'une culture populaire au sens archéologique et folklorique du terme. Bref, cette nation a une identité ouverte, elle entretient une dynamique spirituelle entre les petites patries et la grande. Car si la nature est forte aux temps barbares, la liberté l'est plus encore aux âges civilisés, « à mesure que chacun s'élabore, se personnifie », quand l'oppression du féodal et du prêtre recule et que Renaissance et Réforme, Lumières et Liberté ne sont plus de vains mots. Michelet dessine ainsi les contours physiques d'un « fait moral énorme et trop peu remarqué : le puissant travail de soi sur soi où la France, par son progrès propre, va transformer ses éléments bruts ».

Son *Tableau* est ainsi le théâtre, comme dans l'*Introduction à l'Histoire universelle*, d'une lutte de la liberté contre la fatalité. Son idée bissectrice est simple : les peuples sont marqués par le sol où ils vivent et où ils aiment, mais ils savent toujours s'arracher aux pesanteurs du milieu naturel. Ils partent du réel pour aller à l'idéal, une formule que seul Jaurès reprendra. Ils vivent toujours l'appartenance collective à deux niveaux, le local et le national, plaqués au sol à travailler mais pleins d'une soif à étancher. La France de Michelet est donc une personne qui poursuit une aventure spirituelle, récuse le repliement sur le groupe égoïste, efface les petitesses de province et de canton. Et qui, ajoutera-t-il après 1870, même « assise par terre comme Job » se relèvera et sera l'inspiratrice d'une Europe nouvelle, puisque « seules les défaillances de la France sont les agonies de l'Europe ». La France crie à pleins poumons depuis son « mystérieux enfantement » et ce cri-là réveille l'histoire du monde : voilà le premier message de Michelet, le contrat moral et le credo national que tout Français, pense-t-il, se devra d'honorer, où qu'il se situe en politique et quelle que soit son origine.

La Révolution

Son deuxième message procède du premier, toujours aussi spirituel mais déjà plus clivant : « La France est la France », la Nation élue entre toutes, la garante de la Liberté et l'accoucheuse d'un âge démocratique parce qu'elle a fait 89. « Elle n'a qu'un seul nom, inexpiable, qui est son vrai nom éternel : la Révolution », et cette proclamation va singulariser Michelet jusqu'à l'isolement dans la chaîne des historiens et de leurs lecteurs. Il puise certes avec reconnaissance pour leur travail chez ses contemporains, qu'ils soient libéraux anglomanes ou contre-révolutionnaires, catholiques ou voltairiens, éclairés ou romantiques, socialistes même, mais tous, selon lui, héritiers de l'individualisme bourgeois, du royalisme recuit, du fracas napoléonien ou du terrorisme de salut public. Il n'est pas inspiré par ces compagnons d'écriture, qu'ils soient Chateaubriand, Buchez ou Louis Blanc, Thierry, Guizot ou Quinet, Thiers, Lamartine ou Hugo. Et leurs descendants, eux, de Jaurès à Vovelle ou de Mathiez à Furet, fouilleront de la cave au grenier et donneront plus volontiers dans l'histoire sociale marxisante, dans celle des idées et des institutions ou, plus rarement, dans la comparaison avec les révolutions anglaise et américaine. En somme et comme souvent, Michelet est seul et prophétique.

Car pour lui, seule la Révolution est une « Fondation » et, plus encore, une « Révélation » moderne, mystérieuse et mystique qui « déborde de sens ». Il a fait cours sur elle en rafales au Collège de France : 1845, « L'esprit et la portée de la Révolution » ; 1846,

« De la nationalité » ; 1847, « De la Révolution » ; 1848, « Faire vouloir la fraternité ». Il a suspendu en 1844 l'élaboration de l'*Histoire de France* pour écrire au plus vite et à temps son *Histoire de la Révolution* dont il publie les premiers volumes en 1847 et qu'il n'achèvera qu'en 1853. Il y salue à l'envi une Bonne Nouvelle : après l'âge de la Nature et celui du Christianisme, dit-il, voilà le nouvel âge qui scintille dès 1789, celui de la Cité « universelle et divine » ; voilà le point d'orgue, l'événement historique à nul autre pareil, la cassure de la trame des causes et des effets : la ligne de démarcation entre l'histoire « tuée » et l'histoire « qui commence », « une commotion immense, profonde, comme un tremblement de terre ».

Il interrompt son récit à la chute de Robespierre, sans avoir ni l'envie ni le souci d'affronter les solutions que les thermidoriens, le Directoire puis Bonaparte ont eu à inventer pour sortir de la guerre civile et de la guerre tout court ; pour déblayer les suites collatérales du tremblement de terre, même s'il y reviendra dans son *Histoire du XIXe siècle* qui sera publiée après sa mort. Il ne soupçonne pas davantage qu'il y avait dès 1791 un ver dans le fruit : l'incompatibilité entre un roi constitutionnel et la juste représentation du peuple. La Terreur et sa guillotine en 1793 et 1794, selon lui, ne sont pas un prolongement de 89 mais un mixte circonstanciel de fanatisme jacobin et de Salut public indispensable face à l'envahisseur. Ou plutôt, croit-il, elles signalent que l'épopée est déjà close parce que « le peuple en 93 est rentré chez lui » et qu'il a laissé les minorités sectaires et dévoyées agir à sa place. Cette mésaventure, dira François

Furet, a fait lever douloureusement en lui de 1848 à 1852, quand le suffrage universel valide un coup d'État et que le « Printemps des peuples » fait faillite en Europe, « une vision très moderne des risques que comporte la confiscation oligarchique du pouvoir démocratique au nom du peuple ».

La Révolution, explique-t-il, a été célébrée et partagée le 14 juillet 1790, jour d'unanimité et de réconciliation du peuple avec ses délégations et des hommes avec le divin, moment béni que la IIIe République fera jour de fête nationale ; une acmé après les vraies « journées », les sacrées, celles de 89 le 14 juillet à la Bastille, le 20 juin au Jeu de paume, à la nuit du 4 Août, le 6 octobre quand des femmes ont escorté « le roi, la boulangère et le petit mitron » ; bien avant celles de 92, profanes, qui mêlent Valmy et les premiers massacres ; puis celles, fatales, de 93 et 94 dont la cascade a fêté l'Être suprême mais a fait d'abord couler le sang.

Pour lui, cette primauté de 89 accompagne l'article 3 de la Déclaration des droits de l'homme et du citoyen qui remet « essentiellement » la souveraineté à la Nation : toute son *Histoire de France* valide cet acquiescement et toute notre histoire contemporaine aussi – encore qu'il ait fallu attendre 1958 pour que la Constitution précise enfin noir sur blanc que « la souveraineté nationale appartient au peuple ». L'historien salue cet « avènement de la Loi » comme suite logique de l'esprit des Lumières. Il prédit même un 14 juillet perpétuel de l'alliance du devoir et de la justice, du désintéressement, du sacrifice et du patriotisme. Mais sa Loi à lui prétend à une majuscule religieuse et son *Histoire de la Révolution* annonce un autre évangile, qui continuera le christianisme tout en le contredisant, assurera à l'illumination de 89 un avenir et aura baptisé l'âge démocratique.

Il n'en fut rien, on le sait. Reste le Michelet « révolutionné » lui aussi, passionné et intuitif, vrai conteur populaire dans sa description des foules et sa galerie de portraits, dans son récit haletant des émeutes ou des débats aux Jacobins ; aiguisant sa plume si moderne dès qu'il aborde l'Année terrible où la hantise du sang devint de l'hystérie et la violence un crime. Reste l'historien qui sait mettre l'imagination au service des idées, comme dans ces deux phrases d'aube et de crépuscule : oui, écrit-il, « une idée se leva sur Paris avec le jour, et tous virent la même lumière. Une lumière dans les esprits et dans chaque cœur une voix : va, et tu prendras la Bastille. Cela était impossible, insensé, étrange à dire… Et tous le crurent néanmoins. Et cela se fit ! » ; mais, hélas, viendront ce Robespierre qui s'aidait « de sa pâle et triste mine, qui plaidait pour lui d'avance près des cœurs sensibles » et ce Marat qui appartenait « au genre batracien plutôt qu'à l'espèce humaine ».

Contre ceux qui lui reprocheront, non sans arguments, son manque de rigueur scientifique, ses hésitations, ses contradictions, ses envolées ou la naïveté romantique de son espérance, ne négligeons pas, ne négligeons plus, nous dit Paule Petitier, qui en 2019 a enfin édité savamment cette *Histoire*, « la formidable aptitude de l'historien et de l'écrivain à associer l'esthétique littéraire et l'intelligence historique dans sa description du réveil d'une nation qui se découvre souveraine ».

Le Peuple

Troisième et ultime message de Michelet, mais bouteille à la mer : le Peuple a une destinée manifeste qui cimente et sublime celles de la Liberté, la France et la Révolution. Il l'affiche en 1846 dans *Le Peuple* au double sens de sa recherche historique et de sa fidélité personnelle. « Ce livre, écrit-il à la première ligne, je l'ai fait de moi-même, de ma vie, de mon cœur. Il est sorti de mon expérience, bien plus que de mon étude. Je l'ai tiré de mon observation, de mes rapports d'amitiés, de voisinage ; je l'ai ramassé sur les routes. » C'est « une enquête sur le vif », une vérification en urgence des investigations et des intuitions de l'historien attelé pour longtemps encore à ses deux *Histoires* fleuves. Car un banquet démocratique s'annonce, il le sent et le proclame, toutes fenêtres ouvertes, au Collège de France en cette année 1846.

L'ouvrage est plein de descriptions matérielles où l'on retrouve « le sol, le climat, les aliments » du *Tableau de la France*. Voilà des paysans, « les plus mal nourris » des Français, sans viande, sans vin même en pays viticole, accrochés à leur terre, accablés de dettes et d'impôts, mais jamais comparables aux *Paysans* obtus et bestiaux de Balzac puis de *La Terre* de Zola. Voici ces ouvriers en servitude atroce qui meurent « dans leurs caves de Lille », mais aussi ces ouvrières en perpétuelle alarme ou ces nourrices qu'on traite comme des bêtes qui colorent leur vie et miment les bourgeoises en s'offrant « l'éblouissante iris » de la robe d'indienne du textile industriel pour tous.

Voilà aussi et surtout, chez l'ouvrier, le compagnon ou le migrant émules d'Agricol Perdiguier et de Martin Nadaud qui étudient par eux-mêmes, chez l'étudiant pauvre, l'artisan habile, le fabricant, le marchand, le petit fonctionnaire et même le bourgeois qui résistent à l'appât du gain, voilà à l'atelier, dans la rue comme à l'estaminet le bruissement montant d'une culture populaire qui rivalisera un jour avec celle des nantis. Car « ces gens qui parfois ne savent pas lire, n'en sont pas moins, à leur manière, des esprits très cultivés », qui résistent aux corruptions de la grande ville et apprennent à parler haut et neuf : « Les vrais produits du génie populaire, ce ne sont pas des livres, ce sont des actes courageux, des mots spirituels, des paroles chaleureuses, inspirées comme je les recueille tous les jours dans la rue, sortant d'une bouche vulgaire, de celle qui semblait le moins faite pour l'inspiration. »

Du coup, on ne s'étonne pas que le chantre du *Peuple* rêve d'une école de liberté qui abolira « la vanité des rangs, la sottise des prétentions rivales » ; d'un nouveau monde émancipateur et sans clôtures qui réunira les enfants de « tout rang, toute fortune, tout habit, ensemble sur les mêmes bancs, le velours et la blouse, le pain noir et l'aliment délicat » : l'éducation de toute la nation à travers la génération qui vient restera pour lui le premier et le dernier mot de la politique. Car l'avenir, croit-il, n'est pas à la lutte des classes, celle qu'annoncera bientôt Marx dans son *Manifeste*. À l'échelle d'un pays comme la France, dit-il, le peuple « capable d'action » s'oppose à la peur bourgeoise, le monde laborieux est un monde dangereux qui sait aller à la barricade. Mais son combat annonce le monde de l'avenir démocratique et réconcilié, la promesse inéluctable, le gage d'une vraie égalité, celle qui forgera la concorde et la fraternité comme au Champ-de-Mars le 14 juillet 1790.

Michelet proclame ainsi un Peuple à majuscule, vigile de l'avenir, « chaleur vitale » et « sel du monde », seul témoin et porteur de l'histoire en marche, de l'Amour et la Grâce, de l'Humanisme fraternel et des lendemains démocratiques qui chanteront. Mais sans dire qu'il pourrait être aussi une hydre à plusieurs têtes. C'est là que le bât blesse, dès 1846 quand le livre reste incompris, pour nous aussi aujourd'hui. Charles Maurras et l'Action française ont hurlé à mort contre cet éloge de la canaille. Boulanger ou Barrès ont confondu l'appel au peuple et celui au soldat. Albert Soboul, l'historien des sans-culottes, a parlé d'une œuvre émouvante mais irréaliste « qui ne contient aucune analyse sociale précise ». Les populistes et les ligueurs de toujours, les « nationaux-populistes » d'extrême droite et d'extrême gauche aujourd'hui, convoquent eux aussi le peuple à l'inconditionnel. Cette cacophonie prouve bien que la navigation d'un Peuple trop magnifié n'a jamais été ni une croisière ni un horizon. Michelet, lui, tout à sa passion et trop heureux de lancer sa bouteille à la mer, a abandonné celle-ci au gré des courants et des écueils.

De surcroît, il n'a pas abordé ni tranché le débat qui opposait déjà Sieyès, Mounier et Mirabeau aux états généraux de 1789. Ce dernier, que Michelet pourtant aimait comme un frère, n'avait-il pas vu plus juste ? « On a cru, disait-il, m'opposer le plus terrible dilemme en me disant que le mot peuple signifie nécessairement ou trop ou trop peu, que si on l'explique dans le même sens que le latin *populus* il signifie nation, que si on l'entend dans un sens plus restreint comme le latin *plebs* alors il suppose des ordres, des différences d'ordre, et c'est là ce que nous voulons prévenir. On a même été jusqu'à craindre que ce mot ne signifiât ce que les Latins appelaient *vulgus*. » Et Mirabeau de craindre déjà qu'on ne sorte pas du dilemme : « C'est un mot qui se prête à tout » ; un fier drapeau, un espoir éclairé, une garantie révolutionnaire, pas un énoncé de la règle et du consentement. Proudhon, plébéien autant que Michelet, parlera même d'une « monarchie retournée » parce que ni Job ni Léviathan et fût-il souverain ou même démiurgique, le peuple est « plus facilement saisi de la notion simple de pouvoir que de l'idée compliquée de contrat social ». Alors, *populus*, *plebs* ou *vulgus* ? Messianisme ou contrat ? Devant cet enjeu-là, Michelet le généreux a du vague à l'âme aventuriste et son message qu'il sent dicté par l'histoire n'est que bouteille à la mer.

Pourtant, le 13 janvier 1848 au Collège de France, le messager de la Liberté, de la France, de la Révolution et du Peuple fusionnels avait été autrement lucide quand il avertissait : « Il ne faut pas attendre que la dernière poussière de la dernière momie ait disparu du globe ; il ne faut ni se décourager parce qu'elle dure encore, ni dire, pour excuser notre inaction, que nous nous mettrons à l'ouvrage tout aussitôt qu'elle aura disparu ; il faut, dès aujourd'hui, faire appel à nos forces inventives, éprouver ce que nous avons en nous de positif, de vivant, de générateur ; si nous vivons, créons. » Et d'ajouter une touche plus personnelle : « Le difficile, je le sais bien, c'est que, pour enfanter ainsi, il faut une double condition, être à la fois solitaire, sociable ; solitaire, pour concentrer la sève, couver les germes ; sociable, pour les rendre féconds. Ces choses ne s'excluent nullement. Les forts entre les forts, Molière, Shakespeare, Rembrandt, ont eu ces deux puissances ; leur solitude fut sociable et, dans une société serrée, écrasante même, leur force les maintint solitaires. Ils créèrent dans la foule, avec elle, malgré elle, se servant de l'obstacle même. » En somme, il reprenait son cours de 1840 sur la Renaissance : « On croit mourir mais on ne meurt pas : renaissance éternelle ! »

Exigence individuelle et solidarité collective, batailles harassantes au jour le jour et bras ouverts au renouveau : toujours ce *vibrato*, ce dilemme dont Michelet a voulu faire une complémentarité, une règle de vie, un appel de la liberté à la liberté. Qui peut, qui veut aujourd'hui, à gauche comme ailleurs, s'en émouvoir encore ?

Bibliographie sélective

Jules Michelet, *Cours au Collège de France*, 2 vol. publiés par Paul Viallaneix, Gallimard, 1995.

Jules Michelet, *La France devant l'Europe*, présenté par Yann Potin, Éditions Verdier, 2012.

Jules Michelet, *Histoire de la Révolution française*, édition par Paule Petitier, 2 vol., Gallimard, coll. « Bibliothèque de la Pléiade », 2019.

Jules Michelet, *Le Peuple*, édition par Paul Viallaneix, Garnier-Flammarion, 1992.

Jules Michelet, *Précis de l'histoire de France* (jusqu'à la Révolution française), présenté par Laurent Theis, Perrin, coll. « Tempus », 2012.

Paul Bénichou, *Le Temps des prophètes. Doctrines de l'âge romantique*, Gallimard, 1977.

Lucien Febvre, *Michelet*, Genève-Paris, Édition des Trois Collines, coll. « Les classiques de la liberté », 1946.

Lucien Febvre, *Michelet, créateur de l'histoire de France. Cours au Collège de France, 1943-1944*, La Librairie Vuibert, 2014.

François Furet, « Michelet », dans François Furet et Mona Ozouf (dir.), *Dictionnaire de la Révolution française*, Flammarion, 1988.

Jean Guéhenno, *L'Évangile éternel. Étude sur Michelet*, Grasset, 1927.

Paule Petitier, *Jules Michelet. L'homme histoire*, Grasset, 2006.

Paul Viallaneix, *Michelet, les travaux et les jours (1798-1874)*, Gallimard, 1998.

Paul Viallaneix, *La Voie royale. Essai sur l'idée de peuple dans l'œuvre de Michelet*, Flammarion, 1971.

8

Joseph Proudhon, père de l'anarchisme

par Michel WINOCK

Pierre Joseph Proudhon a inscrit son nom dans l'histoire de la gauche par ses écrits théoriques et leur influence, qui font de lui un des penseurs sociaux les plus puissants de son siècle, et au-delà. Autodidacte de génie, il est un auteur difficile. Non en raison de son écriture – il a du style, un style imagé, savoureux, qui ménage du plaisir au lecteur. Mais parce que son œuvre, forte de 26 volumes publiés de son vivant, auxquels il faut ajouter 14 volumes de Correspondance, 6 volumes de Carnets…, est profuse et contradictoire. L'ensemble a été écrit entre 1839, date de son premier livre, De la célébration du dimanche, *et 1865, l'année de sa mort, où il laissait deux œuvres posthumes considérables,* De la capacité politique des classes ouvrières *et* Théorie de la propriété.

Un oubli volontaire

Auteur considérable mais pendant longtemps, et peut-être aujourd'hui encore, disgracié. Deux raisons l'expliquent. D'abord parce que Marx a fustigé sa pensée sociale et politique comme réactionnaire, et qu'au XXe siècle les communistes en ont fait leur référence négative, un petit-bourgeois antimarxiste, antimarxiste-léniniste surtout. On note son absence dans la collection des « Classiques du peuple » du parti communiste. En 1958, le sénateur Georges Cogniot publie *Proudhon et la démagogie bonapartiste* où il nous dépeint un Proudhon séduit par Louis-Napoléon Bonaparte, apologiste du coup d'État, favorable à la dictature – au mépris de toute vérité historique. Certes, Proudhon n'est alors qu'un prétexte, il s'agit pour Cogniot de dénoncer les membres de la SFIO qui, derrière Guy Mollet, soutiennent le projet constitutionnel du général de Gaulle. Mais si Proudhon peut ainsi jouer cette utilité, c'est que depuis longtemps le préjugé antiproudhonien est enraciné à gauche, au-delà même de la mouvance communiste. « Proudhon, écrit le sénateur communiste, est opposé au marxisme. Il n'admet pas la mission historique de la classe ouvrière. Il ne sait pas analyser les racines de classe des phénomènes sociaux, la nature de classe du pouvoir personnel. »

La méconnaissance de Proudhon tient aussi au fait que celui-ci n'a jamais eu la volonté de résumer ses idées dans un livre phare, compréhensible par le plus grand nombre, où il aurait exposé ses principes de manière mémorable, à la manière du *Manifeste du parti communiste* de Marx et Engels. Mais cela ne doit pas faire oublier que son influence a été considérable en son temps – sur le mouvement mutuelliste, sur l'anarchisme où Bakounine l'a relayé, et indirectement sur le syndicalisme révolutionnaire – et ses vues, qui ne sont pas toutes obsolètes, sont une des sources de ce qu'on a appelé la deuxième gauche.

D'autres éléments de sa personnalité l'ont rendu antipathique. À commencer par ce qu'on a appelé son « phallocratisme ». Aux antipodes de Charles Fourier, il n'était pas question pour lui « d'assaisonner d'un peu de variété la monotonie du mariage ». Non seulement il est respectueux de la monogamie, du mariage et de la chasteté, mais plus que personne il juge l'altérité homme/femme irréductible : « Si par le travail, le génie et la Justice, l'homme est à la femme comme 27 est à 8, la femme, à son tour, par les grâces de la figure et de l'esprit, par l'aménité du caractère et la tendresse du cœur est à l'homme comme 27 à 8, mais les qualités de l'Homme et de la Femme sont des valeurs incommutables. » Il en résulte, pour lui, que « le mariage est l'union des deux éléments hétérogènes, la puissance et la grâce ».

On lui fait grief aussi de son antisémitisme. Oui, mais rien d'original sur le sujet : on trouve déjà chez Fourier ce trait antijuif assez largement répandu dans le socialisme français du XIXe siècle. C'est un disciple de Fourier, Toussenel, qui écrit *Les Juifs rois de l'époque*, qui inspireront plus tard Édouard Drumont, l'auteur de *La France juive*... Et certains écrits de Marx lui-même n'épargnent pas les juifs.

Il ne faut pourtant pas oublier qu'au début de leurs relations, Marx a été très admirateur de Proudhon.

Quand il s'installe à Paris en 1844, il le considère comme « le penseur le plus hardi du socialisme français » (*La Sainte Famille*). Il admire son athéisme, alors que tant de socialistes baignent dans une religiosité ridicule. À plusieurs reprises, il évoque le mémoire sur la Propriété de Proudhon : « Un manifeste scientifique du prolétariat français. » Proudhon échappe alors à la qualification infamante de petit-bourgeois : « Proudhon, écrit toujours Marx, n'écrit pas simplement dans l'intérêt des prolétaires français ; il est lui-même prolétaire, ouvrier. » Maints auteurs modernes ont voulu montrer qu'entre Proudhon et Marx, les points communs sont nombreux. Pour Pierre Ansart, Pierre Haubtmann, Georges Gurvitch, faire de Proudhon un « anti-Marx » serait une erreur. Il faut admettre cependant qu'historiquement les deux hommes ont été les chefs de file, les pères fondateurs de deux socialismes antinomiques, ce qu'on a appelé le « socialisme de la volonté » opposé au « socialisme de la fatalité » ; ou encore le « socialisme par le bas » opposé au « socialisme par le haut » ; le libertaire contre l'autoritaire. En 1870, au cours de la guerre franco-prussienne, Marx écrit explicitement à Engels que la victoire de Bismarck sera aussi la victoire du socialisme allemand sur le proudhonisme français. Il se trouve que la Ire Internationale ouvrière, fondée en 1864, fut très fortement marquée par l'influence de Proudhon. Marx s'en plaignit auprès de son correspondant Kugelmann le 9 octobre 1866 : « Messieurs les Parisiens avaient la tête pleine des phrases de Proudhon les plus vides. [...] Proudhon a fait un mal énorme. »

Une certaine forme de discrédit posthume lui est venue également de la récupération dont son œuvre a été l'objet de la part des penseurs contre-révolutionnaires. Ainsi, Louis Dimier, dans ses *Maîtres de la Contre-Révolution au* XIX*e siècle*, paru en 1907, pouvait trouver dans ses idées – malgré son « apparence révolutionnaire » – « l'essence des vrais principes conservateurs » ; les écrivains de l'Action française ont souvent placé Proudhon parmi leurs maîtres à penser. La masse de ses écrits est une mine où des idéologues variés ont puisé quelques-uns de leurs principes.

L'antipode

Né à Besançon en janvier 1809, « de pur calcaire jurassien », Proudhon a d'abord été un ouvrier typographe, avant de devenir correcteur, puis prote dans une imprimerie de Besançon. Il avait passé tardivement son baccalauréat, à 29 ans, avant de s'installer à Paris. En 1840, il fait sensation avec son ouvrage *Qu'est-ce que la propriété ?* qui fait scandale et dont on ne retient que la célèbre formule : « La propriété, c'est le vol ! » Pour Louis Blanc, c'est « un livre à produire la plus grande sensation ». Pour Marx, un livre majeur, fondateur : « L'ouvrage de Proudhon a la même importance pour l'économie politique moderne que celui de Sieyès, *Qu'est-ce que le tiers état ?*, a pour la politique moderne. » Il mène néanmoins une vie à la diable, entre Paris et Besançon. Ses écrits lui valent un procès en 1842 devant la cour d'assises du Doubs pour excitation à la révolte, attaque à la propriété, outrage au gouvernement et à la religion catholique ; il en sort acquitté, après lecture d'une fière plaidoirie : « Tous les griefs que l'on accumule contre moi se réduisent à un seul. J'ai fait un livre, ou pour mieux dire une déclaration de guerre à la propriété ; j'ai attaqué l'ordre social dans sa base actuelle ; j'ai nié, avec une rare préméditation et un acharnement sans exemple, la légitimité de tous les pouvoirs ; j'ai ébranlé toutes les existences ; je suis en un mot un révolutionnaire. Tout cela est vrai ; mais en même temps, et pour la première fois peut-être, tout cela est parfaitement moral et plus digne d'éloge que de blâme. »

Quand Marx arrive à Paris en 1844, les deux hommes se rencontrent, discutent des nuits entières. Marx voudrait, selon sa propre expression, lui injecter son hégélianisme. Impossible ! Si Proudhon est opposé à la dialectique hégélienne, c'est qu'il ne cherche pas la synthèse ; il accepte les « équilibres des contraires qui se balancent sans faire disparaître la contradiction ». Il écrit clairement : « Les termes antinomiques ne se résolvent pas plus que les pôles opposés d'une pile électrique ne se détruisent. Le problème consiste à trouver non leur fusion, qui serait leur mort, mais leur équilibre sans cesse instable, variable selon le développement de la société. » C'est une position philosophique qui fonde une vision politique : la synthèse hégélienne est « gouvernementale » ; c'est l'État qui est appelé à dépasser la contradiction, à la résoudre. Aux « fanatiques de l'unité » (forcément étatique), Proudhon oppose le principe même de la vie et le mouvement de l'univers, qui reposent sur « une pluralité d'éléments irréductibles et antagoniques ».

Deux ans plus tard, Marx tente encore de rallier Proudhon pour mettre en place une organisation visant à l'enseignement des masses. Ce faisant, il heurte le Jurassien dans ce qu'il a de plus géologiquement authentique : son antidogmatisme. « Cherchons ensemble, si vous voulez, répond-il, les lois de la société, les modes dont ces lois se réalisent, le progrès suivant lequel nous parvenons à les découvrir ; mais, pour Dieu ! Après avoir démoli tous les dogmatismes *a priori*, ne songeons point à notre tour, à endoctriner le peuple ; ne tombons pas dans la contradiction de votre compatriote Martin Luther, qui après avoir renversé la théologie catholique, se mit aussitôt à grand renfort d'excommunications et d'anathèmes, à fonder une théologie protestante. » Il ajoute : « J'applaudis de tout mon cœur à votre pensée de produire un jour toutes les opinions ; faisons-nous une bonne et loyale polémique ; donnons au monde l'exemple d'une tolérance savante et prévoyante, mais, parce que nous sommes à la tête du mouvement, ne nous faisons pas les chefs d'une nouvelle intolérance, ne nous posons pas en apôtres d'une nouvelle religion ; cette religion fût-elle la religion de la logique, la religion de la raison. Accueillons, encourageons toutes les protestations ; flétrissons toutes les exclusions, tous les mysticismes ; ne regardons jamais une question comme épuisée, et quand nous aurons usé jusqu'à notre dernier argument, recommençons s'il faut, avec l'éloquence et l'ironie. À cette condition, j'entrerai avec plaisir dans votre association, sinon, non ! »

Proudhon ne se faisait sans doute pas d'illusion sur le caractère autoritaire de son jeune rival. Sa lettre n'eut pas de réponse. Et quand, en 1847, il publia sa *Philosophie de la misère*, Marx répliqua par sa *Misère de la philosophie*, où il flétrissait Proudhon comme « petit-bourgeois, ballotté constamment entre le Capital et le Travail, entre l'économie politique et le communisme ». C'en est fait, il y aura des proudhoniens, des libertaires, des anarchistes et il y aura des marxistes.

Cette rupture explique la philosophie de Proudhon, tout opposée à la construction d'un socialisme par le haut. Son antithéisme qui va de pair avec son antiétatisme, ses idées d'autonomie et de fédération, le mutuellisme, et finalement sa critique de la révolution politique : « Jusqu'à nos jours, écrit-il dans ses *Confessions d'un révolutionnaire*, les révolutions les plus émancipatrices et toutes les effervescences de la liberté, ont abouti constamment à un acte de foi et de soumission au pouvoir [...] ; toutes les révolutions n'ont servi qu'à reconstituer la tyrannie. » C'est pourquoi il se proclame « l'antipode de Robespierre ». Pour lui, la révolution n'est pas le fruit d'un coup de force, d'une insurrection, c'est un processus continu : « La Révolution, dit-il en octobre 1848, est en permanence et... À proprement parler, il n'y a pas eu plusieurs révolutions, il n'y a qu'une seule et même et perpétuelle révolution. »

Comment éviter ces deux écueils : celui d'une société capitaliste inégalitaire et celui d'un communisme étatique tout aussi despotique par d'autres moyens ? Ce sera par ce que Proudhon appelle l'« anarchie positive » ou « mutuellisme ». À une justice distributive exercée d'en haut il préconise de substituer une justice commutative, où les contractants s'engagent réciproquement dans un échange équitable et renoncent à toute prétention au gouvernement. L'anarchie positive, c'est la revanche de la société sur l'État. « Il faut supprimer en un mot, écrit-il, tout ce qui reste de divin dans le gouvernement de la société et rebâtir l'édifice sur l'idée humaine de *contrat*. »

Le gilet noir

Malgré son hostilité aux « socialistes étatiques », il suit le mouvement déclenché par la révolution de février 1848 ; il prête la main à la construction d'une barricade. Mais il se montre sévère à l'endroit du gouvernement provisoire : « Tout le mysticisme, le Robespierrisme, le Chauvinisme sont au pouvoir. » L'idée qu'on puisse faire les réformes économiques nécessaires à partir d'une révolution politique n'est pour lui qu'une dangereuse illusion. Au mois de mars, il publie plusieurs brochures successives où il rappelle ses idées sur « la solution du problème social ». Ce qu'il veut c'est la réforme du crédit, la création d'une banque d'échange assurant la gratuité du crédit. Il est isolé, il est inclassable, on ne le lit pas ; malgré cela, il ne perd jamais de vue la solidarité avec ses « frères », les prolétaires. Dans le journal qu'il a créé, *Le Représentant du peuple*, il se fait peu à peu connaître. En avril, il se présente aux élections : « Voilà quarante jours passés en harangues renouvelées de la Montagne ! On plante des arbres de la Liberté ; on change les inscriptions des monuments, on fait des processions patriotiques ; on chante des hymnes de 1789 et de 1792 ; il n'y en a point encore pour 1848 ! Nous vivons sur des souvenirs, on croirait, s'il fallait en juger sur les apparences, que cette révolution n'a été faite que pour nous donner la comédie en pleine rue : Paris tout entier est le théâtre où se joue l'ancien drame révolutionnaire. » Mais il est battu. Critique vis-à-vis des chefs de la révolution, il ne veut pas néanmoins rester à l'écart. Il rend hommage à Louis Blanc qui a su poser la question de l'organisation du travail : « La question avait été posée par Louis Blanc, et c'était pour moi un devoir de patriotisme et d'humanité de travailler à la résoudre. Je voulais que la révolution aboutît ; je voulais que la République fût démocratique et sociale. »

Hostile aux ateliers nationaux qui pour lui n'étaient qu'un expédient, il ne s'en montre pas moins solidaire des ouvriers qui se sont insurgés à l'annonce de leur fermeture. Finalement élu à Paris le 4 juin dans une élection partielle, c'est en représentant du peuple qu'il parcourt les rues où l'insurrection construit ses barricades dans la nuit du 22 au 23 juin. En témoin, il s'élève contre la répression : « Le mauvais vouloir de l'Assemblée nationale est la cause de l'insurrection, écrit-il dans ses *Carnets.* On fusille à la Conciergerie, à l'Hôtel de Ville. Quarante-huit heures après la victoire, on fusille les prisonniers blessés, désarmés. On répand les calomnies les plus atroces sur les insurgés afin d'exciter contre eux la vengeance. On va arrêter à domicile les citoyens [...], on les fusille, on les jette à l'eau. Frères contre frères. Horreur ! Douleur ! » Cavaignac, auquel l'Assemblée a confié le pouvoir, suspend *Le Représentant du peuple*. Proudhon réplique à l'Assemblée même où il dépose un projet de loi relative à son idée de banque d'échange. Thiers, porte-parole de la commission qui l'a étudié, réfute

Proudhon ligne à ligne au cours de la séance plénière du 26 juillet. Le 31, celui-ci réplique à la tribune. Victor Hugo nous a laissé dans *Choses vues* ses souvenirs de la scène : « On voit paraître à la tribune un homme d'environ 45 ans [Proudhon a alors 39 ans], blond, avec peu de cheveux et beaucoup de favoris. Il était vêtu d'un gilet noir et d'une redingote noire. Il ne parla pas, il lut. Il tenait ses deux mains crispées sur le velours rouge de la tribune, son manuscrit entre elles. Il avait un son de voix vulgaire, une prononciation commune et enrouée, et des bésicles. Le début fut écouté avec anxiété ; puis l'assemblée éclata en rires et en murmures ; enfin chacun se mit à causer. La salle se vida et l'orateur termina au milieu de l'inattention le discours commencé au milieu d'une sorte de terreur. Proudhon n'était ni sans talent ni sans puissance. Cependant, il plia visiblement sous l'insuccès et n'eut rien de l'effronterie sublime des grands novateurs. »

Proudhon n'était pas un orateur. Pendant trois heures il s'était employé à défendre son projet devant une assemblée de plus en plus arrogante et hilare. Mais dans ce discours injustement oublié, il se montre le seul à défendre les insurgés de Juin. Quand on lui demande comment il entend le *nous* et le *vous* qu'il emploie, la réponse est fulgurante : « Lorsque j'ai employé les deux pronoms *vous* et *nous*, il est évident que, dans ce moment-là, je m'identifiais, *moi*, avec le *prolétariat*, et que je vous identifiais, *vous*, avec la *classe bourgeoise*. » La presse accueille ce discours de manière haineuse, mais les paroles de Proudhon ont retenti au-delà des frontières. Le Russe Herzen s'en fait le diffuseur. Marx lui-même, qui a vanté son courage, ne pourra s'empêcher de lui rendre hommage en 1865, l'année de sa mort : « Opposé à Thiers, Proudhon prit les proportions d'un colosse antédiluvien. » Il est désormais le point de mire de la réaction ; on le brocarde, on le caricature ; son journal est définitivement suspendu. Il en publie un autre, *Le Peuple*, qui devait vivre neuf mois (2 septembre 1848-13 juin 1849).

En novembre 1848, il est de la petite minorité qui s'oppose au projet constitutionnel : « J'ai voté contre la Constitution, parce que c'est une Constitution… Je trouve qu'une Constitution, dans une République, est chose parfaitement inutile […] je suis convaincu que la Constitution, dont le premier acte sera de créer une présidence, avec ses prérogatives, ses coupables espérances, sera plutôt un péril qu'une garantie pour la liberté. »

L'année suivante, ses articles du *Peuple*, ses appels « aux citoyens de tous les partis » lui valent un nouveau procès pour excitation à la haine du gouvernement, attaque contre la Constitution, enfin excitation à la haine et au mépris des citoyens les uns contre les autres. Le 28 mars 1849, il est condamné par les assises de la Seine à trois ans de prison et à 3 000 francs d'amende. C'est à la prison de Sainte-Pélagie qu'il épouse une ouvrière parisienne, Euphrasie Piégeard. Sa détention ne l'empêche pas de lancer une nouvelle feuille, *La Voix du peuple*, grâce à l'aide financière de Herzen. De Sainte-Pélagie, il est mis au secret à la Conciergerie, puis enfermé à la forteresse de Doullens, avant de revenir à Sainte-Pélagie après un acquittement.

Il attaque désormais Louis Blanc, « singe de Robespierre ». Dans ses *Confessions d'un révolutionnaire*, paru en novembre 1849, il défend ses idées contre les Jacobins, les « démocs-socs ». Pour lui, le dernier mot du socialisme est liberté – une liberté confondue avec le « non-gouvernement », avec « l'anarchie » : « Le socialisme, tel que je le professe, est le contre-pied du socialisme de Louis Blanc. » Celui-ci incarne le « socialisme gouvernemental », « la révolution par le pouvoir », tandis que lui, Proudhon, représente le « socialisme démocratique, la révolution par le peuple ». Il s'en prend aussi à l'économiste libéral Frédéric Bastiat sur la question de l'intérêt. Au cours de ces polémiques, Proudhon dénonce la « trilogie » de la réaction : Bastiat, le Capital ; Blanc, « l'idée gouvernementale » ; enfin, Leroux, le symbole du « principe religieux » : Dieu, l'État, le Capital, infernale triade de l'absolutisme auquel il oppose sa *négation de l'Autorité*, véritable fondement du Socialisme et de la Révolution.

L'inspirateur

Jusqu'à sa mort en 1865, Proudhon s'emploie à approfondir son œuvre. Il n'a nulle complaisance pour Louis-Napoléon Bonaparte, futur Napoléon III : « Par le génie, par le cœur, par les mœurs, les services, cet homme est au-dessous du dernier des scélérats. Il n'y a pas au bagne un être plus immonde, plus pervers que L.-N. Je n'oublierai jamais que je l'ai vu, cet homme, à la Constituante, dans un instant où il se croyait vu de personne : j'ai vu son œil vitreux, sa face impudique, son attitude pleine d'insolence : son âme scélérate m'apparut alors ! » Le bonapartisme se résume par trois mots : le mensonge, la terreur et la corruption. Mais le coup d'État prévisible du 2 Décembre a en quelque sorte définitivement démontré l'inanité de la révolution politique. C'est une autre révolution qui devient nécessaire et qu'il préconise. Non par le suffrage universel qui porte au pouvoir les charlatans, les arrivistes et les corrompus. Le peuple fondera la vraie démocratie par la sécession, la séparation d'avec la bourgeoisie. Le prolétariat doit constituer un monde à part, avec ses propres organismes économiques et politiques. Il préconise de boycotter toutes les institutions de la société capitaliste, le refus de participation aux élections générales. La révolution des producteurs doit remplacer une économie d'exploitation par une économie d'échanges réciproques.

Proudhon reste cependant attaché au problème politique. À partir de 1858, tout en poursuivant sa critique du centralisme étatique, il n'envisage plus la suppression de l'État, mais sa limitation dans un système fédératif ou confédératif. Au mutualisme économique doit correspondre un fédéralisme politique. À la base, la commune souveraine qui s'administre elle-même ; les communes se fédèrent et forment une confédération d'unités autonomes. La société proudhonienne est fondée sur des rapports horizontaux, les principes de mutualité et de solidarité, dont le contrat est la base juridique.

La critique proudhonienne vise au centre toute théorie sociale proposant la centralisation des moyens de production, la gestion unitaire de l'économie. Là où le communisme vise à l'unité, Proudhon défend l'autonomie, le pluralisme, la disparition des autorités extérieures. Il prône un socialisme qui n'aboutisse pas à la police politique, à l'idéologie d'État et, finalement, à toutes les formes de l'autoritarisme. La faillite à la fin du XXe siècle du communisme étatique et le triomphe de l'hyperlibéralisme devraient redonner force à la pensée de Proudhon, penseur anti-autoritaire, antitotalitaire, et pionnier d'une solidarité sociale contractuelle.

Joseph Proudhon mourut le 19 janvier 1865. Son cortège funèbre fut suivi jusqu'au cimetière de Passy par des milliers de fidèles, dont le plus grand nombre étaient des ouvriers. Il laissait à sa veuve une montagne de dettes. Cependant, une souscription « en faveur de la famille Proudhon » eut un tel succès qu'elle mit sa veuve et ses deux filles à l'abri du besoin.

La postérité de Proudhon a été multiforme, de l'anarchisme aux mutualités. Mais ce qui reste inaliénable de sa pensée, qui était aussi affaire de tempérament, c'est l'opposition irréductible qu'il a incarnée à la fois contre les docteurs de la science sociale dont les certitudes le faisaient rire et contre un socialisme doctrinaire et tutélaire d'un peuple qui n'avait qu'à marcher en rangs : « Le socialisme est le contraire du gouvernementalisme. »

La pensée de Proudhon, riche et fluctuante, a exercé son influence non par un corps de doctrine, réduit à des formules et des slogans, mais par un esprit général, que nourrissent les valeurs de justice et de liberté. Cette influence a souvent été indirecte. Lucien Febvre écrivait ainsi dans la *Revue de synthèse* en 1909 « qu'en dépit d'une apparente éclipse, la pensée proudhonienne n'avait jamais cessé, en réalité, de vivre et d'agir en France dans les couches profondes du prolétariat ; c'est [...] qu'un accord intime, un accord presque constant, se manifeste entre certains principes, certaines directions essentielles de la pensée de Proudhon et les manifestations *les plus intimes et les plus énergiques* de la vie ouvrière contemporaine ».

Bibliographie sélective

Édouard Dolléans, *Proudhon*, Gallimard, 1948.

Lucien Febvre, « Une question d'influence : Proudhon et le syndicalisme contemporain », *Revue de synthèse historique*, 1909.

Daniel Halévy, *La Vie de Proudhon*, Stock, 1948.

Pierre Haubtmann, *Pierre Joseph Proudhon. Sa vie et sa pensée*, Beauchesne, 1982.

Jean Maitron, *Histoire du mouvement anarchiste en France (1880-1914)*, François Maspero, 1975.

Bernard Voyenne, *Histoire de l'idée fédéraliste*, Presses d'Europe, 1976.

9

Victor Schoelcher ou la République pour tous

par Gérard Unger

Le nom de Victor Schoelcher est indissolublement lié à celui de l'abolition de l'esclavage en France par le décret du 25 avril 1848. C'est là sans aucun doute l'acte majeur qui mérite de faire passer l'homme à la postérité, mais on ne saurait réduire l'œuvre de ce grand républicain à cette mesure emblématique. Son action a en effet largement contribué à transformer les « vieilles colonies » (Guadeloupe, Martinique, Guyane et Réunion) en départements français d'outre-mer un peu plus de cinquante ans après sa mort, supprimant ainsi, de manière symbolique, toute distinction entre les descendants des anciens esclaves et ceux des ex-colonisateurs. Par son combat permanent contre la peine de mort et les bagnes, Schoelcher est aussi un des précurseurs de la défense des droits de l'homme.

L'engagement d'une vie

Il naît en 1804 à Paris. Son père Marc, d'origine alsacienne, possède une florissante usine de porcelaine. Le jeune Victor, qui mène de courtes études secondaires au lycée Louis-le-Grand, fréquente les milieux littéraires (George Sand) et surtout musicaux (Berlioz, Liszt), car c'est un mélomane passionné et averti. Marc l'envoie en 1828-1830 comme agent commercial au Mexique, aux États-Unis et à Cuba. C'est surtout dans cette île, sous domination espagnole, qu'il découvre les horreurs de l'esclavage (travail exténuant, châtiments corporels, mises à mort arbitraires…) qui vont à jamais marquer sa vie. Sous la monarchie de Juillet, peu après la mort de son père en 1832 des suites de l'épidémie de choléra, il vend l'entreprise familiale, ce qui le mettra tout au long de son existence à l'abri des soucis financiers sans qu'il ait besoin de travailler. Il se fait apprécier au début du règne de Louis-Philippe comme critique d'art, s'inscrit à une loge maçonnique et connaît quelques aventures féminines sur lesquelles il reste fort discret, même dans les lettres à son plus fidèle ami, l'écrivain Ernest Legouvé. Il demeurera célibataire sa vie durant, se dévouant aux causes qui l'accaparent.

Jusqu'en 1848, il voyage beaucoup et amasse les collections les plus diverses (livres, objets d'art, souvenirs, etc.). Il parcourt l'Europe occidentale, l'Égypte, la Grèce, la Turquie et le Sénégal, mais s'intéresse avant tout aux îles caribéennes qu'il visite quasiment toutes, qu'elles soient sous l'emprise des couronnes britannique, néerlandaise, française ou bien indépendantes, telle Haïti qui a arraché sa liberté à la France de Bonaparte en 1804. Il se passionne d'emblée pour la question de l'esclavage et écrit de nombreux articles et ouvrages sur le sujet. Dans son premier livre, *De l'esclavage des Noirs et de la législation coloniale*, paru en 1833, il dénonce les brutalités commises contre les esclaves par les propriétaires blancs qui ne respectent même pas le « Code noir » de Colbert (1685). Celui-ci prévoit au moins, malgré sa dureté, que les esclaves ont droit à une éducation morale et religieuse, peuvent se marier, disposer d'un pécule et d'un lopin de terre ou encore témoigner en justice, toutes choses très souvent ignorées par les colons. À cette époque, Schoelcher demande une amélioration des conditions de la population esclave des colonies françaises mais n'envisage pas encore sa libération. Ce n'est qu'à partir de la décennie suivante qu'il demande la fin immédiate de la servitude.

Schoelcher n'est pas le premier à se préoccuper du sort des Noirs, arrachés par bateaux entiers à leur terre africaine depuis le début du XVIIe siècle pour être employés dans les plantations de canne à sucre, de café ou d'indigo (les « habitations ») dans des conditions souvent effroyables. En 1788, Brissot et Mirabeau créent la société des Amis des Noirs dont l'abbé Grégoire et Condorcet deviennent les porte-parole inlassables et dont Schoelcher connaît les textes. Malgré la répression politique qui s'abat sur ses instigateurs en 1793 et ses positions « gradualistes », qui prévoient la libération des esclaves à une date relativement lointaine, l'organisation contribue à populariser l'idée de l'égalité raciale qui conduit en février 1794 la Convention à abolir l'esclavage pour la première fois au monde. Cette liberté et l'égalité entre Blancs (les « créoles »), mulâtres, affranchis et esclaves sera de courte durée, car en 1802 Bonaparte rétablit la servitude. Les esprits évoluent cependant en Europe puisque la Grande-Bretagne, sous l'impulsion notamment de Wilberforce, interdit la traite en 1807, décision reprise par les puissances européennes dans les traités de Vienne de 1815.

Sous la Restauration, la situation ne s'améliore guère pour les non-Blancs aux Antilles françaises, tant pour les « libres de couleur » que pour les esclaves que les propriétaires accusent souvent de fomenter des révoltes et d'empoisonner l'eau. La répression est brutale et le mulâtre martiniquais Bissette, convaincu d'avoir distribué des libelles appelant à la révolte, est, après de longs débats judiciaires, condamné à dix ans de bannissement de l'île. En métropole, il va se battre pendant longtemps contre l'attitude réactionnaire des créoles. Son combat est aussi celui de penseurs, d'écrivains ou d'hommes politiques regroupés dans la Société française pour l'abolition de l'esclavage (SFAE), créée en 1834. On y trouve des personnalités de premier plan telles que le duc de Broglie, les députés Odilon Barrot et Isambert, l'économiste Hippolyte Passy ou Lamartine ; Tocqueville est membre associé tout comme le catholique libéral Montalembert, le comte de Rémusat et Schoelcher. La SFAE agit comme un groupe de pression auprès des pouvoirs publics et mène des actions de propagande vers l'opinion sans obtenir de résultats pratiques probants. Le lobby des colons, appuyé par le ministère de la Marine et des Colonies et des propagandistes actifs, tel le journaliste Granier de Cassagnac, pèse de tout son poids sur les gouvernements de Louis-Philippe en développant des arguments bien connus : les esclaves sont mieux traités que les ouvriers de la métropole, ils ne sont pas mûrs pour la liberté, leur libération mettrait en péril l'économie des îles et l'indemnisation des propriétaires coûterait une fortune à l'État. Quelques mesures sont néanmoins prises : mêmes registres d'état civil pour les Blancs et les libres de couleur, droit pour ces derniers de voter aux élections au conseil colonial (mais le cens est pour la plupart d'entre eux trop élevé), suppression de la taxe d'affranchissement des esclaves et loi Mackau de 1845 : celle-ci limite la journée de travail des esclaves à neuf heures et demie, interdit le travail de nuit et permet à l'esclave de se racheter, lui et sa famille, tout en étant obligé de rester cinq ans comme salarié sur l'habitation. Loin d'être bien appliquée, cette loi démontre le retard de la France par rapport au Royaume-Uni dans la lutte contre l'esclavage. Ce pays abolit en effet en 1833 l'esclavage avec un dédommagement de 20 millions de livres pour les propriétaires et une période « d'apprentissage » qui oblige les « nouveaux libres » à travailler pour leurs anciens maîtres pendant quatre à six ans. Cette dernière mesure s'est heurtée à de nombreuses difficultés d'application, ce qui, avec les atermoiements français sur l'abolition, contribue à renforcer la position radicale de Schoelcher : les esclaves, qui constituent environ 75 % de la population antillaise, doivent être libérés d'un coup et totalement, sans période « d'apprentissage ». Dans ses ouvrages de 1840 (*Abolition de l'esclavage*) et de 1842 (*Des colonies françaises. Abolition immédiate de l'esclavage*), il insiste également sur l'instruction primaire des Noirs « par un corps de missionnaires éclairés », la création d'organismes de crédit pour moderniser les exploitations et aider les nouveaux libres ; il propose aussi une immigration européenne vers les îles pour éviter, comme dans les colonies britanniques, l'arrivée de « coolies » indiens, chinois ou africains, forme nouvelle de traite déguisée.

Le libérateur

Ce désir de solution radicale, qui est la marque personnelle de Schoelcher, va de pair pour lui avec l'instauration de la république. Il collabore avec le radical Ledru-Rollin au journal *La Réforme* où il tient la rubrique coloniale, ainsi qu'à *La Revue indépendante* du socialiste Pierre Leroux. Il lit Fourier, fréquente Louis Blanc et renoue en 1844 avec la franc-maçonnerie. Au moment de la chute de Louis-Philippe en février 1848, il est au Sénégal pour étudier la situation des « captifs », dont la condition est proche de l'esclavage. Dès son retour à Paris le 3 mars, il est reçu par le ministre de la Marine et des Colonies du gouvernement provisoire, François Arago. Celui-ci le nomme le lendemain sous-secrétaire d'État aux Colonies et lui confie la présidence de la commission d'abolition de l'esclavage qu'il crée au même moment. Schoelcher ne perd pas de temps : la décision d'abolition est acquise le jour même par le gouvernement, mais celui-ci attend les élections des 24 et 25 avril, qui voient la victoire des républicains modérés, pour prendre le 27 un décret abolissant l'esclavage dans un délai de deux mois aux

Caraïbes, à la Réunion, à Gorée et à Saint-Louis au Sénégal. Des décrets annexes règlent le régime politique (envoi de députés élus au suffrage universel à l'Assemblée constituante, suppression des conseils des colonies et des délégations de colons en métropole), les systèmes scolaire et judiciaire, les rapports sociaux entre employeurs et employés – les « nouveaux libres » –, etc. Le gouvernement a largement suivi l'avis de la commission d'abolition, au travail depuis le 6 mars, et qui ne comprend aucun représentant des colons. Schoelcher aurait voulu qu'outre le versement d'argent indemnisant les propriétaires (le montant en sera finalement de 500 francs par esclave, contre 1 000 demandés par la commission), les esclaves touchent un dédommagement pour leurs souffrances et qu'il y ait en leur faveur une redistribution des terres, mais il n'est pas suivi sur ces points.

À la suite de l'émeute du 15 mai 1848 à Paris menée à l'instigation de militants de l'extrême gauche dont il est parfois proche (Blanqui, Raspail, Barbès), Schoelcher démissionne le 17 mai de son sous-secrétariat pour protester contre l'arrestation des meneurs alors même qu'il n'approuve pas la tentative d'insurrection. Il reste cependant président de la commission jusqu'au 21 juillet puis intègre la commission d'indemnisation coloniale. Battu aux élections législatives à Paris, il est élu triomphalement en Guadeloupe et en Martinique. Il opte pour cette dernière île, où il va s'opposer très vite à Bissette, à qui il reproche de se rapprocher trop des créoles.

Aux élections de mai 1849 qui voient la large victoire d'une majorité très conservatrice, il est nettement battu par Bissette en Martinique mais est élu en

Guadeloupe, grâce notamment à l'appui du journal *Le Progrès*, proche des milieux maçonniques de l'île. Son programme s'exprime clairement dans ses messages aux électeurs, en fait aux « nouveaux libres » : « Vous êtes citoyens français, et il n'est pas besoin de vous le dire : plus grands sont les droits que donne ce beau titre, plus grands sont les devoirs qu'il impose. Travaillez, vous que la patrie admet au rang de ses fils ; c'est par le travail que vous conquerrez l'estime de vos concitoyens d'Europe. [...] Je travaillerai à obtenir l'assimilation complète de la France d'outre-mer à la France métropolitaine. » On retrouve ici deux invariants de la pensée schoelcherienne : la nécessité du travail pour les « nouveaux libres », meilleure assurance pour conserver leur liberté et leur dignité retrouvée, mais surtout la volonté d'assimilation complète des colonies avec la métropole ; ce thème va marquer la pensée de Schoelcher jusqu'à sa mort.

Invalidé à la suite d'émeutes, il est réélu avec 80 % des voix en janvier 1850. Il siège à l'extrême gauche de l'Assemblée avec les Montagnards, les radicaux-socialistes proches de Ledru-Rollin. Il se bat pour l'amnistie des prisonniers politiques arrêtés en mai 1848 et surtout après l'insurrection ouvrière de juin ; il veut aussi améliorer la condition des prisonniers quels qu'ils soient en les autorisant à travailler en prison. Il dénonce les bagnes, « écoles supérieures de brigands et d'assassins », et demande en vain à l'Assemblée en février 1851 la suppression de la peine de mort. Il continue cependant à centrer son activité sur les Antilles, où l'agitation règne suite à des soulèvements de Noirs qui se nomment – ou se font nommer – par les représentants du pouvoir « schoelcheristes ». Face aux émeutiers, les autorités mènent une répression aveugle, approuvée par les colons.

Le républicain de combat

Le coup d'État de Louis-Napoléon Bonaparte le 2 décembre amène les républicains de la Montagne à créer un « comité de résistance » où Schoelcher se retrouve avec Victor Hugo, Carnot et Jules Favre. Le 3 décembre, une barricade est dressée faubourg Saint-Antoine où l'on retrouve Schoelcher et son ami le député Baudin, qui s'y fait tuer. Le soir même, le père de l'abolition de l'esclavage entre dans la clandestinité. Il finit par trouver refuge dans une pension d'ecclésiastiques rue des Feuillantines, ce qui ne manque pas de piquant pour un athée militant. Après y avoir passé trois semaines caché dans un grenier, il part pour la Suisse déguisé… en curé. Il atteint le territoire helvétique, par un froid glacial, le 24 décembre, puis gagne Bruxelles où il séjourne tout le mois de janvier 1852. Il quitte ensuite cette ville pour Londres en compagnie du député Martin Nadaud, ouvrier maçon de la Creuse. Après avoir occupé différents logements dans la capitale britannique, il s'installe dans une villa de Chelsea en 1856. Cette résidence devient vite un lieu de rencontres pour de nombreux proscrits. Après avoir réglé les problèmes de transfert d'argent grâce à son ami Legouvé, Schoelcher écrit beaucoup contre le Second Empire, tant en français qu'en anglais (*Histoire du crime du 2 décembre*, *Le Gouvernement du 2 décembre*, *Dangers to England of the Alliance with the Men of the Coup d'État*). Il séjourne à plusieurs reprises chez son ami Victor Hugo à Jersey et refuse comme lui tout rapprochement avec le régime impérial : « J'aime mieux la noble douleur de l'exil que la honteuse torture du remords », disait-il. En 1859, il rejette l'amnistie générale décrétée par Napoléon III et est un des rares proscrits, avec Hugo et Quinet, à ne pas rentrer en France. Ce républicain intraitable, outre son action et ses écrits politiques, publie une excellente *Vie de Haendel*, à laquelle on peut encore se référer aujourd'hui. Il continue également à suivre de près l'évolution de la situation dans les Caraïbes, en protestant contre les mesures répressives instaurées par l'Empire dans les îles et en s'élevant contre l'importation d'Indiens ou d'Africains de l'Est pour remplacer aux champs les anciens esclaves.

En août 1870, dès l'annonce des premières défaites françaises face à la Prusse, il rentre à Paris. En septembre, quelques jours après la constitution du gouvernement de la Défense nationale, il accepte un poste de colonel à l'état-major de la garde nationale de la Seine qu'il occupe jusqu'en mars 1871. Il est également nommé le 31 octobre 1870 vice-président de la commission des élections municipales qui siège à l'Hôtel de Ville. En février 1871, il est élu aux élections législatives dans la Seine en dixième position (Paris vote pour une République qui doit poursuivre le combat, alors que la majorité du pays se prononce pour les conservateurs soucieux avant tout de paix et d'ordre). Durant la Commune, il fait partie du groupe des « conciliateurs » qui tentent en vain d'éviter un bain de sang « entre le pouvoir légal de Versailles et le pouvoir de fait de la Commune ». Après la « semaine sanglante », il souhaite une amnistie immédiate pour les communards, qui ne sera votée qu'en 1880.

Le grand ancien

Même si cet homme de plume, qui n'hésite pas à prendre les armes pour défendre la République et le territoire (il n'oublie pas qu'il est alsacien), admire le talent de Gambetta, il passe, comme tous les républicains de 1848, pour une « vieille barbe ». Selon Scheurer-Kestner, futur premier vice-président du Sénat et son cadet de près de trente ans, Schoelcher s'étonnait de la « nouvelle direction qu'on cherchait à donner aux préoccupations des républicains et auxquelles il ne comprenait absolument rien ». Il faut dire qu'il revient sans cesse sur le coup d'État en publiant en 1872 *Le 2 décembre. Les massacres dans Paris*, puis deux ans plus tard *Les Décembriseurs* et encore en 1875 *Le Crime de décembre en province*… Son aspect extérieur renforce ce lien avec une époque que les jeunes gens considèrent comme révolue. Jules Claretie le décrit ainsi : « Grand, long, maigre, chauve, le visage en lame de couteau, le nez fin, recourbé, aigu, les narines ouvertes, les lèvres minces et fines, une barbe en collier sous un menton pointu, les longs vêtements noirs d'un clergyman anglais, un petit liséré de linge blanc débordant sur le collet de drap ; son aspect est froid, grave et presque dur. » On est loin du débraillé, du moins du négligé ou de la simplicité des républicains nés une génération après lui, et cet aspect physique et vestimentaire contribue à l'éloigner d'eux, malgré une certaine bonhomie et une fine ironie.

Aux Antilles aussi la situation a évolué depuis 1851. Schoelcher se fait certes élire en avril 1871 à la Martinique, mais l'île, tout comme la Guadeloupe, s'est profondément transformée. Les habitations-sucreries ont périclité, et ce sont des usines centrales, souvent aux mains des négociants de Saint-Pierre, la capitale économique, qui traitent maintenant la canne pour en tirer du sucre ou du rhum, dont la production croît rapidement. Cette modernisation économique ne s'accompagne pas d'une détente sociale : un livret, assez proche de celui des ouvriers de métropole, est mis en place en 1852 pour tous ceux – en fait les Noirs – susceptibles de travailler pour autrui afin de contrôler leurs emplois successifs et leurs déplacements. Cette mesure maintient largement les ex-esclaves sur les terres de leurs anciens maîtres, même si apparaît une classe de paysans petits propriétaires. Sous l'Empire, la vie politique antillaise est anesthésiée. Le suffrage universel est supprimé, les conseils généraux nommés par moitié par le gouverneur, l'autre moitié étant désignée par les conseils municipaux, eux aussi non élus. Ce gouverneur dispose de larges pouvoirs et désigne des représentants au Conseil des colonies qui siège à Paris. Mis en place par un sénatus-consulte de 1854, ce régime est un peu assoupli en 1866 par l'octroi d'une plus grande autonomie financière aux conseils généraux. On est très loin de l'esprit de 1848, même si plusieurs mulâtres accèdent à des postes de responsabilité dans l'administration locale et deviennent parfois membres des conseils généraux. Pas étonnant dès lors que la masse de la population ne se déplace guère lorsque le suffrage universel est rétabli : seuls 11 % des électeurs vont voter en avril 1871, contre 80 % en 1848.

Cette situation nouvelle ne change rien aux combats de Schoelcher, qu'il soit député de la Martinique ou élu sénateur à vie en 1875. Il ne cesse de dénoncer l'importation de la main-d'œuvre « coolie » aux Antilles et la traite qui continue de sévir dans le canal du Mozambique et l'océan Indien. Sous la « République des ducs » (1871-1879), de nombreuses commissions sont créées pour étudier la situation dans les colonies ; elles cherchent en fait à limiter leur intégration à la métropole, sinon même à y restreindre, voire à y supprimer le suffrage universel. Les arguments développés peuvent être techniques (les colonies ne sont pas soumises au service militaire et ont leurs propres règles douanières), historiques et sociologiques (le passé et les structures sociales des îles n'ont rien de commun avec ceux de la métropole), ou anthropologiques, confinant alors au racisme pur et simple (les Noirs ne sont pas aptes au suffrage universel car pas assez éduqués). On est ici dans le refus bien connu d'admettre « l'autre » comme son « semblable ». Schoelcher réfute tous ces arguments, car il milite encore et toujours pour l'assimilation totale des Antilles, de la Réunion, de la Guyane et du Sénégal à la France. Il se bat pour le développement de l'enseignement laïque, tant dans le primaire que dans le secondaire (le premier lycée n'est créé en Martinique qu'en 1881 et en Guadeloupe qu'en 1883), car l'anticlérical qu'il est juge que l'Église et ses enseignants sont trop proches des colons. À la Chambre comme au Sénat, il intervient sans cesse pour promouvoir le rapprochement avec la métropole. En juin 1890, il soutient la proposition de loi des sénateurs Isaac pour la Guadeloupe et Allègre pour la Martinique qui demandent « l'application définitive dans ces deux colonies du principe d'assimilation ». Le texte n'est pas adopté, mais Schoelcher vivra assez longtemps pour voir réalisée en 1892 l'assimilation douanière. En revanche, la loi du 5 juillet 1889 sur le service militaire obligatoire ne sera appliquée dans les colonies qu'à partir de 1912 et la départementalisation complète votée seulement en 1946.

Cette bataille pour l'assimilation est largement soutenue sur place par les députés locaux qui se réclament de Schoelcher et du « schoelcherisme », face aux colons qui voient dans le père de l'abolitionnisme un « sectaire », un « énergumène en délire » (*L'Écho de la Guadeloupe*, 2 décembre 1877). Le 20 août 1881, *La Défense coloniale* peut encore écrire : « Quel est le Français né aux colonies, de souche créole, fidèle aux souvenirs de sa race, qui pourrait prononcer le nom de M. Schoelcher sans colère et sans mépris ? » La population mulâtresse et noire pavoise de son côté tous les 21 juillet, jour de la Saint-Victor et anniversaire de la naissance de « l'abolitionniste vénéré » (la fête deviendra officielle et chômée en 1914 en Guadeloupe). La plupart des élus mulâtres qui dominent la vie politique antillaise jusque dans les années 1890 se réclament de son action (en Martinique Marius Hurard et Gaston Gerville-Réache – avec qui Schoelcher fonde le *Journal des colonies* en 1882 –, en Guadeloupe Alexandre Isaac). Il en ira de même, après le décès de Schoelcher, d'Hégésippe Légitimus, premier député noir des Antilles, élu socialiste de la Guadeloupe.

Schoelcher est donc le père de l'assimilation pour les colonies, mais il y met des conditions, liées à la laïcité et à la maîtrise de la langue française. Dans les territoires français de l'Inde, il veut faire obstacle à la « coalition clérico-brahmanique des réfractaires à l'émancipation morale de ses habitants » et préconise la constitution de trois listes pour les scrutins locaux : celle des Européens, puis celle des Indiens « renonçants » (à leur statut personnel local et qui optent pour le statut civil français), la troisième étant celle des Indiens qui gardent leur statut. En Algérie, il préconise en 1882 que « tous les Algériens, reconnus français de droit naturel, fussent admis à l'exercice des droits politiques sur la simple justification de leur connaissance écrite et parlée de la langue française ». Cela aurait concerné environ 7 500 personnes venant s'ajouter aux 40 000 électeurs européens, mais cette proposition fut rejetée. Par ailleurs, il faut noter que, contrairement à Clemenceau, Schoelcher n'est pas hostile à la colonisation pourvu que les indigènes soient libres et puissent s'assimiler progressivement à la métropole. Il n'est certes pas dupe de la motivation de certains colons et n'adhère pas à la théorie des races supérieures dont parle Ferry, mais il est convaincu de la supériorité des valeurs de la République, qui peut accueillir tous les êtres, quelle que soit leur origine.

Parallèlement à son action dans les colonies, le sénateur à vie continue à militer pour ce qu'on n'appelle pas encore les « droits de l'homme ». Il poursuit le combat contre la peine de mort, les châtiments corporels dans les bagnes et pour l'amélioration du régime pénitentiaire. Il élargit le champ de ses préoccupations en intervenant en faveur des droits des femmes, plus sur le plan de l'égalité civile que politique cependant. Il se soucie aussi du sort des enfants abandonnés et naturels. Peu de ces démarches aboutissent, mais toutes préfigurent l'avenir.

La trace et l'écho

Schoelcher meurt le jour de Noël 1893 et est enterré dix jours plus tard au Père-Lachaise. Lui qui a traversé tout le XIXe siècle et l'a marqué de son empreinte en faveur de la liberté, de l'égalité et de la fraternité n'a droit qu'à des funérailles convenues, où certes les pouvoirs publics sont représentés et les honneurs militaires rendus, mais dans une cérémonie sans grande envergure – 300 personnes suivent le cortège et seulement 60 se retrouvent au cimetière. 1848 et les Antilles sont si loin… Seul Clemenceau, dans un article paru le 7 janvier dans son journal *La Justice*, rend un vibrant hommage au défunt : « L'abolition de l'esclavage qui fait couler tant de sang sur le continent américain, paraît aux réactionnaires eux-mêmes, une chose toute simple aujourd'hui. Mais si l'on faisait revivre, dans un tableau tragique, les haines féroces, aiguisées jusqu'à la folie, la lutte de l'homme blanc pour la possession de l'homme noir à titre de bétail avili, on saurait ce qu'il fallut en ces temps, de noblesse de cœur, d'implacable énergie, de mépris des clameurs, d'insouciance des périls, pour accomplir l'œuvre de Schoelcher. » Aux Antilles, le deuil est plus profond et la tristesse bien réelle : les journaux font leurs titres sur la mort du grand homme, et les premières pages paraissent souvent entourées de noir.

Le schoelcherisme ne disparaît pas avec la mort de son inspirateur : il irrigue une grande partie de l'histoire coloniale française de la première moitié du XXe siècle. Au Sénégal, Blaise Diagne, premier député africain noir élu en 1914, maire de Dakar, obtient la nationalité française pour les habitants de sa ville, de Rufisque, Gorée et Saint-Louis (sans les soumettre au Code civil). Il devient aussi le premier Africain ministre, sous-secrétaire d'État aux Colonies en 1931-1932. Tout comme Schoelcher, il n'est en rien hostile à la colonisation et souhaite l'assimilation à la métropole. Lamine Guèye, premier avocat et magistrat noir, député du Sénégal de 1946 à 1951 puis sénateur de 1958 à 1959, fait voter en 1950 par le Parlement français une loi plaçant sur un pied d'égalité tous les fonctionnaires civils et militaires servant outre-mer. Quant à Léopold Sédar Senghor, premier agrégé de grammaire africain, premier Noir élu membre de l'Académie française, et Félix Houphouët-Boigny, on sait qu'ils furent ministres sous la IVe République avant de devenir, après l'indépendance, chefs d'État de leurs pays respectifs, le Sénégal et la Côte d'Ivoire. En Guyane, Félix Éboué, administrateur colonial né à Cayenne, se rallie dès août 1940 au général de Gaulle alors qu'il est gouverneur du Tchad ; il devient gouverneur général de l'Afrique-Équatoriale française de novembre 1940 à son décès en mai 1944. Gaston Monnerville, autre Guyanais célèbre, petit-fils d'esclave et schoelcheriste convaincu, est président du Conseil de la République puis du Sénat de 1947 à 1968 ; il est à l'origine de l'entrée d'Éboué et de Schoelcher au Panthéon en mai 1949, pour célébrer le centenaire de l'abolition de l'esclavage. Dans les îles, la plupart des élus – mais pas tous – se réclament également du schoelcherisme ; parmi eux émerge la grande figure d'Aimé Césaire, poète, dramaturge et écrivain, chantre de la négritude qui, parallèlement à son œuvre, mène une carrière politique en Martinique : maire de Fort-de-France de 1945 à 2001, il est aussi député de l'île presque sans discontinuer de 1945 à 1993. Fondateur du Parti progressiste martiniquais, il se bat pour faire adopter en 1946 la loi de départementalisation de la Martinique, de la Guadeloupe, de la Guyane et de la Réunion, réalisant ainsi le vieux rêve de Schoelcher. Depuis cette date, et malgré la loi de décentralisation de 1981 qui accroît les pouvoirs locaux et les velléités – limitées – de certains indépendantistes, les DOM sont, comme le souhaitait le père de l'abolition, quasiment dans la même situation administrative que les Vosges ou le Cantal. Le cas est unique dans la Caraïbe, puisque les anciennes colonies britanniques sont indépendantes au sein du Commonwealth, tandis que les territoires néerlandais jouissent d'une très large autonomie. En revanche, Césaire condamne le colonialisme, tout comme son célèbre contemporain Frantz Fanon, autre Martiniquais qui, de son côté, prend ses distances avec le schoelcherisme en déclarant notamment : « Nous ne sommes pas les esclaves de l'esclavagisme. »

Le schoelcherisme n'a pas cessé de marquer les esprits. En mai 1981, François Mitterrand, durant la cérémonie au Panthéon, dépose trois roses dont une sur la tombe de Schoelcher. Nombre de rues, de lycées ou de bâtiments portent son nom dans les îles et en Guyane, et il est représenté par de nombreux bustes et statues, tandis que, dès 1889, la commune de Case-Navire qui jouxte Fort-de-France a pris le nom de Schoelcher. Au-delà de l'onomastique, le père de l'abolition de l'esclavage est toujours présent au travers du jour qui lui est consacré en Guadeloupe, en Martinique et à Saint-Martin le 21 juillet ainsi que lors du 10 mai, journée annuelle de la mémoire de l'esclavage. Aujourd'hui encore, des personnalités politiques contemporaines sont toujours marquées par le schoelcherisme : n'est-ce pas le cas, entre autres, de Christiane Taubira ou de Robert Badinter, qui a réussi à faire abolir la peine de mort et qui s'est battu pour une humanisation des prisons ? Décidément, l'idéal de Schoelcher est toujours bien vivant et constitutif de l'essence de la gauche.

Bibliographie sélective

En dehors des principaux écrits de Schoelcher mentionnés dans le corps du texte, on lira trois ouvrages avec profit :

Paul Butel, *Histoire des Antilles françaises*, Perrin, coll. « Tempus », 2007.

Silyane Larcher, *L'Autre Citoyen*, préface d'Étienne Balibar, Armand Colin, coll. « Le temps des idées », 2014.

Nelly Schmidt, *Victor Schoelcher*, Fayard 1994. (Les citations du texte sont tirées de cet ouvrage.)

10

Louis Blanc ou la « démocratie réelle »

par Francis Démier

La mémoire politique est souvent injuste. On peut le mesurer quand on évoque le nom de Louis Blanc, ce petit homme qui fut tant aimé du peuple de Paris et qui désormais ne trouve guère sa place au panthéon des grandes figures de la gauche, là où Jaurès a investi tout l'espace de la mémoire du socialisme français. Louis Blanc, à qui s'attache le décret historique qui pour la première fois dans l'histoire a imposé le « droit au travail », est presque oublié au moment même où son combat devrait pourtant prendre une nouvelle résonance. Mais à sa disparition, en 1882, l'heure n'était déjà plus à se tourner vers les leçons de 1848. Le débat politique lui accordait tout juste la place de témoin vieilli de « l'illusion lyrique » quarante-huitarde dans une république devenue sage.

Journaliste dans la génération de 1830

Rien ne prédestinait Louis Blanc à devenir le défenseur du monde du travail, lui qui était issu d'un milieu bourgeois déclassé, victime de la Révolution. Il naquit le 29 octobre 1811 à Madrid où son père, dans l'Europe napoléonienne, était chef de division au ministère des Finances. Le grand-père, à la tête d'une maison de commerce, avait pris une part active à la révolte fédéraliste de Lyon et fut guillotiné en juin 1794. Le père, négociant à Marseille, ruiné par la chute du grand commerce, trouva un emploi de fonctionnaire dans l'Espagne de Joseph Bonaparte. La famille suivit en cahotant le destin de l'Empire jusqu'à sa chute, mais les conditions tragiques de la mort de son père valurent à Jean-Charles Blanc, dans la monarchie restaurée, une pension modeste et pour les deux fils, Louis et Charles, une bourse au collège de Rodez. Louis fit des études brillantes. Comme Thiers, comme Mignet, au même moment, le destin attendu des deux frères Blanc, remarqués pour leur talent intellectuel, était de monter à Paris. Ils y arrivèrent le 26 juillet 1830, au cœur des Trois Glorieuses, au même moment que Martin Nadaud, le maçon creusois, figure importante des luttes ouvrières parisiennes.

La disparition du père laissa les deux jeunes gens aux prises avec les difficultés de la capitale. Louis, d'abord clerc d'avoué, répétiteur dans une institution d'enseignement, devint finalement précepteur du fils d'un puissant industriel d'Arras, Alexis Halette, qui employait 600 ouvriers. Il était facile à Louis Blanc de parcourir les allées de l'usine, de parler avec les ouvriers, d'observer les processus de fabrication, la nouvelle division du travail, de découvrir enfin le nouveau prolétariat.

Mais à Arras, là où le souvenir de Robespierre était encore très présent, la propagande du libéralisme de gauche était très active, en particulier grâce à Frédéric Degeorge, directeur du *Propagateur du Pas-de-Calais*, qui communiqua à Louis la correspondance de Robespierre et le recruta dans son journal. C'est alors que Louis Blanc se découvrit des talents d'orateur en multipliant les conférences auprès des ouvriers et des artisans de la ville, mais aussi devant la vieille académie qui pratiquait encore, à l'ancienne, l'exercice des concours littéraires. En 1834, il y obtint un prix pour un éloge de Manuel qui ne put être imprimé qu'après la suppression de deux phrases trop élogieuses à l'égard de Danton et de Robespierre. Louis avait découvert la Grande Révolution, il l'étudia avec passion. Il en deviendra un peu plus tard l'historien.

À Paris, en 1834, Louis Blanc entra dans l'équipe du *Bon Sens* de Rodde et Cauchois-Lemaire, qui « se distinguait – selon lui – de tous les journaux par l'appel incessant et direct qu'il faisait à l'intelligence du peuple ». Béranger, bienveillant, lui conseilla d'abandonner la poésie et Louis Blanc se jeta dans le tourbillon du militantisme républicain auprès de Jules Favre, Ledru-Rollin, Armand Carrel… sans abandonner jamais ses travaux sur l'histoire, sa passion.

Tirant les leçons de l'échec des tentatives insurrectionnelles des années 1830, il prit clairement ses distances avec l'activisme révolutionnaire et choisit de mener le combat démocratique dans un cadre légal.

Il indiquait ainsi une nouvelle direction des luttes : élargir les bases du combat républicain au-delà du monde du travail, jusqu'à la fraction progressiste de la petite et moyenne bourgeoisie. Mais il faisait aussi rupture en déclarant que l'objectif du parti républicain, au-delà de la conquête du suffrage universel, était d'apporter une solution à la question sociale.

Un programme inédit : « la démocratie réelle »

Le 15 janvier 1839, dans la *Revue du progrès*, Louis Blanc avança un programme audacieux qui, de fait, fixa les grandes lignes de son combat jusqu'en 1848 : « Gouvernement de la société par elle-même au moyen du suffrage universel ; en tout ce qui touche aux intérêts communs de la société, centralisation vigoureuse ; une seule chambre avec la garantie du double examen ; suprématie du pouvoir législatif qui est la tête sur le pouvoir exécutif qui est le bras : voilà pour l'unité politique. Établissement de la commune sur de fortes bases et réorganisation du travail d'après le double point de vue de l'accroissement des produits et de leur répartition équitable entre les capitalistes et les hommes de main-d'œuvre, voilà pour l'unité sociale. » Ce programme renouait très directement avec la Constitution de 1793 alors débattue chez les républicains : le suffrage universel, une assemblée unique considérée comme le véritable moteur de la vie politique. Mais l'influence du socialisme français, la leçon des luttes ouvrières qui avaient suivi 1830 renouvelaient l'objectif. Celui-ci était bien de transformer la société et d'y promouvoir le monde du travail.

La notoriété de Louis Blanc fut définitivement assise dans le paysage politique avec la publication presque simultanée, au tournant de 1840, de deux ouvrages très différents. Le premier est l'*Histoire de dix ans* qui dévoilait derrière le personnage de Louis-Philippe le pouvoir des notables : « Le règne de Louis-Philippe a été le règne de la bourgeoisie. Dans le monde des affaires, elle était toute-puissante. Le régime censitaire lui livrait sans réserve le pouvoir de faire les lois. Par la Banque de France, elle disposait souverainement du crédit. Par l'exploitation des chemins de fer, elle commandait au mouvement de l'industrie dont on pourrait presque dire que la respiration était à sa merci. » Dans ce livre, il se revendiquait « homme de 1830 ». Il n'en avait pas été un acteur, mais comme beaucoup d'hommes de cette génération politique – Raspail, Cabet entre autres –, il restait profondément marqué par le choc d'une révolution que l'orléanisme avait trahie. Les Trois Glorieuses, révolution de la liberté, devaient conduire à la démocratie et offraient le modèle d'une reconstruction du tiers état à laquelle le régime de la royauté selon la charte avait substitué une aristocratie financière.

Le deuxième ouvrage, publication en brochure d'un article de la *Revue du progrès*, était intitulé *L'Organisation du travail*. Ce petit livre fit de Louis Blanc, un « homme de 1840 », une date qui ouvrait ce que David Pinkney a appelé les *decisive years* du XIXe siècle français, celles qui brutalement cristallisèrent une réflexion nouvelle sur le monde du travail et la société industrielle. Au même moment étaient publiés *Qu'est-ce que la propriété ?* de Proudhon, le

Voyage en Icarie de Cabet, le premier journal véritablement ouvrier, *L'Atelier* de Buchez.

La question du « paupérisme » sollicitait alors tous les penseurs sociaux. Beaucoup de notables se détachaient d'un libéralisme économique déstabilisateur, mais c'était pour retrouver la veine perdue d'un « bon » libéralisme des origines. De nombreux courants socialistes dénonçaient l'anarchie destructrice de la concurrence et invitaient à reconstruire la société grâce à « l'association », mais ils ne disposaient pas encore de véritables relais militants. Tous redécouvraient la Révolution française, mais cette redécouverte soulevait autant de problèmes qu'elle apportait de réponses. De l'histoire girondine de Lamartine à l'interprétation robespierriste de Laponneraye, aucune ligne générale ne s'imposait.

Dans ce paysage tourmenté, le succès du livre de Louis Blanc tient au fait qu'il réalisait l'articulation la plus convaincante entre l'héritage de la Révolution française dans sa déclinaison républicaine et démocratique et le socialisme de Saint-Simon et de Fourier, persuadés, eux, que la Révolution n'offrait en aucune manière la perspective de reconstruction sociale à laquelle ils aspiraient. Louis Blanc, en revanche, dans son *Histoire de la Révolution française*, dont le premier tome fut publié en 1847, montrait la possibilité de retrouver, dans les leçons de la République jacobine, les sources d'une réforme liant démocratie politique et démocratie sociale, mais, à l'opposé de Blanqui, il écartait l'idée d'un enchaînement fatal ou nécessaire de la démocratie à la « Terreur » révolutionnaire. La violence appartenait désormais au passé, l'heure était à la diffusion du thème de la « fraternité » qui allait dominer la révolution de 1848.

Louis Blanc avait toutefois bien identifié la nouveauté du prolétariat, défini comme « l'ensemble des citoyens qui ne possèdent pas les instruments de travail, ne trouvent pas en eux-mêmes leurs moyens de développement et qui dépendent d'autrui en ce qui touche aux premières nécessités de la vie » ; mais l'idée de « classe » lui était étrangère. Dans son *Histoire de la Révolution française*, il revendiquait « une intime association de tous les intérêts » et restait convaincu que le peuple n'était pas « assez éclairé pour avoir une idée de ce qu'il doit vouloir et de ce qui est possible ». Hostile à la spontanéité des masses, à leur autonomie à la manière de Proudhon, il n'écartait pas la pression du peuple, mais celui-là devait être guidé par la science, par les idées. Le thème revient fréquemment sous sa plume : « … L'histoire est guidée par la force de la pensée », « … L'histoire est faite par des livres… »

La « démocratie réelle » issue du suffrage universel modifierait profondément à ses yeux la nature de l'État, qui deviendrait le garant d'une unité du corps social. « L'État dans un régime démocratique où la souveraineté du peuple est réalisée au moyen du suffrage universel est la société même qui ordonne par ses mandataires ce qu'elle juge utile au bien de tous. » Ledru-Rollin, comme Louis Blanc au même moment, entendait faire de l'État républicain issu du suffrage universel l'outil décisif d'une solution à la question sociale. Il traçait alors la voie au radicalisme. Mais Louis Blanc, lui, faisait de la démocratie politique non seulement un moyen de résoudre la question sociale, mais aussi de conduire au socialisme par la mise en œuvre de « l'atelier social », formule inédite de « l'association ».

Le procès du libéralisme économique

Louis Blanc s'inscrivait dans une nébuleuse de penseurs sociaux qui instruisaient le procès du libéralisme économique, des socialistes aux notables hostiles aux déclinaisons exclusives de l'orléanisme, aux chrétiens sociaux persuadés que le libéralisme menait la société à sa perte. Proche de Fourier sur ce point, il dénonçait d'abord dans la concurrence le ressort maléfique d'une société en guerre contre elle-même : « Lutte des producteurs entre eux pour la conquête du marché, lutte des travailleurs entre eux pour la conquête de l'emploi, du fabricant contre l'ouvrier pour la fixation du salaire, lutte du pauvre contre la machine destinée à le faire mourir de faim en le remplaçant… Tous les intérêts armés les uns contre les autres. »

Contre le hasard, *L'Organisation du travail* traçait un itinéraire du changement dont le moteur était « l'atelier social », en rupture avec le marché au profit d'une logique nouvelle du collectif : « Le vrai progrès, c'est la solidarité reconnue et réalisée de tous les individus. » Cette dynamique nouvelle prendrait sa source dans l'État républicain : « Le gouvernement serait considéré comme le régulateur suprême de la production et investi pour accomplir sa tâche d'une grande force. » Par un grand emprunt, l'État se substituerait aux banques et apporterait les moyens financiers de lancer « l'atelier social », association de production dans laquelle seraient appelés « les ouvriers offrant des garanties de moralité ». Les salaires, qui devraient « suffire largement à l'existence des ouvriers... seraient gradués sur la hiérarchie des fonctions », mais les différences devraient reculer grâce à « une éducation nouvelle ». L'association de production gagnerait son autonomie sociale et économique et désignerait elle-même ses responsables. Les bénéfices de l'atelier social seraient répartis en portions égales : une part pour les associés, une deuxième destinée aux vieillards, aux malades et aux victimes des difficultés économiques liées aux crises, une troisième consacrée à l'investissement. Les capitalistes toucheraient l'intérêt du capital qu'ils auraient versé dans l'association, mais ils ne participeraient aux bénéfices « qu'en qualité de travailleur ». L'atelier social, loin de rester accroché aux méthodes de l'artisanat, devrait intégrer les mécaniques les plus perfectionnées.

L'État donnerait l'impulsion, mais le choix d'entrer dans l'atelier social relèverait de la liberté du travailleur. Le développement de l'économie associée s'accompagnait de la formation d'un fonds de réserve, « un grand capital qui n'appartiendrait à personne en particulier et qui appartiendrait à tous collectivement... ». Aisé à concevoir dans l'espace de l'artisanat et du mutuellisme de l'époque, le projet de Louis Blanc restait confronté à la poussée spectaculaire des grandes entreprises dans les années 1840 et, problème majeur, laissait de côté le monde rural. En dépit des questions qu'il soulevait, il n'en connut pas moins un succès considérable. Pour construire le socialisme, la voie révolutionnaire était écartée.

La séduction de son projet tenait au lien concret établi entre la tradition républicaine, la démocratie politique qui faisait défaut dans la plupart des projets des socialistes utopistes, enfin l'intégration très concrète du thème de l'association dans un projet économique progressiste dressé contre les ravages du marché. De la bourgeoisie intellectuelle opposée à l'affairisme orléaniste au prolétariat des villes en passant par le monde de la petite entreprise inquiet de la domination des « gros », le projet de Louis Blanc était rassembleur.

1848 : la république démocratique et sociale à la Commission du Luxembourg

En 1843, sa notoriété nouvelle valut à Louis Blanc d'être accueilli à *La Réforme* aux côtés de Ledru-Rollin, de Lamennais, de Schoelcher. À partir de 1846, il joua un rôle important dans la campagne des banquets et à Dijon, en décembre 1847, toute l'opposition retint ses paroles prophétiques : « Quand les fruits sont pourris ils n'attendent que le passage du vent pour tomber de l'arbre. » Il n'est guère étonnant que, le 22 février 1848, quand un banquet prévu à Paris fut interdit, les éléments les plus avancés se soient tournés vers lui pour manifester alors que les organisateurs du banquet s'étaient inclinés et tournés vers une démarche judiciaire.

L'effondrement de la monarchie, le 24 février, conduisit à la formation d'un gouvernement dans lequel Louis Blanc fut appelé aux côtés de Lamartine, Arago, Ledru-Rollin, Garnier-Pagès, Marie et

Dupont de l'Eure. Cette composition était le fruit d'un compromis passé entre la rédaction du *National* et celle de *La Réforme*, l'aile gauche du parti républicain, radicale et socialisante, qui pouvait se prévaloir de l'appui des sociétés secrètes et apparaître plus représentative du peuple victorieux que l'équipe du *National*. Louis Blanc et Flocon, soutenus par la pression ouvrière, arrachèrent au gouvernement provisoire une déclaration promettant les réformes attendues : « Le gouvernement provisoire de la République française s'engage à garantir l'existence de l'ouvrier par le travail, à garantir le travail à tous les citoyens ; il reconnaît que les ouvriers doivent s'associer entre eux pour jouir de leur travail. »

La réponse concrète du gouvernement se fit attendre, car la création des « ateliers nationaux » reprenait en fait la formule des ateliers de charité. Une puissante manifestation, le 28 février, exigea l'organisation du travail et un ministère du Progrès. Dans ce bras de fer, Louis Blanc n'obtint que la présidence d'une « Commission du gouvernement pour les travailleurs » invitée à siéger au palais du Luxembourg. Mais il sut utiliser alors la pression ouvrière très forte pour arracher un décret d'une grande portée qui réduisit la journée de travail à dix heures à Paris et onze heures en province et abolit le « marchandage », source d'une exploitation féroce de la main-d'œuvre, en particulier dans le bâtiment.

La Commission du Luxembourg, dans l'esprit de Louis Blanc, avait vocation à siéger comme un « Parlement du Travail » dont les délibérations prépareraient les lois sociales nécessaires, ratifiées alors par l'Assemblée constituante. Composée de représentants élus des travailleurs et du patronat parisien, saisie de projets qui devaient transformer les conditions de la vie économique, elle évolua rapidement en tribunal d'arbitrage des grèves, mais Louis Blanc sut peser en faveur de « tarifs » plus élevés comme chez le métallurgiste Cail dont les ouvriers le portèrent en triomphe. Celui-ci n'entendait pas transformer la Commission en outil de pouvoir de la classe ouvrière parisienne. C'est pourquoi il appela au sein de cette dernière des représentants de divers courants d'idées : des socialistes tels Constantin Pecqueur, Victor Considérant, Toussenel, Jean Reynaud, Charles Duveyrier, un économiste libéral, Wolowski, un catholique conservateur, Le Play. On pouvait douter des moyens d'action de la Commission pour changer la société, mais Louis Blanc voulait croire que « ce n'était pas une œuvre à dédaigner que la propagande faite au profit d'une grande idée, du haut d'une grande situation ».

Le printemps de 1848 baignait encore dans « l'illusion lyrique » et le 20 mars, dans un grand discours, Louis Blanc demanda une véritable révolution sociale pour conduire « à l'idéal vers lequel la société doit se mettre en marche et qui est de produire selon ses forces et de consommer selon ses besoins ». Face à la crise, la Commission aboutit à un projet qui donnait à l'État un rôle beaucoup plus large que dans *L'Organisation du travail*. Au-delà de la commandite des associations ouvrières, il nationaliserait les chemins de fer, les mines, les assurances, la Banque de France et mettrait sur pied de puissants comptoirs d'escompte chargés de relancer l'activité.

Dans un contexte de grande effervescence où progressait rapidement l'organisation des travailleurs, quelques associations de production furent créées chez les tailleurs, les selliers, les passementiers, les brodeuses… Grâce aux commandes de l'État. Toutefois, face à la montée des conflits, Louis Blanc refusa d'assumer le rôle de porte-parole de la classe ouvrière et se plaça plutôt en position de médiateur, en quête d'un compromis entre le patronat et le mouvement ouvrier.

Comme Blanqui, il tenta d'obtenir le report des élections à la Constituante. Il fallait considérer « … l'état d'ignorance profonde et d'asservissement moral où les campagnes de France vivent plongées, l'immensité des ressources que ménage aux ennemis du progrès la possession exclusive de tous les moyens d'influence et de toutes les avenues de la richesse… ». La manifestation des délégations ouvrières, le 16 avril, finit dans la confusion et pour la première fois on entendit dans les rangs de la garde nationale « À bas Louis Blanc, à bas les communistes ! ». L'échec de la liste dite du Luxembourg aux élections du 23 avril l'affaiblit considérablement. Il fut élu avec un mauvais score, loin derrière Ledru-Rollin. Le 15 mai, des ouvriers des ateliers nationaux à l'origine mobilisés en faveur de la Pologne envahirent l'Assemblée. Dans une mêlée confuse, Louis Blanc, accusé à tort d'une tentative de coup de force, dut se défendre contre une demande de levée de son immunité parlementaire. Le 16 mai, le gouvernement supprima la Commission du Luxembourg et mit ses papiers sous séquestre.

Louis Blanc ne prit aucune part à la guerre civile qui dressa les travailleurs parisiens contre l'Assemblée. Il en fut alors le spectateur consterné, incapable de donner la moindre directive à une insurrection révolutionnaire dans laquelle il ne se reconnaissait pas. À l'Assemblée, Marrast obtint la levée de son immunité parlementaire par 504 voix contre 252 parmi lesquelles figuraient celles de Louis-Napoléon Bonaparte et Victor Hugo. Aidé par son frère Charles et Félix Pyat, il échappa à une arrestation en prenant la fuite le 25 août pour la Belgique avant de rejoindre l'Angleterre.

La solitude politique de l'exil

La Haute Cour de Bourges condamna Louis Blanc à la déportation par contumace. À Londres, il fut rejoint par de nombreux réfugiés politiques – surtout après le coup d'État du 2 Décembre – dont beaucoup repartirent en France après l'amnistie de 1859. Parti avec 2 000 francs, il donna des cours de français, multiplia les conférences payantes auprès des clubs et de la bonne société anglaise et put échapper aux conditions de vie très dures de la plupart des exilés. En septembre 1850, il participa à la création de la Société fraternelle des démocrates et des socialistes et se mêla aux débats très vifs qui divisèrent la « communauté » qui manifesta à son égard une hostilité sans faille.

Nostalgique de sa patrie, Louis Blanc parvint toutefois à s'intégrer aux élites londoniennes et fut reçu dans ses salons. Thomas Carlyle, George Eliot, Herbert Spencer, John Stuart Mill l'accueillirent. Charles Hugo, qui lui rendit visite, s'exclama : « Il est anglais de la tête aux pieds. » Louis Blanc lança une revue, *Le Nouveau Monde*, et fréquenta comme

Marx le British Museum où il termina son *Histoire de la Révolution française* avant d'écrire en 1870 une *Histoire de la Révolution de 1848*. Mais il ne quitta guère Londres avant son installation à Brighton et ne fut qu'un observateur marginal de la réalité sociale anglaise au moment du grand boom victorien. *Dix ans de l'histoire d'Angleterre*, publié en 1879, révèle une admiration sincère du libéralisme politique et de la tolérance britanniques, mais une distance à l'égard des *trade unions* uniquement préoccupés des hausses de salaires.

De Londres, Blanc poursuivit avec constance ses attaques contre le bonapartisme et réévalua ses idées sur la démocratie parlementaire, le respect des minorités, le système proportionnel. En France, les socialistes lui reprochèrent sa dérive modérée, mais dans l'opinion son image de défenseur des libertés n'avait pas disparu, confortée par son rejet de l'amnistie. Nullement convaincu par la renaissance parlementaire du parti républicain dans les années 1860, il n'afficha son soutien qu'à Rochefort, qui menait le combat sur le terrain social.

Artisan de la « vraie république » ou « vieille barbe de 48 » ?

Dès le 5 septembre, à la nouvelle de la chute de l'Empire, Louis Blanc se précipita à Paris. On avait prononcé son nom pour l'associer au gouvernement provisoire, proposition rejetée immédiatement par ceux qui venaient de proclamer la république. À Paris, il rêvait d'un nouveau 1792, d'une levée en masse.

Avec son frère Charles, il rejoignit la garde nationale, et se rendit auprès du général Trochu, pour le prier de lancer une sortie massive afin de briser l'encerclement de la capitale. Il fut éconduit aussitôt.

Soucieux d'éviter à tout prix les divisions politiques en présence de l'ennemi, il dénonça la tentative d'insurrection du 31 octobre et tourna le dos au sursaut populaire patriotique. Aux élections législatives de février 1871 dans un Paris qui vota républicain, Louis Blanc, avec 216 000 voix, arriva en tête d'une liste de 43, suivi de Victor Hugo, Gambetta, Garibaldi… Les Parisiens lui étaient encore reconnaissants de sa résistance à l'Empire, mais la liste républicaine menée par Jules Favre obtint deux fois plus de sièges que la sienne.

À Bordeaux, Louis Blanc réagit vivement à la nomination de Thiers à la tête du pouvoir exécutif, s'insurgea contre la cession de l'Alsace-Lorraine et invita l'Assemblée à la résistance dans un discours enflammé. Mais dans le tourbillon des événements, il abandonna très vite l'idée d'une guerre de revanche et se prononça brutalement pour la paix. Le 19 mars, au lendemain de l'insurrection des Parisiens, il prit la défense de l'Assemblée et refusa de reconnaître l'autorité du Comité central de la Commune. Quand la guerre civile commença, il ne vit désormais dans celle-ci qu'une tentative de démembrement de la République. En juin 1871, dans une lettre au *Figaro* qui sera citée souvent contre lui plus tard par les socialistes, il se désolidarisa clairement des « égarements de la Commune ». Silencieux et prisonnier de l'idée de fonder quand même la république face à une majorité très à droite, il apporta finalement son soutien à Thiers.

La gauche révolutionnaire écartée du paysage politique, Louis Blanc retrouva dans l'Union républicaine une popularité éclipsée. Comment ne pas rendre hommage à ceux qui comme lui ou Victor Hugo, exilés, avaient mené jusqu'au bout le combat pour le retour de la république ? Son profil spirituel pouvait également trouver un écho dans le nouveau paysage politique. Son appartenance à la franc-maçonnerie, un alliage de déisme et d'anticléricalisme qu'on retrouvait aussi bien chez Hugo que chez Edgar Quinet, l'installait désormais dans le courant radical.

En juillet 1876, le grand ancien contribua à organiser le groupe de l'extrême gauche, alternative à la stabilisation voulue par des opportunistes. Cette extrême gauche, sans être hostile à la « politique pratique » revendiquée par ces derniers, afficha son hostilité au cléricalisme, au service militaire de trois ans et revendiqua la liberté de la presse et des réformes sociales. Le nouveau courant, qui s'exprimait alors dans le journal *Les Droits de l'homme*, prit à contrepied la volonté de Gambetta de bâtir un grand parti républicain sans tendances affichées face à la droite. En réanimant les souvenirs de 1848 et ceux d'une démocratie exigeante, Louis Blanc montrait les limites de la république consensuelle des opportunistes.

En octobre 1876, il engagea dans *L'Homme libre* un combat à la fois « humanitaire » et politique en faveur de l'amnistie totale des communards, mais aussi pour l'abolition de la peine de mort, l'émancipation civile des femmes, la suppression de ce qui restait des pratiques de l'esclavage dans les colonies. Pour Blanc, accusé d'avoir tourné le dos à la Commune, l'amnistie était aussi un « pacte avec l'oubli ». À l'arrivée des amnistiés en France pendant l'hiver 1880, il tint à être présent, fut parfois ovationné, parfois chahuté par des socialistes qui l'accusaient de vouloir occuper l'extrême gauche sans eux.

Aux législatives de 1876, signe des temps, c'est dans le Ve arrondissement, quartier des écoles, qu'il fit le meilleur score et non dans le XXe ouvrier. Très affaibli, Louis Blanc mourut à Cannes le 6 décembre 1882. À ses obsèques, le 13 décembre 1882, une délégation ouvrière peu nombreuse et quelques amnistiés de la Commune écoutèrent l'hommage qui lui fut rendu par Martin Nadaud, un des derniers témoins de 1848.

Alors quelle dernière image retenir d'un homme dont la mémoire s'est appauvrie – rappelait avec tristesse Maurice Agulhon – au point que le monument officiel qui lui fut dédié place Monge en février 1887 a disparu, envoyé à la fonte sous l'occupation allemande. Louis Blanc y était représenté assis dans la position du penseur, de l'historien de la Révolution française qu'il avait été. L'hommage très officiel qui lui fut rendu ne parvint pas à rassembler tous les Parisiens et place Monge des « Vive la Commune » furent criés par des manifestants.

Cet incident était révélateur, Louis Blanc allait disparaître de la mémoire ouvrière pour avoir tourné le dos à la Commune. Son image devint celle d'un républicain radical associé modestement à un panthéon, celui où Gambetta et Ferry occupaient la première place. Pour le centenaire de sa disparition en 1982, aucun hommage officiel ne lui fut rendu alors que la gauche venait de revenir au gouvernement. Mais la mémoire est beaucoup moins sûre que l'histoire, qui nous rappelle les leçons toujours actuelles de ce petit homme, historien mais aussi prophète de la « Grande Révolution », inventeur de l'idée de « démocratie réelle », celle qui voulut conjuguer la république et le socialisme, la démocratie politique et la démocratie sociale.

Bibliographie sélective

Francis Démier (dir.), *Louis Blanc, un socialiste en République,* Créaphis, 2005.

Jean-Michel Humilière, *Louis Blanc 1811-1882,* Éditions ouvrières, 1982.

L. H. Loubère, *Louis Blanc, his Life and his Contribution to the Rise of the French Jacobin-Socialism,* NUP, 1961.

Jean Vidalenc, *Louis Blanc,* PUF, « Collection du centenaire », 1948.

11

Victor Hugo, figure olympienne de la République

par Michel Winock

*De gauche, Victor Hugo ? Cela ne fait pas l'ombre d'un doute lorsque, en mai 1885, sa dépouille fait son entrée au Panthéon le jour même de ses funérailles – des funérailles nationales dans le cadre de la III*e *République triomphante. Il n'en a pas toujours été ainsi. Jusqu'en 1848, et même 1849, le grand poète appartenait au camp des conservateurs. Victor Hugo, académicien et pair de France, haute dignité de la monarchie de Juillet, s'emploie, au lendemain de la révolution de février 1848, à défendre une solution dynastique : confier la régence à la duchesse d'Orléans. Hardiment, il se mêle à la foule et, place de la Bastille, se juchant sur le soubassement de la colonne de Juillet, il annonce l'abdication de Louis-Philippe à un rassemblement d'hommes et de femmes qui hurlent : « Non ! Pas d'abdication ! La déchéance ! La déchéance ! »*

Au même moment, au Palais-Bourbon, le député Lamartine, dont la popularité est immense, déclare qu'il combattra la Régence. La duchesse d'Orléans vient se présenter aux députés, accompagnée de ses deux fils, le comte de Paris et le duc de Chartres. Peine perdue : la Chambre est envahie par la foule. Un gouvernement provisoire est improvisé, dont Lamartine est la tête forte. Ses membres gagnent l'Hôtel de Ville, cerné par un peuple enthousiaste. C'en est fait : la république est proclamée.

Le lendemain, Hugo se rend à l'Hôtel de Ville pour voir Lamartine. « Il n'est pas possible qu'au fond Victor Hugo ne soit pas républicain », lui dit celui-ci. « En principe, oui, je le suis. La République est, à mon avis, le seul gouvernement rationnel, le seul digne des nations. La République universelle sera le dernier mot du progrès. Mais son heure est-elle venue en France ? »

Une lente métamorphose

Déjà, en 1830, il avait exprimé la même idée : faut-il cueillir au printemps les fruits qui n'arrivent à maturation que l'été ? Mûre ou pas, la république, cette fois, a été proclamée, il faut s'y résigner. Victor Hugo fait alors partie de ceux qu'on appellera les « républicains du lendemain », un de ces hommes de droite qui étaient des notables de la monarchie censitaire, et que la rue grondante, la foule en armes, la fuite du roi, les proclamations du gouvernement provisoire ont projetés dans un nouveau régime dont le souverain n'a d'autre nom que le peuple. Ils se raccrochent au fragile gouvernement issu des barricades face à la montée des rouges.

Pourtant, Hugo se distingue vite des conservateurs. En mars, invité à la plantation d'un arbre de la liberté place des Vosges, il y va d'un discours enflammé et très applaudi qui se termine par un « Vive la république universelle ! ». Face aux menées révolutionnaires, au désordre où la France est jetée, n'est-ce pas le peuple, auquel on a reconnu le droit de suffrage, qui ramènera la concorde ? Victor Hugo se présente, à Paris, aux élections de l'Assemblée constituante, qui ont lieu le 23 avril 1848. Lamartine arrive en tête, Hugo est battu.

Il lui faudra encore un certain temps pour acquérir pleinement l'esprit républicain.

Le calme n'est pas rétabli. Le 15 mai, sous prétexte d'une manifestation en faveur de la Pologne soumise, l'extrême gauche envahit l'Assemblée nationale – cette grande baraque qu'on a construite en mars pour accueillir l'immense cohorte de 900 députés. Dans un « brouhaha effrayant », les émeutiers tentent de substituer au gouvernement en place un gouvernement révolutionnaire sous la conduite de Barbès et Blanqui. Trop désunis pour réussir leur coup de force, les insurgés sont bientôt arrêtés, emprisonnés, ou en fuite. Hugo n'est pas fâché par cette déroute.

Oui, c'est sûr, il est devenu républicain, mais il y a deux sortes de république, explique-t-il aux électeurs : celle qui « abattra le drapeau tricolore sous le drapeau rouge », la République des « terroristes », le régime de 93, les sectateurs de la guillotine, et qu'il rejette, et la république modérée, amie de l'industrie et du commerce, favorable à la propriété, au travail, à la famille, « la sainte communion de tous les Français » : « De ces deux républiques, celle-ci s'appelle la civilisation, celle-là la terreur. Je suis prêt à dévouer ma vie pour établir l'une et empêcher l'autre. »

Les élections complémentaires du 4 juin 1848 permettent à Hugo de mettre son programme et sa personne à l'épreuve du suffrage universel. Cette fois, il est élu. Le 10, il prend sa place à l'Assemblée – sur les bancs de la droite. Républicain modéré, républicain conservateur, tel est le Victor Hugo que les électeurs de Paris ont envoyé siéger, en même temps que Louis-Napoléon Bonaparte (vite démissionnaire) et Pierre Joseph Proudhon, qui fait trembler les beaux quartiers. Commence alors une évolution, assez rapide, qui va rendre sa présence de plus en plus incongrue parmi les députés de droite, jusqu'au moment où il incarnera la résistance à la réaction.

D'où vient-il, cet homme de 46 ans qui, hier encore, défendait la régence et qui se réclame désormais de la « république universelle » ?

À 18 ans, au moment des premiers choix politiques, Hugo a été un « ultra », c'est-à-dire un royaliste, défenseur de l'alliance du Trône et de l'Autel. Dans son premier recueil, en 1822, *Odes et Poésies diverses*, suivies de ses *Nouvelles Odes* en 1824, puis de ses *Odes et Ballades* en 1826, l'allégeance aux Bourbons est sans fard. Une de ces odes, dédiée à Chateaubriand, est consacrée à la Vendée : « Vendée, ô noble terre ! ô ma triste patrie ! » ; une autre, intitulée *Quiberon*, commémore la tentative de débarquement des émigrés en 1795 ; d'autres pleurent Louis XVII ou le duc de Berry ou célèbrent la naissance du duc de Bordeaux. Dès le début de sa carrière, Hugo mêle ainsi étroitement poésie et politique.

On peut s'étonner du drapeau qu'il a choisi. N'est-il pas le fils d'un soldat devenu général d'Empire, qui a servi Napoléon jusqu'au bout, et même au-delà de la bataille de Waterloo, défendant Thionville assiégée jusqu'aux dernières cartouches ? Devenu un demi-solde, retenu à Blois en résidence surveillée, le père du jeune Hugo n'était-il pas l'exemple du non-alignement bonapartiste ? À vrai dire, il a peu vécu auprès de ce père, toujours en campagne, sévère avec ses fils, et, surtout, en complet désaccord avec son épouse, la mère de Victor Hugo. C'est du côté de celle-ci qu'il faut chercher l'explication. Sophie Trébuchet, épouse Hugo, était-elle monarchiste et catholique ? Non, elle était même d'éducation voltairienne. Si elle s'est ralliée aux Bourbons restaurés, c'était pour se venger d'un mari qui l'avait abandonnée pour une gourgandine. Tandis que Léopold, le père, donnait du canon à Thionville, Victor, le fils, écrivait sur sa grammaire latine : « Vive le roi ! »

Dans ce ralliement juvénile aux Bourbons restaurés, il faut aussi faire sa part au contexte. Pour un jeune poète qui, à moins de 14 ans, écrit une première tragédie en vers – *Irtamène* –, et qui, dans les années suivantes, nourrit l'ambition de devenir un grand écrivain, où sont les modèles ? Il en est un, au-dessus du lot, le créateur de *René*, l'immense Chateaubriand, « l'Enchanteur », l'adversaire intraitable de *Buonaparte*, pair de France, bientôt ministre des Affaires étrangères… On prête ce mot à Hugo adolescent : « Je veux être Chateaubriand ou rien. » Dès qu'il est en mesure de se lancer, Victor et ses frères Eugène et Abel, rédigent une revue littéraire qui paraît dans le sillage du *Conservateur*, journal de Chateaubriand, et qui s'appelle *Le Conservateur littéraire*.

Fidèle à Chateaubriand, il le restera quand celui-ci sera délogé, en 1824, de son poste ministériel par Villèle avec la bénédiction de Louis XVIII. Le voici désormais dans l'opposition royaliste, même si l'avènement de Charles X et le couronnement du nouveau roi à Reims, en 1825, lui offrent une ultime occasion de témoigner de sa foi monarchique, une ode *Sur le sacre de Charles X* lui valant même une entrevue avec le souverain, plutôt décevante il est vrai.

Si le parcours politique de Chateaubriand a compté dans l'évolution propre de Victor Hugo, un autre fait l'a poussée : la réconciliation avec son père. Hugo a eu besoin de lui pour se marier avec Adèle Foucher – un mariage qui ne plaisait à personne, et surtout pas à la mère de Victor, qui nourrissait d'autres ambitions pour son fils. Or, Mme Hugo est morte en juin 1821. Victor reprend langue avec son père, toujours à Blois, pour lui demander son autorisation (il n'a que dix-neuf ans) et les papiers nécessaires. Léopold donnera son aval à condition que Victor reconnaisse sa belle-mère, Catherine Thomas, avec laquelle, une fois veuf, le général s'est remarié. Marché conclu ! Le mariage a lieu le 12 octobre 1822. À cette date, Hugo passe toujours pour le poète du parti ultra. Il a adhéré à la Société royale des bonnes-lettres, proche du pouvoir ; il reçoit une pension du roi, à la demande de la duchesse de Berry. Cependant les retrouvailles avec le père amène Hugo à reconsidérer son histoire, sa légende, l'épopée napoléonienne, à une époque où les libéraux de l'opposition s'allient aux bonapartistes.

En février 1827, Hugo écrit son ode *À la Colonne de la place Vendôme*, ce monument coulé dans le bronze des canons pris aux Prussiens en 1806. Il a franchi le pas quelques mois avant la mort de son père, « ce héros au sourire si doux » : « Débris du Grand Empire et de la Grande Armée / Colonne, d'où si haut parle la renommée ! / Je t'aime : l'étranger t'admire avec effroi. / J'aime tes vieux héros, sculptés par la Victoire, / Et tous ces fantômes de gloire / Qui se pressent autour de toi. »

1827 est aussi l'année de *Cromwell*, drame injouable, mais qui paraît en librairie en décembre et dont la préface éclate comme le manifeste du nouveau théâtre, le théâtre romantique, qui fait fi des règles : mélange des genres, rencontre du sublime et du grotesque, fin de l'unité d'action et de l'unité de lieu… Cet appel à la liberté de la création est suivi d'un nouveau drame, *Marion Delorme*, mais la pièce est refusée par la censure en raison d'allusions négatives à la royauté. Alexandre Dumas, plus fortuné, a pu faire jouer son *Henri III*. La bataille des romantiques et des classiques est à son comble ; elle atteint son paroxysme, en février 1830, lorsque le nouveau drame de Hugo, *Hernani*, déclenche des hostilités chaque jour renouvelées. Dans la préface de la pièce publiée, il écrit en mars 1830 : « Cette voix haute et puissante du peuple, qui ressemble à celle de Dieu, veut désormais que la poésie ait la même devise que la politique : TOLÉRANCE ET LIBERTÉ. »

Entre-temps, en 1829, Hugo a entamé un des combats les plus inépuisables de sa carrière politique : pour l'abolition de la peine de mort. Sa nouvelle *Le Dernier Jour d'un condamné* narre l'histoire d'un prisonnier qui attend la mort dans sa cellule. Qui est cet homme ? On ne sait quel crime il doit expier. Hugo n'a pas voulu singulariser son cas, mais, au contraire, quelle que soit la faute du condamné, montrer l'horreur autant que l'erreur de la peine capitale. Dans la préface qu'il donnera à son livre quelques années plus tard, il le présente explicitement comme « un plaidoyer, direct ou indirect, comme on voudra, pour l'abolition de la peine de mort ». Il a voulu « élaguer de toutes parts dans son sujet le contingent, l'accident, le particulier, le spécial, le relatif, le modifiable, l'épisode, l'anecdote, l'événement, le nom propre, et se borner (si c'est là se borner) à plaider la cause d'un condamné quelconque, exécuté un jour quelconque, pour un crime quelconque ».

L'ouvrage est mal reçu ; on lui reproche d'avoir présenté un être abstrait sans nom ni passé. En fait, l'auteur heurtait un préjugé ancestral. Balzac y fait allusion dans *Le Curé de village*, son personnage principal parlant du *Dernier Jour d'un condamné* comme d'« une sombre élégie, inutile plaidoyer contre la peine de mort, ce grand soutien des sociétés… ». Sa vie durant, Victor Hugo se battra pour l'abolition en général, et pour la grâce des particuliers, qu'il réclame à chaque occasion. En 1848, il aura la joie de voir abolir la peine de mort en matière politique ; c'était insuffisant à ses yeux, mais déjà un résultat, un espoir, une promesse.

Quand la révolution de juillet 1830 éclate, Victor Hugo n'a aucun regret pour le régime défunt, malgré Chateaubriand, resté fidèle, lui, en dépit de son mépris envers Charles X. On crie déjà « Vive la République ! » dans les rues, sur les barricades. Qu'en pense-t-il ? « Après juillet 1830, écrit-il au mois d'août, il nous faut la chose *république* et le mot *monarchie*. » Lui qui se vantera, dans *Les Contemplations*, d'avoir mis « le bonnet rouge au vieux dictionnaire », il se contente, en politique, du drapeau tricolore : « Je ne suis pas de vos gens coiffés du bonnet rouge et entêtés de la guillotine. » C'est que les premières années de la monarchie de Juillet sont traversées par la grève et l'émeute, la révolte des canuts de Lyon, celle des républicains en 1834. Il redoute, lui, que l'on ne tombe « du tocsin au charivari ».

Hugo continue son œuvre : après son roman *Notre-Dame de Paris,* il a la satisfaction de voir son drame *Marion Delorme* représenté. Il se heurte à nouveau à la censure : *Le roi s'amuse* est interdit. Il s'attelle à *Lucrèce Borgia*, il écrit *Angelo*, il publie *Les Chants du crépuscule*, il fait jouer *Ruy Blas, Les Burgraves*... Sa puissance créatrice ne se dément pas, malgré ses déboires conjugaux (Adèle est devenue la maîtresse de Sainte-Beuve, son fils Eugène est devenu fou, il perd sa fille Léopoldine...), malgré ses propres frasques (Juliette Drouet et combien d'autres !). Plusieurs fois refusé par l'Académie française, il connaît enfin la consécration : il est reçu sous la Coupole en 1841, avant d'être nommé par Louis-Philippe à la Chambre des pairs en 1845.

Victor Hugo est devenu un dignitaire du régime. Assez scandaleux, du reste, puisque, à peine devenu pair de France, il est surpris en flagrant délit d'adultère avec Mme Biard, qui est emprisonnée. Le notable, pourtant, n'a pas perdu quelques-unes de ses convictions les plus ancrées, à commencer par cet amour du genre humain qu'il veut traduire dans une grande fresque, qu'il commence en 1845. Cela s'appelle, pour l'heure, *Les Misères* ; ce sera plus tard *Les Misérables*. On le sent, à travers ses *Carnets*, hanté par le « spectre de la misère » ; il pressent une révolution « qui vient ». En 1846, la Chambre des pairs doit juger un nouvel attentat sur la personne de Louis-Philippe. L'accusé s'appelle Pierre Lecomte. On réclame contre lui la peine capitale. Une nouvelle fois, Hugo plaide contre elle ; il ne rallie que deux collègues pour la détention perpétuelle. Cependant, rien dans ses notes, dans ses discours, dans ses écrits qui remette en question le pouvoir établi. En avril 1847, il dit à l'un de ses collègues : « Pair de France, vous êtes au-dessus de tout ce qui s'agite. Vous devez être calme, loyal, digne, indépendant, sincère, juste, ami du pouvoir, ami de la liberté… »

La conversion

Hugo est encore dans ces dispositions quand la révolution de février 1848 se produit. Vicomte, ancien commensal de Louis-Philippe, soi-disant républicain de cœur, mais monarchiste de fait, il comprend assez vite, après avoir soutenu la régence, qu'une nouvelle ère commence. Déphasé par rapport à l'événement, il se reprend rapidement. La république, soit ! Mais une république raisonnable. À peine devenu député, il doit se prononcer sur la question des ateliers nationaux, ces chantiers qu'on a ouverts aux chômeurs, au nom du droit au travail. En fait, ceux qu'on y a embauchés, accourus de plus en plus nombreux, n'ont rien à faire. Hugo s'indigne contre cette « aumône qui flétrit le cœur au lieu du salaire qui le satisfait ». Ces ateliers, ces « Rateliers nationaux » selon certains graffitis, ne sont, à ses yeux, que « Oisiveté, paresse, fainéantise organisée ».

La question lui fournit l'objet de son premier discours à la Chambre, le 20 juin 1848, quatre jours avant l'insurrection ouvrière. « D'un côté, dit-il, une quantité immense de travaux possibles, de l'autre côté une quantité immense de travailleurs disponibles. Et le résultat ? Néant ! » On se contente de faire l'aumône : « La monarchie avait les oisifs, la république aura les fainéants ! » Hugo ne veut pas que l'ouvrier parisien devienne un assisté, de là son opposition farouche aux ateliers nationaux. La question sociale existe, la misère existe, mais, pour la combattre, il faut rétablir la confiance, le calme dans la rue, la force dans le gouvernement.

Pressentant le drame, Hugo espère éviter la guerre servile, c'est-à-dire la révolte des esclaves, la révolte des pauvres. Or la fermeture annoncée des ateliers nationaux déclenche, le 24 juin, l'insurrection ouvrière. La répression est impitoyable. Les pleins pouvoirs sont confiés au général Cavaignac, qui rétablit l'état de siège et la censure ; onze journaux sont frappés d'interdiction le 25 juin ; les arrestations se multiplient.

Hugo s'est-il rendu compte qu'en prêchant, quelques jours plus tôt, la fermeture des ateliers nationaux il avait contribué au soulèvement désespéré de ceux qui y étaient inscrits ? Certes, il ne prend pas parti pour les insurgés, qui menacent l'Assemblée et la République, mais il n'accepte pas les mesures de Cavaignac. En fidèle de Chateaubriand, il s'élève en faveur de la liberté de la presse : « Que le pouvoir se souvienne que la liberté de la presse est l'arme de cette civilisation que nous défendons ensemble. » Le 2 septembre, il se prononce contre le prolongement de l'état de siège : « La suspension des lois est une situation monstrueuse dans laquelle la Chambre ne peut pas vouloir placer la France, dans laquelle une grande assemblée ne voudra jamais placer un grand peuple ! »

Victor Hugo a-t-il basculé à gauche, du côté de la Montagne ? Pas exactement. On le voit plutôt isolé, au moment où l'Assemblée discute du projet de Constitution. Il sera de la petite minorité qui refuse, en novembre, de le voter. Partisan du bicamérisme, il lui reproche d'instaurer une assemblée législative unique, en face du président de la République (« la France gouvernée par une assemblée unique, c'est-à-dire l'océan gouverné par un ouragan »). Ensuite, lors de l'élection du président, il se démarque nettement des républicains qui se divisent entre les partisans de Cavaignac qui a rétabli l'ordre, le radical Ledru-Rollin, le socialiste Raspail, alors que les derniers modérés n'oublient pas Lamartine. *L'Événement*, le journal de ses fils, qu'il inspire malgré ses dénégations, défend la candidature de Louis-Napoléon Bonaparte. Celui-ci, plébiscité au premier tour de l'élection des 10 et 11 décembre, s'installe à l'Élysée, où Victor Hugo se rend à son invitation, rêvant de l'inspirer.

Pour le moment, Hugo n'a pas quitté ses collègues de la droite, ceux qui se réunissent avec Thiers rue de Poitiers et qui ont soutenu discrètement la candidature du neveu de « l'Empereur », en espérant tirer le meilleur parti de la situation. C'est sous la bannière de ce parti conservateur (en politique, il ne faut jamais être seul) que Hugo est élu le 13 mai 1849 à l'Assemblée législative. Encore quelques semaines et les gens du Comité de la rue de Poitiers ne le reconnaîtront plus comme un des leurs. Dans une assemblée dominée par une droite conservatrice ou réactionnaire, il ne va cesser de faire scandale, aux applaudissements de plus en plus nourris des « démocs-socs », l'opposition de gauche.

La brèche est ouverte le 9 juillet 1849, alors que la question de l'assistance publique est à l'ordre du jour. « Je ne suis pas, messieurs, de ceux qui croient qu'on peut supprimer la souffrance en ce monde, la souffrance est une loi divine, mais je suis de ceux qui pensent et qui affirment qu'on peut détruire la misère. » Ces paroles, qui s'attaquent à un préjugé séculaire, déchaînent les dénégations violentes de la droite. Socialiste, Hugo ? Non. Il dit clairement vouloir « étouffer les chimères d'un certain socialisme sous les réalités de l'évangile ». Il faut tirer du socialisme ce qu'il y a de vrai, pour lui ôter ce qu'il y a de dangereux. Et d'insister : « Détruire la misère, oui, cela est possible. »

Chahuté, contesté, hué pour ses propos qui fleurent la révolution, Hugo, quelques semaines plus tard, est l'objet des attaques renouvelées de la droite écumante, en prenant parti pour les patriotes romains contre le pouvoir absolu du pape, soutenu par le gouvernement français. Il récidive dans les mois qui suivent : contre la loi Falloux qui avantage l'Église, il défend l'instruction primaire obligatoire, le contrôle de l'État laïque sur l'enseignement libre. Quand, dans la même année 1850, la majorité de droite décide de restreindre le suffrage universel en exigeant des électeurs trois ans de résidence dans le même canton, ce qui revient à écarter des urnes trois millions de citoyens, en majorité des ouvriers contraints par la nécessité à d'incessants déplacements, Hugo s'insurge et fait l'apologie d'un suffrage universel sans limites. Plus tard, quand la droite veut rétablir le cautionnement et le timbre pour les journaux, il s'élève une fois encore pour la liberté de la presse. Ses discours tout au long de cette année charnière 1850 sont à lire comme les actes successifs d'un divorce entre Hugo le républicain et le parti clérical.

L'année suivante se pose la question de la révision constitutionnelle, que désire Louis-Napoléon Bonaparte, qui n'est pas rééligible selon le texte de 1848. Le 17 juillet, à la Chambre, Hugo fustige à la fois les royalistes en mal de restauration et les bonapartistes en mal d'empire. Il a ce mot destiné à la postérité : « Quoi ! Après Auguste, Augustule ! Quoi ! parce que nous avons eu Napoléon le Grand, il faut que nous ayons Napoléon le Petit. » L'Assemblée accepte la révision, mais celle-ci est repoussée faute d'obtenir une majorité des trois quarts des voix exigée par la Constitution. Pour le prince-président, il ne reste plus qu'une solution pour se maintenir : le coup d'État.

Le matin du 2 décembre, Hugo apprend que, dans la nuit, l'armée, conduite par le ministre de la Guerre Saint-Arnaud, a procédé à l'arrestation des principaux opposants : Thiers, Tocqueville et les généraux Lamoricière, Cavaignac, Changarnier ; que le Palais-Bourbon a été occupé ; que des affiches ont été apposées, par les soins du ministre Morny, demi-frère du président, annonçant la dissolution de l'Assemblée et le rétablissement du suffrage universel… Hugo appelle à la résistance. Il se démène pendant trois jours, court les rues pour appeler au peuple, fait imprimer des affiches, se concerte avec les députés de gauche et de droite qui n'acceptent pas le fait accompli. Il doit se rendre à l'évidence : le peuple de Paris ne se soulèvera pas ; il se réjouit plutôt de voir arrêter les Cavaignac et les Thiers ; il n'a pas oublié la répression de juin 1848, les lois réactionnaires qui ont suivi, les atteintes répétées au suffrage universel… Les députés restés encore libres, réunis à la mairie du Xe arrondissement, votent la déchéance de Louis-Napoléon Bonaparte. Inutile ! Ils sont arrêtés à leur tour. La gauche veut résister par la force. Le 3 décembre, des barricades barrent des rues de Paris ; le député Baudin se fait tuer sur l'une d'elles. Il restera la figure symbolique de la résistance républicaine au coup d'État ; peu d'ouvriers y ont participé. Le 4, une fusillade se produit sur les Boulevards. Un massacre : une centaine de victimes, une violence de soudards qui souille d'emblée le régime bonapartiste qui s'installe. En province, la résistance se prolonge, notamment dans le Sud-Est. Hugo doit se cacher pour éviter l'arrestation. Muni d'un passeport au nom de Jacques-Firmin Lanvin, il arrive le 12 décembre à Bruxelles. L'exil commence. En France, Bonaparte a fait ratifier son coup d'État par un plébiscite : 1 500 000 abstentions, 646 000 non, mais l'approbation de près de 7,5 millions d'électeurs. Le 6 janvier 1852, les préfets reçoivent l'ordre de faire disparaître des monuments publics la devise « Liberté, Égalité, Fraternité ».

La République

À Bruxelles, Hugo est averti qu'il ne pourra prolonger son séjour en Belgique s'il fait publier le pamphlet qu'il rédige et qui s'intitulera *Napoléon le Petit*. N'importe ! Personne n'imposera le silence à l'écrivain. Le 1er août, alors que son livre est sous presse à Londres, il s'embarque à Anvers pour l'Angleterre.

Dès le 5 août, il est à Jersey, où l'accueille le groupe des proscrits français sur le quai de Saint-Hélier. C'est ce jour-là même que *Napoléon le Petit* est lancé par son éditeur Hetzel à Bruxelles. Le pamphlet suit les voies de la contrebande de la Belgique à la France.

L'année suivante, en novembre 1853, toujours à Jersey, Victor Hugo fait publier son plus célèbre pamphlet, *Les Châtiments*, qui, dans son esprit, sont le « pendant naturel et nécessaire de *Napoléon-le-Petit* ». Dans des vers inspirés, qui sonnent comme une charge, le poète-politique exécute le parjure du 2 Décembre pour mieux lui opposer la grandeur immortelle de son oncle. Le succès, triomphal, le sacre comme la figure grandiose de la République proscrite. La longue période de l'exil se révèle féconde. Hugo aligne les vers, met au point ses recueils. Mais le combat politique ne cesse jamais pour lui. En avril 1855, il publie sa *Lettre à Louis Bonaparte*, à l'occasion de la venue de Napoléon III à Londres. Les Français et les Anglais entendent fêter leur victoire dans la guerre de Crimée. À Douvres, l'empereur peut lire l'adresse de Victor Hugo affichée sur les murs : « Qu'est-ce que vous venez faire ici ? À qui en voulez-vous ? Qui venez-vous insulter ? L'Angleterre dans son peuple ou la France dans ses proscrits ? »

Napoléon III, sa police, sa diplomatie entendent agir contre le trublion, le rancuneux, l'empêcheur de régner en majesté. C'est la police parisienne qui se charge d'arracher les placards séditieux collés jusque sur les murs de Londres. Le samedi 27 octobre 1855, Hugo est averti qu'en raison d'une décision de la Couronne, il doit quitter Jersey d'ici le 2 novembre suivant, lui, son épouse et ses deux fils. Il s'exécute et gagne l'île de Guernesey, tandis que des meetings se tiennent en plusieurs villes de Grande-Bretagne contre la décision du gouvernement. En 1862, Hugo est depuis dix ans en exil, sur son « rocher » de Guernesey, après avoir refusé l'amnistie impériale de 1859 ; il s'attelle à son grand livre, dont il a trouvé le titre définitif : *Les Misérables*. Le 30 mars 1862, la première partie, « Fantine », est imprimée. Les deux premiers volumes mis en vente s'arrachent, le succès est immédiat ; la critique est mordante, à l'instar du *Journal des débats* du 29 avril : « Ce livre d'accusation contre la société s'intitulerait plus justement *L'Épopée de la canaille*, et la société n'est pas faite pour la canaille, mais contre elle… » Parallèlement, il écrit la partie la plus réputée de son œuvre poétique, *Les Contemplations*, *La Légende des siècles*.

Hugo est devenu l'incarnation de la proscription républicaine. Jusqu'à la chute de l'Empire, il reste fidèle à sa détermination. Ses métamorphoses physiques ont accompagné son évolution politique : il a été le jeune romantique royaliste, le républicain irréconciliable, il est devenu le vieux sage à barbe blanche d'une France qu'il veut voir réconciliée avec elle-même par l'instauration de la IIIe République. Vienne la défaite de Sedan, il s'embarque aussitôt de Bruxelles pour Paris. Pacifiste, il n'exalte pas moins la résistance aux envahisseurs. Meurtri par la défaite face aux Prussiens, il désapprouve, un mois plus tard, l'insurrection de la Commune. Cependant, il impute au gouvernement et aux « Versaillais » la responsabilité de la guerre civile ; il fustige ainsi en mai l'aveugle répression qui suit la « semaine sanglante ». Élu député en 1871 puis sénateur en 1876, il n'aura de cesse de plaider l'amnistie pour les révolutionnaires vaincus, déportés ou exilés – il l'obtiendra en 1880. Entre-temps, il se fait l'allié de Gambetta et des adversaires de Mac-Mahon dans la crise du 16 mai 1877 qui s'achève par la victoire définitive des républicains. À 80 ans, en 1882, il est l'objet, pour son anniversaire, d'une célébration officielle et populaire sans précédent.

La république qu'il défend et qu'il incarne, c'est le régime de la liberté et de l'égalité. Mais Hugo se distingue de la majorité des républicains en ce qu'il a gardé foi en Dieu. En rupture définitive avec l'Église catholique, il se dit d'une religion sans dogme – et son testament le répétera : « Je donne cinquante mille francs aux pauvres. – Je désire être porté au cimetière dans leur corbillard. – Je refuse l'oraison de toutes les églises ; je demande une prière à toutes les âmes. – Je crois en Dieu. »

Prophète d'une Europe unifiée et d'une monnaie commune, inlassable adversaire de la peine de mort, apôtre de l'instruction pour tous, défenseur du droit des femmes, il meurt vénéré par tous ceux qui ont aboli la monarchie et combattu le pouvoir personnel. Après sa mort le 22 mai 1885, ses funérailles nationales suivies par une foule immense, son entrée au

Panthéon redevenu temple laïc consacrent l'auteur des *Misérables* en père tutélaire de la République.

Bibliographie sélective

Victor Hugo, *Politique*, volume des *Œuvres complètes*, Robert Laffont, coll. « Bouquins », 1985.

Victor Hugo, *Choses vues*, Gallimard, coll. « Quarto », 2002.

Henri Guillemin, *Victor Hugo*, Seuil, coll. « Les Écrivains de toujours », 1951.

Jean-Marc Hovasse, *Victor Hugo*, 2 vol. parus (1802-1864), Fayard, 2008.

Hubert Juin, *Victor Hugo*, 3 vol., Flammarion, 1986.

Michel Winock, *Le Monde selon Victor Hugo*, Tallandier, 2018.

12

George Sand, une « révolutionnaire obstinée »

par Bernard Hamon

Républicaine, féministe et socialiste, George Sand fut non seulement une écrivaine capitale, mais une actrice politique de premier plan. Le roman de sa vie contribua à accroître une célébrité qui ne s'est jamais démentie, comme en témoignent les nombreux ouvrages qui lui ont été consacrés.

Une jeunesse engagée

Aurore Dupin naît à Paris le 1er juillet 1804 d'une ascendance singulière : un roi de Pologne côté père, un oiseleur parisien côté mère. Elle assumera fièrement ce double lignage : « Moi qui suis née en apparence dans les rangs de l'aristocratie, je tiens au peuple par le sang autant que par le cœur. » Ces origines marqueront son engagement politique. Adolescente, elle lit Jean-Jacques Rousseau, et son *Contrat social* lui fait adopter « la formule républicaine », présente tout au long de sa vie. Bientôt socialiste au contact du philosophe Leroux, elle défendra toujours la cause des femmes, par ses écrits, ses actions publiques, mais aussi par l'exemple. Ainsi obtient-elle en 1836, en cour royale de Bourges, difficilement, mais publiquement car la presse s'empare de l'affaire, la séparation légale d'avec son mari. Mais auparavant, en 1831, résolue à se consacrer à l'écriture, elle lui avait déjà imposé la liberté de se partager entre Nohant et Paris, selon sa propre convenance.

Aurore se trouve à Nohant lorsqu'elle apprend le succès de la révolution parisienne et la chute de la royauté par l'abdication du roi Charles X. Républicaine « comme tous les diables », elle est prête à suivre une république ferme, juste et porteuse de progrès. La déception est d'autant plus profonde lorsqu'elle apprend que Thiers et ses amis ont proclamé le duc d'Orléans roi des Français.

Désormais libre de se déplacer, elle arrive, le 4 janvier 1831, dans l'effervescence parisienne, assiste au sac de Saint-Germain-l'Auxerrois, fréquente les milieux d'opposition et les saint-simoniens. En 1832, devenue George Sand, son premier roman, *Indiana*, est reçu avec enthousiasme par la critique, au point que la *Revue des Deux Mondes*, qui publie Hugo et Sainte-Beuve, l'accueille sans attendre. Ses premiers romans dénonceront la société de son temps agencée par les hommes à leur profit exclusif, et la condition des femmes privées de liberté et d'instruction.

Cependant, le 5 juin suivant, lors des obsèques du général Lamarque, la foule républicaine s'insurge. L'armée intervient durement et George Sand, de sa mansarde du quai Saint-Michel, assiste aux combats violents qui se termineront, le lendemain, dans le cloître de l'église Saint-Merri, par l'écrasement des insurgés. Elle n'oubliera jamais cette première rencontre avec la violence révolutionnaire. La répression qui s'ensuit ne désarme pas l'opposition républicaine soucieuse de réhabiliter l'image de la Convention montagnarde et celle de Robespierre, forgée par les thermidoriens qui présentèrent son exécution comme une mesure salvatrice. Dans cette lignée, la Société des droits de l'homme publie en 1833 la *Déclaration des droits de l'Homme* présentée par « l'Incorruptible » en juin 1793. Cette publication fait scandale auprès des « honnêtes gens ».

Néanmoins, la propagande républicaine agit sur les classes laborieuses. En avril 1834, les canuts de Lyon se révoltent, suivis bientôt par des ouvriers à Marseille, Lunéville et Saint-Étienne. La répression est, là encore, d'une grande brutalité. En 1835, le gouvernement, qui n'hésite pas à exploiter la peur engendrée par ces émeutes, défère 164 républicains devant la Cour des pairs. George Sand rejoint, à Paris, Michel de Bourges, l'avocat républicain, l'un de leurs principaux défenseurs. C'est à son contact qu'elle proclame publiquement son adhésion à la république, devenant ainsi une opposante affichée à la monarchie de Juillet.

Durant le procès, elle assiste, déguisée en homme, à certaines sessions. C'est alors qu'elle lit la *Conspiration pour l'égalité dite de Babeuf*, de Buonarroti, l'un des acteurs du complot qui avait tenté de renverser le Directoire au profit d'une république égalitaire dont beaucoup firent l'ancêtre du communisme. George

Sand rencontre peu après ce vieux révolutionnaire qui avait connu Robespierre et le tenait en haute estime. Elle commence également à lire l'*Histoire parlementaire de la Révolution française* de Buchez et Roux qui approuvaient la politique conduite par les Jacobins et le recours à la Terreur, l'estimant alors nécessaire pour mettre en place une république pérenne dans laquelle le peuple aurait toute sa part.

Elle sortit de ces rencontres et de ces lectures en Montagnarde zélée. C'est dans ces moments qu'elle héroïsa le jeune Alibaud, guillotiné pour avoir tenté d'assassiner Louis-Philippe, et fit la connaissance de Pierre Leroux. Ce socialiste de la première heure qui avait exhumé la triade républicaine, « Liberté, Égalité, Fraternité », considérait la Révolution comme un événement fondateur de la société et Robespierre comme son plus grand penseur. Il insistait sur la nécessité de promouvoir l'Égalité avant la Liberté et accordait une grande importance à la presse pour en assurer la promotion. Leroux contribua ainsi notablement à la formation politique et sociale de l'écrivaine engagée.

Peu à peu, elle sortait de la fiction pour entrer dans le champ politique et social. C'est ainsi qu'elle réclama publiquement, dans *Le Temps*, le journal de Lamennais, le droit au divorce. L'abbé ne la suivit pas sur ce terrain et mit un terme à leur collaboration. Pourtant, un an plus tard elle défendit son *Livre du peuple*, s'aventurant même à traiter de la souveraineté du peuple et du suffrage universel. En revanche, elle condamna fermement en 1839 l'insurrection des Saisons, provoquée par Blanqui et Barbès, qu'elle jugea inutilement meurtrière et profitable à la monarchie.

Elle fait alors connaissance d'Agricol Perdiguier, un artisan menuisier venu lui faire part des combats fratricides menés entre les différentes sociétés de compagnonnage. Elle plaidera leur réconciliation dans *Le Compagnon du Tour de France*, un roman édité en 1841 sans prévenir son éditeur habituel, la *Revue des Deux Mondes*, qui lui semblait devenir juste milieu. Sa direction fit grise mine et lorsqu'elle lui proposa le roman *Horace* où elle ne ménageait guère le gouvernement, Buloz, son propriétaire, lui demanda de modifier son texte. Elle refusa et fonda aussitôt avec Leroux une revue qu'elle nomma *Indépendante*, pour bien montrer que l'autre ne l'était plus. Ils purent dès lors y développer librement leurs opinions. C'est à cette date qu'elle entra pour de bon en politique. Après y avoir publié *Horace*, elle se consacra à la valorisation du peuple, assurée que l'avenir du monde se trouvait dans la classe ouvrière. Elle défendit notamment son accès à la culture et à la création littéraire, et prit la défense des poètes ouvriers. Ses articles entraînèrent une longue querelle avec Lerminier, l'un des publicistes de la *Revue des Deux Mondes*, qui, jugeant médiocre cette littérature aux intentions révolutionnaires, vitupéra ces « flatteurs du peuple » ! Elle lui répondit en faisant montre d'une indéniable verve ironique.

Dans le même temps, elle commence la publication d'un de ses plus fameux romans, *Consuelo*, où elle évoque le XVe siècle bohémien et la guerre égalitaire des Hussites. Elle y ajoutera deux ouvrages, *Jean Zyska* et *Procope le Grand*, afin de mettre en lumière ces premières luttes de l'égalité menées contre l'inégalité régnante. S'adressant aux femmes, elle leur demande de ne pas rester étrangères à ce combat qui les concerne directement, car la société, organisée et conduite par l'Église et les monarchies, leur refuse l'accès à une éducation qui, loin de les affranchir de la tutelle des hommes, les maintient sous la dépendance de leurs maris en leur défendant de posséder et en leur interdisant le droit au divorce. Il est temps pour elles de prendre conscience de cet état, voisin de celui des pauvres et des miséreux, car leurs voix sont étouffées par l'Église sociale officielle. Mais, ajoute-t-elle, cette lutte doit être menée sans violence, car, s'il est vain de penser que l'on puisse triompher brusquement des théocraties, il convient de les attaquer sourdement et sans relâche afin d'en provoquer la chute. Ce qu'elle va s'efforcer de faire en créant *L'Éclaireur de l'Indre*, un journal de proximité dans lequel elle prend sans attendre la défense des opprimés, ouvriers des villes exploités par les bureaux de placement, ruraux dont on conteste l'accès aux terrains communaux, mendiants que le pouvoir veut enfermer dans des dépôts de mendicité. Puis elle soutient une pétition organisée par *La Réforme* pour lancer une vaste enquête sur le monde du travail et le malaise des classes ouvrières, enquête qui sera, d'ailleurs, repoussée par la Chambre.

Enfin, dans un long article, « La politique et le socialisme », publié en 1844, elle tente de rapprocher les républicains modérés, représentés par *Le National* et qui ne font pas de la question sociale leur priorité, des radicaux de *La Réforme*, qui en font un absolu. Dans cet article, elle évoque la nécessité d'une religion sociale porteuse d'un dogme de la liberté, de l'égalité et de la fraternité, pour remplacer ce vieux culte catholique ennemi de tout progrès. Cette perspective ne pouvait que heurter Buchez, qui rêvait d'un catholicisme rénové. Son journal *L'Atelier* demanda des explications. Il s'ensuivit une polémique dans laquelle George Sand resta sur ses positions, positions naguère exprimées dans ses romans *Lélia* (1839) et *Spiridion* (1839).

La parution de *L'Éclaireur* donna à Louis Blanc l'occasion de la contacter pour lui demander son concours au nom du journal *La Réforme* dont il était l'un des directeurs. Elle partageait ses idées et particulièrement celle de l'association ouvrière comme réponse à la question sociale. Ils firent affaire et *Le Meunier d'Angibault*, un roman socialiste, y paraîtra au début du mois de janvier 1845, alors que l'écrivaine venait de publier dans *L'Éclaireur* une recension élogieuse de son *Histoire de dix ans*. Deux ans plus tard, il faisait paraître les deux premiers tomes de sa monumentale *Histoire de la Révolution française* qui se terminaient au 4 août 1789. George Sand donnera au journal *Le Siècle* un compte rendu enthousiaste de sa lecture tant elle partageait ses idées. Pour elle, Robespierre demeurait le plus grand homme de la Révolution et l'un des plus grands hommes de l'histoire.

La IIe République

Les mauvaises récoltes de l'année 1846, la misère ouvrière et paysanne, l'immobilisme d'un gouvernement refusant d'élargir un corps électoral réduit à 250 000 électeurs suscitèrent un mécontentement général. L'interdiction d'un banquet « fraternel » – lire républicain, mais l'emploi du mot est alors interdit – déclenche l'insurrection à Paris qui se hérisse de barricades. Bientôt l'armée pactise avec la garde nationale et refuse d'intervenir. Le 24 février, Louis-Philippe abdique et s'enfuit. La république est proclamée et son gouvernement provisoire institue le suffrage universel, masculin, abolit l'esclavage et supprime la peine de mort en matière politique.

George Sand quitte aussitôt Nohant pour Paris. Elle connaît plusieurs ministres, Louis Blanc, Ledru-Rollin, François Arago, sans oublier Lamartine qu'elle persuada, en 1843, de prendre la tête de l'opposition à Louis-Philippe. Elle se met à leur disposition mais refuse, sans ménagement, l'incitation de clubs de femmes de la présenter au prochain scrutin, persuadée que, avant d'obtenir des droits politiques, les femmes doivent conquérir leur égalité civile. Elle commence alors dans la presse un travail de propagande auprès des électeurs. Bientôt le gouvernement, encore composé de républicains modérés et de radicaux comme Louis Blanc, lui demande de rédiger les *Bulletins de la République*, feuilles non signées destinées à être affichées tous les deux jours sur les portes des mairies et des églises.

L'équation est simple : la France est aux deux tiers rurale et, dans sa grande majorité, politiquement immature car dépendant, encore, à la fois des notables locaux et de l'Église catholique. Dans les *Bulletins*, George Sand ne manque pas de souligner la misère de ces ouvriers exploités le plus souvent par des industriels qui utilisent des enfants de 5 ans et laissent vivre des familles dans des locaux insalubres, mais aussi celle des paysans en détresse lorsque les récoltes sont mauvaises – c'était le cas –, misères exploitées sans vergogne par les spéculateurs et les prêteurs. « Martyrs du travail, levez-vous et parlez », les exhorte-t-elle, avant de conjurer les paysans dispersés dans les campagnes à faire cause commune avec leurs frères ouvriers qui, groupés dans les villes, sont le cœur battant de la révolution urbaine. Vous voyez bien que « Paris, c'est vous, c'est la France, c'est la grande commune des communes, la paroisse des paroisses ». Paris est à vous comme votre place publique, comme votre église. Et encore, rappelant l'action du peuple dans la Grande Révolution : « Paysans ! Paysans ! ne reniez pas vos frères ; car sans eux, vous seriez encore serfs sur la terre qui vous appartient aujourd'hui. » Elle rédige également des brochures à la demande de certains ministres et lance même un journal, *La Cause du Peuple*, afin de développer plus librement ses opinions. Un journal éphémère qui ne compta que trois numéros.

Mais les élections approchent. Rumeurs et journaux laissent penser qu'elles ne seront pas favorables aux républicains sociaux. Aussi George Sand, Leroux, Blanc et Barbès vont-ils proposer au ministre de l'Intérieur, Ledru-Rollin, de tenter un coup de force pour écarter du gouvernement les ministres les plus modérés. Ledru-Rollin n'ose pas franchir le Rubicon. Dans le 16e *Bulletin* affiché huit jours avant les élections, George Sand, faisant appel à la Constitution de 1793, menace : si les élections ne font pas triompher la vérité sociale, « il n'y aurait alors qu'une voie de salut pour le peuple qui a fait les barricades, ce serait de manifester une seconde fois sa volonté, et d'ajourner les décisions d'une fausse représentation nationale ».

Cet appel à l'insurrection lui sera longtemps reproché. Ce ne fut pas sa seule maladresse, car, dans un article adressé « Aux Riches », elle avait annoncé, à terme, l'avènement du communisme. Certes, ce n'était pas le communisme selon Marx, mais un communisme personnel inspiré de la morale évangélique et du babouvisme. Mais, là encore, elle scandalisa tous ceux qui redoutaient le retour à 1793 et même certains républicains, comme l'Italien Mazzini, qui s'en offusqua.

Les républicains radicaux perdirent ces élections au profit des républicains du lendemain et des conservateurs. George Sand en fut désolée, mais, dans ces jours, elle saisit l'occasion de rencontrer Alexis de Tocqueville qu'elle ne connaissait pas. Leur entretien impressionnera ce dernier au point qu'il en donnera une relation dans ses *Souvenirs* : « J'avais de grands préjugés contre Mme Sand, car je déteste les femmes qui écrivent, surtout celles qui déguisent les faiblesses de leur sexe en système au lieu de nous intéresser en nous les faisant voir sous leurs véritables traits ; malgré cela, elle me plut. Je lui trouvai des traits assez massifs, mais un regard admirable ; tout l'esprit semblait s'être retiré dans ses yeux, abandonnant le reste du visage à la matière ; ce qui me frappa surtout fut de rencontrer en elle quelque chose de l'allure naturelle des grands esprits. […] Nous parlâmes une heure entière des affaires publiques, on ne pouvait parler d'autre chose dans ce temps-là. D'ailleurs Mme Sand était alors une manière d'homme politique ; ce qu'elle me dit sur ce sujet me frappa beaucoup. »

Le 15 mai suivant, les leaders de la gauche, Barbès, Raspail, Blanqui, tentèrent un coup de force réprimé le soir même. George Sand, craignant d'être inquiétée, se réfugia à Nohant. Elle continuera malgré tout à défendre dans *La Vraie République* ses opinions politiques mais aussi ses amis, Barbès et Louis Blanc, attaqués par un nouveau pouvoir qui penche de plus en plus en faveur du parti de l'ordre.

Profondément déçue par l'élection d'une assemblée soucieuse d'arrêter les réformes qu'elle espérait, elle est horrifiée, en juin suivant, par l'impitoyable répression de l'émeute parisienne provoquée par l'annonce de la fermeture des ateliers nationaux. Mais ce qui la marque le plus c'est cet « égorgement » mutuel du peuple par le peuple, le spectacle des habitants des campagnes accourus pour porter assistance à la bourgeoisie parisienne, celui des jeunes mobiles massacrant leurs frères insurgés qui défendaient hier encore leur cause. Son beau rêve de république fraternelle se dissipe. Ses espérances sont maintenant recouvertes d'un manteau de haine et de sang. Elle en restera affectée au point qu'elle évoquera ce drame vingt ans plus tard dans la préface de son roman *Cadio*.

Le calme bourgeois revenu sous la férule du général Cavaignac, l'Assemblée constituante vote un texte incluant l'élection au suffrage universel d'un président. George Sand aurait préféré, à l'instar de son cher Robespierre, un exécutif composé de quelques ministres élus. La majorité de l'Assemblée décide du contraire. Louis-Napoléon Bonaparte, récemment élu député, se présente aux suffrages et, durant sa campagne électorale, met en avant les bonnes relations entretenues avec elle quelques années plus tôt, alors qu'il était emprisonné à la suite d'une tentative avortée de coup d'État. Elle réagit sèchement dans la presse : comment un ennemi convaincu de la république ose-t-il se présenter à la magistrature de la présidence ? Comment ose-t-il se servir du suffrage universel pour travailler au renversement de la république ?

Le 10 décembre, il est élu dès le premier tour à une large majorité. Cependant, les élections partielles suivantes montrent un sursaut républicain, au point que la Nouvelle Montagne, comptant 200 députés, affole les réactionnaires. Thiers et ses amis réagissent, le 31 mai 1850, en fixant une obligation de domiciliation de trois ans dans la circonscription pour être électeur, supprimant du même coup le suffrage universel.

Pour défendre la République menacée, George Sand réagit en créant, à la fin de cette même année, un nouveau journal, *Le Travailleur de l'Indre*, qui paraît durant l'année 1850. Ce journal d'opposition, très pugnace, s'élève à plusieurs reprises contre les déportations des condamnés de Juin, particulièrement à Cayenne, où la « guillotine sèche » – celle qui tue sans verser de sang – décime les prisonniers par son climat équatorial et la maltraitance des gardiens. Mais elle fustige aussi les députés néojacobins, incapables de s'opposer à la politique réactionnaire de la majorité conservatrice. Toutefois, ce sont les attaques contre le pouvoir temporel du pape qui entraînent l'arrêt définitif du journal le 10 août 1850 pour outrage à la religion et incitation à la haine.

Opposante sous l'Empire

Élu pour un seul mandat de quatre ans, Louis-Napoléon Bonaparte dissout l'Assemblée le 2 décembre 1851 et fait arrêter 200 députés d'opposition. Paris, insurgé, est rapidement maté par l'armée. En province, plusieurs villes résistent une dizaine de jours avant d'être soumises. Le plébiscite qui s'ensuit approuve ce coup de force par une très large majorité. George Sand s'incline à nouveau devant le verdict d'un suffrage universel habilement rétabli pour l'occasion.

Dans l'attente, le dictateur entreprend de réduire l'opposition républicaine. Les tribunaux d'exception envoient à Cayenne 239 détenus, 9 350 en Algérie. George Sand compte de nombreux amis parmi ces condamnés ; elle-même est menacée d'un mandat d'amener. Elle décide de solliciter une entrevue avec le président, qui la reçoit à deux reprises, refuse l'amnistie générale qu'elle lui demande, mais se montre ouvert à des cas particuliers. Aussi, pendant plusieurs mois, fera-t-elle le siège de ses ministres, aidée par le prince Napoléon, pour obtenir aménagements de peines et libérations.

À la suite d'un voyage triomphal du prince-président durant l'année 1852, le Sénat vote l'établissement de l'Empire. Un nouveau plébiscite ratifie cette décision par 97 % des votants. Si Victor Hugo demeure en exil, George Sand accepte selon son habitude, en serrant les dents, le verdict populaire.

Elle poursuit malgré tout son travail d'opposante et, tout d'abord, à propos de l'unité italienne qu'elle soutient depuis plusieurs années, unité qui exige au préalable la suppression de la mainmise autrichienne sur de nombreux États et la libération de Rome où le corps expéditionnaire français défend le pouvoir temporel du pape depuis 1849. Elle avait reçu Mazzini à Nohant en 1847 qui lui avait confié une lettre destinée à Pie IX le pressant de prendre la tête d'une croisade émancipatrice. Intéressée, elle traduit, commente et publie ce document dans *Le Constitutionnel*. La conclusion de son commentaire est particulièrement agressive, car, écrit-elle, s'il se dérobait à ce devoir, il serait certainement le dernier pape. Elle encourage encore Mazzini lors de la proclamation de l'éphémère République romaine en 1849.

Les choses en restent là quand, dix ans plus tard, à la suite de l'attentat d'Orsini, Napoléon III décide d'intervenir militairement contre l'Autriche aux côtés du Piémont. La victoire de Solferino interrompt précocement la guerre, car l'empereur, effrayé par les pertes subies, propose à François-Joseph Ier d'Autriche un armistice aussitôt accepté. George Sand en est consternée, elle qui a publié deux opuscules, *La Guerre* puis *Garibaldi*, où elle saluait le courage des soldats français et l'habileté de Victor-Emmanuel, de Cavour son ministre et de Garibaldi, qui ont contribué à la victoire. On chercherait en vain le nom de Napoléon III dans ces textes.

Néanmoins, des soulèvements, habilement soutenus par le Piémont, dans les États du nord de la péninsule ont raison de l'influence de l'Autriche. Aussi l'Italie sera-t-elle proclamée en 1861, mais la capitale du royaume s'établit à Florence car la France poursuivra l'occupation de Rome jusqu'en 1870.

Durant ce temps, George Sand poursuit sa lutte contre Pie IX, mais aussi, plus largement, contre le parti clérical fortifié par la stratégie d'alliance du Trône et de l'Autel menée par l'empereur. Là encore, elle intervient en opposante, publiant deux romans très agressifs sur ces questions. Tout d'abord, en 1856, *La Daniella*, un brûlot édité au retour d'un séjour à Rome, qui, sous couvert d'une présentation très critique de la ville, dénigre en réalité le pouvoir temporel du pape. Quelques années plus tard, à la veille des élections de 1863, elle récidive dans un roman, *Mademoiselle La Quintinie*, qui traite sans ménagement l'Église et son ingérence dans la politique impériale. Elle y dénonce « l'ombre noire » occupée sans relâche à imposer ses vues réactionnaires, attaquant le principe même de la liberté. Son anticatholicisme et ses attaques contre le pape mettent en fureur l'Église. Louis Veuillot, son porte-parole, apostrophe cette femme « qui a pris contre Rome la haine basse du cuistre, la haine féroce du forban ». L'Église romaine, qui avait déjà mis à l'Index quatorze de ses romans, réagit en condamnant cette fois toute son œuvre.

Cependant, ses prises de position séduisent. Ainsi, lors de la première de sa pièce *Le Marquis de Villemer*, le 24 février 1864 au Théâtre de l'Odéon, en présence du couple impérial, la jeunesse du Quartier latin, étudiants et ouvriers réunis, manifeste deux jours durant aux cris de « Vive George Sand, Vive *Mademoiselle La Quintinie*, À bas les cléricaux ».

Toutefois, son jugement sur la Révolution française se modifie peu à peu. Depuis 1848, les références à la Grande Révolution deviennent rares tant dans sa correspondance que dans ses écrits. Elle considère désormais Robespierre et Louis XVI comme des victimes de l'histoire et accuse même la Convention montagnarde de dictature. Elle explique elle-même ce retrait par le manque de maturité du peuple : « La révolution du dernier siècle va jusqu'au régime de la Terreur pour fonder la liberté, ce peuple qu'elle appelle à l'égalité idéale s'effraie, recule ou se tait, et prépare la marche rétrograde qui le ramènera à l'Empire et à la Restauration. » Le phénomène, déplore-t-elle, s'est répété en 1848.

La guerre, la République, la Commune

Cependant, la conjoncture européenne est bouleversée en 1866 à la suite de l'écrasement de l'Autriche par la Prusse à Sadowa. Quatre ans plus tard, un simple différend à propos de la succession au trône d'Espagne s'envenime. La France déclare la guerre à la Prusse le 19 juillet 1870. Les hostilités tournent rapidement en faveur des Prussiens et la reddition de Napoléon III à Sedan, le 2 septembre, ouvre la porte à la renaissance d'une république, proclamée à Paris deux jours plus tard. George Sand se réjouit publiquement de cette victoire remportée « sans coup férir ». Elle écrit dans *Le Temps* : « Paris aura proclamé la République sans effusion de sang ; je n'osais le rêver ! Qu'il sauve la patrie à présent comme il a sauvé l'honneur et l'humanité. »

Mais la guerre se poursuit. Bientôt les Prussiens assiègent Paris. Le 7 octobre, le ministre de l'Intérieur Léon Gambetta parvient à s'échapper de Paris en ballon pour gagner Tours où il poursuivra le combat, grâce à des levées en masse comme en 1792 et 1793. Les deux ballons qui quittent ce même jour la butte Montmartre sont baptisés l'un *Armand Barbès*, l'autre *George Sand*, ce qui montre l'ampleur de sa popularité dans le camp républicain. Hostile à cette guerre dont elle ne perçoit pas les raisons, elle la soutient néanmoins jusqu'en décembre, mais, face aux défaites de nos armées et aux pertes humaines, elle condamne publiquement Gambetta, cet apprenti « dictateur », sa guerre à outrance sans espoir, et réclame des élections pour y mettre fin. Elle ne suit pas ici le parti républicain favorable à la poursuite du conflit, ce qui lui sera reproché durablement. En janvier 1871, les échecs se multiplient et, le 21, le gouvernement se résout à demander un armistice à son vainqueur. Il est signé le 28, assorti d'un tribut énorme de 5 milliards de francs-or et d'un désarmement général, mais Paris ne sera pas occupé et conservera sa garde nationale armée afin d'y maintenir l'ordre.

Les élections, au suffrage universel, du 8 février 1871 désignent une Assemblée où les 400 députés monarchistes sont majoritaires contre 150 républicains et une centaine d'indécis ; si les grandes villes ont voté à gauche, les ruraux ont massivement plébiscité les royalistes, menaçant ainsi la république renaissante.

Pourtant, George Sand, en bonne démocrate, s'incline devant ces résultats comme elle l'a toujours fait. Le problème, sous cette menace monarchiste, est de savoir comment conserver république et suffrage universel alors qu'Adolphe Thiers vient d'être nommé chef de l'Exécutif. On pourrait s'attendre à ce qu'elle repousse l'orléaniste, celui qui avait orchestré des répressions brutales en 1834 et supprimé le suffrage universel en 1850. Elle ne l'a jamais aimé, comme le montrent ces invectives échangées avec son ami Flaubert quelques années auparavant : « étroniforme bourgeois » disait l'un, « étroniforme est le mot sublime qui classe cette espèce de végétaux merdoïdes » répondait l'autre. Et pourtant, elle choisit Thiers. Son raisonnement est simple : il a 70 ans, est ambitieux, habile, et de surcroît populaire car il a prédit la défaite sans cesser d'être patriote. Il peut légitimement postuler la présidence d'une République pérenne s'il parvient à exploiter les rivalités entre Bourbons et orléanistes. Certes, pense-t-elle, sa république sera bourgeoise et « bête », mais c'est le seul chemin ouvert pour la conserver.

C'est dans cet état d'esprit qu'elle apprend l'insurrection parisienne et la proclamation de la Commune, alors que l'Assemblée siège à Versailles. Comment pourrait-elle approuver ce soulèvement contre un pouvoir régulier, mis en place par le suffrage du peuple, exprimé légalement le 8 février ? Menaçait-on sa souveraineté ? L'Assemblée avait-elle tenté de mettre à mal la sacralité du suffrage universel ? Les revendications parisiennes ne peuvent-elles s'exprimer dans d'autres circonstances, alors que les Prussiens encerclent Paris et occupent une partie du territoire français, alors que la France majoritaire espère le retour à un ordre immanquablement compromis par toute insurrection ? George Sand ne peut admettre qu'une faction, à plus forte raison parisienne – « Paris fait les républiques, nous le savons, mais c'est aussi lui qui les perd et les tue », note-t-elle alors –, fasse courir un tel risque à une république en sursis, en butte à tant de problèmes intérieurs et extérieurs, alors que les prétendants au trône – légitimiste, orléaniste, sans oublier les bonapartistes – laissent voir des ambitions que l'occupant pourrait satisfaire au gré de ses intérêts. Avant que la Commune ne soit proclamée, Sand l'avait déjà rejetée en bloc, refusant d'en comprendre les motivations. Elle n'a jamais été d'accord ni avec Blanqui ni avec ses partisans, qui, en son absence mais en son nom, tentent, sous couvert de démocratie, d'établir une nouvelle Terreur pour imposer leurs idées. Tout au long de ces événements, on la voit constamment effrayée par les risques de dictature qui laisserait, une nouvelle fois, la porte ouverte à la suppression du suffrage universel, seul garant légitime de la démocratie.

Thiers décide alors l'encerclement de la capitale, un second siège qui va durer deux mois et demi. Et lorsque l'armée versaillaise parvient à entrer dans Paris le 21 mai 1871, c'est à une répression impitoyable qu'elle se livre durant la « semaine sanglante ». Entre 10 000 et 15 000 insurgés laissent leur vie dans les combats et les massacres. Les cours martiales déportent en Nouvelle-Calédonie près de 5 000 hommes et femmes.

Nombre d'écrivains, les frères Goncourt, Théophile Gautier, Maxime Du Camp, d'autres encore, approuvent les Versaillais. Si George Sand, en privé, condamne les fédérés, elle refuse de joindre sa voix à celles des conservateurs, que la peur sociale contraint, comme en juin 1848, aux pires extrémités. À l'inverse, Louis Blanc et Victor Hugo ne tarderont pas à réclamer une amnistie pour les condamnés, ce qu'elle ne fera pas, convaincue que la République doit se montrer intraitable si elle veut espérer pouvoir survivre. Il faudra attendre 1880 pour qu'une amnistie générale soit votée.

Mais comment réparer les ravages de la haine pour se lancer dans cette ultime conquête de la liberté et de la dignité, sinon par l'émergence d'une fraternité qui reste à construire ? Comment, en pratiquant une liberté de conscience totale, laisser, sans danger, des opinions contradictoires s'exprimer ? Aimer, aimer l'autre qui ne pense pas comme soi, aimer pour communiquer son savoir à ceux qui en sont dépourvus, se réconcilier avec « ces pauvres d'esprit que nous dédaignons tant et qui ne sont infirmes que parce que nous sommes incomplets ». Surtout ne pas succomber aux compromis recherchés par les politiques, prompts à se jouer, au gré des intérêts des partis, des attentes et des exigences du peuple. Enfin, « si ce n'est pas la liberté pour tous et la fraternité envers tous, ne cherchons pas à résoudre le problème de l'égalité car elle ne pousse pas de racines sur les barricades, nous le savons maintenant ».

L'ancienne égérie de l'extrême gauche, le « Prud'homme de l'immoralité » (Baudelaire) s'était-elle muée en « bourgeoise assagie » ? Ne faut-il pas penser au contraire qu'elle avait, peu à peu, ayant éteint « les ébullitions inutiles et dangereuses » de sa jeunesse, quitté les chemins de l'utopie, un temps empruntés, pour rejoindre ceux d'un réalisme peut-être plus rare qu'il n'y paraît chez ses contemporains ? Mais c'est bien ce pragmatisme, cet « opportunisme » qui sauvera la IIIe République et lui permettra de triompher de ses adversaires. Elle saura, quelques mois après la fin de l'aventure communarde, résumer sa pensée dans cette très concise et très belle formule : « Restons révolutionnaires, obstinés et patients, jamais terroristes. »

Postérité

Le 8 juin 1876, George Sand s'éteint à Nohant. Une semaine plus tard, dans la *Revue des Deux Mondes*, Charles de Mazade rend hommage à « la bonne dame de Nohant » bien qu'elle ne fût « qu'un poète, l'un des plus grands poètes du temps ». Une génération plus tard, lors du centenaire de sa naissance, Rémy de Gourmont note qu'« aucun roman n'a laissé même un souvenir, si ce n'est un ou deux romans champêtres », car *Indiana* ou *Lélia*, écrit-il, « sont aussi impossibles à lire que le Grand Cyrus ». Il ne manque pas de rappeler l'aventure vénitienne, ni de préciser, avec délicatesse, qu'elle a « couché avec beaucoup d'hommes célèbres » ! De son côté, René Doumic, futur académicien, la considère comme « un poète égaré dans son siècle » qui « n'a rien compris aux doctrines des nouvelles écoles » et dont le seul mérite est d'avoir « révélé la campagne et les paysans de France ». Barbey d'Aurevilly, à son tour, n'arrête pas de vitupérer son « odieux baragouin » et Zola lui-même augure la disparition de presque tous ses romans, qui, juge-t-il, représentent « une formule morte ».

Cette misogynie littéraire se double d'une misogynie politique. On lui reproche ses *Bulletins de la République*, ses attaques de 1871 sur la dictature de

Gambetta, comme son attitude vis-à-vis de la Commune. Ainsi Charles de Mazade : « Les républicains ne vous pardonneront pas, même au bord de la tombe, d'avoir pris un jour la liberté d'écrire des pages éloquentes sur la dictature de Bordeaux en 1871. » Quant aux femmes, certaines lui attribuent l'échec de leur demande d'accession au vote en 1848. Ces griefs tenaces et toujours renaissants expliquent, dans une large mesure, l'attitude de l'école de la République, qui, pendant près d'un siècle, ne retient dans l'œuvre de Sand que ses romans champêtres.

Il faudra attendre, à la suite de Wladimir Karenine, André Maurois et Georges Lubin, l'éditeur de sa très riche *Correspondance* nourrie désormais par Thierry Bodin, que les chercheurs, amateurs et universitaires dévoilent peu à peu la véritable George Sand, la force de sa personnalité et la richesse de son œuvre, validant le jugement formulé, de géant à géant, par Victor Hugo lors de sa disparition : « George Sand a dans notre temps une place unique. D'autres sont les grands hommes, elle est la grande femme. »

Bibliographie sélective

Correspondance, textes réunis, classés et annotés par Georges Lubin, Garnier Frères, 25 t., 1964-1991. T. XXVI, *Suppléments (1821-1876)*, Du Lérot éditeur, Tusson (Charente), 1995.

Lettres retrouvées, édition établie, annotée et présentée par Thierry Bodin, Gallimard, « NRF », 2004.

Bernard Hamon, *George Sand et la politique, cette vilaine chose*, L'Harmattan, 2001.
Michelle Perrot, *Politique et Polémiques*, Imprimerie nationale, « Acteurs de l'Histoire », 1996.
Michelle Perrot, *George Sand à Nohant*, Seuil, 2018.
George Sand critique 1833-1876, dir. Ch. Planté, Du Lérot éditeur, Tusson (Charente), 2007.

13

Louise Michel ou la lutte sans fin

par Quentin Deluermoz

Quiconque s'intéresse à Louise Michel se confronte à un monde : un monde d'énergies, de combats et de mots, Louise Michel n'ayant jamais cessé de lutter ni d'écrire. Ce monde, on l'associe généralement à une révolution et deux mouvements politiques de la fin du XIX*e siècle et du début du* XX*e siècle : la Commune de Paris, le féminisme et l'anarchisme. En dépit de ces engagements radicaux, par exemple contre l'appareil d'État, Louise Michel représente aujourd'hui la figure de gauche par excellence, largement consensuelle. Probablement à l'échelle du monde, même si l'on manque de travaux pour l'établir avec précision. En tout cas de la France : en 2016, 498 voies portent son nom dans 483 communes métropolitaines, à quoi s'ajoutent 190 écoles, collèges et lycées. Cette édification et ces étiquettes masquent la richesse et la singularité d'une vie. Elles interrogent également ce que signifie, aujourd'hui, une « figure de gauche ».*

Lignes de force

Déplaçons-nous au début des années 1830, sous la monarchie de Juillet, au château de Vroncourt-la-Côte, une solide bâtisse située sur les plateaux de Chaumont (Haute-Marne). La jeune Louise, fille de la servante Marie-Anne Michel, et sans doute de Laurent Demahis, le fils du châtelain, Charles-Étienne Demahis, est élevée par ce dernier. Nous ne savons pas grand-chose de son enfance, à part ce qu'en disent ses *Mémoires*, publiés en 1898. Elle reçoit sans doute par sa tante Victorine une éducation religieuse imprégnée de compassion chrétienne, et par celui qu'elle appelle son « grand-père » une éducation libérale marquée par les figures de Voltaire et de Rousseau. Elle s'y décrit à la fois heureuse et choquée, déjà, par les nombreuses injustices sociales dont elle est le témoin. Celles qu'incarne sa mère, qu'elle chérit, ou celles que subissent les paysans au travail : « Bien des hommes m'ont dit, comme la vieille de l'*écrègne*, se souvient-elle : Il ne faut pas dire ça, petiote ; ça offense Dieu ! » Après la mort de Charles-Étienne puis de Laurent Demahis, contrainte de quitter le château et refusant de se marier, elle décide de devenir institutrice. Elle obtient son brevet de capacité primaire à Chaumont en 1851, puis ouvre une école libre (privée) à Audelancourt. Se dessinent là trois lignes de force de son histoire. L'enseignement, marqué par un souci des pédagogies qu'on dirait aujourd'hui alternatives : « Qui de nous ne s'est demandé, s'interroge-t-elle par exemple dans une brochure sur l'éducation des fous et des idiots, par quels moyens on pourrait rendre la raison à ceux qui l'ont perdue, ou éveiller quelques lueurs chez ceux qui ne l'ont pas, faire vibrer comme les cordes d'un luth les facultés endormies […] ? » L'engagement politique ensuite, Louise Michel s'affichant très tôt républicaine et opposée à l'Empire de Napoléon III, au point d'avoir des problèmes avec le préfet de la Haute-Marne et le recteur. L'écriture et la poésie enfin, ainsi qu'en attestent ses premiers poèmes publiés dans *L'Écho de Haute-Marne*. Elle débute en particulier une correspondance avec Victor Hugo, qu'elle appelle « frère », et qui durera presque trente ans. « Mon âme est un rayon de la vôtre […], lui écrit-elle en 1850, pardon de ne pas vous écrire avec plus de respect, mais avec vous ces mots glacés me font mal. »

Ces lignes de force, et cette personnalité déjà bien trempée, ne dessinent pas une destinée qui serait tracée à l'avance. Elles s'infléchissent en fonction des rencontres, des milieux fréquentés et des contextes traversés. L'arrivée à Paris, en 1856, joue un rôle important. À 26 ans, Louise Michel se met au contact des galaxies plurielles, à la fois reliées et opposées, qui caractérisent la recomposition des gauches républicaines et socialistes sous le Second Empire. Institutrice à la pension de Mme Vollier, rue du Château-d'Eau, elle suit les cours d'instruction populaire de la rue Hautefeuille dirigés par les figures républicaines montantes telles que Jules Favre et Eugène Pelletan. D'autres circonstances la rapprochent des groupes qui défendent le droit des femmes, notamment Maria Deraisme ou André Léo. Son engagement féministe se conforte et elle devient secrétaire de la Société démocratique de moralisation qui a pour but d'aider les ouvrières. Elle participe enfin aux réunions publiques d'opposition qui se développent dans le Paris de la fin des années 1860. Elle fréquente les milieux révolutionnaires, rencontre l'orfèvre, mutuelliste et internationaliste Eugène Varlin ainsi que les jeunes blanquistes Raoul Rigault ou Émile Eudes. À l'issue d'un parcours dont la cohérence ne saurait être exagérée après coup, Louise Michel est devenue blanquiste. Suivant les invocations de celui qu'on surnomme « l'Enfermé », elle en appelle maintenant à une révolution et une république sociale qui doivent être provoquées par un coup de force et menées jusqu'au bout avec énergie.

Le tournant

L'ébranlement provoqué par les événements militaires de l'année 1870 va offrir à cette femme volontaire, de plus en plus outrée par le sort fait aux opprimés, la possibilité de mettre en pratique ses idéaux républicains et révolutionnaires. En juillet 1870, la France tombe dans le piège dressé par le chancelier Bismarck et déclare la guerre à la Prusse. Après une série de défaites, le Second Empire s'effondre. La république est proclamée le 4 septembre. Louise Michel participe aux « comités de vigilance » qui se mettent en place dans la capitale. Animés par des blanquistes, des internationalistes ou des républicains sincères, ils ont vocation à protéger la jeune république et à organiser la vie dans les quartiers. Elle devient présidente du comité républicain de vigilance des citoyennes du XVIIIe arrondissement en novembre 1870, cas unique de reprise féminine des comités de vigilance masculins d'arrondissement. Elle retrouve à cette occasion le blanquiste Théophile Ferré, 25 ans, dont elle tombe peut-être amoureuse. Dans un Paris assiégé depuis mi-septembre, elle fréquente les réunions publiques, s'occupe, toujours, de son école, rencontre le maire de l'arrondissement Clemenceau. En janvier, elle participe armée aux manifestations contre le gouvernement qu'on ne dit plus de « défense » mais « de défaite nationale ». Membre visible de l'aile révolutionnaire de la capitale, elle s'exaspère avec les Parisiens de la défaite contre la monarchie prussienne et surtout de l'élection d'une chambre à majorité monarchiste en février 1871, qui s'installe rapidement à Versailles.

Le 18 mars 1871, dans une scène fameuse de l'histoire de France, des troupes militaires envoyées par le chef du pouvoir exécutif, Adolphe Thiers, viennent reprendre les canons de la garde nationale parisienne, payés par les dons patriotiques. À Montmartre, elles se heurtent à l'opposition des femmes du quartier, puis du reste de la population et des gardes nationaux, avant que les soldats ne mettent crosse en l'air. Louise Michel, avec d'autres membres du comité de vigilance de Montmartre, en est. L'insubordination entraîne une insurrection puis la prise de la ville, qui se concrétise par l'installation du comité central de la garde nationale à l'Hôtel de Ville. La Commune de Paris est officiellement proclamée une semaine plus tard, le 28 mars 1871.

Louise Michel s'investit pleinement dans l'espérance communarde, avec sa tonalité singulière. La Commune voulait, selon une affiche du 19 avril considérée comme un texte d'autodéfinition, se débarrasser du « vieux monde gouvernemental et clérical » pour mettre en place, grâce à la « Révolution communale », une « ère nouvelle de politique expérimentale, positive, scientifique ». Louise Michel anime le club de la Révolution à l'église Saint-Bernard de la Chapelle, signe avec un groupe d'institutrices une pétition en faveur d'écoles professionnelles et d'orphelinats laïques. Elle participe surtout aux combats comme ambulancière et comme combattante. La Commune est un mouvement complexe, qui n'est pas à proprement parler une révolution féministe (André Léo évoquait même une révolution « sans la femme »). Mais elle a ouvert une brèche dans l'ordre social dans laquelle certaines femmes se sont engouffrées pour mener une action politique. Naissent diverses structures dont la plus célèbre est l'Union des femmes pour la défense de Paris et des soins aux blessés constituée par Élisabeth Dmitrieff et Nathalie Lemel. Rappelant dans son manifeste que « la lutte actuelle – ayant pour but la suppression des abus, et dans un avenir prochain la rénovation sociale tout entière », elle œuvre entre autres à l'organisation du travail féminin. L'action de Louise Michel est d'un ordre différent. Transgressant volontairement les barrières de genre, revendiquant le droit de combattre comme un homme au nom de la « révolution sociale », elle lutte armes à la main contre les troupes versaillaises. Elle tire ses derniers coups de feu, avec quelques hommes de son bataillon, à la barricade de la chaussée Clignancourt. Elle parvient à échapper aux troupes lors de la « semaine sanglante », avant de se livrer aux autorités en échange de sa mère qui avait été arrêtée.

La force de sa personnalité se révèle particulièrement, et avec éclat, au moment des procès militaires des communards. En juin, elle avait minimisé sa participation aux faits, puis en septembre avait affirmé haut et fort sa contribution aux événements, sans doute après avoir appris la condamnation à mort de nombre de ses compagnons, et notamment de son cher ami Théophile Ferré. Aussi lors de son procès, en décembre 1871, affronte-t-elle ses juges avec détermination : « On dit aussi que je suis complice de la Commune ! Assurément oui, puisque la Commune voulait avant tout la révolution sociale, et que la révolution sociale est le plus cher de mes vœux. […] Mais pourquoi me défendrais-je ? Je vous l'ai déjà déclaré, je me refuse à le faire. Vous êtes des hommes, qui allez me juger ; vous êtes devant moi à visage découvert ; vous êtes des hommes et moi je ne suis qu'une femme, et pourtant je vous regarde en face. […] Nous n'avons jamais voulu que le triomphe de la Révolution ; je le jure par nos martyrs tombés sur le champ de Satory, par nos martyrs que j'acclame encore ici hautement, et qui un jour trouveront bien un vengeur. » Cette défense vigoureuse, l'une des rares de cette franchise, suscite la haine des plus conservateurs, mais aussi l'admiration de nombreux commentateurs, pro ou anticommunard. Victor Hugo décrit ces réactions dans le poème-hommage qu'il rédige presque immédiatement, fin décembre, *Viro Major* (« plus grande qu'un homme ») : « Tu fus haute, et semblas étrange en ces débats / Car, chétifs comme tous les vivants d'ici-bas / Rien ne les trouble plus que deux âmes mêlées / Que le divin chaos des choses étoilées / Aperçu tout au fond d'un grand cœur inclément / Et qu'un rayonnement vu dans un flamboiement. » Figure politique, médiatique, Louise Michel est devenue une figure poétique. Elle n'en est pas moins condamnée à la déportation perpétuelle dans une enceinte fortifiée.

Son parcours connaît là une inflexion significative, marquée par la déportation, les arrestations, puis les confrontations directes avec un État et un ordre social davantage installés. Débute la parenthèse coloniale de sa vie. Après avoir séjourné dans une prison de Haute-Marne, elle embarque à bord de *La Virginie* où elle se lie d'amitié avec Henri Rochefort et Nathalie Lemel. Au cours de ce voyage, dit-elle, « je devins anarchiste[1] ». Suivant les dispositions pénales des années 1850, elle est envoyée en Nouvelle-Calédonie : elle y rejoint 4 500 autres communards et une centaine d'insurgés arabes condamnés après la grande révolte kabyle qui a eu lieu au même moment en Algérie. Sur place, son attention à l'autre ne faiblit pas. Depuis la baie de l'Ouest où elle est installée, elle s'intéresse aux populations et à la culture canaques. Elle publie plusieurs textes dont les *Légendes et chansons de geste canaques*, paru en 1875, s'inspirant peut-être d'une pratique européenne courante destinée à prouver l'ancrage culturel d'une « nation » en traquant les tréfonds de l'âme populaire. La révolutionnaire parisienne reste marquée par les cadres d'entendement de son temps : dans son introduction, elle décrit le monde canaque comme « l'enfance de l'humanité ». Mais de manière surprenante elle réserve le « vous »

1. L. Michel, *La Commune* (éd. C. Rétat), La Découverte, 2015 [1898], p. 385.

aux « amis d'Europe », le « nous » aux déportés, et parfois, se plaçant de leur côté, aux Canaques. Le livre témoigne également de deux autres passions de Louise Michel : la science, en laquelle elle place une grande confiance émancipatrice (ici, la botanique) ; et la quête d'une langue universelle. Elle pense en déceler la trace, en une version vivante et créative, dans la langue utilisée sur place, le « bichelamar » : « Vos philosophes discutent de la possibilité d'une langue universelle [...] nos peuplades de l'âge de pierre font et vivent cette langue en prenant chez les Anglais, les Français, les Espagnols, les Chinois, pêcheurs de Trépang, leurs mots d'usage, et en donnant les leurs. » Elle combat rapidement le sort réservé aux Kanaks et est l'une des rares à soutenir en 1878 leur grande révolte contre la spoliation des terres. Elle rejette alors la répression menée en particulier par les anciens communards à qui on avait promis en échange des remises de peine. Sa peine commuée, elle enseigne, comme toujours, à l'école communale de filles de Nouméa.

L'icône

Son séjour canaque prend fin en 1880 avec l'amnistie générale accordée aux anciens communards, mais cette expérience coloniale l'a profondément marquée. À son retour à Paris, plusieurs milliers de personnes l'attendent, enthousiastes, à la gare Saint-Lazare. Parmi elles Clemenceau, Louis Blanc ou Henri Rochefort. Loin de faiblir, son activité prend une nouvelle dimension. Très vite, Louise Michel proclame son anarchisme : « J'arborerai le drapeau noir, portant le deuil de nos morts et de nos illusions. » Elle dénonce avec plus de virulence encore les inégalités du temps comme les oppresseurs, en particulier l'État et le système capitaliste. « Il faut que la vérité monte des bouges, puisque d'en haut ne viennent que des mensonges, écrit-elle dans *Prise de possession* (1890). Il faut bien que les déshérités, les hors-la-loi de la force cherchent le droit. [...] Le capital est une fiction, puisque sans le travail il n'existe pas. » Elle fait alors des centaines de conférences dans toute la France, participe aux congrès internationaux qui se mettent en place, anarchistes (en 1881) ou socialistes (1896). Elle prend surtout part aux révoltes et mouvements sociaux des débuts de la IIIe République. En 1883, Louise Michel participe avec l'anarchiste Émile Pouget à une manifestation de 15 000 personnes aux Invalides, qui débouche sur le pillage de trois boulangeries. Recherchée, elle se livre à la police. Elle est condamnée à six ans de prison pour « excitation au pillage » et « complot contre la sûreté de l'État ». Restée une figure vivante de la Commune, sa légende se forge alors au gré de ses engagements, de ses actes de courage et des anecdotes parfois étonnantes qui les accompagnent. La presse, aux tirages inédits, assurée de sa liberté d'expression et soucieuse de spectaculaire, y contribue. Elle couvre par exemple la visite de Louise Michel à sa mère mourante en décembre 1884, en compagnie de Clemenceau, alors qu'elle est encore emprisonnée. Elle n'assistera pas à son enterrement. Sortie en 1886 à la suite d'une grâce présidentielle, elle prend aussitôt la défense des mineurs de Decazeville avec d'autres socialistes et anarchistes. Le tribunal la condamne à nouveau, à quatre mois de prison. On l'entend dénoncer la peine de mort en 1887 alors que son ami Duval est condamné. En 1888, elle est victime d'un attentat lors d'un meeting au Havre – elle reçoit deux coups de pistolet. Là encore, elle refuse de porter plainte contre son agresseur et fait même en sorte qu'il soit reconnu irresponsable pénalement. Deux ans plus tard, « la furie révolutionnaire » prononce à Saint-Étienne un vibrant discours appelant à la grève générale dans le cadre de la préparation du 1er mai. Nouvelle condamnation. Elle refuse sa mise en liberté provisoire, rejetant tout traitement de faveur par solidarité envers les autres détenus.

Ces prises de position ne vont pas toujours de soi dans le bouillonnement des débuts de la IIIe République. Ainsi hésite-t-elle au moment de l'affaire Dreyfus, par amitié pour Henri Rochefort, antidreyfusard et antisémite, avant de s'associer à la cause des dreyfusards. Même hésitation semble-t-il pour les attentats anarchistes des années 1893-1895, avant de les soutenir. Mais la construction d'une figure médiatique et politique ne s'embarrasse pas de tels cheminements. Louise Michel incarne la figure révolutionnaire par excellence. Elle est l'une des rares à susciter l'unanimité parmi les mouvements d'extrême gauche et l'admiration de nombreuses personnalités de la gauche républicaine ou radicale. À l'inverse, elle est objet d'une haine féroce de tous ceux qui détestent le socialisme, le communisme ou le féminisme. De violents portraits à charge, dans la presse modérée ou dans les feuilles nationalistes et xénophobes, lui sont consacrés : « On était las de ses parades de virginité et de ses étalages d'attendrissements poissards », s'agace *Le National*, commentant son procès de 1883. Son personnage public est avant tout clivant et l'attention se porte sur ses combats comme sur sa personne : les uns soulignent son amour des chats ou sa constante générosité, les autres fustigent sa laideur, sa naïveté et dissertent sur sa sexualité.

Une telle figure ne peut rester uniquement française dans le cadre du double processus de nationalisation et d'internationalisation qui caractérise la fin du XIXe siècle, et compte tenu de la dimension transnationale, souvent contrainte, des mouvements anarchistes.

En 1890, accusée de folie (elle a saccagé sa cellule en apprenant qu'elle bénéficiait d'un non-lieu alors que ses compagnons restaient en prison), Louise Michel part pour Londres. Elle y rencontre d'autres anarchistes en exil tels l'Italien Enrico Malatesta ou le Russe Pierre Kropotkine. Une fois de plus, elle fonde à Fitzroy Square une école libertaire pour enfants influencée par les principes éducatifs de Paul Robin. Ses écrits sont traduits en espagnol et, grâce à la poétesse anarchiste Louisa Sarah Bevington, en anglais. Elle reprend ses conférences, en Grande-Bretagne, aux Pays-Bas ou en Belgique dont elle est expulsée.

Les faits et gestes de la « Vierge rouge » demeurent ainsi abondamment suivis. Une part importante de son activité échappe pourtant à l'attention, alors qu'elle appartient pleinement à ses combats : la littérature. Louise Michel ne cesse d'écrire, des articles, des Mémoires – qui cherchent à maintenir vivant le souvenir des luttes passées. Mais elle écrit aussi des romans comme *Les Microbes humains* (1886), *Le*

Claque-dents (1888) ou *Le Monde nouveau* (1888). Or ceux-ci provoquent les moqueries des avant-gardes littéraires, parfois empreintes d'antiféminisme lorsqu'elles fustigent son « blas-bleusisme ». Évoquant *Le Claque-dents*, le *Journal des débats* estime, lui, ne pas devoir s'attarder sur une œuvre « où la bizarrerie de l'invention ne supplée guère à l'insuffisance de la forme[2] ». Il est vrai que ces romans présentent une étrange incorrection verbale, parfois à la limite du lisible, ainsi lorsqu'elle intègre l'oralité de ses personnages : « Je ne peux vous *donné* présente*man* des nouvelles *surent* de l'objet que vous zavez perdu ou plutôt que vous *cherché*, je *m'ainforme* comme je peux sans *pairdre* courage », écrit-elle par exemple dans *Les Microbes humains*. Les historiens de la littérature commencent à déceler dans cette langue, également chargée d'ironie, la poursuite de son combat révolutionnaire : non seulement ces textes entendent se défaire des abus de langage qui fondent le pouvoir répressif, mais plus encore tentent-ils de miner les normes académiques et les codes narratifs traditionnels. Ces romans révolutionnaires, au sens fort, produiraient ainsi une langue en constant mouvement, une langue qui à la fois pointe l'incapacité de fixer une forme de représentation et s'attache à rendre possible un langage nouveau. Louise Michel renouerait ici avec son rêve jamais abandonné du langage universel.

Cette voix-là, elle, devient inaudible. Au fil des années, la santé de cette combattante aguerrie se

2. *Journal des débats politiques et littéraires*, 20 septembre 1886.

détériore peu à peu. En 1902, à 72 ans, elle subit une première attaque de pneumonie. Elle continue ses conférences, entre la France et la Grande-Bretagne. En 1904, elle part même pour l'Algérie avec l'anarchiste Ernest Girault, ancien typographe devenu ingénieur agronome. Ils y tiennent une série de conférences dénonçant les religions, le militarisme ou l'exploitation coloniale, devant des publics composés de fonctionnaires, d'étudiants, de jeunes communistes et anarchistes, d'ouvriers, qu'ils soient colons ou indigènes. Louise Michel tombe à nouveau malade. Ramenée à Marseille, elle y meurt en janvier 1905. Son décès revêt une audience nationale : lors de ses obsèques, sa dépouille est suivie dans Paris par une foule de plus de 100 000 personnes. Elle est enterrée au cimetière de Levallois.

La consécration de la postérité

Les grandes figures ont souvent une vie posthume. Celle de Louise Michel n'y échappe pas. Pendant une quinzaine d'années, sa mémoire reste discrète, en dépit de rituels commémoratifs dont le déroulement est souvent gêné par le conseil municipal parisien. Il faut attendre la fondation du parti communiste, et sa réappropriation de l'héritage de la Commune de Paris, pour voir la « bonne Louise » devenir une figure centrale de la gauche communiste, et avec elle anarchiste, socialiste et révolutionnaire. « Vive Louise ! Vive la Commune ! Vive Moscou ! » rapporte le journal *L'Humanité* lors de la commémoration de sa mort en 1926. La « sainte » prend ainsi place dans la martyrologie révolutionnaire, parée de multiples vertus morales (sa bonté et son dévouement) et politiques (un combat révolutionnaire sans relâche). Sa mémoire s'insère dans le cadre de pensées communistes : « Qu'importe, dit toujours *L'Humanité* en 1924, évoquant ses possibles lieux de naissance, elle n'appartient pas plus à un village qu'à un château. Elle appartient au prolétariat. »

Sa figure demeure toutefois constamment offerte à une pluralité d'usages, se modifiant qui plus est selon les contextes. Après la Seconde Guerre mondiale s'ajoute par exemple l'image de la résistante. Mais la postérité de Louise Michel connaît une inflexion significative dans les années 1970-1980. Ce changement correspond à la relative pacification de l'histoire de la Commune et à son insertion dans le récit national républicain. Elle s'inscrit aussi dans l'affirmation du féminisme d'État lors de l'accession de la gauche au pouvoir en 1981. Yvette Roudy, ministre du Droit des femmes, en fait une figure emblématique. « Elle a incarné très rapidement la volonté des femmes de prendre les armes, se rappelle-t-elle en 2016. Ce qui a été l'objet d'un refus catégorique de la part des hommes de la révolution, ce qui a été refusé à Olympe de Gouges qui l'a payé de sa vie. » Louise Michel intègre alors plus franchement les manuels scolaires des années 2000. Elle y illustre l'action historique des femmes ou le rêve républicain communard. Certes, bien des intellectuels et des hommes politiques de ce qu'on appelle la « gauche de la gauche » pointent le décalage entre cette réappropriation institutionnelle et les combats d'une révolutionnaire anarchiste qui n'a cessé de lutter contre l'institué, que ce soit l'appareil d'État, les dominations financières ou les tentatives de refroidissement du passé. Louise Michel n'en devient pas moins incontestablement une figure consensuelle de l'histoire républicaine. Elle incarne désormais les capacités d'action des femmes dans l'histoire ou l'éternelle révolte contre toutes les formes d'injustice. Ainsi s'explique la démultiplication de son nom sur les frontons des écoles ou les plaques des noms de rue. On comprend aussi pourquoi elle a pu devenir, en 2013, une candidate sérieuse à la panthéonisation, sous l'impulsion du « collectif pour l'entrée des femmes au Panthéon ». Sur les différents noms proposés à la consultation publique par Internet, celui de Louise Michel arrive en 3e position. La suite est connue : en février 2014, le président de la République François Hollande annonçait la panthéonisation de Germaine Tillion et Geneviève de Gaulle-Anthonioz. Peut-être encore trop sulfureuse, Louise Michel devra attendre. Faut-il se réjouir ou regretter une telle trajectoire qui voit entrer en collision passé et présent ? Au lecteur de choisir. On peut en tout cas laisser à celle qui n'a jamais cessé d'exhorter à aller « en avant » ce qu'on ne saurait appeler le « fin mot de l'histoire » : « Rudes sont les étapes, elles ne seront point éternelles ; ce qui est éternel, c'est le progrès, mettant sur l'horizon un idéal nouveau, quand a été atteint celui qui, la veille, semblait utopie. »

Bibliographie sélective

Louise Michel, *Mémoires*, La Découverte, 2002.
Louise Michel, *La Commune* (éd. C. Rétat), La Découverte, 2015.

Xavière Gauthier, *La Vierge rouge. Biographie de Louise Michel*, Éditions de Paris, 1999.
Sidonie Verhaeghe, *De la Commune de Paris au Panthéon. Célébrité, postérités et mémoires de Louise Michel*, thèse de science politique, Lille II, 2016.
Stéphane Zékian, « Roman, oralité, incorrection. Louise Michel et l'écriture de l'insurrection », *in* Q. Deluermoz, A. Glinoer (dir.), *L'Insurrection entre histoire et littérature*, Publications de la Sorbonne, 2015, p. 107-125.

14

Gambetta ou la gauche opportuniste

par Jean Garrigues

Lorsque Léon Gambetta fut renversé fin janvier 1882 par la coalition parlementaire des droites et de l'extrême gauche, la presse radicale et socialiste se déchaîna contre celui qu'elle considérait comme un apprenti dictateur. On distribua dans les rues du Paris populaire Le Chant du départ de Gambetta, *qui se terminait ainsi : « Aujourd'hui : La morale de l'aventure, / Qui dans les pleurs nous plonge tous […] C'est que jamais la dictature / Ne pourra s'implanter chez nous. » Et* La Marseillaise, *quotidien de l'opposition radicale, estima dans son édition du 12 avril 1882 qu'« entre le césarisme et le gambettisme, il n'y a que la différence du nom. […] Même favoritisme, même esprit d'aventure, mêmes tripotages financiers, mêmes essais de corruption ». Pour une partie de l'opinion, notamment parisienne, le patriote de 1870 était alors bien loin d'incarner la gauche. Ses adversaires, à commencer par Clemenceau, le traitaient d'opportuniste, dénonçant ses compromissions avec les conservateurs. Et pourtant, un siècle et demi plus tard, il mérite d'occuper une place majeure dans le panthéon des grandes figures de la gauche française.*

L'opposant au Second Empire

La gauche de Gambetta est d'abord celle qui a combattu sans relâche le Second Empire, qui l'a ébranlé à la fin des années 1860, et qui a proclamé la république le 4 septembre 1870 alors même que l'avenir de la France vaincue et occupée était lourd de toutes les incertitudes. C'est la gauche des « couches sociales nouvelles », issues d'une petite bourgeoisie composite faite de patrons, de producteurs, d'artisans, d'employés ou de fonctionnaires, et dont il souligne l'avènement politique dans son célèbre discours de Grenoble du 26 septembre 1872. Lui-même en est l'archétype, né le 2 avril 1838 dans une famille de riches commerçants d'origine italienne installés à Cahors. Son grand-père Michel, originaire de Ligurie, y avait créé une épicerie, le « Bazar génois », qui a ensuite été développée par son fils Jean-Baptiste, devenu ensuite Joseph, marié à une fille de pharmacien, Marie-Magdelaine Massabie. Après de bonnes mais turbulentes études au séminaire de Montfaucon puis au lycée de Cahors, il a suivi le parcours type de l'ascension sociale d'un petit-bourgeois, s'inscrivant en 1857 après son baccalauréat ès lettres à la faculté de droit de Paris, où il a obtenu sa licence en droit avant de devenir avocat. C'est à cette époque que ses opinions républicaines se dessinent dans les arrière-salles des cafés du Quartier latin, tandis qu'il est naturalisé français en 1859. Orateur déjà talentueux, il est accepté à la conférence Molé-Tocqueville, l'antichambre des carrières politiques dans le camp républicain. Il devient alors le collaborateur d'Adolphe Crémieux, grande figure de l'opposition depuis la monarchie de Juillet, ancien ministre de la IIe République et avocat de Victor Hugo. Il se lie notamment d'amitié avec Jules Ferry, son aîné de six ans, lui aussi inscrit au barreau et militant convaincu, ainsi qu'avec d'autres ténors de l'opposition, comme Clément Laurier. Avec eux il participe à la campagne électorale de 1863, qui voit une poussée de l'opposition à Napoléon III dans les grandes villes. Devenu un familier du salon de Juliette Adam, initié à la franc-maçonnerie dans la loge La Réforme, il appartient à la tendance la plus radicale du camp républicain. C'est à ce titre qu'il se fait connaître du grand public par sa plaidoirie du 13 novembre 1868 en faveur du journaliste Charles Delescluze, se livrant à une critique en règle du Second Empire. Puis il se présente aux élections législatives de 1869, à la fois à Marseille et dans la 1re circonscription de la Seine, au cœur du quartier populaire de Belleville. Le programme électoral rédigé par son comité électoral, connu sous le nom de « Programme de Belleville », représente l'archétype des revendications radicales, incluant notamment la séparation des Églises et de l'État, l'élection aux fonctions publiques, la suppression des armées permanentes ou l'impôt sur le revenu. Bien que largement élu à Paris dès le premier tour face au républicain modéré Hippolyte Carnot, il choisit de représenter Marseille, où il n'est pourtant élu qu'au second tour face au vieux bonapartiste Ferdinand de Lesseps, et ce, grâce au désistement du libéral Adolphe Thiers.

Le premier des patriotes

Son discours au Corps législatif le 5 avril 1870, pour s'opposer au plébiscite réclamé par Napoléon III, le fait entrer dans la légende parlementaire. Il y affirme que « dans toute monarchie parlementaire, même celles qui font semblant d'accepter le suffrage universel [c'est-à-dire le Second Empire], on ruse avec le suffrage universel, qu'on ne peut pas vivre directement avec lui, qu'on est obligé de l'enlacer, de l'entraver, de le diriger, de le corrompre, de l'exploiter, et que c'est là le moyen à l'aide duquel on vit ; mais il ne s'agit point des conditions de vie pour un gouvernement, il s'agit de souveraineté et de liberté pour les peuples ». Lors de la journée décisive du 4 septembre 1870, son éloquence l'impose à nouveau comme le chef des députés républicains et c'est lui qui proclame la déchéance de l'Empire et la naissance de la IIIe République au balcon de l'hôtel de ville de Paris. Nommé ministre de l'Intérieur du gouvernement de la Défense nationale, il prend aussitôt des mesures radicales, remplaçant les préfets de l'Empire par des militants républicains. Puis, le 7 octobre, alors que Paris est assiégé par les Prussiens, il quitte la capitale en ballon afin de rejoindre Tours pour réorganiser la lutte armée contre l'occupant. Au milieu d'une foule enthousiaste, en présence de célébrités comme Victor Hugo et Alphonse Daudet, ce départ spectaculaire depuis Montmartre, immortalisé par son ami le photographe Nadar, est le moment fondateur du mythe Gambetta, héros de la résistance patriotique, et qui rendra sa popularité exceptionnelle.

S'étant approprié la fonction de ministre de la Défense, il ne tarde pas à imposer son autorité aux membres de la Délégation de Tours et s'entoure d'hommes de confiance comme Laurier, Spuller et surtout Charles de Freycinet, le véritable coordinateur des armées. Partisan de la « guerre à outrance », Gambetta joue surtout un rôle de stimulateur des énergies patriotiques. Mais après la perte d'Orléans, il doit se replier à Bordeaux, constatant que les armées du Nord et de l'Est ne parviennent pas à rompre le blocus de la capitale. Paris étant à court de vivres et bombardé à partir du 5 janvier 1871, il est désavoué par ses collègues du gouvernement provisoire, au nom desquels le ministre des Affaires étrangères Jules Favre signe l'armistice avec Otto von Bismarck, le 29 janvier 1871. En tant que ministre de l'Intérieur, il lui revient néanmoins de fixer la date des élections générales réclamées par le chancelier prussien. Mais ayant posé comme préalable l'inéligibilité des personnels du Second Empire, il est relevé de ses fonctions à l'Intérieur, remplacé le 1er février par Jules Simon et il finit par démissionner du ministère de la Guerre le 6 février suivant.

Son jusqu'au-boutisme patriotique lui vaut alors bien des critiques, notamment celles de son ami Jules Ferry et d'Adolphe Thiers. Ce dernier, nommé chef de l'exécutif par l'Assemblée nationale élue le 8 février 1871, reproche à Gambetta d'avoir mené une « politique de fous furieux qui mettaient la France dans le plus grand péril ». Le 13 juin 1871, la Chambre en majorité monarchiste ordonne une enquête parlementaire sur les actes du gouvernement de la Défense nationale, tandis que les pamphlets conservateurs n'ont pas de mots assez durs contre ce qu'ils appellent « la dictature de Gambetta ». Mais l'extrême gauche n'est pas plus tendre, lui reprochant de ne pas avoir défendu les Parisiens lors de la Commune. C'est très injuste pour Gambetta, qui était parti se reposer en Espagne avant que n'éclate l'insurrection communarde. Lors des élections du 8 février 1871, il a néanmoins été élu dans neuf départements, dont quatre du Nord-Est menacés par les projets d'annexion de Bismarck, et dans la Seine, preuve que les Parisiens lui étaient reconnaissants d'avoir mené en leur nom la résistance patriotique. Après avoir participé à la rédaction de la protestation contre l'annexion de l'Alsace-Lorraine, déposée le 16 février, il démissionne de son siège du Bas-Rhin avant de partir à l'étranger, épuisé et déçu.

Le commis voyageur de la démocratie

Il repart néanmoins en campagne dès le mois de juin 1871 pour une sorte de tournée électorale quasi permanente, qui ne s'achève véritablement qu'après la victoire définitive des républicains en octobre 1877. Il y gagne le surnom de « commis voyageur de la démocratie », justifié par ses pérégrinations infatigables aux quatre coins de France afin de promouvoir le nouveau régime. « Je n'en rougis pas ; je suis en effet un voyageur et un commis de la démocratie. C'est ma commission, je la tiens du peuple », confie-t-il à la presse en février 1872. Son obsession désormais n'est plus tant de protester mais de rassembler au nom du prestige que lui confère son image de grand patriote. « C'est sur toi que retombe la lourde mission de réunir les forces éparses du parti républicain aujourd'hui », lui écrit Eugène Spuller le 5 juin 1871. Thiers s'étant discrédité par la féroce répression menée contre les communards, il appartient en effet à Gambetta de fédérer l'ensemble des gauches traumatisées par ce carnage, depuis les républicains modérés jusqu'aux plus radicaux. Après avoir été réélu lors des élections complémentaires du 2 juillet 1871 dans le Var, les Bouches-du-Rhône et la Seine, il entreprend donc de convaincre l'opinion, encore hésitante face au régime, en créant son propre quotidien, *La République française*, le 7 novembre 1871, et en sillonnant encore et toujours le pays. Neuf jours après avoir lancé son journal, il prononce à Saint-Quentin son premier grand discours, appelant à « l'établissement définitif de la République » et à « la plus urgente de toutes les réformes », l'instruction obligatoire, gratuite et « absolument laïque ». En avril 1872 à Angers et au Havre, le 24 juin à Versailles, le 14 juillet à Bordeaux, « il est allé dans tous les départements porter sa parole éloquente », « il a semé partout la lumière et la vérité, aux acclamations enthousiastes de ses innombrables auditeurs », résume une brochure de l'époque.

Son ami Camille Pelletan décrit les discours de Gambetta comme une bataille, « calme d'abord, s'animant par degrés, jusqu'à ce que la lutte s'irrite, jusqu'à ce qu'enfin, le combat définitivement engagé, il se jette avec toute sa passion oratoire dans la mêlée, secouant sa tête au-dessus de la foule soulevée ».

Malade, il sort de la tribune épuisé, exsangue, voire crachant le sang. La plupart de ses discours, repris en sténographie par son ami Paul Detot, sont ensuite publiés dans les journaux républicains, et les plus importants diffusés en brochures dans tout le pays. Selon le clérical Louis Veuillot, orfèvre en la matière, *La République Française* n'est qu'un « encensoir perpétuel, créé par M. Gambetta lui-même pour être balancé devant lui-même ». Il n'empêche, Raymond Poincaré s'en souviendra un demi-siècle plus tard : « Nous autres, adolescents, qui voyions en Gambetta la personnification de la République, nous nous répétions les passages les plus ardents des discours d'Amiens, de Belleville, du Château d'Eau. » Quant à Georges Clemenceau, il saluera sa « puissance irrésistible d'attraction, de concentration, d'impulsion », le charisme tribunicien de celui qui « se donnait pour prendre, c'est-à-dire pour que l'auditoire se donnât à son tour ».

Après Saint-Étienne, Lyon, Chambéry, où il a bravé l'interdiction promulguée par le préfet de Savoie, Thonon-les-Bains, puis Annecy, c'est à Grenoble qu'il prononce son fameux discours sur les couches nouvelles, le 26 septembre 1872, annonçant à plus de « six mille partisans enthousiastes » la victoire d'un « nouveau personnel politique électoral » appelé à prendre la place des anciens partis. Puis le deuxième moment fort de ses tournées est la campagne menée pour les élections législatives de mars 1876, où il se présente personnellement à Lille, Avignon, Bordeaux et Marseille. Son discours prône « une république sortie du consentement de la nation, respectueuse des droits de tous, fermement résolue à se défendre, mais écartant toute occasion de troubles et de conflits ». La presse souligne à chaque fois l'engouement populaire suscité par ses talents de tribun. À Bordeaux, le 12 février 1876, une réunion doit même être annulée au Cirque Lamartinie, car le public est trois fois plus nombreux que prévu. À Marseille, le 16 février, la foule s'assemble devant le Grand Théâtre lyrique où il assiste à la représentation du *Moïse* de Rossini. Lorsque Pharaon s'exclame « Voilà le soleil, il paraît et tout s'incline dans la nature », les spectateurs se lèvent, les acteurs s'arrêtent et tout le monde crie : « Vive Gambetta ! Vive la République ! »

Face à l'ordre moral

Aux yeux de l'opinion, il fait figure de chef des républicains. En revanche, à Paris, dans les couloirs de l'Assemblée ou dans les salles de réunion, son leadership est plus contesté. La jalousie qu'il suscite, sur fond de divisions croissantes, l'explique. Il échoue à former « le grand parti républicain national » qu'il appelait de ses vœux dans son discours de Saint-Quentin. Son groupe de l'Union républicaine ne parvient pas à réunir les modérés de la Gauche républicaine, rassemblés derrière Jules Ferry, et les radicaux du groupe de l'extrême gauche dont Georges Clemenceau est la figure de proue. Néanmoins, Gambetta et les radicaux s'unissent provisoirement en avril 1873 pour soutenir la candidature du radical Barodet qui a remporté l'élection partielle de la Seine en battant Charles de Rémusat, le candidat d'Adolphe Thiers, provoquant par ricochet la démission de ce dernier, le 24 mai 1873. Lors des discussions sur le vote de la loi constitutionnelle instituant le Sénat, en février 1875, il joue un rôle décisif pour convaincre une partie des députés radicaux d'accepter cette chambre des notables que lui-même jugeait contraire à l'héritage républicain. Il s'en explique longuement lors d'une réunion avec ses électeurs de Belleville, le 23 avril 1875, se disant convaincu que le Sénat pourrait représenter « les entrailles mêmes de la démocratie : l'esprit communal, c'est-à-dire les 36 000 communes de France », formant un « Grand Conseil des communes de France ». Comme l'écrira son biographe Paul Deschanel, futur président de la République : « Gambetta fit sortir la République d'une Assemblée monarchiste et un Sénat d'un parti républicain qui n'en voulait pas. »

L'extrême gauche de Clemenceau lui reproche néanmoins son « opportunisme », c'est-à-dire les concessions accordées aux conservateurs ou au centre gauche de Paul Bethmont, son allié dans la campagne électorale de 1876. Relevant ce mot, Gambetta répondra aux intransigeants, le 12 août 1881, que l'opportunisme est un pragmatisme, « la politique de la raison et [...] du succès ». Il le prouve en conduisant à nouveau les républicains à la victoire à la suite de la crise du 16 Mai, qui a vu le chef de l'État, le maréchal de Mac-Mahon, congédier le président du Conseil républicain Jules Simon puis dissoudre la Chambre des députés élue en mars 1876. Président de la puissante commission du budget depuis cette date, Gambetta avait fait monter la pression sur celui-ci, qu'il trouvait trop modéré face à l'opposition conservatrice. Le 4 mai, à la tribune de la Chambre, il avait prononcé un discours très offensif fustigeant l'influence néfaste des comités catholiques liés à la droite sénatoriale, concluant sur cette formule devenue fameuse, citant son ami Alphonse Peyrat : « Le cléricalisme ? Voilà l'ennemi. » C'est une déclaration de guerre au président de la République, qui réplique en congédiant Jules Simon le 16 mai 1877, puis en dissolvant la Chambre des députés le 20 juin. Commence alors un bras de fer entre les gauches et le nouveau gouvernement d'ordre moral dirigé par le duc de Broglie, qui prépare la campagne électorale en révoquant des milliers de maires et de fonctionnaires républicains.

Gambetta, qui a voulu cet affrontement décisif, a demandé le 18 mai à son ami Spuller de rédiger un manifeste signé par l'ensemble des 363 députés de la majorité parlementaire. C'est lui qui organise une nouvelle fois la campagne républicaine, aux côtés de son ancien adversaire Adolphe Thiers, devenu son principal allié. Mais ce dernier étant décédé le 3 septembre, il revient à Gambetta de mener seul les gauches au combat. Dans son discours de Lille, le 15 août, il emploie une nouvelle formule qui aussitôt fait mouche, appelant Mac-Mahon « à se soumettre ou à se démettre » après les élections. Les républicains ayant remporté le scrutin d'octobre 1877 avec 325 sièges contre 208 aux conservateurs, il apparaît plus que jamais comme le leader politique et moral de la majorité. Réélu à Belleville dès le premier tour le 14 octobre, il est acclamé un mois plus tard à la sortie d'une représentation d'*Hernani* à laquelle il vient d'assister en compagnie de l'auteur, Victor Hugo.

Le chef des républicains

Sa tournée marathon dans le Rhône, pendant les vacances parlementaires de l'été 1878, ressemble à un sacre républicain, alors même qu'il n'occupe encore aucune fonction majeure dans la IIIe République. C'est ainsi qu'à Andacette, des arcs de triomphe sont dressés avec les inscriptions « Vive Gambetta ! Vive la République ! ». À Grenoble, le 9 octobre, lors du banquet auquel assiste son père, un toast est porté à « l'illustre défenseur » de la république, qui reçoit des bouquets de fleurs tricolores. Le 12 octobre, lors de son départ, une foule « énorme » l'escorte vers la gare, où il doit prendre le train le ramenant vers Paris. À La Tour-du-Pin, où il fait halte, plus de 3 000 personnes « ont envahi les quais de la gare et tous les alentours », ainsi qu'à Bourgoin où, malgré la nuit, la foule se masse autour du train et ne cesse de l'acclamer jusqu'à son départ. Et lorsque Mac-Mahon démissionne en janvier 1879, beaucoup s'étonnent que Gambetta laisse Jules Grévy accéder à sa place à l'Élysée. Son amie Juliette Adam lui en fait ouvertement grief : « Ce n'est pas pour vous voir président à sonnette que nous avons tant lutté, tant combattu », lui écrit-elle au soir du 30 janvier 1879. Ils observent que Gambetta, qui remplace alors Grévy au perchoir de la Chambre des députés, est beaucoup plus populaire que le nouveau chef de l'État. Lors d'une visite à Cherbourg, le 8 août 1880, toute la presse note que le président de la Chambre est beaucoup plus acclamé que le président de la République. Une foule immense, plus de 50 000 personnes selon la presse, crie son nom à l'entrée du café du Grand Balcon, où il prend la parole. Dans *Le Figaro* du 13 décembre 1880, Émile Zola le décrit comme celui qui « emplit la France, emplit le monde de sa personne, beaucoup plus que Voltaire », et le compare même à un « Dieu » qui « semble devoir disposer à jamais de nos destinées ». En juin 1881, son voyage sur sa terre natale de Cahors constitue un véritable triomphe, qui d'ailleurs aurait beaucoup irrité son rival Jules Ferry, alors chef du gouvernement. À droite, la *Gazette de France* exhorte les Français à barrer la route à la « dictature » de ce « César grossier et repu », au « train de vie princier » et à la « fortune colossale ». La campagne pour les élections législatives d'août-septembre 1881 oppose essentiellement les radicaux aux républicains modérés. Mais à l'extrême gauche aussi, l'ancien communard Henri Rochefort le traite de « César génois » dans son journal *L'Intransigeant*. Et les radicaux le combattent dans la campagne pour les élections d'août-septembre 1881. C'est néanmoins son groupe, l'Union républicaine, qui l'emporte devant la Gauche républicaine de Jules Ferry et l'extrême gauche radicale de Clemenceau. Jules Grévy, qui le déteste parce qu'il le juge emporté et trop autoritaire, fait tout pour éviter de l'appeler au pouvoir, mais il y est finalement conduit après la chute du gouvernement de Jules Ferry sur le traité du Bardo. Lorsque Gambetta devient président du Conseil, le 14 novembre 1881, c'est donc un héros populaire qui arrive au pouvoir. Une large majorité espère en lui pour corriger l'instabilité inhérente au régime parlementaire et conduire une grande politique étrangère.

Malheureusement pour lui, ce qui devait être son triomphe se révèle vite un chemin de croix. Lui qui souhaitait réunir toutes les grandes figures républicaines au sein d'un « grand ministère » se heurte aux refus de Jules Ferry, de Charles de Freycinet et du centriste Léon Say, expert des finances. Réduit à composer son cabinet avec les seuls membres de son parti, de jeunes hommes brillants mais peu connus, tels Pierre Waldeck-Rousseau, François Allain-Targé ou Paul Bert, il innove notamment en créant un ministère des Arts et un ministère de l'Agriculture à part entière, ainsi qu'en rattachant les Colonies au Commerce et non plus à la Marine comme traditionnellement. Son programme très ambitieux prévoit notamment la réduction de la conscription, une loi sur les associations, la création d'institutions de prévoyance et d'assistance, la réforme des sociétés financières ou encore la séparation annoncée des Églises et de l'État. Mais son autoritarisme irrite la Chambre, notamment les circulaires de Waldeck-Rousseau, ministre de l'Intérieur, visant à affranchir l'administration de la pression des députés. Son grand projet de révision de la Constitution proposant d'y inscrire le scrutin proportionnel et d'élargir la base électorale du Sénat suscite l'opposition de tous ses adversaires. Le 26 janvier 1882, par 268 voix contre 218, la Chambre adopte le projet de la commission spéciale qui va à l'encontre du projet de Gambetta. Ce désaveu entraîne logiquement sa démission quatre jours plus tard. Ce vote marque la défiance du système parlementaire envers le pouvoir fort dont il se veut l'incarnation.

Profondément déçu et rongé par l'asthme et le diabète, il se retire alors dans sa maison des Jardies à Sèvres, en compagnie de sa maîtresse Léonie Léon. Mais son immense popularité demeure intacte, comme il ne tarde pas à le vérifier lors de ses sorties publiques. Un rapport de police du 29 août 1882 raconte que le tribun républicain, entré incognito dans la Librairie nouvelle, boulevard des Italiens, vers 9 heures du matin, y a suscité une véritable émeute, qui témoigne de son aura et des espérances messianiques qui l'accompagnent. Il commence d'ailleurs à envisager son retour dans son discours du 10 mai 1882, en présence de Victor Hugo, et où il s'affirme le porte-parole de la « politique qui domine et surpasse toutes les politiques parlementaires, la politique du suffrage universel ». Le 18 juillet 1882, il prononce à la Chambre un grand discours réclamant au nouveau gouvernement Freycinet une plus grande fermeté vis-à-vis de la politique turque, qui menace les intérêts français au Proche-Orient. Une fois de plus, il apparaît comme le plus ardent des patriotes, lui qui vient d'adhérer avec Hugo à la ligue du même nom. Mais ce sera son chant du cygne parlementaire, car il va disparaître prématurément, le 31 décembre 1882, à l'âge de 44 ans, des suites d'une blessure à la main qui a conduit par un cheminement complexe à une péritonite, découlant sans doute d'un cancer de l'intestin.

Le deuil du héros

La détresse absolue des militants républicains à l'annonce de la mort de Gambetta est soulignée par toute la presse. Les rapports de police émanant de la province font état d'une vive émotion, notamment en Alsace-Lorraine, où il est considéré comme un héros, mais aussi par exemple à Calais ou La Rochelle, où l'on signale des drapeaux tricolores aux fenêtres et des chapeaux couverts de crêpe, en signe de deuil personnel. Du 3 janvier au 7 février 1883, *La République française* publie les dépêches reçues de toute la France, émanant des municipalités, des cercles républicains, d'associations diverses, des journaux, des loges maçonniques, des sociétés positivistes. La dépouille de Gambetta ayant été transférée au Palais-Bourbon au soir du 3 janvier 1883, signalée par un immense voile noir de 1 500 m² sur la colonnade, des dizaines de milliers d'admirateurs se pressent à partir du lendemain pour voir le catafalque, décoré par Bonnat, Falguière et Charles Garnier, et installé dans la salle des fêtes du palais. La file s'étend sur plus d'un kilomètre si l'on en croit la presse, tandis qu'ont lieu des veillées funèbres. « Jamais pareil adieu ne fut adressé par une nation à un homme », commente *Le Temps* à propos des funérailles du 6 janvier 1883. Du Palais-Bourbon au Père-Lachaise, c'est la même foule compacte et recueillie, « les toits noirs de monde, des grappes humaines dans les arbres », nous dit encore *Le Temps*, « plus de trois cent mille personnes sur la seule place de la Concorde », « plus de cinq mille couronnes arrivées de toute la France ». Conformément à la volonté du père du défunt, le cercueil est ensuite déposé dans un caveau provisoire de la Ville de Paris, où environ 10 000 Parisiens viennent chaque jour le saluer jusqu'à son départ pour Nice, le 12 janvier. Dans chaque gare où s'arrête le train funéraire, à Lyon, Valence, Avignon, la foule est nombreuse pour l'accueillir, et les funérailles niçoises confirment la résonance nationale du deuil gambettiste.

La dialectique de la gauche au pouvoir

Plus que l'homme de gauche, c'est d'abord le combattant et grand patriote qui a été couronné par la mémoire gambettiste. Sur le monument inauguré à Cahors en 1884, Alexandre Falguière le montre appuyé sur un canon, en pleine déclamation patriotique. Le groupe sculpté par Jean-Paul Aubé dans le jardin des Tuileries le représente en 1888 le doigt pointé vers l'ennemi, entourant de ses bras un soldat blessé. À Bordeaux, sa statue par Jules Dalou, inaugurée en 1905 par le président Loubet, lui donne un air de défi, dans la posture du combattant indomptable. Avant, pendant et après la Première Guerre mondiale, c'est avant tout le patriote de 1870 qui est exalté, par exemple dans la biographie que lui consacre en 1919 le futur président Paul Deschanel. L'apothéose de cette mémoire patriotique est la cérémonie du 11 novembre 1920, qui voit son cœur faire son entrée au Panthéon tandis que le cercueil du soldat inconnu est déposé sous l'Arc de triomphe. Lors du centenaire de sa naissance en avril 1938, le radical Paul Strauss salue en Sorbonne la mémoire du patriote qui doit « inspirer des disciplines nécessaires à l'heure où tant de périls renaissent ».

Mais il appartient aussi, et de manière évidente, à l'histoire de la gauche au XIXe siècle, tant par ses combats menés contre le Second Empire que face à l'ordre moral de Mac-Mahon. D'ailleurs, s'il est une icône républicaine universelle, il demeure aussi une référence de la gauche, à commencer par Jaurès, qui projetait d'écrire sa biographie. Comme Jean-Pierre Chevènement le souligne, il incarne « la dialectique si actuelle pour la gauche entre la nécessité d'exercer le pouvoir [...] et la poursuite de son objectif de transformation économique et sociale ». L'extrême gauche lui reprocha son « opportunisme », c'est-à-dire les concessions accordées aux conservateurs sur la présidence de la République et le Sénat. Relevant ce mot, Gambetta répondit aux intransigeants, le 12 août 1881, que l'opportunisme était un pragmatisme, « la politique de la raison et [...] du succès ». Ce que l'on appela « l'opportunisme » de Gambetta, ne fut-ce pas tout simplement l'invention de la gauche au pouvoir ?

Bibliographie sélective

Pierre Antonmattei, *Gambetta, héraut de la République*, Michalon, 1999.

Pierre Barral, *Léon Gambetta. Tribun et stratège de la République (1838-1882)*, Privat, 2008.

Jacques Chastenet, *Gambetta*, Fayard, 1968.

Daniel Halévy, Émile Pillias, *Lettres de Gambetta 1868-1882*, Grasset, 1938.
Jean-Marie Mayeur, *Léon Gambetta. La Patrie et la République*, Fayard, 2008.
Joseph Reinach, *Discours et plaidoyers politiques de M. Gambetta*, Charpentier, 11 vol., 1881-1885.

15

Jules Ferry, le père de l'école républicaine

par Jean GARRIGUES

Jules Ferry était-il un homme de gauche ? On pourrait en douter à en croire les critiques de la gauche et de l'extrême gauche qui accablèrent de son vivant « Ferry-famine », « Ferry l'affameur » ou « Ferry-Tonkin ». Dans le camp républicain, beaucoup le considéraient comme un bourgeois froid et distant, affairiste et coupé du peuple. Plus récemment, en 2012, l'hommage qui lui a été rendu par François Hollande au début de son quinquennat a donné lieu à de vives polémiques sur sa politique coloniale. Il n'empêche que les combats menés par Jules Ferry sous le Second Empire puis sous la IIIe République méritent largement d'être célébrés, ce qui suppose qu'ils soient traités en tenant compte du contexte de l'époque.

L'opposant au Second Empire

Né en 1832 dans une famille catholique établie à Saint-Dié, dans les Vosges, depuis 1718, Jules Ferry n'était pas forcément prédisposé à devenir l'un des pères fondateurs de la IIIe République. Néanmoins, l'influence de son grand-père, François-Joseph, fabricant de tuiles et maire de la ville sous le Directoire et sous l'Empire, et surtout de son père Charles-Édouard, avocat libre-penseur, l'a orienté vers les idées progressistes et républicaines. Élève sérieux et doué au collège de Saint-Dié puis au lycée impérial de Strasbourg, il suit le cursus classique d'un jeune bourgeois de province, montant à Paris pour y suivre les enseignements de la faculté de droit. Dans ce monde de la jeunesse des écoles, il trouve le terreau favorable à l'expansion de ses jeunes convictions, et noue des liens d'amitié avec d'autres jeunes avocats, tels Charles Floquet, Clément Laurier ou Léon Gambetta, appelés comme lui à devenir des figures de proue de l'opposition à Napoléon III. À l'occasion des élections de 1863, il participe à la rédaction d'un *Manuel électoral* pour les républicains. Après le scrutin, son pamphlet vigoureux, *La Lutte électorale en 1863*, dénonce le système bonapartiste de la candidature officielle. Il fait partie en 1864 des treize républicains condamnés pour avoir organisé un comité électoral non autorisé. Écrivant par ailleurs dans plusieurs journaux d'opposition, dont *La Presse* et *Le Courrier de Paris*, il se fait surtout connaître par sa série d'articles publiés dans *Le Temps* en 1868 sous le titre ironique « Les comptes fantastiques d'Haussmann », et dans lesquels il fustige les malversations et la gestion opaque des grands travaux parisiens par le préfet de la Seine, le baron Haussmann. Cette notoriété nouvelle lui permet d'être élu député républicain de la 6e circonscription de Paris lors des élections générales de mai 1869, où il bat au second tour le conservateur Auguste Cochin. À cette époque, il appartient à la mouvance la plus intransigeante de la famille républicaine aux côtés de Léon Gambetta, dont il est très proche. Ils ont d'ailleurs effectué ensemble un voyage à Istanbul à l'été 1868. Et tandis qu'une « gauche ouverte », rassemblée autour d'Ernest Picard, veut juger le pouvoir aux actes, les « irréconciliables » Ferry et Gambetta prônent une opposition systématique à « l'homme du 2 Décembre ». Leurs professions de foi électorales se ressemblent, réclamant face au « gouvernement personnel » le « gouvernement de la Nation par la Nation » ainsi que « la suppression du budget des Cultes et la Séparation des Églises et de l'État ». Tous deux s'opposent en janvier 1870 au gouvernement formé par Émile Ollivier, rallié à Napoléon III, puis au projet d'une guerre franco-prussienne, mais ils votent par patriotisme les crédits demandés. Le duo joue encore un rôle essentiel lors de la journée du 4 septembre 1870, qui fait suite à la capitulation de l'empereur à Sedan, deux jours plus tôt. Au Corps législatif, envahi par la foule, Jules Ferry annonce, sous la pression des émeutiers, que « Louis-Napoléon Bonaparte et sa dynastie ont à jamais cessé de régner sur la France ». À cette occasion, les Parisiens découvrent un véritable orateur, qui n'a pas le physique et l'énergie de lutteur de son ami Gambetta, mais qui cache sous une apparence de bourgeois voûté et un peu compassé, redingote et favoris à la mode, un fort tempérament de chef politique.

Un père fondateur de la IIIe République

À l'hôtel de ville de Paris, où Gambetta proclame la IIIe République, Ferry participe évidemment aux discussions visant à constituer le gouvernement de la Défense nationale. À sa demande, on écarte les plus révolutionnaires afin de confier les postes de responsabilité aux députés de Paris élus en 1869. Lui-même n'obtient qu'un strapontin, le secrétariat du Conseil des ministres, mais aussi l'administration du département de la Seine, où il succède donc *de facto* au préfet Haussmann qu'il avait tant critiqué. Le 31 octobre, lors de la tentative insurrectionnelle menée par des gardes nationaux d'extrême gauche qui séquestrent les ministres, il s'échappe de l'Hôtel de Ville, rassemble des bataillons plus sûrs et parvient à retourner la situation en persuadant les insurgés de se disperser sans effusion de sang. Impressionnés par son sang-froid, les membres du gouvernement provisoire décident alors de le nommer maire de Paris. À ce titre, il obtient notamment la création d'une commission de l'enseignement composée d'hommes et de femmes et qui présente le projet d'un enseignement obligatoire et gratuit, annonciateur de sa politique future. Mais il assume surtout la charge redoutable de distribuer les subsistances, que les approvisionnements disponibles ne garantissent que pour deux mois. Les restrictions alimentaires qu'il est obligé d'imposer lui valent la haine des Parisiens, qui le surnomment « Ferry-famine » ou « Ferry l'affameur ». Cette rancœur inextinguible de l'extrême gauche parisienne va se nourrir par ailleurs des prises de position exprimées par Ferry au moment de l'armistice conclu le 28 janvier 1871 par le gouvernement provisoire. À la différence des Parisiens, qui souhaitent continuer la lutte à outrance, lui appuie la politique de négociations menée par Adolphe Thiers, ce qui occasionne sa rupture avec Gambetta. Ce dernier ayant démissionné de ses fonctions de ministre, Ferry désapprouve son « cher et toujours amitissimo » dans une lettre du 8 février 1871. Le divorce entre les deux amis est sans appel, Gambetta ayant fait savoir à Ferry qu'il ne lui pardonnerait jamais. Et tandis que le premier est facilement élu dans la Seine lors des élections générales du 8 février 1871, le second préfère se présenter dans les Vosges sur la liste républicaine, qui l'emporte. Maintenu dans ses fonctions de maire de Paris par Thiers, chef de l'exécutif, il est confronté le 18 mars 1871 à l'explosion de la Commune et contraint d'abandonner son poste à l'Hôtel de Ville, « tandis que la foule hideuse me hurlait *la mort* aux oreilles ». Bien qu'horrifié par la répression de la « semaine sanglante », il la justifie au nom de l'ordre, s'inclinant, écrit-il, « comme si j'avais vu l'épée de l'Archange ».

Plutôt que de rejoindre Gambetta au sein du groupe parlementaire de l'Union républicaine, Ferry préfère constituer un groupe plus modéré avec Jules Grévy et Jules Simon sous le nom de Gauche républicaine. Candidat au conseil général des Vosges, il est élu le 8 octobre 1871 face au conservateur Louis Buffet, ancien ministre de Napoléon III, et en devient le vice-président. Adolphe Thiers l'envoie en avril 1872 à Athènes avec rang d'ambassadeur jusqu'en 1873. À son retour en France, il devient l'un des chefs de l'opposition au régime d'ordre moral institué par le maréchal de Mac-Mahon, successeur de Thiers. Il participe activement à la campagne législative de mars 1876 qui voit pour la première fois s'imposer une majorité républicaine, et est facilement réélu dans son fief vosgien. Après la crise du 16 mai 1877 et la dissolution de la Chambre prononcée par Mac-Mahon, il l'emporte une nouvelle fois lors des élections d'octobre suivant. Lorsque Mac-Mahon est remplacé par Jules Grévy à l'Élysée, Jules Ferry obtient tout naturellement un portefeuille ministériel dans le gouvernement formé le 4 février 1879 par William Waddington.

Le père de l'école publique et de la laïcité

Lors de ce premier passage au ministère de l'Instruction publique et des Beaux-Arts, prolongé dans le gouvernement Freycinet constitué le 28 décembre 1879, il attache son nom à plusieurs réformes importantes, dont la création d'une École normale féminine à Sèvres et d'une agrégation féminine le 9 août 1879. C'est aussi l'époque où il entame le combat de sa vie pour la laïcisation de l'enseignement public, fidèle à ses convictions et à ses liens avec la franc-maçonnerie. Il a en effet été reçu en 1875 à la loge de la Clémente amitié, et ce, en présence de Gambetta, lui-même initié depuis 1869. C'est aussi en 1875 qu'il a épousé sur le tard, à 43 ans, une jeune fille protestante de dix-huit ans sa cadette, Camille Risler, fille d'un riche industriel du clan des Kestner, grande famille républicaine et patriote à laquelle Gambetta est lui aussi très lié. Notons que ce riche mariage, Camille étant pourvue d'une dot de 500 000 francs, fait entrer Jules Ferry dans les cercles de la haute bourgeoisie, ce qui lui sera évidemment beaucoup reproché. Sur le terrain politique, il combat les congrégations religieuses à cause de l'article 7 de son projet de loi de réforme de l'enseignement supérieur visant à interdire d'enseignement les membres des congrégations non autorisées. Ferry et ses collaborateurs, malgré leur affirmation sincère de respect des croyances, estiment que l'enseignement de ces congrégations est un facteur d'obscurantisme. Les Jésuites ayant refusé de se plier aux conditions de l'article, ils sont expulsés de France, de même que les autres congrégations non autorisées, telles que les Carmes, les Bénédictins ou les Assomptionnistes, parfois *manu militari*. L'article 7 ayant été repoussé par la majorité conservatrice du Sénat mais imposé par un décret du gouvernement Freycinet en mars 1880, c'est finalement Jules Ferry lui-même qui arrive à la présidence du Conseil le 23 septembre suivant afin de mener à bien son grand projet de réforme scolaire. Conservant l'Instruction publique et les Beaux-Arts, il fait voter la loi du 21 décembre 1880 étendant aux jeunes filles l'enseignement secondaire d'État, ainsi que celle du 16 juin 1881 instaurant la loi qui porte son nom. Par ailleurs, c'est sous ce premier ministère Ferry que sont votées les grandes lois libérales qui feront le socle de la République, notamment la liberté des réunions publiques (30 juin 1881) et la liberté de la presse

(29 juillet 1881). Dans tous ces débats majeurs, il se montre un « debater » de grand talent, dans un style très différent de la faconde méridionale de Gambetta, mais avec des résultats tout aussi probants. C'est d'autant plus méritoire qu'il doit faire face à la guérilla parlementaire menée par la droite conservatrice, mais aussi par quelques turbulents amis de Gambetta, tels Henri Brisson et Charles Floquet. À la demande de Ferry, Gambetta obtient néanmoins que ses fidèles votent le 12 mai 1881 la ratification du traité du Bardo qui établit le protectorat français sur la Tunisie. Mais à cette occasion se dessine une opposition encore plus virulente, celle de l'extrême gauche radicale menée par Georges Clemenceau, et qui dénonce la politique colonialiste prônée par le gouvernement. Comme beaucoup de ses contemporains, notamment Gambetta, Ferry est en effet persuadé que la France a besoin d'une grande politique d'expansion coloniale qui permette de faire rayonner les valeurs républicaines sur tous les continents et de faire concurrence aux autres grandes puissances, notamment l'Angleterre et l'Allemagne, qui se constituent elles aussi des empires coloniaux. C'est à la suite d'un grand débat sur la colonisation tunisienne, marqué par le discours de Clemenceau fustigeant « des hommes, qui sont à Paris, qui veulent faire des affaires et gagner de l'argent en Bourse », que le gouvernement Ferry est renversé le 8 novembre 1881, puis remplacé par « le grand ministère » Gambetta. Mais ce dernier ayant eu une existence éphémère, Ferry revient à l'Instruction publique le 31 janvier 1882 dans le gouvernement dirigé par Charles de Freycinet. Ce retour lui permet de mener à bien son grand projet éducatif en faisant

voter le 28 mars 1882 la loi relative à l'obligation et à la laïcité de l'enseignement, suite logique de la gratuité. Ce vote lui vaut les attaques virulentes de l'opposition conservatrice, notamment au Sénat, ainsi que de la presse catholique, qui le surnomme « Ferry sans Dieu ». Par l'arrêté du 27 juillet 1882, il consacre officiellement à l'école l'enseignement « de la langue française ». S'il doit laisser son portefeuille à l'obscur Duvaux dans le cabinet Duclerc formé le 7 août 1882, il revient à nouveau à la présidence du Conseil le 21 février 1883, et cette fois avec une marge de manœuvre accrue par la disparition tragique de Gambetta quelques semaines plus tôt. Conservant l'Instruction publique et les Beaux-Arts (jusqu'au 20 novembre 1883), il le troque pour celui des Affaires étrangères. Par ailleurs, il fait voter une loi essentielle instaurant l'élection des maires (5 avril 1884) ainsi que celle sur les associations professionnelles, dite loi Waldeck-Rousseau, qui légalise les syndicats (21 mars 1884). Mais la gauche de la gauche lui reproche d'avoir signé des conventions très avantageuses pour les compagnies ferroviaires privées (mai-juillet 1883) et d'avoir accepté une révision constitutionnelle (14 août 1884) *a minima*, se contentant de supprimer les sénateurs inamovibles alors que les radicaux réclamaient la suppression pure et simple de la chambre haute. Par ailleurs, les activités de son frère Charles, homme d'affaires renommé, administrateur de la Banque franco-égyptienne et de la Banque d'Indochine, suscitent les attaques de la presse radicale. D'autant que Jules Ferry, qui s'est par ailleurs fait construire un chalet suisse à Saint-Dié en guise de résidence secondaire, habite malencontreusement à Paris dans l'hôtel particulier de Charles. Plusieurs polémistes font le lien entre l'affairisme colonial de ce dernier et l'engagement colonialiste de Jules. Ces accusations imprègnent la séance parlementaire du 30 mars 1885, qui voit Ferry demander à la Chambre un crédit de 200 millions de francs pour l'expédition militaire au Tonkin, ce qui provoque à la fois l'hostilité des conservateurs et l'indignation de l'extrême gauche. Deux jours plus tôt, les troupes françaises ont en effet abandonné aux Chinois la ville de Lang Son, dans le nord de l'actuel Vietnam, qu'ils avaient péniblement conquise quelques jours plus tôt. Cette retraite inexplicable apparaît à beaucoup comme l'aveu d'une conquête mal préparée et inutile.

Ferry-Tonkin le mal-aimé

La postérité retiendra la formule assassine de Georges Clemenceau : « Oui, tout débat est fini entre nous, nous ne voulons plus vous entendre ; nous ne pouvons plus discuter avec vous des grands intérêts de la patrie. Nous ne vous connaissons plus, nous ne voulons plus vous connaître ! » Le vote qui s'ensuit ne donne que 149 voix à Ferry, alors qu'il lui en fallait 228, du fait de la défection des gambettistes de gauche mais aussi d'une trentaine de députés de son propre groupe. En réalité, il semble que beaucoup l'aient lâché car ils redoutaient qu'il ne soit le principal bénéficiaire du scrutin de liste qui venait d'être voté. Sortant du Palais-Bourbon, qui vient de le répudier, il est entouré par un groupe de manifestants d'extrême gauche, blanquistes et anarchistes, aux cris de « À bas Ferry ! Mort à Ferry ! ». « Ce fut, écrira un journaliste lors de sa disparition, un spectacle inoubliable que celui de cet homme traversant à pied le pont de la Concorde, au milieu des huées de la foule qui proférait des cris de mort, seul, la mine défaite, sentant peser sur son dos, courbé sous le désespoir, la haine de 10 000 hommes. » Le soir même, au théâtre du Château-d'Eau, la pièce intitulée *Les Français et le Tonkin* est ininterrompue à plusieurs reprises par les cris de « À bas Ferry ! Vive la France ! Vive la République ! ».

On n'a pas « mesuré la somme de dégoût dont on m'abreuve, ni la puissance de dédain de toutes choses que ces épreuves ont mise en moi », écrit-il à son frère Charles depuis l'Italie où il est allé se reposer après sa chute. On en a la preuve quelques mois plus tard, le 31 juillet 1885, lors d'un nouveau débat sur la colonisation qui l'oppose encore une fois à Georges Clemenceau, ce dernier estimant qu'un « homme d'État » comme Ferry, qui « ne trouve rien à conseiller à une nation sinon de partir en guerre aux quatre coins du monde », est « peut-être un grand homme dans le sens vulgaire du mot », mais « pas un grand démocrate ». C'est sans doute fort injuste pour Ferry, qui voit notamment dans l'expansionnisme colonial un moyen de diffuser les valeurs démocratiques héritées de la Révolution française et de contrecarrer les ambitions de l'Allemagne de Bismarck, antimodèle de la démocratie. Mais cette image d'affairiste colonial lui colle à la peau aux yeux de la gauche parisienne, comme le prouve la séquence politique mouvementée qui suit l'affaire des décorations, fin novembre 1887.

Alors que la démission du président de la République Jules Grévy apparaît imminente, socialistes et nationalistes se mobilisent pour empêcher Jules Ferry de lui succéder. Des placards révolutionnaires sont affichés par la société « Les Égaux de Montmartre » appelant les républicains à s'unir contre « Ferry-Famine, Ferry-Tonkin, Ferry, le valet de Bismarck ». Dans l'après-midi du 1er décembre 1887, une foule hostile manifeste contre « le Tonkinois » sur la place de la Concorde, haranguée par Louise Michel, « la Vierge rouge » de la Commune, mais aussi par Paul Déroulède, le chef de la Ligue des patriotes. En outre, le conseil municipal de Paris, à majorité radicale, installe « en plein Hôtel de Ville un bureau révolutionnaire décidé à proclamer la Commune si M. Jules Ferry est élu président de la République ». Nettement devancé au premier tour de l'élection présidentielle le 3 décembre 1887 par l'obscur Sadi Carnot, qui réunit 303 voix contre 212 à l'ancien président du Conseil, celui-ci se retire au second tour pour lui laisser la place. Selon l'ancien communard Henri Rochefort dans *L'Intransigeant* du 9 décembre, si Ferry, « cette épave, ce détritus, ce résidu », n'a pas été élu à la présidence, « c'est donc qu'ils ont eu peur des coups de fusil qui allaient partir tout seuls ». Le lendemain de cet article au vitriol, un exalté du nom de Berckheim, *alias* Aubertin, tire trois coups de revolver au Palais-Bourbon sur l'infortuné. À cette occasion, l'opposition entre Paris la rouge et la province modérée se manifeste de manière spectaculaire. Alors que les manifestants de la gauche parisienne le conspuent, Jules Ferry reçoit par dizaines des témoignages de sympathie, publiés dans la presse, émanant des conseils municipaux ou des cercles républicains de province. On évalue à 5 000 le nombre des visiteurs qui viennent déposer leurs cartes à son domicile en deux jours. « Il a fallu cet événement tragique pour que la Chambre tout entière sans distinction de partis rendît justice au brave homme et à l'homme brave dont la personne et la politique ont été tant de fois calomniées et outragées devant elle », commente la presse républicaine modérée, se félicitant de « la réaction d'honnêteté généreuse » qui a suivi cet attentat sans gravité.

Aux yeux des campagnes françaises, Jules Ferry est la figure de proue de ceux qui combattent le général Boulanger, figure montante, identifié par eux comme un grave danger pour la République. Il est à l'initiative du grand congrès républicain antiboulangiste qui rassemble à Paris, rue de Rennes, plus de 600 élus républicains de la Seine le 7 janvier 1889. C'est lui qui mène les républicains à la bataille des élections générales de septembre 1889 face à la coalition dite « révisionniste » des boulangistes et des monarchistes. Il est comme toujours la cible privilégiée de ses adversaires, qui l'attaquent avec une férocité sans égale. À la sortie d'une réunion publique à Saint-Dié, il est même pris à partie par « une foule d'individus armés de pierres et de bâtons », et il lui faudra être escorté par les militants républicains pour échapper à leur vindicte. Battu dès le premier tour par le candidat des droites, l'obscur commandant Picot, qui a bénéficié de la mobilisation de tous les monarchistes, il fait la une du principal journal boulangiste, qui se réjouit de le voir « honteusement chassé de Saint-Dié ». Bien que le scrutin ait été invalidé par le Conseil d'État et qu'il reste président du conseil général des Vosges, il décide de ne pas se représenter, mortifié par cet échec dans son fief électoral.

Un « grand citoyen »

Son élection au Sénat le 4 janvier 1891 apparaît comme une sorte de pis-aller pour ce père fondateur du régime, relégué à la chambre des notables parce que le peuple semble l'avoir oublié. Il faut un déploiement de forces de police considérable, le 21 mars 1891, pour éviter que les manifestants boulangistes ne viennent perturber le banquet de l'Association nationale républicaine qu'il préside dans la salle de l'Élysée-Montmartre. Dans une brochure publiée quelques jours plus tôt, Michel Morphy, fondateur du journal *L'Anti-Ferry*, voit dans ce banquet un « défi à la population parisienne », vingt ans, presque jour pour jour, après la révolution du 18 mars 1871, par « un homme, dont le nom est voué à l'exécration publique ». Et même s'il est élu président de la chambre haute le 24 février 1893, ce qui semble à la mesure de ses ambitions politiques retrouvées, il peut apparaître comme un mal-aimé. Un journal monarchiste se complaît à décrire sa déchéance : « En ce quasi-vieillard, dont le nez charnu défaille sous le front fuyant et que l'on aperçoit aujourd'hui, à l'Opéra ou à la Comédie-Française, affaissé dans l'ombre d'une loge, on ne reconnaît plus l'homme un peu insolent, cambré dans l'orgueil de sa haute taille, fier de ses favoris soignés, qui rejetait si cavalièrement les guides de son cheval quand, dans la cour du ministère des Affaires étrangères, il sautait de son élégant phaéton. »

Nuançons cependant ce déni d'incarnation accolé à Ferry par ses adversaires de tous poils. Relisons par exemple la lettre qu'il écrit le 21 juillet 1888 pour raconter sa réception par les Grenoblois, lors d'une visite présidentielle en Isère : « Les Dauphinois ne crient pas d'habitude, et ressemblent aux Vosgiens, mais ce qui est fort curieux, c'est que les Grenoblois m'ont fait une ovation. Très douce, très cordiale, d'abord au parcours de la ville, de bons saluts amicaux et respectueux, en grand nombre, sur le pas des portes, des terrasses, des cafés, puis, sur la place Grenette [...] une vraie foule de gens de ville et de campagne partant d'un grand cri, cent fois répété, "Vive Ferry !". Et puis tous ces braves gens me suivirent, m'entourèrent, me serrant la main, si nombreux qu'il fallut fermer la porte pour ne pas être envahi. » La surprise de Ferry lui-même est à la mesure du décalage entre ces manifestations spontanées et l'image d'impopularité propagée *ad nauseam* par une grande partie de la presse, y compris dans les journaux modérés. Loin des polémiques parisiennes sur « Ferry-Famine » ou « Ferry-Tonkin », il y a donc dans la France provinciale et rurale une vraie notoriété d'incarnation à son profit.

Ce que confirme une autre lettre à sa femme en août 1889, au lendemain d'un discours en Sorbonne devant 3 000 étudiants de « la jeunesse des Écoles » qui lui ont, écrit-il, « fait une ovation que mes ennemis les plus acharnés ont constatée avec une surprise naïve ». Et Ferry de décrire la scène avec la gourmandise d'un homme affamé de reconnaissance :

« À peine avais-je émergé de la foule en palmes vertes, massée sur les banquettes du deuxième rang, qu'une salve, que je ne compris pas d'abord, partit du fond des étudiants et gagna le corps des hommes en robes, remonta par les tribunes et quatre ou cinq fois de suite roula son tonnerre flatteur. Plus de doute, on criait "Vive Ferry". Je fus fort ému et saluai comme un ténor. Je pensais que si tu avais été présente, tu aurais eu quelque joie à constater que celui que tu aimes n'est point si seul dans le monde. [...] C'était jeune, très chaud et extrêmement réconfortant. »

Sa disparition soudaine, le 17 mars 1893, moins d'un mois après son accession au « plateau » du Sénat, nous donne l'occasion d'interroger l'image contrastée qu'il laisse à la gauche républicaine. Cette image reste très négative aux yeux des Parisiens, comme le souligne Rochefort dans *L'Intransigeant* du 19 mars, au nom du « peuple, qui voit juste », et qui « ne s'est jamais abusé sur Ferry ». Mais *Le Radical*, quotidien qui s'est pourtant toujours opposé au modéré Ferry, reconnaît en lui une grande « figure » de la République, « qu'il a si longtemps, et, il faut le dire, si puissamment incarnée ». *Le Temps*, le grand journal de référence des républicains modérés, exalte à l'unisson le « grand citoyen » qui a offert « à son pays ce qu'il avait de meilleur, son patriotisme élevé, sa conscience profonde et éclairée de la grandeur de la France », « cet esprit de paix et de fraternité si nécessaire à la grandeur française ». Certes, ses funérailles ne sont pas aussi grandioses que celles de Léon Gambetta ou Victor Hugo. D'ailleurs, le choix qui a été fait par la famille Ferry de l'inhumation en province, dans le fief de Saint-Dié, indique leur défiance envers Paris et les Parisiens, qui l'ont toujours rejeté. C'est le choix de la République des paysans, dont il se voulait le porte-parole et se rêvait l'incarnation. Mais on notera cependant que la foule parisienne se presse le 21 mars aux alentours du Palais du Luxembourg où son corps est exposé puis sur le passage du cortège funèbre jusqu'à la gare de l'Est. « Si quelqu'un eût prédit, il y a deux ou trois ans, qu'au lendemain de la disparition de cet homme d'État les choses se passeraient ainsi », s'interroge l'éditorial du *Temps* titré « Impopularité », en rappelant que « la solitude ou les insultes paraissaient promises à ses funérailles ». Ferry disparu, sa correspondance fait aussitôt l'objet d'une publication que ses auteurs présentent d'emblée comme une réhabilitation posthume, « le temps ayant commencé son œuvre de justice autour du nom de Jules Ferry », ses amis des « bons et des mauvais jours » désirant « opposer ce pur témoignage aux arrêts presque toujours injustes, toujours hâtifs et fabuleux de la Légende ».

La victoire posthume

L'inauguration de son monument à Saint-Dié, le 26 juillet 1896, est l'occasion d'un vibrant hommage rendu par le président du Conseil Jules Méline, élu des Vosges comme lui et qui fut son ministre de l'Agriculture. Il y est présenté comme la figure de référence du « vieux parti républicain », contesté par « les chefs de l'école radicale et socialiste », et qu'il considérait « comme une grande armée toujours en marche pour la conquête de la liberté et du progrès »,

« une armée dont les rangs devaient aller s'élargissant sans cesse en s'ouvrant à tous les hommes sincères et en se confondant de plus en plus avec la nation elle-même ». À l'insu de l'orateur, cette appropriation très virulente à l'encontre des gauches enferme la mémoire ferryste dans un débat polémique sans fin.

C'est pourquoi la première grande biographie du « héros », publiée en 1903 par Alfred Rambaud, son directeur de cabinet devenu lui-même ministre de l'Instruction publique d'avril 1896 à juin 1898, se recentre sur son œuvre scolaire, le cristal rassembleur de son incarnation. La célébration des vingt-cinq ans des lois scolaires fait d'ailleurs l'objet de grandes cérémonies officielles en 1906. La principale cérémonie d'hommage est celle organisée par la Ligue française de l'enseignement dans le grand amphithéâtre de la Sorbonne, le 20 décembre 1906, sous la haute autorité du président Fallières et en présence du gotha politique républicain. Le président du Conseil Georges Clemenceau, qui fut pourtant le « tombeur » de Ferry en 1885, apporte tout son soutien au projet d'un monument à la gloire du « père de notre enseignement public », rappelant que ce monument de pierre ne sera que le prolongement « des milliers et des milliers de monuments qui perpétuent déjà sa mémoire dans tous les villages de France et d'Algérie ».

Cette célébration nous apparaît comme fondatrice d'une sorte de mythologie ferryste, focalisée sur l'image fraternelle du père de l'école publique. On la retrouve dans l'hymne composé à sa gloire en 1907 par Opitz et Jamet ainsi que dans l'ouvrage que lui consacre en 1907 le journaliste et romancier Paul Brulat dans sa série « Histoire populaire », dont un autre volume est d'ailleurs consacré à Gambetta. On la retrouve encore dans la conférence que Raymond Poincaré, ancien ministre de l'Instruction publique et futur président de la République, lui consacre à la Ligue de l'enseignement, le 29 mars 1911. On la retrouve enfin sur les monuments dédiés à sa gloire, notamment sur celui de Saint-Dié, un écolier et un enfant annamite se faisant face au pied du grand homme, ainsi que sur celui qui est inauguré le 20 novembre 1910 aux Tuileries, représentant Jules Ferry au pupitre, surplombant une maîtresse d'école et son élève. Elle explique pourquoi sa mémoire survivra à la Grande Guerre, renforcée par le sacrifice de son neveu Abel, député et ministre mort sur le front en mission parlementaire. Témoignage de cette postérité, la grande cérémonie organisée le 24 juin 1927 à l'occasion du centenaire de sa naissance. Édouard Herriot, ministre de l'Instruction publique du gouvernement Poincaré, y fait l'éloge de son œuvre scolaire. L'ancien maudit collectionne tout au long du XXe siècle les noms d'écoles (565 en 2004) et de collèges (53 en 2004), fabriquant l'image d'Épinal d'un idéal scolaire et de son icône, incarnation de la « république du mérite » pour Nicolas Sarkozy, le 1er mai 2012, et, couronnement suprême, première figure historique honorée par François Hollande, devant la statue des Tuileries, le jour même de son investiture. Tout en condamnant la « faute morale et politique » de sa « défense de la colonisation », le président socialiste salue « le législateur qui conçut l'école publique, le bâtisseur de cette grande maison commune qu'est l'École de la République ». C'est à juste titre que sa meilleure biographe, Mona Ozouf, observe que celui qui fut « l'homme le plus haï de la vie politique française » a su, au regard de l'histoire, « incarner tout à la fois l'autorité de l'État et l'autonomie de l'individu, l'accomplissement de la promesse républicaine et la critique du maximalisme républicain ».

Est-ce à dire que Jules Ferry mérite sa place parmi les grandes figures de la gauche, lui qui fut si décrié par les gauches de son temps ? Il serait facile de trancher le débat en affirmant que jusqu'à la fin du XIXe siècle, l'identité de la gauche se définissait par l'attachement au régime républicain et à ses valeurs. En tant que père fondateur de la IIIe République, il est donc par définition une grande figure de l'histoire de la gauche. Mais il est évident que ses idées et son action politiques le cantonnent à une certaine conception de la gauche républicaine, modérée, libérale, parlementaire, socialement conservatrice, et subsidiairement colonialiste. À l'instar des autres pères fondateurs, dont Gambetta et Grévy, il se distingue des radicaux, socialistes puis communistes qui ont pris l'ascendant au sein des gauches à partir de l'affaire Dreyfus et qui ont peu à peu identifié la gauche à leurs valeurs. Les historiens ont dépassé depuis longtemps ces clivages pour dessiner un espace très vaste et très complexe des gauches, à l'instar de ce que René Rémond avait perçu dans celui des droites. Dans cet espace élargi, nécessairement contrasté, il est évident que Jules Ferry a toute sa place, au premier rang des hommes d'État.

Bibliographie sélective

Jules Ferry, *Lettres de Jules Ferry 1846-1893*, Hachette-BnF, 2014.

François Furet (dir.), *Jules Ferry, fondateur de la République*, EHESS, 1985.

Jean-Michel Gaillard, *Jules Ferry*, Fayard, 1989.

Mona Ozouf, *Jules Ferry. La liberté et la tradition*, Gallimard, 2014.

Paul Robiquet, *Discours et opinions de Jules Ferry*, 7 vol., Armand Colin, 1893-1898.

16

Clemenceau
ou
le choix de la gauche réformiste

par Sylvie Brodziak

Dans l'historiographie, Georges Clemenceau est rarement présenté comme appartenant à la grande famille de la gauche et, mis en présence de son principal adversaire, le socialiste Jean Jaurès, il en est irrémédiablement exclu. Ministre de l'Intérieur et président du Conseil en 1906, « le Tigre » a, dit-on, abandonné l'extrême gauche de ses débuts. De plus, son patriotisme en action lors de la Grande Guerre renforce son image d'homme de droite. Ainsi, dans la mémoire nationale, le « premier flic de France », « le briseur de grèves » et « le revanchard » empêchent son inscription au fronton du panthéon de la gauche.

La gauche en héritage

Dès sa naissance, tout commence à gauche. Georges Clemenceau est ataviquement du côté des laissés-pour-compte, de « ceux d'en bas ». Né en 1841 dans une Vendée encore meurtrie par le souvenir de la guerre entre les Bleus et les Blancs, il est élevé dans une famille depuis longtemps républicaine. Son père Benjamin, médecin monté à Paris, participe à la révolution de 1830 et, de retour à Nantes, devient membre du groupe des républicains clandestins opposés à Napoléon III. En 1858, avec la systématisation de la répression antirépublicaine, Benjamin est arrêté et condamné à la déportation en Algérie mais libéré à Marseille, juste avant son embarquement. Cet épisode marque profondément l'adolescent, qui de la fameuse injonction « Travaille ! » jetée par son père en route pour le bagne fait son principe de vie.

Son éducation et sa culture familiales l'invitent de toute évidence à se réaliser à gauche. Héritier des idées révolutionnaires, il ne peut être qu'ennemi de la monarchie et de tout pouvoir personnel. L'enfant Clemenceau a grandi sous les portraits des Conventionnels. Sa philosophie politique s'enracine dans l'esprit des Lumières, dans l'idéologie du progrès revisitée par les textes de Michelet, Hugo, Louis Blanc, Auguste Blanqui, Filippo Buonarroti, Proudhon…, disponibles dans la bibliothèque paternelle. L'œuvre d'Auguste Comte occupe une place de choix et, approfondi lors de ses études de médecine, le positivisme devient la clef de lecture de son rapport au monde. Son « éducation sentimentale » se poursuit, à Nantes, en fréquentant le cabinet de lecture Plançon, haut lieu du « parti libéral », ou, une fois à Paris, en côtoyant les « Vieux » de 48, les proscrits du 2 Décembre, les républicains et les futurs communards ; il analyse la Révolution Française et questionne les idées socialistes et révolutionnaires. Pour autant, le Vendéen ne choisit pas de sortir de la gauche républicaine. En 1862, sa rencontre avec Auguste Blanqui, en prison, le conforte dans son anticléricalisme mais ne l'attire nullement vers la minorité révolutionnaire. De même, entre 1865 et 1869, son séjour américain en tant que correspondant anonyme pour *Le Temps* renforce son rejet de la radicalité. De ce voyage initiatique en politique, il tire deux grands enseignements : la liberté individuelle – fondement de la liberté de l'électeur – est la condition de la démocratie, et seul l'ordre installé par la justice et le droit permet la liberté du citoyen.

De retour en France, Clemenceau, « calmé » selon ses propres termes, accepte la lutte politique dans le cadre légal et n'exige plus la révolution. Comme la majorité des républicains, il prend part à la vie publique et aux luttes électorales. En mai 1870, lors du dernier plébiscite voulu par Napoléon III, il organise à Féaule, en Vendée, une réunion sans autorisation qui a « beaucoup de succès » et distribue « force bulletins et brochures Spuller » (*Petite Histoire du Second empire*, propagande républicaine répandue dans tout le pays), même si « théoriquement [écrit-il] je suis partisan de l'abstention qui me paraît plus digne et plus politique. Mais du moment où la masse du parti doit voter non, je crois qu'il est de notre devoir étroit de tâcher de faire nombre ».

Son athéisme et son matérialisme sont les derniers traits qui, dès l'origine, l'ancrent à gauche. Entre 1865 et 1870, Clemenceau a bouté Dieu hors de son univers en rédigeant une thèse entièrement fausse sur la génération spontanée, sous la direction du professeur Charles Robin, ami de Littré. Ce travail est un acte philosophique et politique fort. Il a pour intention de briser le lien intime entre politique et religion afin de mieux résister à l'Église, soutien de l'Empire. Avec *De la génération des éléments anatomiques*, soutenue en 1865, Clemenceau suit toujours les traces du jeune Auguste Comte, qui, en 1822, secrétaire de Saint-Simon, avait pour mission de « réorganiser sans Dieu ni Roi ». Il défend avant l'heure l'exigence de laïcité immédiate du programme de Belleville, reprise par lui-même en 1876 puis en 1880. Sans Dieu, seul l'homme est capable d'agir sur « l'équilibre plus ou moins stable de forces » qui fragilisent la planète. Clemenceau croit en la nécessité de l'action individuelle autant par pragmatisme que par idéalisme. De la Révolution française qu'il adopte en « bloc », selon sa formule célèbre, « avec tout ce qu'elle a de beau et d'horrible », il garde l'idéalisme « qui met le monde en mouvement ». En 1789, en 1830, puis en 1848, « les peuples [dit-il dans une conférence] se lèvent avec une espérance de justice, une espérance de liberté ».

Enfin, le carabin Clemenceau s'approprie comme outil conceptuel et moyen d'action l'altruisme d'Auguste Comte, mais, à la différence du fondateur de la religion de l'Humanité, il l'extrait de sa gangue religieuse et en fait une valeur politique de gauche nommée « altruisme social » qui va mériter son engagement total. Contre le « Chacun pour soi », mot d'ordre de « l'affreuse condition qui demeure », l'homme définitivement libre doit réagir, doit se soustraire à cette fatalité. « Comment ? À la fois, par l'acte individuel, où l'altruisme peut se donner carrière jusqu'à la folie de l'amour et par l'action collective, plus mesurée, mais d'un effort plus durable par les règles de vie sociale qu'elle transmet aux générations, préparant, façonnant, imposant les mœurs », comme il l'écrit dans son ouvrage-manifeste *La Mêlée sociale*, en 1895.

Leader de l'extrême gauche

Dès son premier mandat de maire pendant la guerre de 1870, puis, entre 1871 et 1876 comme conseiller municipal du XVIIIe arrondissement et président du conseil municipal de Paris, le républicain Clemenceau place la question sociale au cœur de son combat. L'expérience légitime son choix. En effet, en suivant son père médecin lors de ses visites dans le bocage vendéen, en étant interne à Bicêtre et à la Pitié ou en consultant dans son dispensaire, Georges a rencontré la violence sociale aux multiples visages – économique, culturel et politique : « J'ai vu là [à Montmartre], dans l'espace de quelques années, tout ce qu'on peut voir des infirmités, des souffrances d'en bas. Car souvent, il fallait bien rendre à domicile la visite reçue au dispensaire. C'étaient de pénibles corvées, ces courses dans les pires quartiers de la butte, ces séjours pourtant si rapides dans les cellules malsaines de ces ruches empestées où s'entassent, sous les miasmes de tous les détritus, tant de familles ouvrières qui ne quittent les germes de mort de l'atelier que pour l'infection de l'affreux logis » (*Le Grand Pan*, 1896).

Élu municipal régulièrement indigné, il propose de multiples mesures pour soulager misères et humiliations. Celles-ci intéressent tous les domaines : l'hygiène des logements insalubres, la santé des écoliers « enfermés dans l'atmosphère de Paris vicié par l'encombrement », le secours aux filles mères condamnées à abandonner leur enfant, la fin des dépenses pour le logement des curés, la liberté de conscience et l'indépendance communale. Toutes ses interventions sont destinées à soulager les souffrances du peuple qu'il connaît bien mais qu'il refuse d'inciter à l'émeute. Georges Clemenceau n'est pas un révolutionnaire. Ainsi, en mars 1871, hostile à l'armistice et à la perte de l'Alsace-Moselle, tout en donnant le 3 mars son congé à l'Assemblée réfugiée à Bordeaux, il désapprouve « ce pouvoir communal aux Parisiens ». Le 18 mars, il refuse de « monter à l'assaut du ciel », selon une expression de Karl Marx. Il adopte la position médiane des maires d'arrondissement, tels Bonvalet, Corbon, Loiseau-Pinson et autres députés démissionnaires. Il tente d'éviter la guerre civile, « l'effusion de sang », en négociant avec les deux parties. Son ultime acte de soutien au contre-pouvoir parisien est sa signature au bas de l'affiche du comité central de la garde nationale afin d'obtenir la tenue d'élections municipales pour le 26 mars. Battu, Clemenceau démissionne de son siège de député le 27. Deux mois plus tard, après l'échec de l'ultime tentative de la Ligue d'union républicaine des droits de Paris qu'il a contribué à fonder, il abandonne tout espoir de réconciliation. Sa posture non partisane peut être comprise à la fois par le souvenir de la guerre civile américaine, par sa peur légitime de voir la réaction versaillaise s'emparer de la jeune république, mais également par son respect viscéral du suffrage universel : « J'estime, déclare-t-il au cirque Fernando le 11 avril 1880, que la République a principalement pour objet de permettre au citoyen de défendre son opinion, non par le fusil mais par le vote. La loi ne peut pas organiser la violence. Il y a eu des insurrections : le peuple n'en a pas toujours profité. Je suis pour l'armement de tous les citoyens pour la défense du pays : mais je ne crois pas qu'un citoyen, qui a un bulletin de vote, ait le droit, si son opinion ne prévaut pas absolument, d'en appeler à la force. » Acteur impuissant à empêcher, le 18 mars, l'assassinat des généraux mandés par Thiers pour récupérer les canons de Montmartre, Georges Clemenceau ne s'est reconnu ni dans la gauche républicaine divisée entre Paris et Versailles ni dans la gauche insurgée, socialiste ou anarchiste du Paris révolté.

Le 29 novembre 1875, prenant la présidence du conseil municipal de Paris, il ouvre sa première séance par un discours qui laisse transparaître son désir de destin national : « Aujourd'hui Paris réclame de ses élus de rester toujours fidèles dans leur action et dans leurs travaux à l'esprit de sagesse et de fermeté politiques, seul capable d'assurer les destinées de la Patrie indissolublement liées à l'affermissement de la République. »

Candidat aux législatives en 1876, son programme est radical dans sa forme et ses intentions. Commençant par la mythique filiation avec la Grande

Révolution, il invite au mouvement, à la « rénovation de 1789 ». Disciple de Michelet, Clemenceau défend une approche dynamique de l'histoire. Tout en s'adossant au passé – il reprend souvent la pensée de Comte « L'Humanité est régie par les morts » –, il refuse l'immobilisme et le culte de la tradition. Porteur d'une vision téléologique, il est en phase avec les historiens de la *Revue historique* de Gabriel Monod partis en guerre contre leurs collègues de l'école historique conservatrice, catholique et royaliste. Dans son programme, son désir de contester l'ordre établi et les hiérarchies, son besoin d'affirmer la liberté de l'individu et des peuples pour construire la République au « maximum » citent largement le programme de Belleville. Tout en s'affirmant radical, Clemenceau appartient à la majorité républicaine de son rival Gambetta. Il se distingue cependant, par son combat aux côtés de Victor Hugo et de Raspail, pour l'amnistie pleine et entière des communards. Le 21 février 1876, encore inconnu, il prononce « avec une entière franchise » son premier grand discours, modèle de son éloquence en devenir mais aussi expression de « sa » République idéale. La souffrance du peuple victime des « secousses de l'Histoire » en est le thème principal. La République est vigoureusement invitée à se mettre en garde contre toute poussée réactionnaire et à écouter Paris insurgé, porte-parole de la Nation. Cette dernière, indiscutable incarnation du corps des citoyens égaux devant la loi, ne peut être ni déstabilisée ni divisée par la lutte des classes, par l'inégalité des droits et la disparité des territoires. La République, mère de tous les Français, doit être attentive au collectif d'hommes et de femmes unis par un passé et un avenir, prêts à prendre les armes pour défendre la Patrie. Enfin, la République, garante par la justice de l'égalité formelle des citoyens, a pour mission, par « l'instruction d'abord », de la rendre réelle. Ce discours-fleuve ne convainc pas l'Assemblée dominée par l'alliance de la droite et des républicains modérés, hostiles à toute amnistie. Pourtant, son argumentaire permet de saisir le tempérament politique du futur homme d'État. Dans ce texte, le phénomène du malentendu est par deux fois revendiqué comme source du mouvement de l'histoire. Par là même, Clemenceau enrichit par l'expérience du plaidoyer pour la réconciliation le devoir kantien de travailler avec constance au « progrès anthropologique » susceptible de vaincre l'ignorance et la régression. Ainsi, les malentendus historiques et politiques, « qui sont de tous les temps », sont à dissiper pour œuvrer au seul but commun à atteindre : une société heureuse dans une République unie et paisible. L'inaction, la nostalgie et la désespérance sont à combattre avec énergie. Tout en restant lucide sur les événements et les hommes, Clemenceau nourrit son engagement par une philosophie optimiste de la vie : « Surtout, agissons, puisque notre mérite est de protester par l'action contre la loi fatale de la déchéance des faibles. Ennoblissons la mêlée sociale de notre cri de secours, de notre acte de bonté. Donnons de tout notre être contre la nature marâtre, contre la stupidité de la force, contre l'insolence heureuse, le dédain, l'indifférence ou la peur. Et prodiguons-nous sans mesure. »

Le radical ne peut donc s'avouer vaincu et reprend la lutte pour l'amnistie en 1879. Après une timide « grâce amnistiante », la loi d'amnistie générale est votée le 21 juin, enfin soutenue par Gambetta, qui, président de la Chambre, descend de son fauteuil pour encourager les députés à poser « la pierre tumulaire de l'oubli sur les crimes et les vestiges de la Commune ». La promulgation de la loi, le 11 juillet 1880, assure le triomphe définitif de Clemenceau et du sénateur Victor Hugo. Mais, à l'extrême gauche, le leader radical est déjà en rupture avec la majorité républicaine et prépare activement les élections législatives des 21 août et 4 septembre 1881. Il est temps, pour lui, d'en finir avec Gambetta et les opportunistes. Dès le 11 avril 1880, au cirque Fernando, boulevard Rochechouart, devant une salle comble, il ouvre sa campagne en faisant le bilan de son premier mandat. Sans retenue, il dit sa déception de la politique gouvernementale, dénonce le retard pris dans la mise en œuvre du programme républicain, énumère les promesses non tenues : la réforme municipale, la liberté de la presse, la liberté de réunion, le droit d'association, l'instruction publique gratuite, obligatoire et laïque, la séparation des Églises et de l'État, la révision des lois constitutionnelles, la fin du bicamérisme… Une question de fin de meeting portant sur le collectivisme vient cependant lui rappeler que sur les frontières du radicalisme s'avancent à pas lents mais sûrs d'autres républicains encore plus intransigeants que lui. À commencer par ceux qui ont choisi d'adhérer aux idées socialistes, à l'instar de Jules Guesde, fondateur de la Fédération du parti des travailleurs socialistes de France lors du récent Congrès ouvrier. Conscient de la montée du socialisme à la faveur du retour des déportés et des exilés de 1871, Clemenceau ne se dérobe pas et réaffirme sa fidélité à la propriété individuelle et son refus inconditionnel de toute atteinte aux libertés : « Quant à me prononcer pour votre appropriation collective du sol, sous-sol, etc., je réponds catégoriquement : non ! non ! (*Explosions de bravos.*) Je suis pour la liberté intégrale et je ne consentirai jamais à entrer dans les couvents et les casernes que vous entendez nous préparer. (*Applaudissements prolongés.*) »

Le 28 octobre 1880, à Marseille, Clemenceau proclame sans détour sa volonté de quitter la majorité gouvernementale et attaque autant sur la forme que sur le fond la politique des gambettistes. Il confirme son alliance avec les radicaux opposés à tout compromis avec la droite monarchiste. Il accable la gauche opportuniste oublieuse de la geste révolutionnaire et des objectifs fondamentaux de la République : « Puis le temps marcha et l'on s'aperçut que derrière la question de méthode, dont on faisait grand bruit, se cachaient deux directions différentes, deux buts différents. Il s'agissait non plus de savoir si les uns étaient trop pressés et les autres pas assez, mais de savoir si l'on avait la même conception de l'idée républicaine et partant si l'on voulait les mêmes réformes. »

Quelques mois plus tard, son programme électoral, cosigné avec le comité républicain radical-socialiste du XVIIIe, propose de réaliser la République sociale. Élu député le 4 septembre 1881, il choisit la 2e conscription de Montmartre et, avec le groupe radical autonome qu'il vient de former, se lance dans la bataille pour les droits politiques et sociaux. Dès 1882, à la Chambre, avec les radicaux-socialistes, il demande la révision des lois constitutionnelles de 1875. Clemenceau milite activement pour la suppression du

Sénat et de la présidence de la République. Selon lui, le premier ne représente pas le peuple mais les notables réactionnaires et conservateurs ; le second constitue un dangereux pouvoir personnel. Une Assemblée unique – expression du suffrage universel souverain – peut seule garantir la stabilité et la pérennité de la République indivisible. Le Sénat, élu au suffrage indirect à deux degrés, ne représente pas la volonté populaire et bloque le processus démocratique. Le 26 janvier 1882, Gambetta défend l'existence de la Chambre haute contre l'Assemblée unique, mais, désavoué par les députés sur son projet de révision, démissionne. Clemenceau n'est pas pour autant vainqueur. Deux ans plus tard, en 1884, l'Assemblée nationale n'aboutit qu'à la révision partielle de la Constitution. Paradoxe de l'histoire et leçon de l'expérience, élu sénateur du Var en 1902, Clemenceau avoue en 1910 : « Pendant une partie de ma vie – plus proche de la théorie que de la réalité –, j'ai eu foi en la Chambre unique, émanation directe du sentiment populaire. Je croyais le peuple toujours raisonnable. J'en suis revenu. Les événements m'ont appris qu'il fallait donner au peuple le temps de la réflexion. Le temps de la réflexion, c'est le Sénat. »

Ce revirement n'est pas uniquement dû à sa dramatique rencontre avec le peuple des grèves lors de sa première présidence du Conseil (1906-1909), elle est également issue de la déconstruction progressive de son image romantique du peuple. La révolution industrielle triomphante, qui a ouvert au socialisme l'usine, le syndicat et le Parlement, a modifié en profondeur sa mystique en la matière Jusqu'en 1884, date d'une commission d'enquête parlementaire menée à Anzin, le « bon docteur » Clemenceau connaît surtout le peuple des paysans, des artisans, des ouvriers des ateliers à domicile à Montmartre ou en Vendée. D'origine rurale, il n'est pas un familier du prolétariat industriel et son approche de la condition ouvrière reste celle plus binaire de l'homme et de la femme, isolés et inorganisés. Une fois sur le carreau et au fond de la mine, il constate les divers visages de la tyrannie patronale, du capitalisme « broyeur d'hommes » ; il découvre l'insupportable exploitation de « la lamentable armée de réserve », ce « quatrième état qui se lève » méprisé par les puissants et amnistié, en 1891, grâce à ses efforts et ceux du radical Pelletan, après le tragique 1er mai à Fourmies, jour où la troupe tire sur les manifestants, tuant neuf personnes. C'est la même conscience du sacrifice des travailleurs au profit du capitalisme qui l'amène à approuver la grève et à soutenir l'action de Jaurès à Carmaux en 1892. En 1895, dans *La Mêlée sociale*, il revient sur la coalition des plus forts, s'insurge contre le lien des autorités politiques, policières et judiciaires avec les industriels, dénonce sans langue de bois le rôle complice de la presse bourgeoise. Virulence courageuse pour le journaliste qu'il est toujours et qui, depuis 1881, tient sans faiblir à la liberté de presse pleine et entière. Ainsi, au moment de la vague d'attentats anarchistes, le lendemain du vote de la première des « lois scélérates », il s'insurge dans *La Justice* : « À mon sens, la liberté de presse est moins la liberté de tout écrire que la liberté de tout lire. En ce sens, c'est la liberté de tous les Français [...] » (13 décembre 1893).

Entre 1881 et 1893, Clemenceau, avec les radicaux et les radicaux-socialistes, déploie son énergie pour la liberté d'association, la reconnaissance des syndicats, la décentralisation mesurée par l'autonomie communale. L'inlassable orateur défend la grève et l'agitation, manifestations démocratiques, antidotes à la révolution : « J'avoue, quant à moi, que cette agitation pacifique, si fort redoutée de notre bourgeoisie parlementaire, me paraît une chose infiniment désirable, la condition même d'existence d'un gouvernement démocratique, la meilleure garantie contre les mouvements révolutionnaires » (*La Mêlée sociale*, 1895).

Opposé au collectivisme, il demeure un adepte du libéralisme mais réclame l'intervention du « corps social » ou État pour dompter le productivisme meurtrier, mettre fin aux inégalités et maintenir la paix sociale. Il suggère, avant l'heure, l'État-providence : « Le droit économique à la vie, écrit-il toujours dans *La Mêlée sociale*, voilà ce qu'il faut déterminer, garantir, organiser. Qu'on ose dire pourquoi on refuserait au corps social d'intervenir dans les rapports économiques, pour empêcher la misère et la mort par l'usure prématurée ou le manque de travail, quand il intervient hardiment pour créer, pour développer ces fléaux » (*La Mêlée sociale, 1895)*.

Leader de l'opposition jusqu'à l'affaire Boulanger, son rejet des partis conjugué à ses prises de position jugées extrêmes par certains radicaux assagis l'amène à mener plusieurs batailles de façon toute personnelle. Son combat contre le colonialisme de Ferry est de loin le plus retentissant. Entre 1881 et 1885, toutes ses interventions à la Chambre tournent autour de la peur d'affaiblir la France face à une Allemagne menaçante, de la médiocrité de faire « une politique du pot-au-feu » pour contrôler les dépenses, du désir de maintenir l'efficacité des forces d'outre-mer, et de faire cesser la violence coloniale. Son célèbre discours du 31 juillet 1885 sur l'égalité des races lui a permis de se frayer un étroit chemin dans l'imaginaire de la gauche anti-impérialiste du XXe siècle. Pourtant, au début du siècle, Clemenceau fait preuve d'une position anticoloniale moins affirmée. En 1903, inquiet de « l'épidémie impérialiste » des « hordes colonisantes », pris à partie au Sénat sur la question des indigènes algériens et des Canaques de Nouvelle-Calédonie, il admet le fait colonial tout en exigeant une colonisation « plus humaine et plus douce » (*La Dépêche*, 1er mars 1903).

Lors du scandale de Panama, atteint par une campagne de presse calomnieuse qui l'accuse d'être vendu à l'Angleterre, il n'est pas réélu député en 1893. Sans mandat, il poursuit son engagement en faveur de la dignité et de l'humanité dans la presse. En 1896, il dénonce les massacres en Arménie perpétrés par l'Empire ottoman et revendique le droit des peuples à disposer d'eux-mêmes. Entre 1898 et 1906, lors de l'affaire Dreyfus, sa lutte pour la justice et contre l'antisémitisme le conforte dans son rôle d'ardent défenseur des droits de l'homme. Dans un autre registre, en 1904, rédacteur en chef de *L'Aurore*, l'ancien médecin, attentif à la santé des ouvriers, fait passer l'interdiction des peintures à la céruse, pigment blanc, à l'origine du saturnisme qui ravage la profession des peintres en bâtiment : « Il y a des siècles que ceux qui manient la céruse paient aux infirmités et à la mort un tribut scandaleux. »

En 1908, ténor abolitionniste au même titre que Jaurès ou Briand, il réclame la fin de la peine de mort, lutte entamée depuis longtemps aux côtés de Victor Hugo. Le 8 décembre 1908, sous son gouvernement, l'abolition est repoussée par 330 voix contre 201 sur 531 votants. L'ensemble de la droite catholique et conservatrice (sauf l'abbé Lemire) et les opportunistes ont massivement voté contre, les socialistes ont tous voté pour mais son camp l'a lâché. Dans une Assemblée largement dominée par le Bloc des gauches, les radicaux se sont divisés. À l'époque, cette scission des radicaux n'est pas l'unique cause de l'échec de Clemenceau. Son duel permanent avec le socialiste Jean Jaurès et sa gestion calamiteuse du mouvement social abîment considérablement son image de sénateur inscrit dans le groupe radical de la Gauche démocratique.

Ordre et réalisme républicain

Élu sénateur du Var en 1902, son premier combat est de porter la revendication des ouvriers des arsenaux sur la journée de huit heures, décrétée en janvier 1903. Mais surtout, ce nouveau mandat lui permet d'entrer dans la bataille pour la laïcité. Le 17 novembre 1903, il prononce son « discours pour la liberté » qui annonce la prochaine séparation des Églises et de l'État.

Le 17 mars 1906, alors ministre de l'Intérieur dans le gouvernement du radical Sarrien, devant les grévistes du Pas-de-Calais, il s'engage à ne pas faire intervenir l'armée si « les droits de chacun sont respectés ».

Mais la grève se poursuit et les incidents violents se multiplient. Le 20 mars, il cautionne finalement l'envoi de la troupe contre les mineurs. Sa décision détruit non seulement sa réputation d'homme de gauche récemment renforcée par son combat pour la laïcité, mais constitue surtout une aubaine pour les socialistes, qui, à l'Assemblée, l'accusent par la bouche de Jaurès d'être « une contradiction vivante, d'être la guerre civile ». Sur le terrain, les syndicats crient à la trahison. Les 18 et 19 juin 1906, à la Chambre, Clemenceau se justifie au nom du réalisme républicain dans un discours finalement assez proche de ceux tenus par ses anciens ennemis opportunistes. La réforme, explique-t-il, ne peut être pensée et accomplie que dans une république pacifiée. Elle ne peut naître ni de la pression idéologique – en l'occurrence le dogme socialiste – qui tue « le juste et libre développement de l'individu », ni du désordre, du chaos qui fragilise les plus faibles. Seul, il fait face à Jaurès : « Le Gouvernement [est chargé] du maintien de l'ordre et il doit d'autant plus maintenir l'ordre dans l'intérêt de tous que c'est dans le cadre du droit légal que l'émancipation de la classe ouvrière pourra se produire. (*Vifs applaudissements*.) […] Sans doute vous me dominez de toute la hauteur de vos conceptions socialistes. Vous avez le pouvoir magique d'évoquer de votre baguette des palais de féerie. Moi, je suis le modeste ouvrier des cathédrales qui apporte obscurément sa pierre à l'édifice auguste qu'il ne verra jamais. »

Le 25 octobre 1906, tardivement nommé président du Conseil, il propose « un programme social de générosité » : impôt sur le revenu, nationalisation avec le rachat des chemins de fer de l'Ouest par l'État, retraites ouvrières, journée de huit heures, création du premier ministère du Travail et de la Prévoyance sociale confié au socialiste indépendant Viviani. Mais dans un climat politique inédit, né de la rupture du Bloc des gauches confirmée par la création de la SFIO en 1905, dans un climat social que l'épidémie de grèves[1] et la violence des affrontements ne cessent de détériorer, face à la résolution d'en découdre de l'anarcho-syndicaliste CGT, adepte de l'action directe contre la république bourgeoise, Clemenceau oublie la négociation et fractionne la liberté. Au nom du maintien de l'ordre et du droit au travail, il réprime par la force et, à Villeneuve-Saint-Georges, le 1er août 1908, fait arrêter les dirigeants de la CGT. Dans la presse et l'opinion, l'ancien ténor radical devient « l'assassin des ouvriers », le « sauveur de l'ordre bourgeois ». Son refus de dissoudre la CGT en mai 1907 est oublié par les réformistes radicaux et radicaux-socialistes, et les socialistes proches des syndicalistes révolutionnaires. Accusé « d'avoir brûlé ce qu'il a adoré », son gouvernement tombe le 20 juillet 1909, à la satisfaction de la droite et de la gauche dure. À partir de 1913, la mauvaise interprétation de son patriotisme renforce la thèse de son « virage à droite ».

Convaincus de son nationalisme revanchard, peu de ses adversaires lisent la définition qu'il en a donnée en Argentine, en 1910 : « Le patriotisme

1. Jusqu'en 1909, la révolte s'étend des électriciens aux postiers en passant par les vignerons du Midi en 1907 et la tragique manifestation de Draveil-Vigneux et Villeneuve-Saint-Georges en 1908.

est un sentiment délicat, fin, subtil et je n'ai reçu que respect pour le patriotisme de mon voisin. Je n'éprouve aucun embarras à lier l'amour de la patrie à l'amour de l'humanité car je répète volontiers avec Térence : je suis homme et rien de ce qui est humain ne m'est étranger. [...] Par tous les moyens, évitons la guerre. [...] Allons jusqu'à la limite des transactions acceptables. [...] »

Georges Clemenceau ne croit pas en l'inéluctabilité de la guerre et sous sa présidence la politique extérieure française est conciliante, même avec l'Allemagne. Cependant, comme les républicains au printemps 1792, il n'hésite pas à en brandir le spectre dès que la patrie est en danger. En 1913, contrairement à la gauche socialiste et radicale, il vote la loi des trois ans, persuadé que seule la démocratie en armes est capable de protéger la Nation et de se battre pour la liberté. « Le Tigre », universaliste, veut une France restaurée dans son intégrité territoriale, indépendante, actrice de « la paix aux nations » (Robespierre) et ouverte au monde. Passionné par les arts et la culture, il a le goût de l'étranger et, tout au long de sa vie, ne cesse de voyager : Europe, États-Unis, Amérique du Sud, Égypte, Soudan, Asie du Sud-Est... Ainsi, le 19 décembre 1920, il fait partager son enthousiasme à Claude Monet : « Je ne veux pas aller en Paradis si je n'y retrouve pas Bénarès, et les fleurs, et le culte insensé et pourtant explicable de ces bonnes vaches sacrées qui venaient ce matin me manger les colliers fleuris dont on m'avait enguirlandé. [...] Je pars demain. Java est merveilleux. Ceylan est admirable. Mais rien ne tient devant Bénarès. »

En novembre 1917, devenu président du Conseil, soutenu par l'opinion et les journaux à l'exception de la presse socialiste, Clemenceau veut pouvoir agir vite et recrute dans son gouvernement des hommes sachant obéir et exécuter tels que les radicaux-socialistes Klotz et Nail. Sa première tâche est de redonner une unité forte à la classe politique et d'écarter tous ceux, à droite comme à gauche, qui n'agissent pas, selon lui, dans l'intérêt national. Les radicaux-socialistes Caillaux et Malvy sont ses principales cibles.

Seul conducteur de la guerre, il devient à jamais, le 11 novembre 1918, « le Père la Victoire ». En 1919, occupé par la Conférence de la Paix, il est moins présent dans le jeu politique. Et, aux législatives de novembre, malgré la victoire du Bloc national symbolisé par Millerand et Barrès, alliance de la droite et de la gauche modérée autour de sa personne, il est battu par Paul Deschanel lors de la désignation du candidat républicain à la présidence de la République. Le 17 janvier 1920, à l'énoncé du résultat, le « Père la Victoire » se sait lâché par les radicaux, trente socialistes et la droite effrayée par son athéisme. Il est temps pour lui de jeter l'éponge. N'y croyant plus, il interdit à ses partisans de présenter sa candidature. Le Tigre entre définitivement dans la retraite.

Durant la IIIe République, Georges Clemenceau a fécondé son action politique par les idées et les valeurs de la gauche issues de la Révolution française. À ses débuts figure de l'extrême gauche, il s'éloigne progressivement de la gauche radicale et achève sa carrière politique en père de la Nation.

Dès 1910, alors que les socialistes puis les communistes choisissaient la lutte des classes comme moteur de l'histoire, le réformiste social qu'il était devenu « espérait » l'avènement de « la classe des associés » pour « élaborer des lois sociales, œuvre de justice, sans porter atteinte à la liberté individuelle ». Aujourd'hui, à l'entame du XXIe siècle, la montée d'une gauche non marxiste qui oppose à l'État néolibéral une société fondée sur la solidarité et le principe du commun mis en acte par les associations, les coopératives de consommations et de productions, les modes d'échanges et de vie conviviaux, invite à penser que le Tigre n'a pas eu tort de rêver.

Bibliographie sélective

Georges Clemenceau, *La Mêlée sociale*, édition établie et présentée par Sylvie Brodziak avec une préface de Jean-Noël Jeanneney, Honoré Champion, 2014.

Georges Clemenceau, *Correspondance (1858-1929)*, édition établie et annotée par Sylvie Brodziak et Jean-Noël Jeanneney, Robert Laffont/BnF, coll. « Bouquins », 2008.

Sylvie Brodziak, *Clemenceau*, Presses universitaires de Vincennes, 2015.

Sylvie Brodziak et Samuel Tomeï (dir.), *Dictionnaire Clemenceau*, Robert Laffont, coll. « Bouquins », 2018.

Jean-Baptiste Duroselle, *Clemenceau*, Fayard, 1988.

Maurice Ségard, *Sur la démocratie. Neuf conférences de Clemenceau*, Larousse, 1930.

Michel Winock, *Clemenceau*, Perrin, 2007.

17

Jules Guesde : un marxiste est-il « de gauche » ?

par Jean-Numa Ducange

Pour qui s'intéresse aux origines de la gauche et plus particulièrement à celles du parti socialiste, un nom s'impose immédiatement : Jean Jaurès. Une autre figure a pourtant aussi marqué la naissance de ce parti, Jules Guesde (1845-1922), bien moins connu que le fondateur de L'Humanité. *Né près de quinze ans avant Jaurès et mort huit ans après lui, il a traversé des étapes décisives de l'histoire du pays et de la gauche. Jeune militant, il a vu naître la III*^e^ *République ; vieil homme déboussolé par la guerre, il a assisté avec dépit aux déchirements de la gauche alors que la force d'attraction du bolchevisme paraissait irrésistible. Tout au long de son existence, il a incarné une forme rugueuse et intransigeante de socialisme marxiste, suscitant autant de critiques et de haine que d'admiration et de dévouement. Guesde, c'est, au-delà de la personne, une sensibilité politique bien identifiable : si l'on n'emploie guère le terme de « jauressisme » pour évoquer les partisans du célèbre tribun, en revanche le « guesdisme » eut son heure de gloire. Un véritable courant, qui a marqué plusieurs générations militantes, au moins jusqu'aux années 1970 ; Paul Lafargue, gendre de Karl Marx, fut le plus célèbre de ses partisans. Sans Guesde et les siens, la gauche française n'aurait peut-être pas eu la même destinée : la rhétorique révolutionnaire et la « lutte de classes » qui ont marqué durablement le parti socialiste et le parti communiste leur doivent beaucoup.*

Républicain, exilé, anarchiste

Né en 1845 à Paris, Jules Guesde n'a rien d'un fils du peuple. Fils d'enseignant, il n'a pas directement côtoyé la misère. Ses premiers pas en politique sont ceux d'un républicain convaincu, opposant à l'Empire de Napoléon III. Journaliste dans plusieurs villes de France, il se stabilise un temps à Montpellier. Républicain avancé, il n'est pas encore socialiste, mais voit la naissance de la IIIe République, salue l'action des communards avec une rhétorique socialisante mais encore bien éloignée de Marx. Peu versé dans les débats théoriques, c'est un homme d'action : il se fait déjà remarquer pour ses talents d'organisateur, d'orateur et de journaliste. Trois qualités indéniables qui feront de lui un polémiste de talent. Et bientôt un homme politique redoutable et redouté.

Pourchassé pour ses opinions, exilé, il se réfugie en Suisse, où il se rapproche des anarchistes. Il publie même des textes extrêmement hostiles à l'égard de celui qui sera ultérieurement son maître : Karl Marx. L'identité du personnage se forge pendant ces années difficiles : exilé parcourant plusieurs pays d'Europe, recherché par les autorités, il est par ailleurs très tôt atteint de plusieurs maladies douloureuses (congestion pulmonaire, bronchites ou encore problèmes nerveux) qui lui font passer de terribles moments. Fait d'importance pour comprendre les vocations qu'il suscitera autour de lui jusqu'à sa mort : contrairement à Jean Jaurès, élève brillant de l'ENS et universitaire qui n'a guère eu de problèmes avec les autorités (on a parlé plus largement d'un « socialisme normalien »), Guesde n'a pas le pedigree des élites républicaines. C'est un révolutionnaire professionnel aguerri, prêt à en découdre. On peut le comprendre comme un atout ou une faiblesse ; dans les rangs socialistes, on retiendra souvent que sa trajectoire initiale est plus compatible avec la geste héroïque du mouvement ouvrier. Guesde a dû se battre contre les autorités pour s'imposer. Jaurès, lui, aura toujours un aspect plus « officiel » et/ou « bourgeois » qui suscitera la méfiance de certains.

Le Parti ouvrier et le marxisme

De retour en France, où il s'installe pour de bon à la fin des années 1870, Guesde se rapproche des positions de Marx. L'écrasement violent de la Commune de Paris en mai-juin 1871, qui radicalise nombre de socialistes, tout comme les premières traductions des textes du philosophe contribuent à favoriser la première pénétration des idées marxistes. Guesde restera, à sa manière, toujours fidèle à ces idées. Il n'a eu que peu de contacts directs avec Marx ; il en retient quelques éléments par des intermédiaires, notamment des Allemands présents à Paris, dont un certain Carl Hirsch. En proie aux persécutions politiques du gouvernement allemand, celui-ci s'établit en France au plus tard en 1874, après avoir été expulsé de Belgique. Il est l'intermédiaire d'un autre Allemand de gauche fortuné, Karl Höchberg, qui permet de fournir une caution de 4 000 francs à l'imprimeur de *L'Égalité*, le premier journal marxiste où Guesde joue un rôle clef.

C'est le début d'une longue histoire de relations avec les sociaux-démocrates allemands, échanges que Guesde poursuivra jusqu'à la fin de sa vie, avec des hauts et des bas. Auprès d'eux il s'approprie quelques idées clefs de Marx, notamment la centralité de la lutte de classes pour expliquer le monde social et politique. Son marxisme sera très politique et fait de slogans ; dans son *Catéchisme socialiste* (publié en 1873, puis réédité régulièrement par son courant), au titre évocateur, tout Guesde et le guesdisme sont déjà là : un marxisme sommaire, rudimentaire, mais efficace et imagé (il manie le goût de l'anecdote avec talent). Un marxisme désolant pour nombre de socialistes et les meilleurs connaisseurs de Marx, mais qui saura trouver un écho dans une partie du monde ouvrier, radicalisé par les promesses inaccomplies de la République. Haut en couleur, orateur d'exception, Guesde devient rapidement une des figures les plus identifiables du monde socialiste. Les nombreux témoignages dont nous disposons permettent de se représenter ce qu'il était. Voici par exemple comment la *Revue du mouvement social* le décrit en 1880 : « Un homme de taille moyenne, maigre. Il porte de grands cheveux châtain foncé, une grande barbe de même couleur. Un lorgnon posé sur le nez, quand il parle, complète cette physionomie. Le costume n'annonce pas la fortune… La voix, claire et métallique, vibre comme un clairon de bataille ; son éloquence est entraînante, il gesticule en parlant et se penche à la tribune, comme pour magnétiser son auditoire ; il s'exprime dans une langue claire, aux allures scientifiques, en même temps que poétique et imagée. »

1880, c'est justement l'année où il rencontre l'auteur du *Capital*. Un an plus tôt avait eu lieu l'« immortel congrès » à Marseille où avait été fondé le « Parti ouvrier », la première organisation socialiste française un tant soit peu structurée. Il fallait le doter d'un programme ; avec quelques autres, Benoît Malon et Paul Lafargue, Guesde est chargé de cette mission et part à Londres où s'est réfugié Karl Marx depuis 1848. En ressort les « considérants du parti ouvrier », le premier des programmes politiques marxistes. Guesde dispose dès lors d'une aura historique indéniable : il saura toujours rappeler à ses adversaires qu'il a, lui, concrètement introduit en France le premier programme socialiste avec la bénédiction de Marx. S'il n'est ni le plus brillant ni le plus original des socialistes, il détient par là même une légitimité historique dont peu peuvent se prévaloir.

Guesde s'est par ailleurs tôt entouré d'un milieu de fidèles. À l'échelle de trente ans, ils furent innombrables. Marcel Cachin, futur dirigeant du Parti communiste français, est de ceux-là. Il devient guesdiste au début des années 1890 et vénérera la mémoire de son maître jusqu'à sa mort en 1958. À le lire à la fin de sa vie, on comprend les motifs de son engouement. En 1945, il se souvient : « J'ai professé pour ce maître séduisant une admiration et un attachement profonds. Je conserve son souvenir avec autant de piété filiale que celui de mon père. » Cachin décrit comment ce groupe de fidèles fonctionnait : Guesde « avait compris la nécessité primordiale de la constitution de cadres bien éduqués et disciplinés pour l'organisation d'un fort parti ouvrier, armé d'un programme juste. Il avait su grouper autour de lui une phalange de pionniers ouvriers désintéressés et d'un dévouement admirable ». Discipline, désintéressement, dévouement : Guesde n'est pas le seul dans le mouvement socialiste français à installer ces valeurs ; mais il en est longtemps une des incarnations les plus manifestes, permettant au « guesdisme » de connaître son heure de gloire à la fin du XIXe siècle.

Paul Lafargue a un tout autre profil que Cachin. Gendre de Marx, pamphlétaire reconnu pour son *Droit à la paresse*, il est à la fois plus théoricien que Guesde… et aussi plus dandy ! Leurs relations furent mauvaises, les divergences réelles, mais la discipline de courant ne les a jamais séparés : fidélité, là encore, par-delà l'animosité. On pourrait multiplier les exemples : citons encore « Bracke », helléniste, universitaire de renom, qui fut un des piliers du courant. Par leur truchement, Guesde connaît peut-être mieux Marx et les débats marxistes qu'on ne l'a dit parfois : il ne publie rien de théorique mais certains de ses proches comme Bracke (ou encore Charles Bonnier) le tiennent au courant des évolutions de la social-démocratie allemande, et publient de surcroît un certain nombre de textes de Marx.

Toujours est-il que ce cénacle constitue un atout majeur de Guesde. Les défections sont régulières, mais souvent compensées par de nouveaux convertis. Parfaitement organisé, ce groupe sait avancer ses pions dans les congrès, jouer la conciliation quand cela est nécessaire, mais aussi faire des esclandres quand il le juge utile. Les guesdistes inaugurent une longue tradition de batailles de factions et de tendances au sein des organisations socialistes.

Député du Nord

Doctrinaire et homme d'appareil, Guesde n'est pas pour autant un idéologue coupé de toute pratique. Il comprend très bien les logiques du jeu politique et sait que son courant ne pourra guère peser en France s'il ne dispose pas d'efficaces relais locaux, donc d'élus. Il se lance ainsi avec ses camarades à la conquête des territoires. Son cas personnel est emblématique : après une première tentative infructueuse à Marseille, il se fait élire dans le Nord, dans la circonscription de Roubaix-Wattrelos, en 1893, l'année où les socialistes, pour la première fois de l'histoire de France, rentrent par dizaines au Parlement. Comme élu, Guesde se pense avant tout comme député du Parti, se désintéressant relativement des problématiques locales ; ses adversaires exploitent ses faiblesses et attaquent notamment ses solides amitiés avec les marxistes allemands. Reproches qui résonnent dans une partie de la France où le souvenir de l'occupation prussienne est encore vif ; il est battu en 1898. Tenace, et comprenant la nécessité d'être plus proche de ses électeurs, il redeviendra député de la même circonscription en 1906 et le restera jusqu'à sa mort.

La révolution comme horizon

Entre-temps, le socialisme français aura connu d'intenses débats, dont il est un des acteurs centraux. L'affaire Dreyfus est emblématique de son intransigeance : Guesde refuse de défendre le capitaine accusé de haute trahison. Non pas parce qu'il est juif – certains guesdistes flirtent avec l'antisémitisme, entretenant une indéniable confusion, mais pas Guesde lui-même –, mais avant tout parce que c'est un militaire. Or, pour lui, un socialiste ne défend pas « l'État bourgeois » dont une des principales composantes est l'armée. Non sans un certain écho, il se présente ainsi comme un socialiste authentique face à d'autres qui font le pari d'une démocratisation progressive de la République : à quoi bon défendre une « République bourgeoise » qui fait tirer sur les ouvriers ? Même réflexe sur la participation au gouvernement : alors que Jaurès et les siens défendent la nomination d'Alexandre Millerand en 1899 dans le cadre d'une union large au nom de la défense de la République, Guesde s'y refuse.

De ce point de vue, les guesdistes ne se présentent pas comme étant « à gauche » : pour eux, il s'agit là d'un clivage parlementaire, artificiel, tout juste bon pour analyser les franges du camp bourgeois. Ils se veulent l'incarnation du socialisme authentique, du « collectivisme » ou du mouvement ouvrier, non de la gauche. Pourtant, dans les faits, Guesde et les siens échappent moins à la logique gauche/droite qu'ils ne le prétendent. Ils savent très bien par exemple de quel côté se positionner quand il s'agit de gagner une élection. En 1893, pour se faire élire député, Guesde a bénéficié des voix des radicaux, qui n'ont pas présenté de candidat. Et lorsque le socialiste Gustave Dolory parvient à conquérir la mairie de Lille en 1896, Charles Bonnier, un proche de Guesde, salue la victoire de la « dictature du prolétariat » dans la grande ville ouvrière. Une radicalité dans les mots qui n'empêche pas de laisser une place à des républicains non socialistes dans la majorité municipale. Ce pragmatisme leur permet de disposer d'une implantation territoriale non négligeable dans le pays. Certes, ils conservent une rhétorique marxiste annonçant l'arrivée à terme d'un monde nouveau, une forme d'utopie qui fait défaut aux autres courants. Mais le revers est une réputation d'opportunisme, d'un courant alliant volontiers des déclarations révolutionnaires enflammées avec une pratique politicienne oubliant les grands principes.

Guesde est dans tous les cas longtemps convaincu de son avenir : au milieu des affaires Dreyfus et Millerand, il fait le pari que son intransigeance fera de lui l'homme clef du socialisme français, en étant légitimé par le grand frère, le Parti social-démocrate allemand, héritier de Marx et Engels. Avec l'ancien communard Édouard Vaillant, il fonde le Parti socialiste de France en 1902 qui répond au… Parti socialiste français où se retrouve notamment Jean Jaurès. Puis, après bien des démêlés, l'esprit d'unité finit par l'emporter. L'unification du socialisme en 1905 *via* la création de la SFIO, ancêtre direct du parti socialiste actuel, marque une étape décisive de l'histoire de la gauche. Formellement, Guesde semble avoir largement gagné ou tout du moins marqué des points décisifs, tant le langage marxiste imprègne le jeune parti qui se définit comme un « parti de classe ». Mais il s'agit d'une victoire en trompe l'œil : la perspective républicaine de Jaurès s'impose rapidement dans les faits. Les sociaux-démocrates allemands cessent d'appuyer systématiquement Guesde contre Jaurès et les contraignent à s'entendre. En résumé, Guesde n'est pas hors jeu, mais il est loin d'occuper la place centrale qu'il espérait encore quelques mois plus tôt.

La victoire de Jaurès ?

Durant la petite décennie qui sépare la fondation du parti socialiste du déclenchement de la guerre, le doute n'est plus permis : Jaurès s'impose progressivement face à Guesde. Ce dernier passe à côté d'évolutions essentielles. D'abord la République, aussi insuffisante soit-elle, ne fait pas que tirer sur les ouvriers ; elle vote aussi des lois sociales. Un moment emblématique est le vote de la première loi sur les retraites ouvrières et paysannes en 1910. Seul à la Chambre des députés, contre son groupe et ses fidèles qui pour certains lui doivent presque tout, Guesde s'y oppose. Son argumentation est très révélatrice du personnage : il n'entend pas convaincre mais seulement prendre date, l'histoire lui donnera raison. Le capitalisme n'est pas réformable, les ouvriers paieront toujours l'addition au bout du compte.

Sur deux autres sujets essentiels, l'antimilitarisme et le colonialisme, il passe à côté de dynamiques profondes, que son frère ennemi saisit bien davantage. Sur l'armée, il ne croit aucunement à l'efficacité d'une quelconque mobilisation pacifiste ou antimilitariste face au danger de guerre. Sujet secondaire d'après lui, qui détourne les ouvriers du combat principal. Quant au colonialisme, le député de Roubaix se distingue une nouvelle fois par des positions surprenantes. À Romilly en 1896, au congrès du Parti ouvrier, avait été votée une motion audacieuse critiquant l'ordre colonial. Mais alors que la question marocaine et l'établissement du protectorat occupent le devant de la scène et menace de faire éclater un conflit entre la France et l'Allemagne, Guesde préfère soutenir un certain Lucien Deslinières qui propose de fonder un « Maroc socialiste », établi par des colons socialistes qui montreraient aux indigènes la voie à adopter. Jaurès, lui, se montre bien plus critique à l'égard du colonialisme.

Enfin, le champ syndical échappe largement aux guesdistes. En 1906, le vote au congrès de la CGT de ce que la postérité a retenu sous le nom de « charte d'Amiens » constitue pour lui un désaveu. Fidèles à une ligne « allemande », les guesdistes voulaient associer étroitement les syndicats au parti, ce que refuse précisément une majorité de délégués de la CGT. Tous les autres ou presque (syndicalistes révolutionnaires et réformistes) choisissent l'autonomie. Hors de leurs bastions, les guesdistes n'ont guère de positions. Mais prenons garde, car ces bastions demeurent de solides citadelles. Certains guesdistes continuent d'avoir une influence malgré la montée en puissance de la sensibilité jaurésienne et l'affirmation de la CGT. Bracke et Cachin restent avec lui quand d'autres, pour l'heure peu connus, mais amenés à occuper les plus grandes responsabilités dans le parti socialiste de l'entre-deux-guerres, comme Paul Faure, le rejoignent. Solidement implanté dans sa circonscription du Nord, Guesde demeure pour certains l'incarnation d'un socialisme authentique, loin des compromissions. Dans plusieurs départements (l'Aube, l'Allier…) ses soutiens demeurent puissants, voire hégémoniques. S'ils ne dominent plus la SFIO, celle-ci ne peut pas exister sans eux, notamment sans leur puissante fédération du Nord, véritable « Mecque » (Guesde employait ce termine pour parler de Roubaix) qu'ils continuent d'exhiber comme modèle d'avenir.

Homme d'État

Bref, tout en demeurant incontournable, Guesde n'est plus le maître de la destinée du socialisme français qu'il espérait encore conduire dix ans plus tôt. À la veille de 1914, la dynamique conquérante des années 1890-1900 semble être un lointain souvenir.

Paradoxalement, le déclenchement de la guerre va le remettre en scène une dernière fois. Assassiné le 31 juillet 1914, Jaurès disparaît au moment où se forme l'union sacrée, concrétisée au Parlement le 4 août avec le vote des crédits militaires. Les socialistes jugent la France attaquée, il faut défendre ses frontières. Cette fois, Guesde approuve : la lutte des classes « reprendra ses droits » plus tard. Pour l'heure, l'intégrité territoriale doit être défendue, comme en 1870-1871. Trahison de l'idéal socialiste et de son socle pacifiste ? Pour Guesde, il y a davantage une forme de continuité qui ne semble pas si difficile à assumer, lui qui n'a pas hésité aux élections locales à jouer sur les ressorts patriotiques, quitte à ferrailler contre les antimilitaristes. À tel point que, lorsque se présente la possibilité de représenter le socialisme au plus haut niveau de l'État, il répond présent. En effet, se discute rapidement la possibilité d'une participation gouvernementale des socialistes, une première depuis 1899. Dix jours après le vote des crédits, le président de la République le reçoit. Rencontre historique comme Poincaré le relève dans son journal *Au service de la France* : « Vendredi 14 août. Je reçois, sur sa demande, un des chefs socialistes, M. Jules Guesde, dont j'ai été longtemps le collègue au Parlement, mais avec qui je n'ai guère de relations personnelles. C'est un doctrinaire inflexible et loyal, aux idées rigides, à la logique morose, à la parole un peu âpre, aux cheveux flottants et barbe longue. »

Peu après, la catastrophe de la bataille des frontières ayant engendré d'énormes pertes, la France est envahie : comme en 1792, 1814, 1870… Les socialistes appuient la défense nationale. Guesde devient ministre « sans portefeuille ». Sans attributions spécifiques, il joue un rôle de figurant, mais sa présence a un sens pour tout le monde : celui qui avait sévèrement combattu l'entrée au gouvernement en 1899 est cette fois bel et bien là. Pour une petite minorité de socialistes internationalistes, le guesdisme est désormais marqué du sceau de l'infamie : avoir tant bataillé pour introduire le marxisme et en arriver là ! À l'étranger, parmi ses anciens admirateurs, c'est la consternation. Un certain Léon Trotski lui adresse en octobre 1916 un courrier assassin qu'il conclut ainsi : « Par-dessus votre tête, j'envoie un salut fraternel au prolétariat français qui s'éveille aux grandes destinées. Sans vous et contre vous, vive la France socialiste ! »

Le dernier débat

La guerre dure. Guesde quitte le gouvernement à la fin de l'année 1916, alors que la situation militaire et matérielle se dégrade, et que les socialistes sont de plus en plus divisés sur l'opportunité de défendre l'union sacrée. Guesde demeure jusqu'au bout attaché à l'effort de guerre, condamnant tout rapprochement avec les autres socialistes, notamment allemands, et n'hésitant pas à stigmatiser les « pièges boches ». Il admire les premiers mois de la révolution russe de 1917 mais prend rapidement ses distances avec les bolcheviks. L'introducteur du marxisme ne s'y reconnaît pas : trop rigides, trop extérieurs à la tradition socialiste française. Surtout, plus que tout autre, il refuse l'esprit de scission, en un mot sectaire, souhaitant que tout le monde demeure dans le parti unifié de 1905, si difficilement fondé. Peine perdue à Noël 1920 : considérablement affaibli, Guesde n'est pas présent au congrès de Tours, alors que se joue le sort du socialisme français. Son nom est pourtant évoqué régulièrement, presque autant que le martyr de la paix, son frère ennemi Jaurès. Désormais convaincu par Lénine, Marcel Cachin se dit fidèle à Guesde… contre lui-même.

Demeuré attaché à son marxisme simplifié, Guesde restait convaincu que l'unité de 1905 avait fait progresser considérablement la cause du socialisme. Rien de pis pour lui que ce schisme de 1920 qui voit se séparer socialistes et communistes ralliés à Moscou. Ses vieux compagnons se déchirent : Cachin, l'emblème du ralliement au Komintern, s'oppose à Bracke, qui maintient avec Blum la « vieille maison ». Le vieux prophète disparaît peu de temps après, le 28 juillet 1922, meurtri par la division : ses derniers appels désespérés à l'unité n'ont pas été entendus.

La presse nationale, de toute tendance, lui rend hommage. Socialistes et communistes se disputent aussitôt sa mémoire. Malgré ses choix de 1914 et 1920, *L'Humanité* passée depuis peu sous contrôle communiste affirme : « Le parti communiste, qui sait qu'il doit la formation doctrinale de ses militants à l'œuvre et à l'effort de Guesde, considère sa mort comme un deuil prolétarien. »

L'héritage

Ce respect presque unanime se prolonge au moins jusqu'au début des années 1960. Socialistes et communistes célèbrent sa mémoire, tout particulièrement dans le Nord. Côté socialiste, Jean Jaurès est régulièrement évoqué avec lui : les deux frères ennemis étant morts à la fin du mois de juillet, c'est un même anniversaire que l'on célèbre. En 1936, au moment où la gauche arrive au pouvoir avec le Front populaire, les deux principaux journaux socialistes et communistes ont à leur tête un fidèle de Jules Guesde : *L'Humanité* est toujours dirigée par Cachin tandis que *Le Populaire* – socialiste – l'est par Bracke, Blum venant de prendre la présidence du Conseil.

Mais la tendance s'inverse dans les années 1960. Nouvelle gauche, anticolonialisme, critique du parti centralisé : la mémoire de Guesde ne survit guère à l'esprit de Mai 1968. Rendant compte d'un travail érudit de l'historien Claude Willard sur le guesdisme, Jacques Julliard évoque dans les *Annales* « l'éternel guesdisme » et rapproche le fondateur du Parti ouvrier de Guy Mollet, chef du gouvernement en 1956-1957, de sinistre mémoire pour une nouvelle gauche qui l'accable en raison de sa politique coloniale.

À partir des années 1980, dans le contexte d'un certain retour en force des idées républicaines au sein de la gauche, Jean Jaurès est régulièrement mentionné, tandis que le nom de Guesde ne l'est plus guère, ou bien sert de repoussoir. Témoin d'un passé révolu, son nom a été donné à de nombreuses rues, et tout particulièrement dans son bastion du nord de la France. Ponctuellement, il réapparaît, par exemple en 2015 lorsque Jean-Marie Le Guen, ministre de François Hollande, s'en prend aux « frondeurs », associés aux guesdistes de naguère.

Que reste-t-il de Guesde ? L'inlassable conviction que le socialisme demeure l'avenir du pays et de l'humanité, un des grands rêves de la gauche française. Son intransigeance et son dogmatisme – incontestables – laissèrent progressivement place à une volonté unitaire du mouvement ouvrier aux moments clefs de son histoire : 1905, 1914 pour finir à Tours en 1920. En résulte un héritage plus contrasté que la seule imagerie négative qui lui colle désormais à la peau. Guesde a par ailleurs contribué, avec d'autres, à retarder l'émergence d'une social-démocratie réformiste à l'allemande telle qu'elle s'imposera à partir des années 1960-1970, et donné de ce fait une couleur plus révolutionnaire que dans d'autres pays au parti socialiste. Tout comme à maintenir l'idée qu'une rhétorique radicale pouvait aussi s'accompagner d'une gestion très pragmatique et peut-être un certain ancrage « de classe » qui eut son heure de gloire, permettant au mot « ouvrier » de ne pas être un « gros mot », comme le soulignait un célèbre socialiste du Nord, Pierre Mauroy.

Il reste, comme le saluait ses adverses du *Figaro* à sa mort, « un grand honnête homme à qui ses adversaires ont su rendre hommage. Doctrinaire intransigeant, il ne voulut jamais rien céder de ce qu'il croyait juste et bien ». Guesde, quoi que l'on en pense, fut aussi finalement un des premiers à se confronter au difficile équilibre entre doctrine et action ; l'idéal à atteindre et le réel à affronter. De ce point de vue, sa trajectoire peut encore nous aider à penser l'histoire de la gauche.

Bibliographie sélective

Jules Guesde, *Jean Jaurès. Les deux méthodes*, Passager clandestin, 2014.

Jean-Numa Ducange, *Jules Guesde. L'anti-Jaurès ?*, Armand Colin, 2017.

Robert Stuart, *Marxism at Work. Ideology, Class and French Socialism during the Third Republic*, Cambridge University Press, 1992.

Claude Willard, *Les Guesdistes*, Éditions sociales, 1965.

18

Jean Jaurès, l'idéal et le réel

par Jean-Pierre Rioux

Pour les gauches françaises aujourd'hui, Jean Jaurès (1859-1914) reste un grand souvenir plus qu'une référence et elles ne récitent plus sa formule bien connue : « Le courage, c'est d'aller à l'idéal et de comprendre le réel. » Je tente ici de signaler, au contraire, quatre exigences qui ont habité Jaurès et dont la connaissance n'est peut-être pas inutile au XXI*e siècle : garder l'intelligence en éveil ; ne pas dédaigner la question religieuse ; combattre la guerre ; unir toutes les forces émancipatrices. Ce choix me conduit à négliger Jaurès intellectuel, éducateur, historien, dreyfusard, élu du Tarn ou ténor à la Chambre. C'est beaucoup j'en conviens. Mais je maintiens mon parti pris, au vu des exigences du temps présent.*

Né à Castres en 1859 dans une famille de modeste bourgeoisie, Jean Jaurès fit d'excellentes études qui le conduisirent à l'École normale supérieure. Agrégé de philosophie, il enseigna d'abord au lycée d'Albi, avant de devenir maître de conférences à la faculté des lettres de Toulouse. C'est dans les colonnes de *La Dépêche du Midi* qu'il publia ses premiers articles, empreints de fervent républicanisme – celui qu'il exprime en devenant député en 1885. Dans les années suivantes, Jaurès découvre peu à peu le socialisme. Ses lectures de Marx (thésard, il consacre sa thèse secondaire aux origines du socialisme allemand), ses entretiens avec Lucien Herr, le nouveau bibliothécaire de l'École normale qu'il fréquente assidûment, mais aussi les luttes ouvrières dont il est témoin le font adhérer à un socialisme dans lequel il s'évertue d'allier son idéalisme au matérialisme. Battu aux élections de 1889, il est réélu en 1892, à la suite d'une longue grève des mineurs de Carmaux dont il se fait le combatif défenseur. Commence alors vraiment la carrière politique de Jaurès, qui devient vite la figure rayonnante du socialisme français.

Le parquet trop ciré

C'est au jeune homme qu'il faut référer sur le premier point : au Jaurès « des matins clairs », disait Péguy, qui voulait « rallumer tous les soleils ». On s'en convaincra en lisant son article intitulé « La démocratie radicale » publié dans *La Dépêche de Toulouse* le 14 octobre 1888. De quoi avertissait-il ce jour-là, au retour d'une réunion à Gaillac, dans son Tarn qui l'avait élu député à 26 ans, en 1885 ? Assez de discours, assez de confort pour nous, les élus de la République ! « Volontiers, nous nous installerions dans une popularité facile comme dans un fauteuil à roulettes, et nous prierions le suffrage universel de nous pousser doucement sur un parquet bien ciré. » Or, attention, car toujours « le peuple dit : où sont les résultats ? ». Malheur donc à nous, les politiques, si nous devenions des rentiers du suffrage universel et des luttes sociales ! Car « il faut que la démocratie sente que nous la demandons pour elle et non pour nous, que nous y cherchons seulement la force nécessaire pour de nouveaux combats moins stériles, et que nous n'attendons le salaire, c'est-à-dire la reconnaissance profonde et durable du peuple, que lorsque nous aurons remis en ses mains les fruits de la justice ». Et gare à vous, les arrivistes friands de platitude rhétorique et de simplisme populiste si vous n'avez pas conservé en vous « une force suffisante de science et de pensée » ! Car, ne l'oubliez jamais, « le tiers état a préparé son triomphe par l'étude d'abord et ensuite par la reconnaissance aisée des supériorités vraies ».

Donc, à vous tous, élus, idéologues, justiciers, militants et petits tacticiens, un bon conseil : « Sachez écouter, sachez interroger, faites causer à la rencontre. » Songez à ne pas « être tout amour ou toute haine » et d'abord « apprenez à connaître les hommes ». Parce que « le principal ou plutôt le seul obstacle au progrès, c'est l'égoïsme » et que l'égoïsme social n'est ni bourgeois ni prolétaire : « Il est, tout simplement ; et il ravage indistinctement toutes les âmes. » Or, « nous ne pouvons nous sauver les uns et les autres [...] qu'en mettant en commun ce qu'il y a en nous tous de désintéressement et en nous avertissant avec une mutuelle franchise de nos défauts respectifs ». Oui, « la qualité première de la démocratie, c'est l'intelligence vraie de la situation politique dans son ensemble ». Oui, la République « ne peut être conservée que par l'union ». Et l'avenir est à ceux qui le croient et l'apprennent, qui l'espèrent et l'expérimentent.

Car le monde nouveau ne sera pas, ajoute-t-il, « une tutelle nouvelle ou d'intellectuels ou de bureaucrates ». Jaurès sait que « la démocratie française n'est pas fatiguée de mouvement, elle est fatiguée d'immobilité ». Il conviendra plus tard que « ce que la vie m'a révélé, ce n'est pas l'idée socialiste, c'est la nécessité du combat ». Car « la vérité, pour être toute la vérité, doit s'armer en bataille ». Dès lors, il s'en tient à ces conseils lapidaires : restez intraitables sur le principe de liberté ; battez-vous ; mais, surtout, ne construisez rien sans morale et sans travail. Et il lance cet éclair : « Si dans l'ordre social rêvé par nous, nous ne rencontrions pas d'emblée la liberté, la vraie, la pleine, la vivante liberté, si nous ne pouvions pas marcher et chanter et délirer même sous les cieux, respirer les larges souffles et cueillir les fleurs du hasard, nous reculerions. » Dans un autre texte, de 1891, il conclut : « C'est bien à une œuvre de noblesse humaine que nous travaillons, puisque nous voulons abolir tous les obstacles qui dans la société présente s'opposent à la liberté vraie, à la solidarité, à la vie religieuse, à tout ce qui fait la grandeur de l'homme. Mais pour travailler à cette œuvre, il faut dépouiller tout orgueil philosophique et toute fatuité de prêcheur. »

L'étincelle divine

Pas d'orgueil philosophique, certes. Pourtant, ce même texte de 1891 intitulé *La question sociale, l'injustice du capitalisme et la révolution religieuse*, révèle un homme qui s'est donné une vision métaphysique du monde, de l'homme et de Dieu. Vouer sa vie aux autres, affirme-t-il, implique de marquer le cours des choses publiques d'une ambition qui aura « affaire à la totalité de ce qui est » et il a fait de sa propre vision du monde tout à la fois un idéal privé, une propédeutique de l'action et une morale citoyenne et bientôt socialiste.

Le titre de sa thèse principale, *De la réalité du monde sensible*, résume son projet : concilier idéalisme et réalisme en démontrant qu'il y a interpénétration de la conscience et du monde. Pour lui, l'être qui existe dans des systèmes définis, l'univers, la vie, la société, mêle liberté et détermination, contient des possibilités de développement futur, car l'esprit et la matière, l'être et son devenir fusionneront à terme dans une unité. Tout ce qui existe est à la fois matériel et spirituel, l'être est un « infini en acte » qui participe d'une force d'harmonisation et d'une « conscience absolue », c'est-à-dire d'un Dieu. Jaurès s'est ainsi démarqué du matérialisme mais, à l'inverse, il a maintenu contre les idéalistes l'interdépendance des idées et du réel, l'identité de l'être et du monde.

De ce constat, il a tiré la certitude que la rénovation du christianisme était impossible et il a refusé l'Incarnation. Le christianisme sera sans cesse « nié par l'esprit de liberté et de justice », car son Dieu personnel et trinitaire entretient une autorité dogmatique, une théocratie au service de l'iniquité sociale, qui aliène la conscience et refuse le libre arbitre. Il n'admet donc qu'un Dieu révélé par la raison, par le goût du Beau, du Bien et du Vrai ; un Dieu sans dogme ni révélation, ni église. Conclusion, néanmoins ? « Quiconque n'a pas une foi ou besoin d'une foi est une âme médiocre ; quiconque a un système ou une doctrine pour appuyer sa foi est un lourd scolastique. »

Il maintiendra donc l'idée d'un Dieu « point d'unité de l'univers », « point d'attraction » qui vit « dans la profondeur des choses » ; un Dieu force de vie, moteur d'un monde en marche vers l'unité par élargissement et accélération du progrès, par avènement du « sens métaphysique, qui est tout ensemble le sens de l'absolu, le sens de la justice et le sens de la démocratie ». Ainsi le spirituel et le sacré survivront-ils à la critique si nécessaire des religions installées et oppressives. Il prédit même que l'humanité nouvelle sera pleinement religieuse, car, en abolissant la propriété et les classes, elle aura mis fin à l'aliénation capitaliste qui isole les consciences, brise le corps social et sépare l'homme de la nature et de la spiritualité. Le socialisme, dit-il, sera donc nécessairement « la conscience en marche » et la « fusion de toutes les âmes réconciliées ». Oui, « quand le socialisme aura triomphé, les hommes comprendront mieux l'univers. Car, en voyant dans l'humanité le triomphe de la conscience et de l'esprit, ils sentiront bien vite que cet univers dont l'humanité est sortie ne peut pas être dans son fond brutal et aveugle, qu'il y a de l'esprit partout, de l'âme partout et que l'univers lui-même n'est qu'une immense et confuse aspiration vers l'ordre, la beauté, la liberté et la bonté ».

Cet acte de foi jaurésien laisse cependant en suspens une question : celle du mal et de la chute. Le Dieu de Jaurès, c'est l'Être tout entier. Il y a donc identité de l'idéal et du réel, passage en continu du second au premier et réciproquement ; les âmes et les consciences se rattachent à l'infini « d'où elles procèdent et où elles vont ». Comment résoudre alors la question qui hanta Plotin, Spinoza ou Fichte : pourquoi l'Absolu a-t-il accepté de déchoir ? Jaurès a mal géré cette interrogation et il dira un jour que « rien ne fait de mal », une formule dont la naïveté et l'aveuglement déclencheront la colère de Péguy contre « le grand pontife de l'optimisme officiel ». Socialiste, élu du peuple et leader ouvrier, il va bien vite découvrir toute l'étendue de la violence sociale et de la souffrance individuelle qu'elle entretient. Mais il vivra toujours cette part du monde sur fond d'optimisme, car pour lui l'unité restaurée sera Amour puisque « tout effort dans la justice est une prise de possession de Dieu » et il retrouvera parfois des accents bibliques pour exalter la Jérusalem socialiste à venir.

Il y a donc bien chez lui, comme l'a soutenu Henri Guillemin, une « arrière-pensée » à forte consonance métaphysique et religieuse. Les gauches françaises ne l'ont pas admis. Or Jaurès fut un des rares à avoir la prescience que, malgré toutes les séparations et contre tous les laïcismes étroits, le républicanisme et le socialisme ne feraient pas l'économie de la question religieuse. Mais il a su temporiser en intégrant à sa métaphysique les chocs politiques et moraux, en accueillant la lutte des classes et une part raisonnable du marxisme. Il lui fallut même admettre que si l'esprit et la volonté humaine parviennent moins vite et moins bien à l'unité, c'est que l'aliénation et le tragique existent, qu'ils tissent l'histoire de l'oppression et fondent la division, la misère et la guerre. Et si, décidément, le mal était dans l'homme ?

Jaurès le philosophe ne rendra pas les armes. Mais il a su choisir un camp, son camp, où les arrière-pensées n'avaient pas cours. Dès janvier 1893, il a répondu à Barrès : « Marchons ! Pas de subtilité ! Pas de vaines ténèbres ! Allons au but qui est la justice. Éclairons les esprits, affranchissons le travail. Une fois émancipé, tout homme cherchera lui-même son chemin. » Il a accepté de ne pas mettre son credo en première ligne. En 1896, sur la tombe d'un jeune socialiste, il a sans doute réaffirmé : « Je crois d'une foi profonde que la vie humaine a un sens, que l'univers est un tout, que ses forces, tous ses éléments aspirent à une œuvre et que la vie de l'homme ne peut être isolée de l'infini où elle se meut et où elle tend. » Il a pris une résolution dilatoire : « Nous ne chercherons pas le secret profond de la vie tant que tous les salariés, tous les écrasés ne pourront pas la chercher librement avec nous. Nous ne voulons pas dissiper en des rêves hautains ou vagues sur l'univers ou la destinée notre énergie de combat. » Mais sous ce que l'on a trop commodément convenu d'appeler l'humanisme, l'idéalisme ou le réformisme de Jaurès, il y a toujours eu sa soif d'harmonie des choses et d'humanité réconciliée, son choix d'une « action vaillante et juste qui continue, en quelque sorte, l'œuvre de Dieu ».

La guerre, la paix, la patrie

Jean Jaurès n'a pas parlé, comme nous aujourd'hui, de globalisation. Mais il a donné une dimension mondiale à son combat. Car l'essentiel, disait-il dès 1903, « c'est de surveiller les événements du point de vue de la paix » puisqu'il sait que le monde du nouveau siècle est une poudrière. En 1905, quand tout menaçait de nouveau, il a lancé à ses camarades allemands, tout acquis au schématisme des analyses économiques marxistes de l'impérialisme conquérant : « Le monde présent est ambigu et mêlé. Il n'y a en lui aucune fatalité, aucune certitude : ni le prolétariat n'est assez fort pour qu'il y ait certitude de paix, ni il n'est assez faible pour qu'il y ait fatalité de guerre. Dans cette indécision des choses et cet équilibre instable des forces, l'action humaine peut beaucoup. » Et, prémonitoire : « D'une guerre européenne peut jaillir la révolution, et les classes dirigeantes feront bien d'y songer ; mais il en peut sortir aussi, pour une longue période, des crises de contre-révolution, de réaction furieuse, de nationalisme exaspéré, de dictature étouffante, de militarisme monstrueux, une longue chaîne de violences rétrogrades et de haines basses, de représailles et de servitudes. Et nous, nous ne voulons pas jouer à ce jeu de hasard barbare. »

Dès lors il est tout acquis à un idéal de paix. Mais il distingue la « paix armée » et la « paix véritable ». Il croit qu'une paix définitive attend l'humanité, qu'elle sera concorde et harmonie entre les êtres et la nation, entre chaque nation et le concert des nations ; qu'organisée, elle marquera l'étape finale d'une humanité harmonique ; que, promesse, elle est à la fois un idéal de la raison humaine et le pôle, le but et l'inspiration de l'action au quotidien. Et seul le socialisme, ajoute-t-il, donnera un nom à cette paix « véritable ».

En revanche, si Jaurès vit avec moins d'euphorie ce qu'il nomme la « paix armée », la notion lui convient aussi puisque c'est le réel qu'il faut prendre à bras-le-corps. C'est pourquoi il n'a eu de cesse de raisonner sur le retour à l'affrontement entre les hommes. S'ensuivit une analyse des sources de la violence et du désordre, qui coulent toujours selon lui à trois niveaux, qui communiquent entre eux sans lien direct de cause à effet : le politique exacerbé, avec son cortège de nationalisme exclusif et agressif, de despotisme et d'absolutisme, de militarisme faisant la course aux armements, de racisme et de fanatisme réveillés, de terrorisme et de massacres de masse ; l'économique et le commercial, avec la mondialisation des jeux du capitalisme, la compétition géostratégique pour la délimitation des zones d'influence et la colonisation spoliatrice qui redistribuent si dangereusement les cartes du partage du monde entre les seules grandes puissances ; l'imaginaire, entretenu par l'immoralité et le double langage dans la diplomatie et les relations internationales, par les mensonges de la grande presse qui suscitent l'inquiétude et la peur, dans l'obsession de la violence et la soif de sécurité qui traversent les sociétés nouvelles où les masses font l'opinion.

Chemin faisant, quoi qu'en aient dit ses adversaires, il est resté un patriote. Il a certes admis que l'impérialisme et le colonialisme projetteraient un jour dans le monde entier les rivalités et les affrontements de tous ordres qui jusqu'alors n'opposaient que des nations. Mais il a défendu conjointement, jusqu'au bout, la cause de la paix et celle de la nation. Ou plutôt, comme il l'a expliqué aux instituteurs en 1908, il a plaidé pour activer « le patriotisme le plus fervent et l'internationalisme humain le plus généreux » dont seule la conjonction pourra sauver la paix.

C'est qu'il a toujours eu un attachement charnel pour son pays, « petite » et « grande » patries mêlées ; pour sa défense nationale et son armée de conscription ; son rayonnement politique et moral, sa diversité culturelle et son élan civilisateur. Il pense et croit, dira-t-il dans *L'Armée nouvelle* en 1911, juste après avoir affiché sa tendresse pour Jeanne d'Arc, que la patrie tient par ses racines au fond même de la « physiologie de l'homme ». « À l'intérieur d'un même groupement régi par les mêmes institutions, écrit-il, il y a forcément entre les individus, même des classes les plus opposées ou des castes les plus distantes, un fond indivisible d'impressions, d'images, de souvenirs, d'émotions. L'âme individuelle soupçonne à peine tout ce qui entre en elle de vie sociale, par les oreilles et par les yeux, par les habitudes collectives, par la communauté du langage, du travail et des fêtes, par les tours de pensée et ces passions communs à tous les individus d'un même groupe que les influences multiples de la nature et de l'histoire, du climat, de la religion, de la guerre, de l'art ont largement façonné. » La patrie, au bout du compte, c'est « la multiplication de l'âme individuelle par l'âme de tous ».

Il préfère cependant la France « du patriotisme national et humain » à celle du « chauvinisme étroit ».

Il déteste le patriotisme « de théâtre », « tapageur » et « des mots », l'exaltation indue du militarisme et du nationalisme qui fait florès depuis l'affaire Dreyfus. Il pourfend « les patriotes professionnels qui ne comprennent la patrie que comme une force exclusive et barbare ». Après 1905, il ne se contente plus de récuser le nationalisme politique des boulangistes, des antidreyfusards, des réactionnaires et de tous les cocardiers. Il dénonce plus violemment encore le capitalisme d'argent qui ruine le vrai patriotisme, les patrons de presse, les financiers et les industriels qui entretiennent à domicile « l'intransigeance patriotique » tout en multipliant leurs investissements en Allemagne et au Maroc ou en touchant des chèques douteux. Il distingue donc le patriotisme comme idéal révolutionnaire, celui de Valmy et des soldats de l'an II, du patriotisme marchepied d'un nationalisme chauvin et cynique. Il associe son propre sentiment d'amour pour son pays à son amour de la liberté, de la République, de la Révolution et d'une humanité un jour unifiée et pacifiée. Les chapitres de son *Histoire socialiste* consacrés à la Législative, par exemple, fourmillent de dénonciations des « ennemis de la liberté, c'est-à-dire de la patrie », car la patrie c'est « la commune liberté qui vibre et qui frémit ».

Nonobstant, il a rappelé aussi que la patrie elle-même pourrait évoluer et qu'elle ne serait jamais ni une idole pétrifiée ni une forme d'oppression. Il faut au contraire, répète-t-il, toujours mieux la penser, mieux la confronter aux nouveautés du monde moderne : « L'apparente crise de l'idée de patrie est une crise de croissance », dit-il, car en France respire « une patrie extensible et souple qui recule soudain sa frontière morale ». Il a élaboré un argumentaire tendant à prouver que les patries modernes seront demain la chose de tous ; que l'appropriation collective des moyens de production et de la force de travail refondera l'unité nationale à un niveau supérieur ; que les nations ainsi passées au socialisme seront invincibles tout en ayant perdu leur agressivité. Jaurès n'a donc jamais fait de la patrie un idéal qui pourrait menacer l'espoir de paix. Il avait trop le goût des héritages, le sens de l'histoire, la connaissance des travailleurs et la pratique des autres peuples pour ne pas croire, même à l'été 1914, que la vieille nation saurait affirmer la raison et la vérité. Refus de la désunion et de la rupture, sens de l'héritage humain, confiance dans le progrès en continu, voilà son credo.

C'est exactement ce que pensait déjà le jeune philosophe en 1892. C'est ce qu'il rappelait dans un texte de 1898, en pleine affaire Dreyfus. Oui, lançait-il, « le socialisme et le prolétariat tiennent à la patrie française par toutes leurs racines ». Oui, « l'unité nationale est la condition même de l'unité de production et de propriété, qui est l'essence même du socialisme ». Oui, « les nations, systèmes clos, tourbillons fermés dans la vaste humanité incohérente et diffuse, sont la condition nécessaire du socialisme ». Mais, « si le socialisme et la patrie sont aujourd'hui, en fait, inséparables, il est clair que dans le système des idées socialistes, la patrie n'est pas un absolu. Elle n'est pas le but ; elle n'est pas la fin suprême. Le but, c'est l'affranchissement de tous les individus humains. Le but c'est l'individu. (La patrie) n'est pas au-dessus de la conscience. Elle n'est pas au-dessus de l'homme. Le jour où elle se tournerait contre les droits de l'homme, contre la liberté et la dignité de l'être humain, elle perdrait ses titres. [...] C'est sauver la patrie que de la tenir dans la dépendance de la justice ».

Le rêve unitaire

Un Dieu impersonnel point de rencontre des êtres et de l'univers, une Patrie de liberté et de justice, une République garante de la souveraineté indivisible du peuple. Ces trois certitudes d'ordre métaphysique, moral et politique en ont entretenu une quatrième chez Jaurès : tout ne s'accomplira, pense-t-il, qu'à proportion de « l'unité organique supérieure » des forces de progrès. C'est pourquoi il a voulu l'unité des socialistes.

La tâche a été rude, mais Jaurès n'a pas baissé la garde. « Plus j'y réfléchis, lançait-il en 1898, plus il me semble qu'en organisant son unité, le socialisme français accroîtra merveilleusement ses forces. Dans la confusion croissante et le terne crépuscule du capitalisme finissant, il sera, haut sur l'horizon, la grande lumière d'espérance et de justice, condensée en un seul foyer, et réfléchie en d'innombrables consciences. » Et même, ajoutait-il, « demain l'humanité, affranchie par le socialisme et réconciliée avec elle-même prendra conscience en sa vivante unité de l'unité du monde, et interprétant à la lumière de sa victoire l'obscure évolution des forces, des formes, des êtres, elle pourra entrevoir, comme en un grand rêve commun de toutes ses énergies pensantes, l'organisation progressive de l'univers, l'élargissement indéfini de la conscience et le triomphe de l'esprit ».

Ces envolées n'ont pas séduit. Car les socialistes restent chroniquement divisés et chacune de leurs sectes se soucie d'abord de promouvoir son idéal et sa méthode propres. L'histoire du XIXe siècle les a il est vrai malmenés, depuis les espoirs déçus de 1848, le massacre des communards en 1871 puis l'avènement d'une république qui ne se prive pas de les combattre. Les grands souvenirs émancipateurs de la Révolution ne suffisent plus pour affronter le monde nouveau, industriel et de lutte de classes. Leurs ressources idéologiques sont disparates, ils se réfèrent à Babeuf, Fourier, Proudhon, Blanqui ou Cabet sans pouvoir démêler la part d'utopie, d'anarchie et de révolution qui nourrit leurs combats. Le marxisme est peu connu et peu diffusé. Si bien qu'à la fin du siècle ils ont donné en grand désordre sur les deux nouveaux champs de bataille : celui de la IIe Internationale fondée en 1889, marxisée et qui donne aux partis la direction toute militaire de l'action du prolétariat ; celui d'un mouvement ouvrier français qui, au contraire, compte sur ses seules forces pour faire la révolution.

Il est impossible ici de résumer les innombrables conflits qui s'ensuivirent. Mais il faut rappeler les trois constantes de l'engagement de Jaurès. La première est son refus catégorique, contre les thuriféraires du parti et notamment Jules Guesde, de délégitimer la « force aiguë » d'un prolétariat tendu vers « son but final » révolutionnaire et émancipateur : cette force qu'il manifeste par le combat syndical, l'ouverture de bourses du travail, la grève et même la grève générale, l'action directe et même le « Grand Soir » tels que la CGT les expose orgueilleusement dans sa charte d'Amiens de 1906. Il ouvre à ces camarades-là les colonnes de *L'Humanité* et à la Chambre, le 15 décembre 1905, il tonne : « Il est bon, il faut que quelque part le ressort de la classe ouvrière, le ressort de la pensée ouvrière soit ramassé sur lui-même, de façon à agir par une détente vigoureuse sur l'ensemble des forces sociales. » Nonobstant, deuxième constante, il maintient qu'au pays de 1789, du suffrage universel et de la République, la classe ouvrière aura tout à gagner des « résultats immédiats » et des « réformes immédiates » de nature politique, parlementaire et législative, adoptées sans « concessions outrées » ni « compromissions dangereuses » : d'un réformisme lucide, d'une « politique de démocratie » rayonnant dans tout le corps social, qui n'oubliera pas le but final, l'émancipation du prolétariat, et que les syndicalistes révolutionnaires ont, vraiment, grand tort de mépriser.

Jaurès, troisième constante, a toujours pensé qu'un parti socialiste unifié sans « despotisme », ouvert à toutes les initiatives, pourrait en France respecter ces deux engagements. Il l'a soutenu dans les débats houleux de l'Internationale comme dans ceux de son pays, tout aussi agités. En vain. En 1899, au lendemain de l'affaire Dreyfus, ce ne fut qu'empoignades et insultes à propos du « cas » Millerand, un socialiste ami de Jaurès entré au gouvernement de défense républicaine de Waldeck-Rousseau. Jules Guesde et Édouard Vaillant ont tranché victorieusement la question contre Jaurès : « Le parti socialiste, parti de classe, ne saurait être ou devenir, sous peine de suicide, un parti ministériel, disent-ils. Il n'a pas à partager le pouvoir avec la bourgeoisie, dans les mains de laquelle l'État ne peut être qu'un instrument de conservation et d'oppression sociales. Sa mission est de le lui arracher, pour en faire l'instrument de la libération et de la révolution sociales. »

En 1900, le débat sur les « deux méthodes » entre Jaurès et Guesde, un bien maigre viatique théorique dont les militants feront longtemps mine de se satisfaire, a étalé un peu plus les divergences. En 1902, tandis que le syndicalisme révolutionnaire prend de la force et que les « ministériels » amis de Millerand se débandent, Jaurès ne perd pas encore espoir : « Notre parti semble coupé en deux et les méfiances surabondent. Et pourtant je garde la conviction que l'Unité socialiste se fera. [...] Elle se fera par l'impossibilité où seront les diverses tendances de se supprimer les unes les autres, et de s'isoler les unes des autres. » En 1904, au congrès d'Amsterdam de l'Internationale, il lance : « Vous avez devant le prolétariat international masqué votre impuissance d'action en vous réfugiant dans l'intransigeance de formules théoriques. [...] Le socialisme international, dans tous les pays, dans tous ses éléments, dans toutes ses forces, s'associe à l'impuissance momentanée mais formidable de la social-démocratie allemande. » Mais Guesde réplique, toujours intraitable : « Votre erreur est fondamentale. Vous rattachez le socialisme à la République et à la Révolution française. Nous, nous disons que le socialisme est le résultat de phénomènes purement économiques, et cette conception essentielle est en opposition irréductible avec la vôtre. »

Un congrès « historique » d'avril 1905 accouche donc, sur injonction expresse de l'Internationale irritée par le pugilat tricolore, d'une Section française de l'Internationale ouvrière (SFIO). Son organisation a fière allure, elle met en place un appareil minimal mais elle campe à l'écart du travail parlementaire comme du mouvement social. Ses sections locales doivent mener seules une action publique qui s'en tiendra à la propagande et à la désignation des candidats aux élections, loin des actions concrètes en pleine pâte populaire ; ses fédérations, départementalisées, peuvent garder quelque autonomie ; sa direction politique appartient au congrès annuel, mais les courants et les tendances aussi structurés qu'antagonistes se disputent déjà âprement les sièges au conseil national et à la commission administrative permanente (CAP). Les députés ne peuvent être admis au groupe parlementaire de la SFIO que s'ils sont « versés » puis contrôlés par leur fédération. Et *Le Socialiste* devient l'organe officiel et dogmatique du parti, contre *L'Humanité* que Jaurès vient de lancer. Ce dernier, vaincu même s'il n'en convient pas et s'il se félicite des progrès accomplis, est même empêché de siéger à la CAP, alors que ses adversaires y paradent.

Résultat ? La force électorale, doublée par l'efficience d'un socialisme municipal très actif et utile, ne manquera plus au parti apparemment unifié, inscrit dans un « bloc » puis une « fédération » des gauches où ses élus voisineront à la Chambre avec les radicaux et des centristes : une cinquantaine de députés éparpillés en 1893, 103 un peu plus cohérents en 1914. Mais jamais cette SFIO assez maigre, qui ne dépassera guère les 80 000 adhérents, ne pourra rassembler en son sein toutes les forces socialistes et de progrès : les scissions et les départs, les prises d'indépendance d'élus locaux et les luttes intestines entre tendances rivales resteront son lot. En outre, jamais ce parti peuplé surtout de classes moyennes et de fonctionnaires ne pourra devenir social-démocrate, privé qu'il restera de relais ouvriers, syndicaux et associatifs, à la différence du parti allemand et du travaillisme britannique.

Jaurès lui-même, qui refusa de se laisser débaucher par les anciens « ministériels » à la Chambre en entrant dans un gouvernement et qui fut tenu en lisière par les « internationalistes » coriaces dans son parti, a été plus isolé qu'on ne l'a dit et chanté. Ce qui n'empêchera pas l'élu des mineurs de Carmaux, le tribun et le grand parlementaire, le sonneur d'alarme contre la guerre, de rester jusqu'en 1914, et d'abord chez les militants, le leader bien-aimé du socialisme à la française.

Apôtre de la paix, espérant jusqu'au bout éviter la catastrophe d'une guerre absurde, il est assassiné le 31 juillet 1914 par un nationaliste fanatique, Raoul Vilain. Sa dépouille sera transférée au Panthéon en 1926.

Bibliographie sélective

Jean Jaurès, *Œuvres*, Fayard, 13 vol. (sur 17 prévus) parus en 2018.

Jean Jaurès, *Rallumer tous les soleils*, textes choisis et présentés par Jean-Pierre Rioux, Omnibus, 2006.

Vincent Duclert (dir.), *Jaurès contemporain*, Toulouse, Privat, 2018.

Madeleine Rebérioux, *Jean Jaurès. La parole et l'acte*, Gallimard, coll. « Découvertes », 1994.

Jean-Pierre Rioux, *Jean Jaurès*, Perrin, coll. « Tempus », 2005.

Michel Winock, *Le Socialisme en France et en Europe (XIXe-XXe siècle)*, Seuil, coll. « Points histoire », 2018.

La Société d'études jaurésiennes (4, rue Toussaint-Féron, 75013 Paris) tient le site jaures.info et publie des *Cahiers Jaurès*.

19

Zola : romancier du peuple et dreyfusard

par Robert Kopp

Romancier du peuple et dreyfusard : rien que pour ces deux qualités, que tout le monde lui reconnaît, Émile Zola est éligible au titre de grande figure de la gauche. Il l'a d'ailleurs été dès son vivant. En effet, il a fait entrer le peuple dans le roman de manière sans doute plus authentique, c'est-à-dire plus crue, que Victor Hugo ou Eugène Sue. Quant à son rôle pour qu'éclate enfin la vérité dans l'affaire Dreyfus, il a été déterminant. En publiant, le 13 janvier 1898, dans L'Aurore *de Clemenceau, sa « lettre au Président de la République »,* « J'accuse… ! »*, Zola signe l'acte de naissance de la figure moderne de l'intellectuel engagé, de « l'intellectuel de gauche », pour employer un pléonasme, telle qu'elle a été préfigurée par Voltaire défendant Calas et telle qu'elle a existé jusqu'à Sartre, avant de disparaître à la fin des années 1980. Deux hauts faits incontestables aux yeux de ses admirateurs, deux raisons suffisantes de détestation aux yeux d'une bonne partie de la bourgeoisie catholique et bien-pensante, pour qui Zola est* *resté une sorte de bête noire jusqu'au lendemain de la Seconde Guerre mondiale.*

Le Balzac du peuple

Si Balzac est le romancier de la bourgeoisie de la monarchie de Juillet, Zola est pour une bonne part celui du peuple sous le Second Empire. Le grand public ne s'y est d'ailleurs pas trompé, qui assure le succès de *L'Assommoir* et de *Germinal* depuis leur publication, en 1877 et en 1885, et que n'ont guère entamé les critiques adressées au roman dit traditionnel, réaliste et naturaliste, par les tenants du « nouveau roman » dans les années 1950 et 1960. Un succès qui se maintient, puisque ces deux romans connaissent aujourd'hui encore les tirages de loin les plus élevés parmi les vingt titres dont sont composés *Les Rougon-Macquart*. Il repose en grande partie sur la confiance faite par les lecteurs à l'auteur, qui a réussi à faire passer ses romans pour des enquêtes. À preuve encore ce sondage qui a suffisamment frappé Michel Winock pour être consigné dans son *Journal politique* des années Mitterrand : lors de la présentation du film tiré par Claude Berri de *Germinal*, le 23 septembre 1993 à Lille, un questionnaire de la SOFRES révèle que plus de 60 % des ouvriers français et 50 % de l'ensemble des personnes interrogées pensent que la condition ouvrière, depuis Zola, est fondamentalement restée la même. Peu importe que Zola se soit toujours défini comme romancier et non pas comme historien, il a réussi son pari : faire « une œuvre de vérité », un « roman sur le peuple qui ne mente pas et qui ait l'odeur du peuple ».

Il nous faut pourtant apporter une nuance : ce brevet de grand homme de gauche, tous ne sont pas prêts à l'accorder à Zola, surtout à l'extrême gauche. Ainsi, les marxistes n'ont cessé d'émettre des réserves à l'encontre du romancier. À commencer par Marx et Engels, relayés par Lénine, Lukács et d'autres. En effet, l'admiration de Marx va à Balzac et à Sue. Quant à Engels, il avoue à Margaret Harkness préférer Balzac « à tous les Zola passés, présents et à venir ». À ses yeux, Balzac, en dépit de ses préjugés catholiques et monarchiques, aurait su analyser les raisons de la décadence de la noblesse et de la montée en puissance de la bourgeoisie. Balzac révolutionnaire, n'était-ce pas déjà la thèse de Victor Hugo ? Zola, en revanche, ne ferait que décrire la société de son temps sans agir sur elle. Les *Rougon* relèveraient de la littérature bourgeoise. Deux manières de lire non seulement Balzac, mais aussi Zola...

Un forçat des lettres

L'histoire nous permettra d'y voir plus clair. Commençons par souligner l'ampleur et la diversité de l'œuvre de Zola, qui, loin de former un bloc, s'étend sur une quarantaine d'années et comprend au moins trois parties d'importance sinon égale, du moins équivalente. Des quinze volumes de l'édition de référence publiée par Henri Mitterand, les cinq premiers comprennent les articles de critique du jeune Zola et ses premiers romans, les cinq suivants sont réservés aux

Rougon-Macquart et les cinq derniers sont consacrés aux cycles des *Trois Villes* et des *Quatre Évangiles*, ainsi qu'au théâtre. Si, au long de sa carrière, Zola s'est montré d'une étonnante constance quant à certains principes, ses idées n'en ont pas moins évolué.

La génération de Zola a 20 ans en 1860. Déçue par la révolution de Février et révoltée par le coup d'État, elle prend le contre-pied des romantiques. Ces jeunes républicains détestent le conservatisme moral de l'Empire, mais sont fascinés par les progrès accomplis dans le domaine des sciences et des techniques. Le mal du siècle a cédé la place à un formidable appétit de vie. « Ce qui caractérise notre temps, écrit Zola à son ami aixois Jean-Baptiste Baille le 2 juin 1860, c'est cette fougue, cette activité dévorante ; activité dans les sciences, activité dans les commerces, dans les arts, partout : les chemins de fer, l'électricité appliquée à la télégraphie, la vapeur faisant mouvoir les navires, l'aérostat s'élevant dans les airs. Dans le domaine politique, c'est bien pis : les peuples se soulèvent, les empires tendent à l'unité. Dans la religion, tout est ébranlé ; à ce monde nouveau qui va surgir, il faut une religion jeune et vivace. » Cette nouvelle religion sera le « naturalisme », que Zola élabore en quelques années seulement à l'aide de nombreux textes critiques et une première série d'œuvres de fiction, avant de le mettre au service de sa grande fresque romanesque des *Rougon*. Et lorsqu'il aura fini de décrire le monde tel qu'il est, il se lance avec *Trois Villes* et *Quatre Évangiles* dans deux nouveaux cycles dans lesquels il rêve d'un monde tel qu'il voudrait qu'il fût.

L'ascension d'un déclassé

Tout commence par un déclassement, que l'écrivain n'aura de cesse de vouloir réparer. Le 27 mars 1847, le père de Zola, l'ingénieur François Zola, meurt prématurément à l'âge de 52 ans. Il laisse une jeune veuve de 28 ans et un fils qui n'en a que 7. D'origine italienne, ingénieur de formation, saint-simonien, François Zola avait fait agréer par la ville d'Aix-en-Provence le projet d'un canal d'adduction d'eau dont les travaux venaient de commencer et qui, une fois achevé, finira, non sans mal, par recevoir le nom de son concepteur. Dans un dithyrambe laborieux, publié par *La Provence* le 17 février 1859, le fils célébrera l'œuvre de son père, qui, nouveau Prométhée, a réveillé une cité endormie en la mettant sur la voie du progrès. À sa mort, l'ingénieur laisse quelques actions de la Société du canal et autant de dettes. En vain, Mme Zola essaie de faire valoir ses droits, elle ne gagnera aucun de ses nombreux procès. La famille se trouve ruinée par les malversations des anciens associés du père. Le fils vengera ce dernier, novateur audacieux et homme plein d'énergie, en prêtant quelques-uns de ses traits à Octave Mouret, le patron d'*Au Bonheur des Dames*, ainsi qu'à Aristide Saccard, le banquier de *La Curée* et de *L'Argent*.

La ville d'Aix, pour avoir refusé d'être sur la ligne de chemin de fer Paris-Nice, restera à l'écart du monde moderne jusqu'au lendemain de la Seconde Guerre mondiale. Elle servira à Zola de modèle pour Plassans, le berceau de la famille des Rougon-Macquart, comme en témoigne un plan dessiné pour *La Fortune des Rougon*, la cathédrale Saint-Saturnin correspondant à Saint-Sauveur, le cours Sauvaire au cours Mirabeau, la place des Récollets à la place des Prêcheurs. Boursier au collège Bourbon, Zola suivra sa famille dans des appartements toujours plus étriqués. Il se lie d'amitié – pour la vie – avec Jean-Baptistin Baille et Paul Cézanne, avec lesquels il explore la campagne aixoise, qu'il évoquera dans *La Faute de l'abbé Mouret*, *Le Docteur Pascal*, *L'Œuvre*, et dont il gardera la nostalgie. Il rêve d'être poète, lit Lamartine, Victor Hugo, Musset, mais aussi Alexandre Dumas, Paul Féval et Eugène Sue. Au Théâtre de la Ville, il suit tout le répertoire de la Porte-Saint-Martin. Il en gardera le goût pour le mélodrame.

En 1857, Mme Zola s'installe à Paris afin de poursuivre ses actions en justice contre les associés de son mari. Elle y fait venir son fils, mais les difficultés matérielles s'aggravent. « Être pauvre à Paris, c'est être pauvre deux fois », notera Zola dans *La Curée*. Car dans le Paris en pleine transformation haussmannienne, l'argent est roi et la spéculation bat son plein. Une nouvelle aristocratie, industrielle et financière, marginalise l'aristocratie d'Ancien Régime et rejette une partie de la bourgeoisie vers le peuple. La religion du jour est celle du progrès, dont le *Grand Larousse du XIXe siècle* prédit qu'elle remplacera le christianisme. Or, en dépit des apparences, la France est en passe de perdre sa deuxième place de puissance industrielle après les États-Unis au profit de l'Angleterre et de l'Allemagne. La fête impériale cache mal les failles d'un régime de plus en plus contesté pour son manque de légitimité.

Zola est inscrit au lycée Saint-Louis, mais il n'obtient pas le baccalauréat, ce brevet d'entrée dans la bourgeoisie. Et pour ne plus être à la charge de sa mère, il entre aux Docks de la douane, « une immonde écurie », pour 60 francs par mois. C'est aussi l'époque des premières expériences amoureuses. Mais sa vie de bohème est aux antipodes de la bohème de Dumas ou de Mürger ; c'est une bohème miséreuse, évoquée dans son premier roman, *La Confession de Claude*, largement autobiographique. Zola veut y montrer le vrai visage de la pauvreté, qui entraîne fatalement la déchéance morale.

Le 1er mars 1862, il entre chez Hachette, d'abord comme employé à la fabrication des paquets, puis au service de la publicité, dont il devient très vite le chef. Il fait ainsi l'expérience d'une entreprise commerciale moderne, qu'il transposera, vingt ans plus tard, dans *Au Bonheur des Dames*, le roman consacré à ces temples de la consommation que sont les grands magasins. Il observe de près le fonctionnement du commerce des livres, en passe d'industrialisation. Et il mesure le rôle de la publicité et de la presse. Zola rédige d'innombrables notices pour le *Bulletin du libraire et de l'amateur de livres*, rend compte des Conférences de la rue de la Paix pour la *Revue de l'Instruction publique*, recense des romans et des expositions de tableaux pour *Le Journal populaire de Lille*, *Le Salut public de Lyon*, *Le Grand Journal*, *Le Gaulois*, *L'Événement*, place ses premiers poèmes et ses premiers contes, écrit ses premières pièces de théâtre. « Vous ne sauriez croire combien je suis occupé, écrit-il le 6 février 1865 à son ami d'Aix, Antony Valabrègue, j'ai entrepris une telle besogne que je ne sais plus où donner de la tête : d'abord, j'ai, par jour, dix heures prises à la librairie ; je donne ensuite, toutes les semaines, un article de 100 à 150 lignes au *Petit Journal*, et, tous les quinze jours, un article de 500 à 600 lignes au *Salut public* de Lyon ; enfin, j'ai mon roman (*La Confession de Claude*), auquel je devrais travailler, et qui, jusqu'ici, a dormi tranquillement au fond d'un tiroir. [...] La question d'argent m'a un peu décidé dans tout ceci ; mais je considère aussi le journalisme comme un levier si puissant que je ne suis pas fâché du tout de pouvoir me produire à jour fixe devant un nombre considérable de lecteurs. » Se faire un nom afin de pouvoir vivre de sa plume : dès 1865, Zola a droit à une notice dans le *Dictionnaire des contemporains* de Gustave Vapereau, publié chez Hachette, mais lorsque le 31 janvier 1866 il quitte son emploi, il ne lui reste que ses droits d'auteur. « L'argent dans la littérature » restera un sujet bien au-delà du chapitre qu'il lui consacrera en 1880 dans *Le Roman expérimental*.

Un quart de siècle après la publication d'*Illusions perdues*, dont l'action se situe au début des années 1820, Zola fait l'expérience de ce milieu journalistique dont Balzac a décrit l'émergence. Dès cette époque, il prendra *La Comédie humaine* pour modèle. Et il reviendra constamment à Balzac, ce « maçon prodigieux », ce « Juvénal moderne », qui, bien que royaliste et catholique, a été « démocrate sans le savoir », travaillant « pour la République, pour les sociétés et les religions libres de l'avenir ». Bien avant les marxistes, Zola a vu en lui « un voyant, un prophète du lendemain » : « Le peuple, l'ouvrier, n'apparaît jamais. Mais comme on entend au loin la voix du grand absent, comme on sent, sous toutes les ruines amassées, la sourde poussée du peuple qui va jaillir à la vie politique, à la souveraineté. » *Les Rougon-Macquart* prennent si bien la suite de *La Comédie humaine* que Zola, plus d'une fois, s'est senti obligé de mettre en avant les différences qui le distinguaient de son modèle : si Balzac, à travers « les hommes, les femmes et les choses », a fait de son œuvre « le miroir de la société contemporaine », sa propre création à lui sera « moins sociale que scientifique » et aura comme cadre non pas la société, mais une seule famille, et sur les vingt années seulement du Second Empire et non pas sur près d'un demi-siècle et à travers six régimes différents.

Cézanne, Manet et les autres

Cette base scientifique, Zola l'acquiert pour une bonne part grâce aux auteurs de chez Hachette, dont une des spécialités est la vulgarisation à travers des dictionnaires et des revues destinées à l'enseignement. Louis Hachette lui-même, qui, lui aussi a prêté quelques traits à l'entrepreneur Octave Mouret, fait partie de la bourgeoisie libérale et républicaine. Sa philosophie conjugue positivisme et anticléricalisme. Comme celle de Deschanel, de Duranty, de Littré, de Taine, autre grand admirateur de Balzac et qui, un des premiers, a utilisé à son propos le terme de « naturalisme ». Mais le milieu dans lequel évolue Zola compte aussi, grâce à son ami Cézanne, de nombreux peintres, parmi lesquels Frédéric Bazille, Henri Fantin-Latour, Camille Pissarro, Armand Guillaumin et plusieurs des futurs impressionnistes. Parallèlement à ses articles sur Victor Hugo, Proudhon, Barbey d'Aurevilly, les Goncourt, il en écrit sur Gustave Doré, Courbet et, surtout, Manet, dont il devient le grand défenseur que Baudelaire n'a pas su être. Et comme en littérature, où il passe de George Sand, Musset et Victor Hugo à Balzac et aux Goncourt, en peinture également, il délaisse très vite le romantisme pour le réalisme.

Toutefois, de son romantisme, Zola ne guérira jamais tout à fait. Il en convient lui-même : « J'ai souvent confessé que nous tous aujourd'hui, même ceux qui ont la passion de la vérité exacte, nous sommes gangrenés de romantisme jusqu'aux moelles ; nous avons sucé ça au collège, derrière nos pupitres, lorsque nous lisions les poètes défendus ; nous avons respiré ça dans l'air empoisonné de notre jeunesse. Je n'en connais guère qu'un ayant échappé à la contagion, et c'est M. Duranty. Souvent, lorsque je pense à nous, j'ai une conscience très nette du mal que le romantisme nous a fait. Une littérature reste toujours troublée d'un pareil coup de folie. » En effet, dans *Les Quatre Évangiles*, la dernière œuvre de Zola, restée inachevé, l'auteur, après « la longue constatation de la réalité », est heureux de retrouver tout son « lyrisme » et toute son « imagination » en rêvant, mais d'un « rêve que la science autorise », à une société de fraternité et de justice.

Duranty ne fut pas seulement « un des pionniers du naturalisme », comme l'indique Zola dans le même article, et le fondateur, avec Champfleury, de la revue *Réalisme*, il était aussi l'ami de Manet et c'est peut-être par lui que Zola est entré en relation avec le peintre.

Ce n'était pas encore fait au moment du Salon de 1866, dont Zola rend compte dans *L'Événement*, où il tenait déjà une rubrique de critique littéraire. Il avait suivi, comme tous ses camarades, les querelles provoquées par le refus des tableaux de Courbet, de Whistler, de Jongkind, de Fantin-Latour, de Pissarro et de Manet au Salon de 1863, et la création du Salon des refusés, où Whistler a montré *La Femme en blanc* et Manet *Le Déjeuner sur l'herbe*. Deux ans plus tard, ce seront *Jésus insulté par les soldats* et *Olympia* qui déclencheront les sarcasmes des critiques. L'année suivante, le jury voulant éviter un nouveau scandale, *Le Fifre* et le *Portrait de Rouvière dans le rôle de Hamlet* sont refusés. Raison suffisante, pour Zola, de consacrer une grande partie de son *Salon de 1866* à Manet.

Il commence par mettre en cause le jury et ses choix timorés : il « n'a pas voulu des toiles fortes et vivantes, des études faites en pleine vie et en pleine réalité. […] On couvre les murs de toiles honnêtes et parfaitement nulles ». Ce que Zola demande à l'artiste, ce n'est pas de « donner de tendres visions ou des cauchemars effroyables ; c'est de se livrer lui-même, cœur et chair, c'est d'affirmer hautement un esprit puissant et particulier, une nature qui saisisse largement la nature en sa main et la plante tout debout devant nous ». Mais il ne s'agit pas de reproduire simplement la nature, sinon « tous les tableaux devraient être forcément de simples photographies ». Une œuvre d'art est « la combinaison d'un homme, élément variable, et de la nature, élément fixe ». Et il va jusqu'à affirmer : « Le mot “réaliste” ne signifie rien pour moi, qui déclare subordonner le réel au tempérament. » Tempérament : c'est le mot clé de son esthétique. Toute sa vie, il restera fidèle à cette définition : « Une œuvre d'art est un coin de la création vu à travers un tempérament. » L'héritage romantique subsiste ainsi au cœur même de son naturalisme. C'est lui qui permet à Zola de transcender la simple analyse du réel fondée sur l'observation et d'assurer aux *Rougon-Macquart* une dimension épique hissant le cycle au niveau du mythe.

Lors de l'Exposition universelle de 1867, Manet renouvelle le geste de Courbet qui, en 1855, dépité par le refus de certains de ses tableaux, avait présenté ses œuvres dans un pavillon à part. C'est l'occasion pour Zola de reprendre sa défense du peintre publiée dans la *Revue du XIXe siècle* sous forme d'une brochure proposée à l'entrée de l'exposition : *Édouard Manet, étude biographique et critique*. Manet l'a fait figurer sous sa couverture bleue dans le grand portrait de Zola par lequel il a remercié l'écrivain et qui se trouve au musée d'Orsay. Contrairement à la réputation que lui ont faite certains, Manet n'a rien d'un « bohème », d'un « galopin », d'un « croque-mitaine », il n'appartient pas à « la race chevelue de 1830 ». Or, si sa vie est celle « d'un bourgeois tranquille », sa manière de peindre ne rompt pas moins avec les conventions académiques. Celles-ci ont érigé « le beau grec » en « beau absolu », « immuable », « dominant les âges », au mépris d'un monde qui « se transforme », des civilisations qui « s'élèvent et s'écroulent », des sociétés qui « se précipitent ou languissent », des mœurs « toujours changeantes ». Pour Manet, peintre éminemment moderne, « enfant de notre âge », comme pour Zola, « c'est dans ces caractères différents, dans ces aspects toujours nouveaux, que consiste […] l'intérêt puissamment humain des œuvres d'art ». La peinture de Manet est pour Zola l'occasion de définir ce qu'il appelle « l'esthétique moderne », la sienne, celle où « le beau devient la vie humaine elle-même », car « c'est dans nous que vit la beauté, et non en dehors de nous ». Cette beauté moderne, Manet comme Zola la chercheront dans des scènes de rue, à travers la foule, dans des cafés, dans les lieux de plaisir. Le romancier dédiera *Madeleine Férat* au peintre et le peintre illustrera magnifiquement *Nana*.

Zola aura été, avec les Goncourt, un des grands défenseurs de la peinture moderne de son temps. Ses textes critiques lui ont permis de fixer l'esthétique de ses premiers romans. Si Manet proposait une nouvelle manière d'appréhender la réalité, Zola voulait fonder sa propre représentation de la réalité sur des observations scientifiques, en dehors de toute considération morale, comme le suggère l'épigraphe de *Thérèse Raquin* empruntée à Taine : « Le vice et la vertu sont des produits comme le sucre et le vitriol. »

La consécration

Dans *Madeleine Férat*, Zola combine l'histoire naturelle avec l'histoire sociale et met ainsi en place le système qui formera la base des *Rougon-Macquart*. Une fois encore, un homme viril et une femme sensuelle s'affrontent comme dans un mélodrame. Victime de sa physiologie, de son hérédité, de son éducation et de son milieu, Madeleine Férat garde également l'empreinte de son premier contact sexuel. Cette « théorie de l'imprégnation », Zola l'a trouvée chez un de ses premiers maîtres à penser, Michelet, dont il a surtout retenu les ouvrages de la deuxième période – *L'Oiseau*, *L'Insecte*, *L'Amour*, *La Femme* – et leur prodigieuse exaltation de la nature, ainsi que ce « grand élan de la vie » que l'historien oppose au catholicisme, religion de la mort. Quant à celle de l'hérédité, en vogue auprès de tous les naturalistes, d'Ibsen à Strindberg et à Hauptmann, Zola la doit au docteur Lucas et à son *Traité philosophique et physiologique de l'hérédité naturelle* (1847-1850). C'est dans les marges de cet ouvrage qu'il dessine l'arbre généalogique des Rougon-Macquart, qu'il envoie dès 1869 à l'éditeur Albert Lacroix, dans l'espoir de lui vendre l'histoire d'une famille en dix volumes. Et de circonscrire des sphères à explorer : le peuple, les commerçants, les bourgeois, le grand monde et « le monde à part » que constituent les artistes, les prostituées, les criminels et les prêtres.

À la différence de Balzac, qui a construit *La Comédie humaine* après avoir publié des dizaines de contes et de romans, Zola a conçu son « histoire naturelle et sociale d'une famille sous le Second Empire » à partir d'un plan établi à l'avance. « Mon œuvre sera moins sociale que scientifique », note-t-il dans la page déjà citée, « Différences entre Balzac et moi ». « Au lieu d'avoir des principes (la royauté, le catholicisme) j'aurai des lois (l'hérédité, l'innéité). Je ne veux pas comme Balzac avoir une décision sur les affaires des hommes, être politique, philosophe, moraliste. Je me contenterai d'être savant, de dire ce qui est en en cherchant les raisons intimes. Point de conclusion d'ailleurs. »

Le premier volume, *La Fortune des Rougon*, met en place la famille et pose les jalons pour les romans suivants. Toute l'histoire s'explique par les débordements d'une femme, Adélaïde Fouque, tante Dide, née en 1770, fille de riches maraîchers qui, à la mort de ses parents, épouse Rougon, son garçon jardinier, dont elle a un fils, Pierre. Devenue veuve, elle prend pour amant, à la date symbolique de 1789, un ivrogne, contrebandier et braconnier, Macquart, de qui naissent deux bâtards, Antoine et Ursule. C'est l'origine de deux lignées, l'une marquée par un appétit effréné de pouvoir et de jouissance, l'autre par la violence et l'alcoolisme ; leurs descendants combinent les qualités physiques et morales de leurs parents et peuplent les vingt romans auxquels Zola a très vite élargi l'ensemble. C'est en suivant de près le plan préétabli qu'il a suivi son « histoire naturelle et sociale d'une famille sous le Second Empire », afin de rendre sensible « le jeu de la race modifiée par le milieu ». La société est un organisme vivant, mis à mal par des forces antagonistes : « Nous sommes malades de progrès, malades de science, d'art et d'industrie, et, chaque jour, nous interrogeons l'horizon avec anxiété pour savoir si les problèmes sociaux et artistiques, scientifiques et industriels n'ont pas enfin reçu leurs solutions. [...] Il y a dans notre société un détraquement général, et la machine mal remise de la terrible secousse, crie et grince. »

À chacun des grands problèmes de cette société malade, Zola réserve un volume : à la spéculation foncière du Paris transformé par Haussmann (*La Curée*), aux problèmes de ravitaillement d'une grande ville (*Le Ventre de Paris*), aux rapports incestueux entre religion et politique (*La Conquête de Plassans*), à l'incompréhension de la religion face à la vie (*La Faute de l'abbé Mouret*), aux cercles du pouvoir sous l'Empire (*Son Excellence Eugène Rougon*), à la misère populaire noyée dans l'alcool (*L'Assommoir*), aux ravages de la passion amoureuse (*Une page d'amour*), à la prostitution (*Nana*), aux vices cachés de la petite bourgeoisie (*Pot-Bouille*), aux grands magasins (*Au Bonheur des Dames*), à la dépossession (*La Joie de vivre*), à la vie des mineurs et à leurs grèves (*Germinal*), au monde de l'art et des artistes (*L'Œuvre*), à la vie des paysans (*La Terre*), au miracle d'une orpheline sauvée (*Le Rêve*), aux chemins de fer (*La Bête humaine*), à la Bourse (*L'Argent*), à la chute de l'Empire et à la Commune (*La Débâcle*), au renouveau après la défaite (*Le Docteur Pascal*).

Quel remède propose-t-il à cette société malade ? Le « naturalisme ». Loin d'être simplement une doctrine littéraire à la suite du réalisme, il est « l'agent même du XIXe siècle », une « méthode, ou moins encore, une évolution » vers une nouvelle façon d'être au monde. « Et si l'on me poussait davantage, j'avouerais que mon seul rêve d'orgueil, dans notre anarchie littéraire serait d'être le pacificateur des idées et de la forme, un des soldats de l'ordre, un classique travaillant à la fondation d'un État solide et définitif, sur la base de la science. » C'est en soldat de l'ordre qu'il estime, dans *La Débâcle*, que « l'abominable holocauste » de la Commune était « nécessaire ».

Le naturalisme est une entreprise totalisante, qui vise à édifier une société républicaine et démocratique, anticléricale et libérale, conciliant les droits et les intérêts des individus et ceux de la collectivité. Et comme l'homme ne peut se passer de croyances, dans cette société, la religion sera celle du « socialisme », telle qu'elle est proposée dans *Paris*. Le socialisme remplacera la religion des « croyants hallucinés » de *Lourdes* et « la religion mystique » de *Rome*. Tel est le message du cycle *Les Trois Villes*, que Zola a entrepris dès avant l'achèvement des *Rougon-Macquart* et qu'il entendait compléter par l'esquisse, restée inachevée, d'une nouvelle société dans *Les Quatre Évangiles*.

« J'accuse »

Si *Germinal* et *L'Assommoir* ont fait de Zola le romancier du peuple, l'affaire Dreyfus a fait de lui le défenseur intransigeant de la justice et un combattant farouche contre l'antisémitisme. C'est en 1896, trois ans après l'achèvement des *Rougon*, alors qu'il jouissait d'une célébrité internationale et travaillait à son nouveau cycle des *Trois Villes*, que Zola reçut la visite de Bernard Lazare, le premier des dreyfusards. Il n'avait pas pris note de la condamnation de Dreyfus, se trouvant alors à Rome, mais il n'avait pas attendu ces événements pour combattre l'antisémitisme, souvent qualifié de « monstruosité ». Si, dans ses romans, et en particulier dans *L'Argent*, il reprend certains stéréotypes, il fait néanmoins dire à Caroline Hamelin, qui pourtant n'arrive pas à convaincre Saccard : « Pour moi, les juifs, ce sont des hommes comme les autres. S'ils sont à part, c'est qu'on les y a mis. »

Depuis décembre 1895, Zola est en charge d'une chronique au *Figaro*. Celle du 25 avril 1896 est consacrée à la propriété littéraire, celle du 2 mai au Salon, celle du 9 mai aux élites et à la politique. Et celle du 16 mai à l'antisémitisme, qui, depuis quelques années, se répand de plus en plus en France et en Europe. Elle ne contient aucune allusion à l'affaire Dreyfus, mais elle a motivé la visite de Bernard Lazare, qui venait de publier *Une erreur judiciaire. La vérité sur l'affaire Dreyfus*. Or ce n'est qu'après d'autres visites et de nouvelles révélations que Zola, en novembre 1897, commence à s'engager pour la cause des dreyfusards, d'abord par une série d'articles qui vaudront au *Figaro* des désabonnements en série, puis, le 13 janvier 1898, après l'acquittement scandaleux d'Esterhazy et la condamnation de celui qui l'avait confondu, Picquart, par son fameux « J'accuse… ! » dans *L'Aurore*. Le journal se vend à 300 000 exemplaires en quelques heures. Désormais, l'affaire échappe aux autorités politiques, militaires et judiciaires ; elle sera arbitrée par l'opinion publique. L'État a beau utiliser tout l'arsenal répressif dont il dispose et condamner Zola à son tour pour diffamation et le rayer des cadres de la Légion d'honneur, les « intellectuels », comme on désignait alors les écrivains et les artistes, assurent la défense de l'écrivain hors du prétoire et finissent au bout d'une guerre de six ans, menée par des centaines d'articles, une avalanche de caricatures, au travers d'autres procès et d'innombrables manifestations, souvent violentes, par obtenir la réhabilitation de Dreyfus en 1906. Zola était mort entre-temps, asphyxié dans son sommeil, dans la nuit du 28 septembre 1902, par la fumée d'une cheminée bouchée, dont la rumeur voulait qu'elle l'eût été par les antidreyfusards. Par son engagement, il a voulu protester contre l'avilissement de la République par la veulerie des politiques, contre la perversion de l'opinion par la presse, contre le déchaînement des passions les plus basses. Pour lui, l'honneur de la France exigeait qu'elle ne fût ni aux ordres de l'Église, ni à ceux de l'Armée. C'est en cela que son engagement revêt un caractère d'exemplarité.

Une gloire parfois contestée…

« Littérature putride », c'est par ce qualificatif que Louis Ulbach, le grand critique du *Figaro,* avait accueilli un des tout premiers romans de Zola, *Thérèse Raquin,* en 1867, avant même que l'auteur n'eût publié le premier volume des *Rougon-Maquart*. Une étiquette qui ne quittera plus jamais Zola. De nombreux caricaturistes – Sapeck, Gill, Hope, Crafty – ont représenté le romancier fouillant dans des poubelles ou des tas d'ordures ou chevauchant un gros cochon. Francisque Sarcey et Ferdinand Brunetière n'ont cessé de combattre le roman naturaliste sous prétexte qu'il véhiculait une image dégradante de l'humanité. Et en 1894, un autre critique, Antoine Laporte, a posé la question : « Qui mourra le premier de Zola ou de ses œuvres ? » Avant de répondre que la santé de l'auteur était sans doute meilleure que celle de ses œuvres…

Zola, le naturaliste, le matérialiste, le socialiste, le dreyfusard, ne pouvait qu'être l'épouvantail de la droite catholique et bien-pensante qui lui préférait le « bouillon de veau », selon l'expression d'Huysmans, des romans idéalistes à la manière de Paul Bourget, de Georges Ohnet, d'Octave Feuillet, de Victor Cherbuliez ou d'Élémir Bourges. Mais Zola était également contesté par tous ceux qui, de Proust à Michel Butor et Alain Robbe-Grillet, pensaient que le roman traditionnel avait fait son temps. Il n'a pourtant pas cessé de se maintenir. L'académie des Goncourt, issue du naturalisme, couronne chaque année avec plus ou moins de succès un roman traditionnel. Quant à Zola, il est resté, malgré les contestations des marxistes, des bien-pensants et des nouveaux romanciers, un authentique romancier populaire. Les innombrables adaptations de ses romans au cinéma et à la télévision en font foi. Sans parler des nombreuses éditions de ses textes en format de poche, qui intéressent bien au-delà d'un public scolaire auquel ils sont également destinés.

Bibliographie sélective

Émile Zola, *Œuvres complètes*, sous la direction de Henri Mitterand, Cercle du Livre précieux, 1966-1970, 15 vol.

Émile Zola, *Les Rougon-Macquart*, édition établie par Colette Becker, avec la collaboration de Gina Gourdin-Servenière et Véronique Lavielle, Robert Laffont, coll. « Bouquins », 1991-1993, 5 vol.

Émile Zola, *Correspondance*, sous la direction de B. H. Bakker, Presses de l'université de Montréal et éditions du CNRS, 1978-1995, 10 vol.

Colette Becker, Gina Gourdin-Servenière, Véronique Lavielle, *Dictionnaire d'Émile Zola*, Robert Laffont, coll. « Bouquins », 1993, avec bibliographie.

Henri Mitterand, *Zola*, Fayard, 1999-2002, 3 vol.

Pour une bibliographie exhaustive, voir David Baguley, *Bibliographie de la critique sur Émile Zola*, t. I, 1864-1970, t. II, 1971-1980, University of Toronto Press. À compléter par les bibliographies publiées dans les *Cahiers naturalistes* (http://cahiers-naturalistes.com).

20

Léon Bourgeois, une doctrine pour la gauche de gouvernement

par Serge Berstein

L'itinéraire politique de Léon Bourgeois (1851-1925) est représentatif de la mutation opérée par le courant radical au tournant des XIX*e et* XX*e siècles. Hier nébuleuse d'extrême gauche, illustrée par l'intransigeance d'un Georges Clemenceau ou d'un Camille Pelletan, il se transforme en parti de gouvernement, conduit comme tel à conclure des compromis et à se doter d'une organisation et de structures qui en font le premier parti politique français moderne. De cette évolution, Léon Bourgeois est incontestablement un acteur majeur.*

La grande carrière administrative d'un membre des classes moyennes

Léon Bourgeois naît à Paris à la fin de la IIe République dans une famille de petite classe moyenne (son père est horloger). Après des études dans une institution privée, il suit les cours du lycée Charlemagne, puis ceux de l'école de droit de Paris. Parallèlement, il s'intéresse aux questions d'éducation, écoute avec passion les conférences de Renan à l'École des hautes études, se passionne pour l'apprentissage du sanscrit.

Ayant obtenu en 1872 sa licence en droit, il entre dans un cabinet d'avocats en 1875, devient secrétaire de la conférence du stage, fréquente la société Tocqueville et se trouve ainsi intégré au milieu des jeunes juristes qui aspirent à faire une carrière politique. En avril 1876, il soutient sa thèse de doctorat en droit. Son mariage avec la fille d'un propriétaire viticole, membre d'une famille de notables du département de la Marne, va infléchir sa carrière professionnelle. Il entre dans l'administration et devient sous-chef du contentieux au ministère des Travaux publics.

Jusqu'à ce moment, il ne s'est guère mêlé de politique, même si ses sentiments républicains ne font guère de doute. La crise du 16 mai 1877 va en décider autrement. Léon Bourgeois fait partie de la charrette des fonctionnaires révoqués pour cause de républicanisme. Il gagne ainsi son brevet de fidélité à la République, essentiel pour sa réintégration dans l'administration après la victoire des républicains comme secrétaire général de la préfecture de la Marne. En 1880, bénéficiant d'un soutien considérable de la part des élus et des notables de la Marne, mais aussi d'appuis efficaces provenant d'autres départements, il est nommé sous-préfet de Reims, puis en 1882 préfet du Tarn. Entre-temps, il s'est affilié à la franc-maçonnerie, complétant ainsi le cursus idéal du républicain de plein exercice des années 1880.

Léon Bourgeois paraît mûr pour une grande carrière administrative. Nommé en 1883 secrétaire général de la préfecture de la Seine, en 1885 préfet de la Haute-Garonne, il retrouve Paris pour y exercer des fonctions de direction du personnel administratif. Nommé conseiller d'État en service extraordinaire en janvier 1887, il assiste le président du Conseil dans la discussion du budget devant les Chambres. Désigné en novembre 1887 au poste stratégique de préfet de police de Paris, en pleine crise provoquée par le scandale des décorations, la démission de Jules Grévy et l'agitation boulangiste, il réussit à maîtriser les tentatives de déstabilisation et à maintenir l'ordre. Mais ses récentes fonctions l'ont convaincu qu'il devait désormais quitter le domaine administratif pour le champ politique et qu'il était temps pour lui de franchir le pas en se faisant élire.

Une grande carrière politique

L'élection au Sénat du député Henri Margaine, président du conseil général de la Marne, ouvre dans ce département une élection partielle à laquelle Léon Bourgeois décide de se présenter. Il n'y fait guère campagne, à la fois parce que ses fonctions de préfet de police le retiennent dans la capitale et parce qu'il est malade. Mais les nombreux appuis familiaux, amicaux et politiques dont il dispose dans ce département peuvent largement compenser son absence. De surcroît, les conservateurs, tout en attaquant Bourgeois, ne présentent pas de candidat contre lui. Il est vrai qu'il s'affirme comme favorable à la concentration des centres et non comme un ami de Clemenceau et qu'il propose un programme de réformes modérées, sauf en ce qui concerne les relations entre l'Église et l'État dont il réclame la séparation. Dernier atout : il a contre lui la candidature du général Boulanger, posée dans le cadre de sa campagne plébiscitaire, ce qui fait de lui le candidat des républicains. Le 26 février 1888, Bourgeois est élu député de la Marne avec 65 % des suffrages. Il sera brillamment réélu en 1889 et lors des scrutins législatifs suivants.

Au moment où il aborde cette nouvelle phase de sa carrière, Léon Bourgeois apparaît comme un homme robuste, dans la force de l'âge, excellent orateur, prenant plaisir à discourir et séduisant ses interlocuteurs par son immense culture, son inlassable curiosité et sa force de conviction. « Il se formait, écrit non sans malice Adolphe Brisson, dans l'art d'enjôler ses contemporains. » Qualités personnelles mises au service d'une pensée en tout point conforme aux valeurs du personnel républicain de la fin du XIXe siècle.

Dès le début de sa carrière parlementaire, ce radical modéré qui, à 37 ans, a déjà derrière lui un brillant passé administratif se voit offrir des postes ministériels. Il sera successivement sous-secrétaire d'État à l'Intérieur (avril 1888-février 1889), ministre de l'Intérieur (mars 1890), ministre de l'Instruction publique et des Beaux-Arts (mars 1890-décembre 1892), ministre de la Justice (décembre 1892-mars 1893). Il est clairement l'homme qui monte au sein du courant radical. Au moment où Clemenceau, le tombeur de ministères, se trouve privé de sa tribune parlementaire par sa défaite aux élections législatives de 1893, conséquence des accusations (injustes) portées contre lui dans l'affaire de Panama, Léon Bourgeois incarne un radicalisme de gouvernement beaucoup plus rassurant pour le monde politique comme pour une grande partie de l'électorat. Aussi accède-t-il à la présidence du Conseil en 1895, exerçant en même temps, comme il est d'usage à l'époque, les fonctions de ministre de l'Intérieur, puis de ministre des Affaires étrangères. Le moment semble venu pour lui d'expérimenter au pouvoir les conceptions réformistes du radicalisme, en particulier la séparation des Églises et de l'État, l'institution des retraites ouvrières et l'impôt général sur le revenu que son ministre des Finances Joseph Caillaux est chargé de mettre en œuvre. Il n'en aura guère le temps. Profondément hostile à sa politique et tout particulièrement à l'impôt sur le revenu, le Sénat renverse son gouvernement en avril 1896.

Cette chute ne met pas fin à la carrière ministérielle de Léon Bourgeois, pratiquement ininterrompue jusqu'en novembre 1917, date de la nomination de Clemenceau à la présidence du Conseil. Il occupera les ministères de l'Instruction publique, des Affaires étrangères, du Travail et de la Prévoyance sociale, sera membre comme ministre d'État des comités de guerre de 1915 à 1917. Mais c'est en dehors des fonctions ministérielles que s'exerce désormais son rôle, pour ne pas dire son magistère, de théoricien de la gauche de gouvernement.

Le théoricien du solidarisme

Au lendemain de la chute de son gouvernement en 1896, Léon Bourgeois publie un ouvrage, *Solidarité*, qui donne sens à son expérience gouvernementale et va constituer la doctrine sociale du radicalisme. S'appuyant notamment sur la thèse de Durkheim sur *La Division du travail social* (1893), sur les travaux de Charles Gide, théoricien de la coopération, sur l'ouvrage d'Alfred Fouillée *La Science sociale contemporaine* (1885) qui définit, dans une perspective néokantienne, les devoirs des individus entre eux, constitutifs du lien social, Léon Bourgeois va proposer une vision de la société calquée sur les découvertes biologiques qui connaissent un immense succès en cette fin du XIXe siècle. Assimilant les individus qui composent la société aux divers éléments d'un corps vivant dépendant les uns des autres, il y montre que l'existence d'un homme est étroitement dépendante de l'activité de ses semblables. Il est redevable aux générations qui l'ont précédé de l'ensemble des acquis qu'elles lui ont transmis et il est uni à ses contemporains par des liens de solidarité au sein de la division du travail social. Par conséquent, dès sa naissance et au cours de son existence, il a contracté une dette envers la société en vertu d'un « quasi-contrat » qui l'oblige moralement à lui restituer une part de ce que celle-ci lui a apporté. C'est ce qui fonde le droit de l'État, garant de l'intérêt général, à lui demander d'acquitter sa dette, par exemple sous la forme de l'impôt. Grâce à quoi, en faisant jouer les mécanismes de la solidarité, l'État trouvera les moyens de corriger les mécanismes du marché par un système de protection en faveur des plus faibles : retraites pour les vieillards, secours aux indigents, congé de maternité, loi sur les accidents du travail, mise en place de contrats collectifs…

En définissant ainsi un modèle social républicain, Léon Bourgeois ne prétend à rien d'autre qu'à théoriser un consensus qui, selon lui, tend à s'établir au niveau du sens commun afin de réaliser une synthèse entre les idées du libéralisme individualiste et celles du socialisme collectiviste qui contiennent l'un et l'autre, affirme-t-il, une part de vérité scientifique et de valeur morale. Il serait plus juste de dire qu'il tente d'établir une cote mal taillée entre initiative individuelle et correction interventionniste de l'État. Car si lui-même et, plus encore, son disciple Bouglé qualifient de « socialiste » le programme solidariste, il s'agit de se référer au socialisme français du XIXe siècle et en aucune manière au marxisme collectiviste, inacceptable pour une société attachée à la préservation de la propriété privée. Répudiant à la fois l'État divinisé et l'individualisme forcené, le solidarisme demeure un libéralisme corrigé à la marge par l'intervention de l'État. On peut noter que si Léon Bourgeois est aujourd'hui un personnage ignoré des Français, si *Solidarité* est, de très longue date, un ouvrage oublié de tous, il n'en définit pas moins pour la première fois le modèle social français et ses propositions n'ont jusqu'à présent jamais été dépassées par aucun gouvernement, aussi avancé qu'il ait été.

La fondation du parti radical

L'expérience gouvernementale de Léon Bourgeois et la rédaction de *Solidarité* se déroulent dans un contexte politique où le radicalisme dont il se réclame n'est encore qu'un courant inconstitué où, pourvu qu'il soit républicain et laïque, chacun peut se dire « radical » sans référence à des idées et des thèmes précis. Le « parti » radical n'a ni organisation, ni chef, ni doctrine. En revanche, il comporte un grand nombre d'élus, députés, sénateurs, conseillers généraux, conseillers d'arrondissement, maires. D'innombrables journaux nationaux, régionaux, locaux se réclament de lui. De très nombreuses associations, sociétés de lecture, sections de la Ligue de l'enseignement, loges maçonniques diffusent l'influence de ce radicalisme flou dans la société française. Mais surtout, il s'appuie dans le pays sur un nombre considérable de comités (sans doute plusieurs milliers) qui regroupent, souvent autour d'un notable, des citoyens le plus souvent issus des classes moyennes et dont l'activité est particulièrement intense lors des périodes électorales. Le problème est que l'absence d'organisation nationale interdit toute prise de position unanime des radicaux dès lors que la question posée ne concerne pas la défense de la république contre les monarchistes, les bonapartistes ou les extrémistes. La crise de l'affaire Dreyfus à partir de 1898 illustre l'inconvénient de cette aporie. Clemenceau, qui fait à cette occasion sa rentrée politique, est l'un des chefs de file du courant qui, convaincu de l'innocence de Dreyfus, réclame la révision de son procès, mais nombre de radicaux suivent plutôt Eugène Cavaignac, qui se fait le défenseur de l'armée, le radical Dujardin-Beaumetz, qui lâche la bride à un antisémitisme virulent, et le radical Camille Pelletan, qui croit en la culpabilité de Dreyfus et renvoie dos à dos « la haute banque israélite et le militarisme clérical ». Quant à Léon Bourgeois, ministre de l'Instruction publique du gouvernement du radical Henri Brisson jusqu'en novembre 1898, il se réfugie dans un silence prudent, invoquant un nécessaire devoir de réserve dont s'indigne le camp dreyfusard. Lorsque tombe ce gouvernement le 1er novembre 1898, Bourgeois refuse systématiquement jusqu'en 1906, au moment où l'Affaire prend fin, toute proposition de poste ministériel.

Les bouleversements consécutifs à l'Affaire vont paradoxalement donner un coup de fouet aux tentatives de regroupement du courant. L'initiative vient de la franc-maçonnerie, qui constitue le véritable ciment des diverses tendances républicaines. À la veille du 14 juillet 1900, le Grand Orient de France, dirigé par le radical Frédéric Desmons, décide la création d'une Ligue d'action républicaine dont l'objet est de réunir dans un même parti les diverses tendances favorables au régime (modérés, radicaux, socialistes). Ainsi s'ouvre le 21 juin 1901, sous la présidence des trois anciens présidents du Conseil radicaux, Léon Bourgeois, Henri Brisson et René Goblet, le congrès fondateur du Parti républicain, radical et radical-socialiste, sorte d'auberge espagnole qui doit rassembler selon la définition qu'en donne Léon Bourgeois « les républicains sans épithète, républicains simplement fidèles au vieil esprit républicain, républicains radicaux et radicaux-socialistes, tous ceux qui s'inspirent de la Révolution française, tous ceux qui veulent la pensée libre, la justice et la paix sociale… ». Et rejetant à l'avance tout appel à une quelconque discipline, il ajoute : « Ils n'entendent s'imposer les uns aux autres aucun sacrifice : c'est une libre, tout à fait libre entente qui s'est établie entre eux. » Le congrès fondateur réfute dans cette lignée toute idée de programme précis, en dehors du vibrant appel de son inspirateur à la mise en œuvre du solidarisme, qui, on l'a vu, n'a rien d'une doctrine.

Jusqu'à sa mort, Léon Bourgeois demeurera une personnalité de premier plan, fort respectée et admirée du parti qu'il a tant contribué à fonder. Mais à dire vrai, il ne participe guère à ses activités, pas plus qu'il n'intervient dans ses instances. Personnage consulaire qui reprend sa carrière ministérielle de 1906 à 1917, à deux reprises ministre des Affaires étrangères, son centre d'intérêt se déplace de la politique intérieure aux problèmes internationaux et, spécifiquement, à la préservation de la paix dans un monde où les risques de guerre vont croissant à partir de 1905.

Au service de la paix par l'arbitrage international

Léon Bourgeois prend conscience de la gravité des questions internationales durant son passage à la présidence du Conseil, lorsqu'il exerce un moment les fonctions de ministre des Affaires étrangères. Il est caractéristique qu'en 1897 et 1898, il multiplie les voyages en Europe, visitant successivement l'Italie, l'Autriche, la Serbie, la Bulgarie, la Grèce et la Turquie. Cette ouverture au monde le conduit à s'interroger sur la pertinence de l'état de guerre larvée dans lequel vit la France depuis sa défaite de 1871 et à envisager une tout autre forme de relations entre les peuples du continent.

Or c'est dans ces circonstances que le gouvernement russe propose la réunion d'une conférence internationale destinée à étudier la possibilité d'une réduction des armements en Europe. Si ce projet se heurte au profond scepticisme des chancelleries, qui entendent le contenir dans les limites d'une discussion académique sur les principes, ponctuée par l'adoption de quelques mesures techniques, une des propositions retient cependant l'attention : celle qui prévoit des procédures d'arbitrage destinées à régler les litiges sur des problèmes restreints pour faire l'économie d'un conflit. La conférence s'ouvre à La Haye le 18 mai 1899 et Léon Bourgeois est l'un des représentants de la France. Alors que les différentes commissions (sur les armements, les effectifs, les usages de guerre, etc.) se perdent en interminables palabres sans parvenir à aucune conclusion, traduisant la méfiance des États nationaux qui redoutent qu'une instance internationale ne limite leur souveraineté, seule la commission d'arbitrage, présidée par Léon Bourgeois, fournit un travail effectif. Celui-ci y défend l'idée d'un droit régissant les relations internationales appliqué par un tribunal souverain qui examinerait les contentieux entre nations et arbitrerait entre elles. Et les travaux de la huitième commission débouchent de fait sur le seul résultat concret de la conférence, la création de la Cour permanente d'arbitrage.

Désormais, tout en poursuivant sa prestigieuse carrière politique (il est élu en 1902 président de la Chambre des députés, en 1905 sénateur de la Marne et retrouve en mars 1906 le portefeuille des Affaires étrangères), il va se faire l'inlassable propagateur des principes de La Haye sur l'arbitrage international. Aussi multiplie-t-il les déclarations, les discours, les conférences, les articles ou les brochures pour les défendre. Il joue un rôle majeur à la seconde conférence de La Haye réunie en 1907 pour améliorer les procédures d'arbitrage et constater que le système a correctement fonctionné en permettant de résoudre un certain nombre de litiges (à dire vrai assez secondaires). C'est dans le cadre de cette réflexion élargie à la possibilité de préserver la paix et l'entente entre les peuples qu'il évoque la naissance d'une « société des nations civilisées » renonçant à la guerre et résolvant ses différends par la discussion ou le recours systématique à l'arbitrage. En 1910, il rassemble ses nombreuses interventions sur la question dans un ouvrage intitulé *Pour une société des nations*.

Les espoirs de Léon Bourgeois seront naturellement déçus par la succession de crises que connaît l'Europe dans les premières années du XXe siècle. Au demeurant, ses postes ministériels – aussi prestigieux soient-ils – ne doivent pas faire illusion. Face à la génération montante des Poincaré, Briand, Caillaux qui jouent désormais les premiers rôles, sa présence au gouvernement n'a d'autre signification que la volonté de maintenir les radicaux dans la majorité en intégrant à l'équipe ministérielle le plus modéré d'entre eux. Tel est notamment le sens, durant un conflit qu'il aurait souhaité éviter mais que son patriotisme lui commande d'accepter, de son appartenance comme ministre d'État et membre du Comité de guerre à plusieurs des gouvernements d'union sacrée de 1915 à 1917. Toutefois, l'issue de la guerre et la tenue de la Conférence de la Paix paraissent donner une nouvelle jeunesse aux conceptions de la paix par l'arbitrage dont il s'était fait l'ardent promoteur.

La naissance de la SDN

Ministre du Travail et de la Prévoyance sociale du gouvernement Ribot de mars à septembre 1917, Léon Bourgeois a été chargé de conduire les travaux d'une commission dite de la Société des Nations, rendue nécessaire par l'entrée en guerre des États-Unis et la volonté affirmée du président Wilson de faire de la création de cette institution, destinée à éviter toute guerre future, l'élément central du futur règlement de la paix. Poursuivie sous les ministères Painlevé, puis Clemenceau, l'activité de cette commission va cependant se dérouler à partir de novembre 1917 dans un contexte assez paradoxal. En effet, Léon Bourgeois (que Clemenceau n'apprécie guère) n'est plus membre du gouvernement. De surcroît, le président du Conseil, qui n'est jamais avare de traits d'esprit, ironise inlassablement sur le thème de la SDN qu'il considère comme l'idée fixe un peu bizarre d'un président américain ignorant les règles impitoyables de la *Realpolitik*. Aussi se désintéresse-t-il des travaux de la commission présidée par Bourgeois.

Toutefois, il laisse celui-ci, qui a associé à ses travaux le doyen de la faculté de droit de Paris Fernand Larnaude, rédiger avec l'aide de l'historien Ernest Lavisse le projet français de SDN, de manière à pouvoir opposer éventuellement aux vues du président américain, dont les Français redoutent le caractère utopique qui les rendrait inefficientes, un contre-feu plus réaliste. Le texte, achevé au début de l'été 1918, est communiqué aux Alliés et aux commissions parlementaires, sans que le gouvernement français se prononce sur son contenu, Clemenceau ne l'ayant même pas lu, au dire du président Poincaré. Le document présente la SDN comme une institution capable d'éviter les guerres futures et d'assurer la sécurité des nations. Sans être un super-État, elle aurait les moyens d'atteindre ses objectifs grâce à la création d'une armée internationale composée de contingents fournis par les États membres, cependant que tout un jeu de sanctions, décidées par le Conseil exécutif de la SDN, frapperait les États coupables d'agression. En d'autres termes, l'option retenue par les rédacteurs du projet consiste peu ou prou à assurer le maintien de la paix par une transposition de l'organisation alliée du temps de guerre, l'idée qui prévaut en France étant de maintenir au poste de commandant en chef le maréchal Foch à la tête de contingents alliés dont la démobilisation serait retardée.

Or il est clair que ce projet, très favorable aux vues françaises, est fort éloigné des conceptions du président Wilson, comme de la plupart des participants à la Conférence de la paix. Outre que les différents belligérants, à commencer par les Américains et les Britanniques, ont hâte de démobiliser leurs troupes, Wilson n'entend pas pérenniser la suprématie des vainqueurs de la guerre, mais fonder une paix durable, reposant sur le droit et la justice pour tous les peuples, en réintégrant les vaincus dans la communauté internationale. Aussi va-t-il prendre le contre-pied des positions françaises sur la SDN. Face au scepticisme de Clemenceau, qui, dans le plan de travail qu'il soumet à la Conférence de la Paix, relègue à un rang très secondaire la question de la SDN, il exige que celle-ci soit traitée en priorité et décide de prendre lui-même la présidence de la commission chargée de son organisation. Si le Britannique Lloyd George a l'habileté de siéger à cette commission pour se concilier Wilson qui fait figure d'homme fort de la Conférence, Clemenceau montre son indifférence au sujet en y déléguant Léon Bourgeois et Fernand Larnaude, dont on sait le peu d'estime qu'il leur porte. Or les deux délégués français, qui tentent vainement de faire aboutir leur projet de SDN renforcée par une armée internationale, vont se heurter au refus catégorique de Wilson et de Lloyd George de le prendre en compte. Le premier met en évidence le paradoxe qui consiste à vouloir établir la paix sur une menace de guerre. Le second entend rejeter toute clause qui contraindrait le Royaume-Uni à entrer automatiquement dans un conflit où ses intérêts ne seraient pas en jeu. Et l'insistance des Français à demander l'examen de leur projet finit par exaspérer le président Wilson, qui, avec l'appui de Lloyd George, déclare ne plus pouvoir supporter Léon Bourgeois. Face à ce barrage des deux dirigeants les plus puissants du monde de l'époque, celui-ci n'a guère les moyens de faire pencher la balance. L'appui déterminé de Clemenceau aurait été indispensable pour tenter de changer la donne. Or il continue à ignorer ostensiblement la question de la SDN. Tout se passe comme si Bourgeois et Larnaude avaient pour mission de voir systématiquement leurs propositions rejetées, pour permettre à Clemenceau de s'en plaindre et de tenter d'obtenir, à titre de compensation, des concessions sur les sujets qui lui importent vraiment, en particulier le sort de la rive gauche du Rhin.

La SDN sera en définitive celle que Wilson et Lloyd George ont souhaitée, dépourvue de forces militaires et d'efficaces moyens de pression pour maintenir la paix qu'elle était chargée de promouvoir, d'autant que le refus du Sénat américain de ratifier le traité de Versailles prive l'organisation internationale du poids fondamental des États-Unis. À partir de là, c'est le Royaume-Uni qui apparaît comme la clé de voûte de la SDN. Représentant de la France au Conseil de celle-ci, Léon Bourgeois ne jouera qu'un rôle secondaire dans une institution fort éloignée de celle qu'il avait envisagée.

Le temps des honneurs

Réélu sénateur de la Marne en janvier 1920, Léon Bourgeois est porté à la présidence du Sénat. En novembre 1920, lors de la première réunion du Conseil de la SDN, il en est élu président. Désormais, il partage son temps entre Paris et Genève où la SDN a fixé son siège et où il tente vainement de faire jouer à l'organisation internationale le rôle qu'il avait rêvé pour elle. Mais force est de constater que celle-ci n'est efficace que dans des conflits mineurs impliquant de petits États, mais que son impuissance est totale face à des conflits comme celui qui oppose la Russie des Soviets et la Pologne et qui ne sera réglé que par la force…

À dire vrai, le rôle politique de Léon Bourgeois dans les années d'après-guerre est assez limité. Président du Sénat, président du Conseil de la SDN : ces fonctions prestigieuses représentent plus un hommage à son passé qu'elles ne sont porteuses d'un pouvoir réel. Au soir de sa vie, il cumule les honneurs : en décembre 1919, il a été élu à l'Académie des sciences morales et politiques ; en décembre 1920, il reçoit le prix Nobel de la paix. Souffrant d'une santé détériorée, à demi aveugle, il doit renoncer en janvier 1923 à la présidence du Sénat. Retiré à Oger dans la Marne, il y termine sa vie, recevant de nombreuses personnalités et continuant à intervenir pour aider d'innombrables obligés qui font appel à son influence, restée considérable.

Léon Bourgeois fut-il une grande figure de la gauche française ? Largement oublié aujourd'hui, il subit la malédiction des dirigeants politiques des partis de gauche qui, dépassant les incantations de tribune, tentent de traduire leurs conceptions en faits politiques concrets. Appartenant à la génération des radicaux de gouvernement, croyant à l'évolution plutôt qu'à la rupture, Léon Bourgeois a tout de même légué à la gauche française deux de ses piliers fondamentaux et qui conservent toute leur actualité : l'invention du solidarisme en matière sociale et celui de la paix par l'arbitrage dans le domaine des relations internationales.

Bibliographie sélective

Léon Bourgeois, *Solidarité*, Armand Colin, 1902.

Léon Bourgeois, *Pour la Société des Nations*, Bibliothèque Charpentier, E. Fasquelle éditeur, 1910.

Serge Berstein, *Histoire du parti radical*, vol. 1, *La Recherche de l'âge d'or*, Presses de la FNSP, 1980.
Marc Sorlot, *Léon Bourgeois, un moraliste en politique,* Bruno Leprince, 2005.

21

Édouard Herriot ou la République parlementaire

par Serge BERSTEIN

La longue carrière politique d'Édouard Herriot (1872-1957), qui s'étend sur plus d'un demi-siècle, le pose en archétype d'une gauche républicaine née dans les convulsions des combats qui marquent les débuts de la IIIe République jusqu'à l'affaire Dreyfus. Une gauche qui trouve son âge d'or dans le premier tiers du XXe siècle et se survit, bon an mal an, jusqu'à la disparition de la république parlementaire.

Un pur produit de la méritocratie républicaine

À bien des égards, la vie et les débuts de la carrière politique d'Édouard Herriot apparaissent symboliques de l'évolution de la société française et de ses conceptions politiques durant les premières décennies du XXe siècle. Édouard Herriot appartient à cette nébuleuse des classes moyennes qui commence son ascension sociale à la fin du XIXe siècle. Né en 1872, presque en même temps que la IIIe République, il est le petit-fils d'un sous-officier, le fils d'un officier sorti du rang, dont le décès prématuré laisse sa famille dans la gêne. Le jeune Édouard semble destiné à une carrière militaire, à moins qu'il ne devienne prêtre, comme l'espère son grand-oncle, curé du village de Saint-Pouange près de Troyes, auprès duquel il passe ses vacances et qui, dans cette attente, lui donne une instruction religieuse que le garçonnet reçoit avec docilité, mais sans ferveur, et des leçons de latin qui vont lui ouvrir un avenir bien différent. C'est en effet en 1887, lors d'une visite de l'inspecteur général Glachant dans la classe de rhétorique du lycée de La Roche-sur-Yon, qu'ébloui par les qualités de latiniste de l'élève Herriot, l'inspecteur lui offre une bourse afin de préparer au lycée Sainte-Barbe le concours d'entrée à l'École normale supérieure. Il lui ouvre ainsi la porte de la sélection par le mérite qui va jouer un rôle essentiel de promotion sociale dans le cadre du modèle républicain en cours de constitution. Fidèle à ses origines, Herriot n'oubliera jamais qu'il est issu du peuple et qu'il doit tout à la république.

Admis à l'école de la rue d'Ulm en 1891, il est, trois ans plus tard, reçu premier à l'agrégation des lettres et devient en 1895 professeur au lycée de Nantes avant d'être nommé l'année suivante professeur de rhétorique au lycée de Lyon. Durant dix ans, Herriot mène à Lyon la carrière universitaire à laquelle il se destine. Marié à la fille d'un médecin lyonnais, bientôt professeur d'une classe de rhétorique supérieure, il prépare ses thèses de doctorat soutenues à la Sorbonne en 1905, une thèse complémentaire sur un inédit de Mme de Staël, *Fragments d'écrits politiques*, et une thèse principale sur *Madame Récamier et ses amis*.

Les chemins de la politique

À son arrivée à Lyon en 1896, Édouard Herriot s'est inscrit au comité radical du VIe arrondissement. Inscription toute formelle destinée à affirmer ses sentiments ardemment républicains, car on ne lui connaît aucune activité politique. C'est en 1898, au moment où l'affaire Dreyfus devient un problème politique majeur, qu'il s'engage en participant à la fondation de la section lyonnaise de la Ligue des droits de l'homme, en animant l'université populaire de la Croix-Rousse et en participant à de nombreuses manifestations, révélant ainsi ses dons d'orateur à la gauche lyonnaise. Aussi Victor Augagneur, maire de Lyon depuis 1900, convainc-t-il le jeune professeur de figurer sur sa liste municipale pour les élections de 1904, lui offrant après son élection le poste d'adjoint à l'Instruction publique. Un an plus tard, nommé gouverneur de Madagascar, Augagneur le fait élire maire de Lyon pour barrer la route d'un rival socialiste.

Herriot commence alors une carrière de notable local, se fait élire conseiller général du Rhône en 1910, sénateur en 1912, ne tenant d'ailleurs qu'une place effacée à la haute assemblée. Maire de la deuxième ville de France, il siège désormais dans les instances du parti radical, créé en 1901, mais n'y joue qu'un rôle secondaire. Il consacre toute son activité à la gestion de Lyon, en particulier à partir de la déclaration de guerre où l'efficacité de son action fait de l'exemple lyonnais un modèle national. Ce succès pousse Briand, qui constitue en décembre 1916 un ministère dans lequel il souhaite faire entrer des hommes ayant prouvé leurs compétences, à faire appel à lui comme ministre des Travaux publics, des Transports et du Ravitaillement. L'expérience sera décevante, les efforts du ministre ne pouvant compenser l'imprévoyance économique des débuts de la guerre, l'insuffisance de la flotte de commerce et du matériel ferroviaire et les rigueurs de l'hiver. C'est avec soulagement que, le ministère ayant été renversé en mars 1917, Herriot regagne sa mairie lyonnaise, déclinant l'offre de Ribot, successeur de Briand, de rester au gouvernement.

Toutefois, l'expérience n'est pas sans conséquence. Herriot a pris une stature nationale au moment où Clemenceau, qui accède au pouvoir en novembre 1917, entend s'attaquer à ceux des radicaux qui critiquent son action. Il a notamment fait arrêter Joseph Caillaux, ancien président du parti radical qui militait pour une paix de compromis. Jean-Louis Malvy, ancien ministre de l'Intérieur, jugé trop laxiste envers les pacifistes, sera condamné à cinq ans de bannissement par la Haute Cour. Quant à Herriot, Clemenceau a demandé à la Cour des comptes d'enquêter sur la gestion de la Commission des approvisionnements créée par le maire de Lyon. C'est dans ce contexte que, contre toute attente, le congrès radical de 1919, où l'influence des militants revenus du front se fait à nouveau sentir, lui confie la présidence du parti, alors qu'il n'était ni présent ni candidat.

Le reconstructeur du parti radical

Le parti dont Herriot prend la tête est en pleine déliquescence. Un grand nombre de ses élus, qui ont participé à l'union sacrée, entendent poursuivre l'alliance avec la droite modérée et sont prêts, dans cette perspective, à l'abandonner pour adhérer au Parti républicain démocratique et social, constitué par l'Alliance démocratique qui regroupe les modérés de centre droit. Après les élections de novembre 1919, le groupe radical-socialiste de la Chambre, qui a perdu la moitié de ses élus, soutient de ses votes les gouvernements du Bloc national successivement conduits par Millerand, Georges Leygues, Briand ou Poincaré. Quant à Herriot, il est encore dépourvu de toute autorité et impuissant face aux grands barons du radicalisme comme les frères Sarraut ou Gaston Doumergue.

Dans ces conditions, l'objectif d'Herriot de reconstituer le parti radical pour en faire la clé de voûte de la gauche républicaine relève d'autant plus du vœu pieux que le parti socialiste SFIO, l'autre grand parti de gauche, est soumis à la pression de son aile bolchevisante révolutionnaire. Or, face au courant communiste, Herriot est sans indulgence et, comme il l'affirme au congrès de 1920 : « Aller à gauche, c'est le meilleur moyen de réduire le danger socialiste… Je suis un radical-socialiste qui va à gauche dans l'intérêt de l'ordre. » Afin de reconstruire le parti, il encourage la renaissance des comités locaux sur lesquels il va s'appuyer pour pousser les notables radicaux, tentés par les alliances de centre droit, à rester fidèles au radicalisme. Vers 1923, le parti radical est à nouveau en état de marche et compte 70 000 adhérents. Le moment est venu pour Herriot de pousser son parti à rompre ses liens avec la majorité de droite du Bloc national, opération graduelle qui trouve son aboutissement en février 1924. Il exige alors du groupe radical, peu accoutumé à cette pratique, une discipline de vote contre les décrets-lois proposés par Raymond Poincaré. Mesure encore plus rare, il n'hésite pas à laisser ouvrir une procédure disciplinaire à l'encontre des élus qui sont passés outre à cette décision, procédure qui aboutit à l'exclusion de sept députés (dont deux ministres, parmi lesquels Albert Sarraut). Dès lors, Herriot peut ouvrir des négociations avec les républicains-socialistes et les socialistes SFIO pour constituer un Cartel des gauches rendu nécessaire pour espérer l'emporter aux élections de 1924, le système électoral de 1919 (scrutin proportionnel avec prime à la majorité qui favorise les alliances) ayant été maintenu.

À cette date, Édouard Herriot, est devenu un acteur majeur du paysage politique français. Ce quinquagénaire portant beau sait se rendre populaire. Homme de grande culture, auréolé par ses titres universitaires dans une société qui leur accorde un très grand respect, brillant orateur, devenu pour trois décennies un personnage consulaire des IIIe et IVe Républiques, il cultive son côté peuple apprécié par l'opinion. Celle-ci admire chez lui le bon vivant amateur de banquets, les multiples succès féminins qu'on lui prête, sa simplicité par le rappel constant de ses origines populaires, sa fidélité proclamée aux valeurs républicaines dont, au fil des ans, il devient le symbole au point qu'un dirigeant du parti radical sous la IVe République pourra s'écrier en le désignant : « Cet homme, c'est la République en personne ! » Mais il personnifie aussi la difficulté pour un homme de gauche de gouverner la République.

L'impossible union des gauches : l'échec du Cartel

Comment espérer concilier les objectifs d'un parti radical ardemment républicain, défenseur d'un libéralisme économique corrigé à la marge par l'action de l'État, partisan résolu de la propriété privée qu'il rêve d'étendre à la société tout entière, et ceux d'un parti socialiste SFIO qui se proclame révolutionnaire et marxiste, rêve d'instaurer la propriété collective des moyens de production et récuse tout exercice du pouvoir en collaboration avec les partis bourgeois ? Herriot a beau invoquer la République, la science, l'éducation, l'intérêt du « peuple », la réalité est plus prosaïque : radicaux et socialistes doivent s'unir pour le scrutin s'ils ne veulent pas être taillés en pièces par la droite. La SFIO n'essaie pas pour sa part de donner le change. Elle n'accepte qu'un « cartel d'une minute », réduit au geste électoral, rejette toute idée de programme commun et de participation gouvernementale et n'entend soutenir le gouvernement que dans la mesure où les décisions prises conviendront au parti socialiste. En d'autres termes, cet exercice du pouvoir par procuration annoncé par les socialistes condamne d'avance l'expérience : ou le futur ministère appliquera le programme voulu par la SFIO ou il sera renversé, faute de majorité.

Au soir du 11 mai 1924, les listes du Cartel remportent une courte majorité, ouvrant à Édouard Herriot les portes du pouvoir. Pendant près d'une année, il va tenter de gouverner au jour le jour, déployant des trésors d'éloquence pour convaincre les socialistes de la pertinence de son action, multipliant décisions et mesures symboliques destinées à les satisfaire en matière de politique intérieure comme de politique étrangère et s'attirant du même coup les foudres de la droite et du centre droit. Mais il est un domaine où l'accord est impossible, c'est celui de la politique économique et financière. Herriot reste un libéral qui a un besoin urgent de la confiance des porteurs de capitaux pour résoudre les graves problèmes de trésorerie, en particulier le renouvellement des bons du Trésor. Or, dans leur très grande majorité, les milieux d'affaires lui refusent cette confiance tout simplement parce qu'il est politiquement l'allié des socialistes qui préconisent des mesures coercitives comme l'impôt sur le capital ou la consolidation forcée des bons du Trésor. C'est cette contradiction fondamentale qui va conduire en avril 1925 au renversement de son gouvernement par le Sénat. Herriot conservera le souvenir amer des mois où il a dû subir les pressions contradictoires de la SFIO et des milieux d'affaires dont la Banque de France s'est révélée l'efficace instrument.

Élu le 22 avril 1925 président de la Chambre des députés, Herriot continue à faire figure de chef du Cartel, exerçant une constante pression sur ses successeurs à la tête du gouvernement, Paul Painlevé et Aristide Briand, auxquels il reproche de conduire une politique beaucoup trop modérée et leur appui à Joseph Caillaux, son rival au sein du parti radical. Nommé ministre des Finances par Briand en juin 1926, ce dernier demande au Parlement une délégation de pouvoirs pour réaliser le redressement financier. Quittant son fauteuil présidentiel, Herriot monte à la tribune pour adjurer la Chambre de ne pas accepter ce dessaisissement du Parlement, provoquant ainsi la chute du ministère. Pour se débarrasser de « l'hypothèque Herriot », le président de la République Doumergue exige qu'il se charge de la formation d'un nouveau gouvernement. Constitué le 20 juillet 1926, celui-ci est aussitôt renversé par le Sénat au milieu d'une véritable panique financière qui voit le franc s'effondrer ; on parlera à son propos de « plébiscite des porteurs de bons ». Herriot, pour sa part, dénoncera, dans une formule célèbre « le mur de l'argent » comme cause de son échec.

Satisfactions ministérielles et déboires partisans (1926-1931)

La chute du second gouvernement Herriot permet au président Doumergue d'appeler au pouvoir Raymond Poincaré, chef de la droite vaincue dans les urnes, mais auréolé du redressement du franc en 1924, le « Verdun financier ». Herriot accepte d'entrer dans le gouvernement d'union nationale ainsi constitué comme ministre de l'Instruction publique, justifiant ce retournement par l'impératif de rassemblement pour sauver la monnaie nationale. Jusqu'en

1928, il connaît probablement la période la plus heureuse de son action ministérielle. Dans un contexte politique apaisé et avec l'appui d'une solide majorité, il commence à mettre en œuvre « l'école unique », c'est-à-dire la démocratisation du système d'enseignement public par l'harmonisation des conditions d'études et d'accession dans les diverses classes afin de supprimer la barrière sociale que constitue l'existence des deux filières parallèles du primaire et du secondaire. Il réorganise en filière complète l'enseignement technique.

Par contraste avec les satisfactions que lui apportent ses fonctions gouvernementales, il doit subir politiquement les conséquences de son ralliement au gouvernement Poincaré. Outre les violentes attaques du parti socialiste qui rejette toute responsabilité dans l'échec du Cartel, il affronte la rancune des amis de Caillaux, irréconciliables depuis juillet 1926, et le désaveu de l'aile gauche radicale. À l'automne 1926, ces groupes se liguent pour le contraindre à renoncer à la présidence du parti radical où le remplacera Maurice Sarraut, directeur de *La Dépêche*, puis en 1927 Édouard Daladier, son ancien disciple ; enfin, à l'automne 1928, c'est cette coalition qui, au congrès d'Angers, fait voter une motion qui souligne l'incompatibilité entre la politique du gouvernement et les vues du parti radical, contraignant ainsi Herriot et ses collègues radicaux à démissionner de leurs postes ministériels.

La reconquête et le second échec (1931-1935)

Replié sur sa mairie de Lyon, Herriot ne connaîtra qu'une très brève traversée du désert. Les tensions entre Daladier, qui tente en vain d'imposer une discipline aux parlementaires radicaux, et un grand nombre d'élus font à nouveau émerger la personnalité d'Herriot, qui a toujours su ménager les notables du mouvement. En 1931, c'est par un vote quasi unanime qu'il retrouve la présidence du parti radical. Il va alors proposer à son parti en vue des élections de 1932 de rééditer l'exploit qu'il a réalisé dans son fief au printemps 1931 en mettant fin à une crise municipale par une démission, suivie d'une nette victoire électorale à la fois contre les socialistes et la droite, l'expérience du « radicalisme seul ». Mais s'il ne cherche pas, comme en 1924, un accord national avec la SFIO, dans le cadre du scrutin d'arrondissement rétabli depuis 1928 ont lieu de nombreux désistements entre socialistes et radicaux au nom de la « discipline républicaine ». C'est une majorité de gauche qui résulte du scrutin, mais c'est un gouvernement de concentration formé d'élus du centre gauche et du centre droit que constitue Édouard Herriot, nommé à nouveau président du Conseil. Comme on l'a compris, il n'entend à aucun prix redevenir comme en 1924-1925 l'otage d'un parti socialiste qui fuit les responsabilités du pouvoir. Pour preuve de sa volonté de se concilier les milieux d'affaires qui avaient provoqué sa chute en 1925, il nomme au ministère des Finances un homme de la droite modérée, Germain-Martin, ancien ministre de Tardieu. Il n'empêche. Comme à l'époque du Cartel, Herriot est écartelé entre sa majorité, dont font partie les socialistes, et la politique libérale qu'il conduit. Au bout de quelques mois, il doit constater l'effritement de cette majorité. Prenant les devants, il choisit alors de tomber à gauche en décembre 1932 en décidant d'honorer l'échéance de la dette américaine, alors que l'écrasante majorité des parlementaires (radicaux compris) s'y refuse, arguant que l'octroi à l'Allemagne du « moratoire Hoover » suspend de fait les réparations dues par celle-ci, qui, dans l'esprit des Français, devaient permettre de solder les dettes de guerre.

Herriot a perdu le pouvoir, mais il a renforcé son image d'homme de principes et de rigueur en décidant, contre toute la Chambre, d'honorer la signature de son pays. Aussi juge-t-il qu'il sera bientôt rappelé au pouvoir et il s'impatiente de voir le président de la République Albert Lebrun nommer successivement à la présidence du Conseil le républicain-socialiste Paul-Boncour et les radicaux Daladier, Sarraut, Chautemps, puis à nouveau Daladier. C'est qu'on voit mal quelle formule politique peut porter Herriot, qui a successivement échoué à pratiquer l'union des gauches, puis le centrisme du « radicalisme seul ». Au demeurant, l'éclatement en décembre 1933 de l'affaire Stavisky, qui éclabousse le parti radical, puis l'émeute du 6 février 1934, qui provoque la chute du cabinet Daladier, changent la donne. Un nouveau ministère d'union nationale présidé par l'ancien chef de l'État Gaston Doumergue est constitué et proclame la « trêve » entre les partis. Herriot accepte d'y participer comme ministre d'État, poussant ainsi ses fidèles à donner une majorité au ministère. En fait, lui et les ministres radicaux deviennent jusqu'en 1935 les otages de gouvernements de droite présidés après Gaston Doumergue, renversé par les radicaux hostiles à son projet de réforme de l'État à l'automne 1934, par Pierre-Étienne Flandin jusqu'en mai 1935, puis par Pierre Laval qui lui succède jusqu'en janvier 1936. Herriot entraîne ainsi son parti dans une politique de rigoureuse déflation profondément impopulaire et dans une politique extérieure qui bafoue la Société des Nations dont il avait été l'éloquent avocat en 1925. Or il ne peut que constater qu'au même moment les radicaux se trouvent entraînés par un irrésistible mouvement vers une nouvelle union des gauches qui s'étend cette fois au parti communiste : le Front populaire. En juin 1935, il laisse le comité exécutif de son parti adhérer au Front populaire. Ministre d'État de gouvernements orientés à droite dont la politique est dénoncée par les partis du Front populaire naissant, sa position devient parfaitement intenable. En décembre 1935, il démissionne logiquement de la présidence du parti radical où son rival Daladier le remplace et, en janvier 1936, il quitte le gouvernement Laval, provoquant sa chute. Si la carrière politique d'Édouard Herriot se poursuivra encore pendant plus de vingt ans, sa carrière ministérielle s'arrête en ce mois de janvier 1936. Il ne retrouvera plus jamais les sommets du pouvoir. Il lui reste la possibilité de devenir le symbole de son rêve évanoui, celui d'une république de centre gauche, à la fois libérale et ouverte à des avancées sociales graduelles fondées sur le travail et le mérite, conduisant la société vers un progrès constant grâce à l'éducation et à la science, sous la garantie du Parlement, seul représentant légitime de la souveraineté nationale contrôlant étroitement un pouvoir exécutif toujours porté à abuser de ses prérogatives.

La nostalgie du centrisme perdu

Au lendemain de sa démission, Édouard Herriot se replie comme d'habitude sur sa mairie lyonnaise. Réservé envers un Front populaire dominé par les partis marxistes, il ne s'oppose cependant pas à l'adhésion des radicaux à cette coalition, d'autant que celle-ci s'opère sur son plus grand dénominateur commun, le modèle républicain. Cette réserve dépourvue d'hostilité lui vaut, après la victoire électorale du Front populaire en juin 1936, de se voir proposer par Léon Blum le ministère des Affaires étrangères qu'il refuse, préférant retrouver la présidence de la Chambre des députés. De ce refuge, devenu un sage de la République, il conseille le gouvernement dans le sens de la modération tant en ce qui concerne sa politique sociale que sa politique étrangère, dissuadant en particulier Léon Blum d'intervenir dans la guerre d'Espagne.

En revanche, il n'appuie en rien le courant néoradical qui, dès l'automne 1936, mène l'offensive contre le Front populaire sous l'inspiration d'Émile Roche et des amis de Caillaux. Mais surtout, à partir de la fin 1937, il tente de s'opposer aux tentatives de rupture du Front populaire conduites par l'aile droite des radicaux inspirée par Georges Bonnet, puis, à partir de son accession à la tête du gouvernement en avril 1938, par Édouard Daladier, pourtant ancien champion radical du Front populaire. Mais c'est véritablement avec la crise de Munich qu'Herriot prend figure d'opposant à la dérive droitière du parti radical qu'assume désormais le président du parti. Si, au moment de la crise, il éprouve le même soulagement que Léon Blum, le président de la Chambre des députés fait figure en septembre-octobre 1938 de possible chef de file d'un gouvernement décidé à la fermeté face à Hitler par le renforcement de l'alliance franco-soviétique, rompant ainsi avec la volonté conciliatrice du ministre des Affaires étrangères Georges Bonnet, et renouant avec la politique d'union des gauches abandonnée par Daladier. Mais ce projet, appuyé par les membres du gouvernement favorables à la résistance à Hitler comme Jean Zay, Georges Mandel, voire Paul Reynaud et Champetier de Ribes, reste lettre morte devant le refus d'Herriot de quitter la quiétude de la présidence de la Chambre pour un rôle politique actif et qui s'annonce particulièrement délicat, compte tenu de l'autorité dont jouit encore Daladier. Herriot prend alors conscience du fait que les temps ont changé. L'humanisme républicain de l'époque de l'affaire Dreyfus n'est plus opératoire dans l'âge de fer qui s'annonce. Aussi se réfugie-t-il dans l'honorariat douillet de la présidence de la Chambre, loin des responsabilités d'un monde qui n'est plus le sien.

Un témoin déchiré et un acteur hésitant du drame national (1939-1945)

La guerre va brutalement tirer le président de la Chambre de sa quiétude. La défaite de la France lui rend par la force des choses le rôle politique qu'il n'ambitionnait plus. Dans les jours sombres de juin 1940, en accord avec le président du Sénat Jules Jeanneney, il se montre le très ferme soutien du président du Conseil Paul Reynaud qui s'efforce d'éviter l'armistice et d'organiser le passage des pouvoirs publics en Afrique du Nord. Après la démission de Reynaud et l'accession au pouvoir du maréchal Pétain qui signe l'armistice, Herriot se laisse influencer par les promesses de Laval qui feint de lui faire des concessions pour obtenir son abstention le 10 juillet 1940 lors du vote des pleins pouvoirs au Maréchal. Mais, dès le 11 juillet, alors que la parution des premiers actes constitutionnels révèle la nature dictatoriale du régime de Vichy, il anime, à la tête du bureau de la Chambre, la protestation des élus républicains contre le nouveau régime. Au demeurant, et en dépit des paroles rassurantes de Pétain, Herriot a perdu dès le 20 septembre 1940 sa mairie de Lyon où le remplace, à la tête d'une délégation spéciale, son premier adjoint. L'opposition, légale mais feutrée, d'Herriot et de Jeanneney devient franche rupture à l'été 1942 lorsque Vichy décide la dissolution du bureau des assemblées, mettant ainsi fin à leur existence légale. Dès lors, le symbole de la République parlementaire défunte connaît les foudres du pouvoir. Assigné à résidence en divers lieux, livré à la police allemande, atteint de dépression nerveuse, il est finalement interné en 1943 dans une clinique proche de Nancy. Pour autant, à aucun moment il ne songe à prendre contact avec la Résistance ou le général de Gaulle, attaché à demeurer dans la légalité républicaine dont il estime être un représentant qualifié. Au demeurant, il se considère comme personnellement visé par les attaques des gaullistes et de certains résistants contre la IIIe République.

Le débarquement et la perspective d'une proche défaite allemande lui donnent le sentiment que son heure est peut-être revenue. Laval en personne se présente à la clinique de Maréville le 12 août 1944 pour lui annoncer sa libération et lui proposer le scénario qu'il a imaginé pour éviter une prise de pouvoir par le général de Gaulle : réunir l'Assemblée nationale de 1940, lui remettre sa démission et lui proposer d'élire Herriot chef du gouvernement, ce qui ravirait les Américains. Méfiant envers « l'homme à la cravate blanche », mais séduit par la perspective, Herriot cherche à gagner du temps, son espoir étant d'être présent à Paris au moment où l'armée américaine y entrera et de recevoir le pouvoir de celle-ci. Aussi, à deux reprises, refuse-t-il les offres de la Résistance de le faire évader. Au demeurant, l'intervention des Allemands, qui l'arrêtent et l'entraînent avec eux outre-Rhin, met fin à cette tentative.

Le symbole des temps révolus (1945-1957)

Libéré par les Russes, Herriot revient en France en mai 1945, bien décidé à restaurer une IIIe République à laquelle il s'identifie et un parti radical dont il souhaite qu'il en redevienne l'ossature. Aussi refuse-t-il l'offre du général de Gaulle d'entrer dans le gouvernement provisoire et s'oppose-t-il à sa vision des institutions. Réélu maire de Lyon, élu député à l'Assemblée nationale avec l'appui des communistes, il reprend la présidence du parti radical et conduit celui-ci dans l'opposition au général de Gaulle, puis au refus de la IVe République naissante. C'est cependant celle-ci qui lui offre sa revanche politique. En janvier 1947, il est élu président de l'Assemblée nationale, présidence qu'il conserve jusqu'en 1954. À cette date, octogénaire et handicapé par une santé détériorée, il doit renoncer à ces fonctions qu'il a occupées sous deux républiques. L'Assemblée nationale crée alors pour lui la fonction inédite de président d'honneur. Il est vrai que pour n'être pas en reste, le parti radical l'a nommé président à vie. Couvert d'honneurs (il a également été élu membre de l'Académie française), Herriot a cessé de jouer un rôle actif dans la politique française. S'il demeure maire de Lyon jusqu'à sa mort, il ne conserve qu'un pouvoir d'influence, laissant les leviers de commande à ses adjoints. Considéré comme un sage de la République, sa parole peut encore porter dans des circonstances exceptionnelles comme ce 30 août 1954 où sa vigoureuse intervention à l'Assemblée nationale joue un rôle déterminant dans le rejet du projet de Communauté européenne de défense qu'il condamne au nom de la sacralité de la souveraineté nationale.

Cette apparente longévité politique ne doit pas faire illusion. L'heure d'Édouard Herriot est passée depuis les années 1930. L'époque où la gauche s'identifiait à la prépondérance institutionnelle d'un Parlement représentant légitime de la souveraineté du peuple, dominé par un parti radical centriste et ouvert à un progrès social modéré, s'achève avec la montée en puissance des partis marxistes dès l'entre-deux-guerres. Après 1945, les problèmes posés au pays ne trouvent guère de solutions dans l'arsenal idéologique des hommes formés à l'époque des grands combats de la fin du XIXe siècle. Rien n'illustre mieux cette constatation que les scissions en série qui affectent le parti radical à partir de 1954 et, la descente aux enfers s'accentuant, qui conduisent Herriot à abandonner en octobre 1956 sa présidence d'honneur. Lorsqu'il meurt le 26 mars 1957, la République parlementaire à laquelle il avait voué sa vie politique n'a plus devant elle que quelques mois d'existence.

Bibliographie sélective

Édouard Herriot, *Jadis*, 2 vol., Flammarion, 1948.

Édouard Herriot, *Épisodes (1939-1945)*, Flammarion, 1950, qu'on pourra utilement confronter avec Jean-Noël Jeanneney (éd.), *Le Journal politique de Jules Jeanneney (1939-1942)*, Armand Colin, 1972.

Serge Berstein, *Édouard Herriot ou la République en personne*, Presses de la FNSP, 1985.

Serge Berstein, *Histoire du parti radical*, 2 vol., Presses de la FNSP, 1980-1982.

Michel Soulié, *La Vie politique d'Édouard Herriot*, Armand Colin, 1962.

22

Léon Blum ou le courage d'espérer

par Matthieu Quyollet

En 1998, l'historien britannique Tony Judt pouvait écrire : « Léon Blum est un homme quasi oublié. » Vingt ans plus tard, le constat ne tient plus. Depuis les années 2000, l'héritage du premier socialiste à avoir présidé les destinées de la France est régulièrement revendiqué. Certes, avant d'être une grande figure de la gauche, Léon Blum est un visage de la République. Il est celui qui, aux côtés de 79 autres députés et sénateurs, refusa le 10 juillet 1940 de voter les pleins pouvoirs au maréchal Pétain. Celui qui en 1942, lors du procès de Riom, retourna avec une telle force l'accusation portée par les autorités de Vichy contre les dirigeants de la IIIe République que les Allemands exigèrent d'y mettre fin. Celui qui assura le ralliement inconditionnel des socialistes à la France résistante du général de Gaulle. Celui, enfin, qui fut livré en 1943, pour tout ce qu'il symbolisait, aux autorités nazies et enfermé à la lisière du camp de Buchenwald.

Cependant, ce n'est pas cette figure qui est aujourd'hui invoquée dans le débat public. Mais celle du leader du

Front populaire, du père des congés payés. Par-delà le courage, la morale et l'ethos républicain de Blum, c'est bien son œuvre sociale qui semble gravée dans la mémoire collective. Comme si à mesure que l'époque des grandes conquêtes sociales s'éloignait, l'aura de Léon Blum n'en devenait que plus forte. Plus étonnant, c'est cet héritage qui a été revendiqué au cours des dernières années non seulement par la gauche, mais aussi par des hommes politiques issus des rangs de la droite et même de l'extrême droite. Ce retournement de l'histoire ne peut que surprendre, tant l'action du dirigeant socialiste déploie une pensée dont les principes fondamentaux sont au cœur du clivage entre la gauche et la droite dans notre pays : de la question de l'héritage à celle des réfugiés, en passant par celle du temps de travail.

En vérité, si la figure de Blum fait aujourd'hui consensus, c'est parce qu'elle a été victime d'une formidable dépolitisation. L'opération est ici d'autant plus manifeste qu'il ne fut pas seulement un homme d'État, mais aussi et surtout, selon les mots de Serge Berstein, « un intellectuel en politique ». Entré dans la vie électorale tardivement, à l'âge de 47 ans, il a toute sa vie forgé une pensée traçant la spécificité du socialisme au sein des familles de la gauche. Penseur de la démocratie et du pouvoir, il a su, tout en inoculant à son parti le vaccin de l'antitotalitarisme, rester fidèle à ses idées et les promouvoir dans de sombres temps. S'il s'est parfois trompé – en particulier sur la montée du danger hitlérien qu'il n'a pas compris –, il a laissé derrière lui un héritage riche et exigeant.

Une lente incubation

Léon Blum naît le 9 avril 1872 à Paris, dans une famille juive, républicaine, appartenant à la moyenne bourgeoisie. Sa grand-mère maternelle, influencée par George Sand, et sa mère, qui poussait selon ses mots « le sentiment de justice jusqu'à la mélancolie », ont sur lui une influence décisive. Léon Blum racontera à plusieurs reprises comment cette dernière, afin d'assurer un partage équitable lorsqu'elle offrait deux pommes à ses deux fils, les coupait au préalable pour donner à chacun une moitié de chaque fruit. C'est ainsi que commença, selon lui, la « lente incubation » qui devait le mener vers le socialisme.

Léon Blum, qui se rêve écrivain et qui collabore à *La Revue blanche*, est pourtant dans sa prime jeunesse un anarchiste individualiste. Comme beaucoup dans sa génération, il est fasciné par la figure de Maurice Barrès, auquel il dédie une étude qui conclut que le socialisme n'a pas d'avenir. En vérité, c'est sa rencontre en 1893 avec Lucien Herr, le bibliothécaire de l'École normale supérieure, qui va le faire basculer à l'âge de 21 ans. Herr, qui a déjà converti un grand nombre de normaliens au socialisme, lui apporte l'idée de « collectivisme ». Ce fut, écrit Blum, « l'opération de la cataracte ». Herr le convainc également, quelques années plus tard, de l'innocence de Dreyfus, le jetant ainsi dans « l'Affaire » où il mettra ses talents de juriste – il a été reçu en 1896 au concours de l'auditorat du Conseil d'État – au service des avocats de Zola et du capitaine. Enfin et surtout, le bibliothécaire l'introduit auprès de celui qui allait devenir son modèle et le facteur déterminant de sa vie politique, Jean Jaurès.

Son engagement politique reste pour autant, à cette époque, mesuré. Certes, il participe en 1899 au congrès du Japy, puis à la fondation de *L'Humanité* à laquelle il collabore de 1904 à 1905. Cependant, dès 1905, alors que le congrès de la salle du Globe vient de consacrer l'unification des différentes familles socialistes au sein de la SFIO, Léon Blum, qui a pourtant adhéré au nouveau parti, décide de se retirer pour se vouer à sa vocation de critique littéraire. Certains voient dans ce retrait l'influence de sa première femme, Lise, qui ne goûte guère ses idées politiques ; d'autres y décèlent ses réticences à l'égard d'un parti qui a dû faire de nombreuses concessions au courant guesdiste, qui exige une opposition systématique à la bourgeoisie et à l'État. Ou éprouve-t-il le sentiment que la présence de Jean Jaurès lui offre la liberté de se replier sur sa vie littéraire ? C'est ce que laisse penser cette phrase singulière du dirigeant de *La Revue blanche*, Thadée Natanson : « Tout le temps que Jaurès a vécu, Léon Blum n'a fait que l'écouter [...]. Il n'a jamais pensé qu'il eût plus ou mieux à faire. » Une chose est sûre : si Blum se consacre jusqu'en 1914 à sa carrière littéraire, parallèlement à ses activités au Conseil d'État, son intérêt pour la politique demeure et transparaît dans chacun de ses écrits.

Cette parenthèse de neuf ans s'arrête brutalement en 1914 avec l'assassinat de Jean Jaurès par un nationaliste. Face au danger, un gouvernement d'union sacrée se constitue. Léon Blum devient directeur de cabinet du socialiste Marcel Sembat, nouveau ministre des Travaux publics. Il ne quittera plus l'arène politique.

Le socialisme : une doctrine, une morale et presque une religion

La pensée politique de Léon Blum s'inscrit dans une histoire et une filiation : celle de la Révolution française et du socialisme républicain de Jean Jaurès, comme il l'établit clairement dans deux textes qui marquent son entrée dans la politique active : *Idée d'une biographie de Jaurès* (1917) et *Pour être socialiste* (1919). Le socialisme n'est autre, à ses yeux, que la poursuite de l'esprit de 89 par d'autres moyens. Car si les révolutionnaires ont réussi à mettre fin à l'Ancien Régime, ils ne se doutaient pas, écrit-il, que la même iniquité réapparaîtrait fondée cette fois sur l'héritage et la propriété. Aussi la question qui guide l'élu socialiste est-elle la même, selon lui, que celle qui taraudait son mentor, Jean Jaurès : « À quelles conditions, dans la société actuelle, les principes de la démocratie, tels que les énonce [...] la Déclaration des Droits de l'Homme, peuvent-ils devenir une réalité ? »

C'est de l'exigence de justice et du rejet de l'ordre établi, fondé sur le privilège de la naissance, que naît, selon Blum, le socialisme. Bien sûr, le socialiste « ne nie pas cette donnée brutale : l'inégalité naturelle, l'inégalité de la force de la santé, de l'intelligence des individus. Il n'entend pas faire passer sur eux le rouleau compresseur pour les réduire au même niveau, pour les confondre tous dans une sorte de moyenne humaine ». Mais il veut installer « la raison et la justice là où règnent aujourd'hui le privilège et le hasard ». Il veut mettre fin à la reproduction des inégalités et que chaque poste de travail soit affecté par la seule considération des aptitudes personnelles. Le programme de Blum pourrait dès lors, comme il le résume en 1945, tenir en deux lois : l'une sur l'éducation, l'autre sur l'héritage. Il propose ainsi en 1946 une réforme limitant l'héritage à une seule génération. En vertu de celle-ci, les parents ne pourraient transmettre à leurs enfants que le fruit de leur propre travail, les biens dont ils ont eux-mêmes hérité devant revenir à la Nation.

Appliquer et approfondir les formules de la République : c'est ce qui conduit Léon Blum à défendre l'établissement d'une démocratie sociale mais aussi l'extension des droits et des libertés. Il se déclare ainsi, dès 1927 et contre l'avis majoritaire de son parti, en faveur du droit de vote des femmes. Soulignons que vingt ans auparavant, le jeune Blum a publié un ouvrage intitulé *Du mariage* dans lequel il estimait, notamment, que les femmes devraient à l'instar des hommes pouvoir avoir d'autres relations avant de se marier. Et si quelques années plus tard le droit de vote des femmes ne fait pas partie du programme commun du Front populaire, il n'en demeure pas moins que pour la première fois de l'histoire, trois femmes entrent au gouvernement. De même, c'est toujours en partant des principes de la République qu'il réclame en 1935, à la Chambre, le droit pour les réfugiés de travailler et exige du gouvernement qu'il respecte pleinement le droit d'asile.

On l'aura compris : les prises de position de Blum relèvent aussi bien de ce qu'il conviendrait aujourd'hui d'appeler la gauche « sociale » que « sociétale ». Il ne lui viendrait pas à l'esprit de les opposer tant elles concourent au même projet : émanciper l'individu. Tout homme, toute femme a le droit d'échapper au destin que lui assigne sa naissance. Ce refus de toute forme d'essentialisation, Léon Blum le porte profondément en lui. Il le doit sans doute et pour partie à sa propre judéité, comme l'a montré Ilan Greilsammer. De cette dernière, sur laquelle il s'est peu exprimé, il semble avoir tiré une foi en la Justice et une connotation positive du « déracinement ». Il a ainsi développé, selon l'historien, une lecture « juive » de la francité. Pour Blum, être français ce n'est pas posséder « en commun un antique cimetière » mais partager des valeurs, celles de la Révolution française. La critique qu'il établit du livre de Barrès, *Les Déracinés*, le rappelle avec force : « C'est pourquoi je préfère mourir ici, dans la patrie que je me suis choisie, dans la maison que j'ai bâtie, au milieu des tableaux et des gravures que j'ai choisis moi-même, moi et non pas un aïeul plein de goût. [...] L'amour sincère de la Justice et de la Raison est le lien véritable, la seule chaîne légitime entre les générations. »

Pour autant, le disciple de Jaurès n'est pas seulement fidèle à l'esprit de 1789. Collectiviste, c'est bien une transformation totale de la société et du régime de la propriété que le leader socialiste défend, suivant sur ce point les principes de Karl Marx. S'il entretient un rapport complexe avec l'auteur du *Capital*, n'hésitant pas à qualifier sa métaphysique de « médiocre », il ne cessera pour autant de revendiquer le caractère marxiste du socialisme qu'il défend. C'est la distinction fondamentale, selon Blum, entre le socialisme et le radicalisme : là où ce dernier voudrait améliorer la condition des salariés dans la société actuelle, le socialisme prône l'abolition du salariat et l'instauration d'un nouvel ordre social. Adhérer au socialisme, c'est toujours croire qu'un autre monde est possible. En ce sens, le socialisme est « une morale et presque une religion, autant qu'une doctrine ».

Révolutionnaire, collectiviste et marxiste, le socialisme de Léon Blum n'en reste pas moins frontalement opposé au communisme né de la révolution d'Octobre. Et cela pour deux raisons : la première, précise-t-il, est que la véritable révolution suppose un long travail préalable visant à pénétrer les esprits, à éduquer la classe ouvrière et, enfin, à fortifier les institutions ouvrières qui seront demain les piliers de la nouvelle société. En sautant cette étape, les pères de la Révolution russe condamnent la possibilité même d'instaurer une véritable démocratie sociale. La seconde raison s'avère encore plus fondamentale : le bolchevisme et le socialisme ont une conception radicalement opposée du pouvoir.

La question du pouvoir

C'est l'apport majeur de Léon Blum à la pensée de sa famille politique. En forgeant une philosophie du pouvoir, il a permis au socialisme de naviguer par gros temps et d'éviter avec une formidable lucidité les courants violents du totalitarisme. Tout part chez Blum d'une certitude : le pouvoir corrompt. Il corrompt les hommes et les idées. De ce fait, il ne doit être exercé qu'à deux conditions : d'abord, dans un cadre démocratique et républicain ; ensuite, sur un mandat clair, précis et conforme à ses idées.

Si le socialisme se déduit de l'idéal républicain, comme l'a montré Jaurès, alors il ne peut y avoir de gouvernement socialiste en dehors de la République. Point de justice sociale sans liberté politique, point de nouveaux droits sans un peuple libre pour les conquérir. Afin de préserver les libertés, le recours à la force et à la violence doit être évité dans toute la mesure du possible. Car, écrit Blum, « on ne fait pas sa part à l'idée de force. Dès qu'elle est introduite dans la doctrine, ou dans la politique, soit d'un parti, soit d'un État, elle les envahit tout entière ».

Cette conception politique et morale du pouvoir – même si elle n'est pas à l'époque formulée en ces termes – est à l'origine de la scission entre socialistes et communistes lors du congrès de Tours en 1920. Blum, qui rallie autour de lui une minorité de militants opposés à l'adhésion à la IIIe internationale, prononce le 27 décembre un discours historique. Le député de Paris, qui a lu et analysé avec minutie l'ensemble des écrits qui forment la doctrine « bolcheviste » – il refuse de la qualifier de « communiste » car elle trahit selon lui les principes de Marx –, dénonce la volonté d'établir « un parti entièrement homogène, un parti dans lequel il n'y ait plus de liberté de pensée, plus de division de tendance » et qui a pour objet d'établir une dictature qui ne reposera pas sur la volonté des masses mais qui sera exercée par « un parti centralisé, où toute l'autorité remonte d'étage en étage et finit par se concentrer entre les mains d'un Comité patent ou occulte ». Il ne s'agit pas ici d'opposer la réforme à la révolution, mais bien deux conceptions de la révolution : l'une socialiste, fondée sur l'idée que la révolution doit être portée par des masses éclairées et dans le respect des libertés. L'autre bolcheviste, où celle-ci est exercée par une poignée d'individus, et qui conduit à concevoir « le terrorisme » comme un moyen légitime de gouvernement et la dictature comme une solution pérenne.

La lecture du discours du congrès de Tours frappe par la clairvoyance du dirigeant, qui pressent le totalitarisme à venir. En 1948, dans le cadre de la conférence de l'Internationale socialiste qui a lieu à Stresa en Italie, Blum prolonge sa critique du bolchevisme : « La presse sera-t-elle libre ? Pourra-t-on tenir des réunions publiques ? Les partis politiques pourront-ils se recruter et agir sans contrainte ? Pourra-t-on gagner sa vie sans exhiber la carte d'un parti ? Pourra-t-on ouvrir son poste de radio ? Pourra-t-on se déplacer à son gré ? L'enseignement des maîtres d'Université, la création des écrivains et des artistes seront-ils soumis au contrôle de la police ? Voilà la question cruciale. » Sa mise en garde est claire : « Les hommes qui, sur les ruines de la démocratie représentative, rêvent d'établir la "démocratie populaire" se repentiront peut-être un jour d'avoir travaillé pour un de ces États autoritaires et totalitaires auxquels le nom de fascisme reste attaché. »

Le respect du pluralisme et des libertés publiques, telle est donc la frontière fondamentale entre socialisme et bolchevisme que Blum entend incarner et défendre.

Si le pouvoir ne peut être exercé que dans un cadre républicain, il ne peut de même l'être que sur un mandat clair et précis. Ne jamais promettre plus que ce que l'homme politique peut tenir, respecter le projet pour lequel on a été élu : tel est l'un des principes clefs du socialiste. Cette exigence le conduit à établir la célèbre distinction entre « conquête » et « exercice » du pouvoir. Si le socialisme poursuit *in fine* la révolution sociale qui permettra de mettre fin au régime de la propriété, cette révolution ne pourra se réaliser, explique Blum, qu'une fois la société prête et les consciences populaires éclairées. Cette « conquête du pouvoir » qui suppose une sortie de la légalité doit donc être distinguée de « l'exercice du pouvoir », qui désigne le cas où le parti socialiste se verrait confier la tâche de gouverner à la suite d'élections républicaines. Dans ce cas, les socialistes n'auraient d'autre choix que de « le faire légalement, loyalement, sans commettre cette espèce d'escroquerie qui consisterait à profiter de (leur) présence au gouvernement pour transformer l'exercice du pouvoir en conquête du pouvoir ».

Comme le souligne Marc Sadoun, c'est bien un « code de conduite » que Blum a imaginé : « une règle à l'épreuve des totalitarismes » et une méthode qui a permis de « protéger tout au long de la IIIe République l'intégrité de son projet ». De fait, le chef de file du socialisme français reste dans l'opposition pendant les dix-sept premières années de sa vie politique, refusant notamment en 1924 de laisser son parti participer au gouvernement du Cartel des gauches pour préserver l'essence du projet socialiste. Face au danger « fasciste », le dirigeant va cependant devoir se résigner à assumer l'exercice du pouvoir.

Le Front populaire

À la suite des événements du 6 février 1934, qui font planer la peur d'un coup d'État par l'extrême droite, les socialistes appellent à la défense de la République. Fidèles à leur logique « classe contre classe », les dirigeants du parti communiste refusent la main tendue par la SFIO. Et cela malgré la fraternité qui s'est exprimée entre les bases des deux partis lors des manifestations antifascistes du 12 février. Le basculement intervient quatre mois plus tard, lorsque Staline, inquiet de la montée du danger nazi, décide que le PCF fera bloc avec les forces antifascistes. Un pacte d'unité d'action socialo-communiste est signé le 27 juillet. Puis, en 1935, c'est au tour du parti radical de rejoindre la nouvelle alliance. Un an plus tard, le Rassemblement populaire compte près d'une centaine d'organisations (partis, confédérations syndicales, mouvements) réunies par un programme commun et un slogan : « Pain, Paix, Liberté. » Les élections de 1936 consacrent la victoire de la coalition et, à la surprise générale, celle du parti socialiste qui pour la première fois de l'histoire devient le groupe parlementaire le plus important de la Chambre.

Logiquement appelé à former un gouvernement, Léon Blum accède au pouvoir à l'âge de 64 ans. Fidèle à ses principes, il prévient dès son discours d'investiture : « Nous sommes des socialistes, mais le pays n'a pas donné la majorité au parti socialiste. [...] Il a donné la majorité au Front populaire. [...] Notre but n'est pas de transformer le régime social, ce n'est même pas d'appliquer le programme spécifique du parti socialiste, c'est d'exécuter le programme du Front populaire. »

Suivant les réflexions présentées dans ses *Lettres sur la réforme gouvernementale*, Léon Blum fait le choix de ne pas cumuler les fonctions de président du Conseil avec celles d'un ministère, afin de se concentrer sur la coordination intergouvernementale et de disposer de suffisamment de hauteur de vues. Son agenda est d'ailleurs conçu de telle sorte à lui laisser du temps pour la réflexion. Convaincu qu'un gouvernement ne doit pas être mis dans les mains de spécialistes mais d'hommes et de femmes politiques, il s'entoure principalement de parlementaires aguerris, socialistes et radicaux. Quant aux communistes, ils font le choix de soutenir le gouvernement sans y participer.

La première tâche du nouveau pouvoir est de trouver une solution au mouvement de grève qui paralyse le pays depuis le printemps : deux millions de grévistes, dont bon nombre occupent les usines et les ateliers. Refusant d'envoyer les forces de l'ordre pour déloger les ouvriers, le président du Conseil dirige les négociations entre organisations syndicales et patronales et fait pression sur ces dernières pour aboutir aux accords de Matignon : augmentation des salaires, établissement de conventions collectives reconnaissant la liberté syndicale, présence de délégués du personnel dans toutes les entreprises de plus de dix salariés... Pour la première fois dans l'histoire du pays, un chef de gouvernement a fait le choix de mettre tout son poids dans la balance pour parvenir à un accord favorable aux salariés.

La mobilisation sociale ne s'arrête pas pour autant ; les grévistes attendent le début de la mise en œuvre du programme du Front populaire. De fait, les lois s'enchaînent : loi du 20 juin sur les congés payés, du 21 juin sur la réduction du temps de travail qui passe de quarante-huit à quarante heures, du 24 juin sur les conventions collectives, du 24 juillet sur la modification du statut de la Banque de France, du 29 juillet sur la retraite des mineurs, du 7 août sur la nationalisation de l'industrie aéronautique, du 11 août sur la prolongation à 14 ans de l'âge de la scolarité obligatoire, du 11 août également sur la nationalisation de la fabrication du matériel de guerre, du 18 août sur le programme des grands travaux, du 28 août sur les allocations chômage… Jamais dans l'histoire de France autant de lois sociales décisives n'auront été votées en si peu de temps. En à peine deux mois, le gouvernement du Front populaire a mis fin, selon les mots de Blum, au « patronat de droit divin » et transformé la condition ouvrière dans le pays. À ce volet social s'ajoute un volet éducatif et culturel non moins important : Jean Zay, ministre de l'Éducation nationale, met en place une véritable politique culturelle en faveur de tous, et Léo Lagrange, sous-secrétaire d'État à l'Organisation des loisirs et des sports, prend une multitude de décisions de nature à changer la vie des ouvriers, à l'instar des billets de congés payés à tarif réduit. Un vent d'espoir et d'optimisme souffle parmi les plus humbles.

Et pourtant, un an plus tard, le gouvernement tombe. Léon Blum remet le 22 juin 1937 la démission de son gouvernement au président de la République, le Sénat radical lui ayant refusé les pleins pouvoirs financiers. Si un nouveau cabinet lui succède, dirigé par Chautemps, c'est le début de la fin du Front populaire, qui disparaît définitivement deux ans plus tard.

En prenant insuffisamment en compte les classes moyennes et le petit patronat indépendant dont les radicaux sont l'expression politique, le Front populaire s'est condamné à disparaître. La mise en vigueur de la loi sur la réduction du temps de travail s'est accompagnée, selon les termes de Pierre Mendès France, « de mesure d'application trop absolues, trop rapides, peu compatibles avec la forte augmentation de la demande que le gouvernement avait suscitée ». Arrivé au pouvoir avec une situation économique désastreuse, le Front populaire n'a pas réussi à remettre sur pied le pays. Blum lui-même, lorsqu'il est appelé à mettre en place un nouveau cabinet en 1938, va opérer un tournant par rapport à la politique économique de son premier gouvernement. Il présente un nouveau programme qui introduit pour la première fois en France les idées de la théorie générale de Keynes. Il n'aura toutefois pas l'occasion de le mettre en œuvre : trois semaines plus tard, le Sénat renverse son second gouvernement, auquel succède le cabinet Daladier.

Alliant des forces politiques aux conceptions souvent irréconciliables dans un contexte économique et politique extrêmement contraint et sur un délai particulièrement court, le Front populaire était sans doute, dès le départ, voué à l'échec. Il n'empêche, cette parenthèse a changé à jamais l'imaginaire du pays et la conception des rapports sociaux. Quant à

Blum, il est resté fidèle à ses principes, comme il le soulignera lors du procès de Riom en 1942 : « Nous avons dans un temps bien périlleux, personnifié et vivifié la tradition authentique de notre pays, qui est la tradition démocratique et républicaine. [...] Nous ne sommes pas je ne sais quelle excroissance monstrueuse dans l'histoire de ce pays, parce que nous avons été un gouvernement populaire ; nous sommes dans la tradition de ce pays depuis la Révolution française. Nous n'avons pas interrompu la chaîne, nous ne l'avons pas brisée, nous l'avons renouée et nous l'avons resserrée. »

Le danger hitlérien et la guerre d'Espagne

Le Front populaire et Léon Blum ont souvent été accusés d'avoir minimisé la menace hitlérienne et d'avoir ainsi contribué à la défaite de la France. Certes, comme beaucoup de sa génération, le dirigeant socialiste s'est d'abord lourdement trompé. Plusieurs articles publiés dans *Le Populaire* en 1930, bien avant que le socialiste n'accède au pouvoir, prouvent à quel point Blum a sous-estimé Hitler ; ce dernier n'est alors, selon lui, qu'un « absurde baladin du racisme » sans avenir, et le nazisme une simple expression du nationalisme sur fond de désespoir économique. Il n'en demeure pas moins que le Front populaire engagea dès 1936 le réarmement de la France, et qu'en 1938 Léon Blum affirma, lors du congrès de Royan, que « pour éviter la guerre, il faut dans certains moments accepter d'en courir le risque », invitant sa formation politique, en cas d'agression de la France, à faire bloc face à l'ennemi.

Quant à la guerre d'Espagne, elle occupe une place plus complexe dans la vie de Blum. Longtemps il sera reproché au dirigeant socialiste de ne pas avoir militairement soutenu le gouvernement républicain espagnol du *Frente popular* face à l'insurrection militaire qui éclate le 18 juillet 1936, et derrière laquelle se rassemblent les forces fascistes. Le chef du Front populaire n'avait en vérité guère le choix. Alors que Blum est dans un premier temps résolu à porter secours à « l'Espagne amie », les menaces de la droite et de l'extrême droite françaises, en cas d'intervention, font craindre le risque d'une guerre civile dans le pays. Au sein même du gouvernement, les radicaux, qui redoutent le déclenchement d'une guerre en Europe, refusent le principe de tout appui militaire. De fait, engager les forces françaises signerait la fin du Front populaire. Enfin, sur le plan international, le camp des démocraties, au premier rang desquelles le Royaume-Uni, refuse de le soutenir. Isolé, Blum doit se contenter d'une « non-intervention relâchée », qui consiste à faire passer des armes par des voies officieuses, sans pouvoir apporter un soutien de poids aux républicains espagnols. Si le dirigeant socialiste a alors, selon ses propres termes, « l'âme déchirée », ses voisins espagnols lui font clairement savoir qu'ils préfèrent bénéficier de sa neutralité bienveillante plutôt que de voir son gouvernement, qui reste un allié, tomber au profit d'autres forces politiques.

La démocratie, avenir du socialisme

À la sortie de la Seconde Guerre mondiale, de retour de déportation, Léon Blum, âgé de 73 ans, est toujours résolu à peser sur la pensée et l'action de sa famille politique. Ce combat est pour lui d'autant plus essentiel que l'horreur de la guerre appelle une révision partielle de la doctrine socialiste qu'il expose dans *À l'échelle humaine*, écrit en captivité en 1941, puis dans plusieurs textes à compter de 1946.

Cette guerre, effroyable et terrible, a mis en lumière le lien indissoluble entre socialisme et démocratie. L'avenir du socialisme est, selon lui, dans la défense et l'approfondissement de la démocratie. Il n'est pas dans la « lutte des classes » qui consiste à opposer les parties d'un même peuple, auquel il propose de substituer le terme « d'action de classe ». Dans cette lignée, l'abolition du régime de la propriété ne peut être qu'une étape vers un objectif plus vaste : assurer à l'individu « dans la société collective la plénitude de ses droits fondamentaux et la réalisation de sa vocation personnelle ». Quant à la transformation sociale, elle peut être, précise-t-il, « acquise par des moyens légaux ». C'est cette proposition d'*aggiornamento* que soumet Blum à ses camarades lors du congrès national de la SFIO en 1946, les invitant à assumer clairement leur place dans le régime parlementaire. Dans son discours, il dénonce un parti qui a « peur de la nouveauté », et qui faute d'assumer sa spécificité se détermine par rapport à la « peur des communistes » et du « qu'en-dira-t-on communiste ». De fait, la ligne défendue par Blum perd au profit de celle incarnée par Guy Mollet, qui prône une défense stricte de l'orthodoxie marxiste et une attitude plus offensive vis-à-vis du MRP, parti démocrate-chrétien issu de la Résistance. La régénération morale portée par le leader socialiste est rejetée. Le congrès marque un tournant dans la vie de Blum : il n'est plus celui qui détermine la doctrine du parti. Intellectuel engagé, il continue néanmoins à exercer un magistère moral au sein de la gauche jusqu'à sa mort, le 30 mars 1950, à Jouy-en-Josas, à la suite d'un malaise cardiaque.

L'héritage

Blum laisse derrière lui une pensée riche, non exempte d'ambiguïtés, voire de contradictions : il admet ainsi le principe de la dictature du prolétariat tout en indiquant que celle-ci devra s'exercer dans un cadre pluraliste et protecteur des libertés ; il prône la révolution dans le respect des institutions républicaines… Quant à sa philosophie du pouvoir, qui consiste à ne jamais promettre plus que ce que le politique peut réaliser, elle sera, dans les faits, peu suivie par ses héritiers. Sa réflexion sur la démocratie n'en demeure pas moins un legs précieux.

Par-delà sa pensée, il reste également de Léon Blum bien des images. Celle du jeune dandy à l'aspect romanesque. Celle du critique littéraire de *La Revue blanche*, dont la fille d'Alexandre Natanson dressa en ces termes le portrait : « Sa longue silhouette vêtue avec une correction sévère, sa longue figure blême illuminée par l'intelligence toujours aux aguets derrière le lorgnon scintillant, de longs cheveux noirs, une moustache recouvrant presque entièrement sa bouche, sa voix faible, voilée, presque chevrotante, ses gestes anguleux et facilement nerveux. » Celle du socialiste au grand chapeau noir et aux lunettes rondes, dont la finesse des discours emportait l'adhésion. Celle d'un chef de gouvernement volontaire et tenace.

Celle, enfin et surtout, d'un homme au courage exemplaire. Rarement un homme politique aura été autant attaqué. Sans citer la longue liste d'injures antisémites dont il a fait l'objet, on retiendra cette phrase glaçante de Charles Maurras : « C'est un homme à fusiller, mais dans le dos. » Et ce fait terrible : Léon Blum a été le seul député du siècle à avoir été molesté en pleine rue, le 13 février 1936, par des militants d'extrême droite, échappant de peu à la mort. Mais la violence dont il a fait l'objet est également venue des rangs de la gauche elle-même, des communistes en particulier. En janvier 1940, le secrétaire général du PCF, Maurice Thorez, rédige ainsi un article haineux dans lequel il invite la classe ouvrière à « clouer au pilori ce monstre », cet « exploiteur bourgeois », ce « répugnant reptile ». La haine des communistes et des Soviétiques à l'égard de Blum, particulièrement active à compter du pacte germano-soviétique et jusqu'en 1941, est profonde : lors de sa mort, le PCF sera l'une des rares formations politiques à ne pas saluer la mémoire de celui qu'elle qualifie alors encore de « traître à la classe ouvrière ».

À cette violence inouïe, dont il a fait toute sa vie l'objet, le socialiste ne cessera d'opposer sa foi en l'humanité et son formidable optimisme, y compris dans les heures les plus sombres de notre histoire. Car

Léon Blum est animé par une conviction profonde : il faut agir « dans le présent, non pour le présent ». Construire pour les générations futures et ne jamais cesser de croire en un avenir meilleur. Ce qu'il résumera à la fin de sa vie par ces mots : « Pour moi, je suis vieux, et je ne toucherai pas la terre promise. Je ne verrai pas l'union parfaite des peuples dans la justice et dans la paix. Je ne verrai pas, selon l'image du poète, les nations assises autour de leur foyer commun "comme des sœurs autour de l'âtre", mais ce qui fait la noblesse de l'homme c'est de prévoir, c'est d'espérer, c'est d'anticiper, c'est de travailler à une œuvre qu'il ne contemplera pas achevée et dont il ne profitera pas lui-même. »

Bibliographie sélective

Léon Blum, *L'Œuvre,* 9 vol., Albin Michel, 1954-1966.
Actes du colloque, *Léon Blum, chef de gouvernement, 1936-1937*, Armand Colin, 1967.

Serge Berstein, *Léon Blum*, Fayard, 2013.
Jean-Paul Brunet, *Histoire du Front populaire (1934-1938),* PUF, 1991.
Ilan Greilsammer, *Blum,* Flammarion, 1996.
Dominique Missika, *Thérèse, le grand amour caché de Léon Blum*, Alma, 2016.
Marc Sadoun, *De la démocratie française. Essai sur le socialisme,* Gallimard, 1993.

23

Maurice Thorez, une vie entre deux pays

par Annette Wieviorka

Le défilé du 14 juillet 1936 est la dernière grande manifestation du Front populaire. Par centaine de milliers (un million, dit-on), hommes, femmes, enfants défilent de la Bastille à la Nation où une tribune a été dressée. Les photos qui en ont été prises sont emblématiques du Front populaire, et illustrent généralement les ouvrages qui lui sont consacrés. Ce sont les figures de la gauche rassemblée. Les époux Blum, poing levé, sont à droite ; au côté du président du Conseil, Pierre Cot, radical, ministre de l'Air, souriant, un chapeau à la main ; puis Maurice Viollette, radical-socialiste, ministre d'État, salue la foule de la main droite ; Roger Salengro, bras croisés, a l'air sombre. Le contraste est saisissant avec, au centre de la photo, un Thorez rayonnant qui se détache du groupe par son éclatante jeunesse, son immense sourire, une mèche de cheveux. Il ne lève pas le poing. Il est le seul ceint de son écharpe tricolore de député. Son chapeau est posé devant lui. Car, en costume trois-pièces, il porte le chapeau, non plus la casquette, métonymie de l'ouvrier notamment dans les chansons populaires.

Le révolutionnaire « moscoutaire » Thorez souhaite désormais incarner un Parti communiste français intégré en apparence dans la classe politique et dans la Nation dont 72 députés siègent à la Chambre. Il inscrit désormais son histoire dans une généalogie française, s'appropriant Jeanne d'Arc, La Marseillaise *et le drapeau tricolore. Le révolutionnaire, poing levé au son de* L'Internationale, *serait devenu un aimable réformiste.*

Fils du peuple

Maurice Thorez est né avec le siècle, le 29 avril 1900, à Noyelles-Godault, dans le bassin minier du Pas-de-Calais. Si son père biologique est l'épicier Henri Breton, comme l'a révélé Philippe Robrieux dans sa grande biographie, il est élevé par Louis Thorez, mineur, que sa mère, Clémence Baudry, épousa, dans l'univers mental, culturel et politique de la mine. Son grand-père, Clément Baudry, avec qui il est évacué en 1915 à Clugnat, dans la Creuse, où ils vivent tous deux jusqu'en 1917, l'initie au syndicalisme et à la politique. De retour dans sa ville natale, Maurice Thorez tombe sous le charme de l'Octobre révolutionnaire et rejoint après le congrès de Tours (25-30 décembre 1920) la Section française de l'Internationale communiste qui deviendra le Parti communiste français.

Dès lors, sa vie se confond avec celle de ce parti. S'il travaille brièvement à la mine, comme trieur de pierre avant la Grande Guerre, au fond après, s'il fait divers petits boulots, il devient très vite « révolutionnaire professionnel », c'est-à-dire permanent salarié par un parti largement financé par l'Internationale communiste et dans lequel il connaît une irrésistible ascension. Il est aujourd'hui fastidieux de suivre les méandres de la ligne politique de cette Internationale et de ses répercussions sur un jeune parti qui s'apparente pendant des années à une secte, de s'intéresser à toutes les luttes entre diverses fractions qui sont aussi celles de rivalités entre personnes. On se souvient d'Albert Treint parce qu'il voulait « plumer la volaille socialiste » (1922), expression qui est restée dans le vocabulaire politique. On a oublié que maints dirigeants firent de la prison – Thorez près d'une année (juin 1929-avril 1930). L'élimination du « groupe Barbé-Célor » (1932), une des crises majeures d'un parti qui compte alors moins de 40 000 adhérents et dont le nombre de députés tourne autour de la dizaine, est tombée dans l'oubli. Seul le dernier que Thorez parvint à évincer en 1934, Jacques Doriot, maire de Saint-Denis la Rouge, est véritablement entré dans l'histoire. C'est qu'il amorça alors une dérive vers la droite extrême, créa le Parti populaire français d'inspiration fasciste, collaborationniste pendant la Seconde Guerre mondiale, jusqu'à combattre sous l'uniforme allemand.

Après l'élimination de Doriot, Maurice Thorez, flanqué de l'envoyé du Komintern auprès du parti communiste, Eugen Fried, dit Clément, est le secrétaire général du parti communiste qu'il incarne désormais, son dirigeant incontesté, et ce, pour les trois décennies qui le séparent de sa mort. Après les prises du pouvoir successives de Mussolini et d'Adolf Hitler,

Fried et Thorez élaborent une nouvelle politique, celle du Front populaire pour le pain, la paix et la liberté, alors que l'Union soviétique promeut de son côté, avec les démocraties occidentales, une politique de sécurité collective. Le parti communiste quitte son ghetto et son splendide isolement révolutionnaires. Il prend pied dans le réel, découvre la politique, qui est le contraire de l'hostilité et de la fermeture au monde extérieur. Et Maurice Thorez s'y épanouit. Son parti est à l'origine de la création d'un Comité d'organisation du Rassemblement populaire, placé sous la présidence de Victor Basch, qui regroupe quatre partis – communiste, socialiste, radical, Union socialiste républicaine –, les deux grandes organisations syndicales (CGT et CGTU), et une centaine d'organisations diverses. La puissance de ce mouvement éclate lors de la journée du 14 juillet 1935. Les assises de la paix qui se tiennent le matin, avant le grand défilé de l'après-midi de la Bastille à la Nation, au stade Buffalo à Montrouge reproduisent le cérémonial de la fête de la Fédération de 1790, en invitant les 8 000 délégués des fédérations et des organisations à prêter le serment de rester unis, de « défendre les libertés démocratiques [...], de donner du pain aux travailleurs, du travail à la jeunesse et au monde la grande paix humaine ».

Les élections législatives de 1936 sont un succès pour les candidats du Front populaire. La SFIO compte le plus grand nombre de députés (146) et le président de la République, Albert Lebrun, demande à Léon Blum de former le gouvernement. Ce dernier souhaite associer les communistes à l'exercice du pouvoir. Thorez en a envie. L'Internationale communiste le lui interdit, une décision qu'il regretta sa vie durant, convaincu que s'il avait été aux affaires, le cours de l'histoire eût été changé. Thorez est pris dans un *double bind*. Il est ce qu'il est devenu grâce à son parti. Il lui doit tout. Jusqu'au jour de sa mort, il ne cessa de dire et d'écrire sa gratitude, même s'il commence à penser que le parti lui doit aussi beaucoup. Il sait que la source de son pouvoir est à Moscou. Son absolue fidélité et son admiration pour l'Union soviétique restent la pierre angulaire de son engagement et une constante, du moins jusqu'au XXe Congrès. Thorez n'ignore pas que celui qui s'écarte des lumières du Kremlin s'approche dangereusement de la roche Tarpéienne. Grâce ou avec Fried, il a fait preuve de créativité et d'audace – une audace politique qui fait écho à son audace dans la vie privée, puisqu'il a conquis le cœur d'une jeune ouvrière du textile du Nord, Jeannette Vermeersch, et a rompu avec sa femme, Aurore Membeuf, d'une famille de mineurs militants communistes du Nord, la mère de son premier fils, Maurice Jr. Maurice et Jeannette formeront un couple politique emblématique. Le Thorez du Front populaire est un homme heureux. Il est devenu un homme politique dont la légitimité ne vient plus seulement de Moscou : les élections l'ont prouvé. Elle lui vient d'une partie des Français qui lui font confiance, l'ovationnent, lui manifestent leur amour.

En 1937 paraît aux Éditions sociales internationales *Fils du peuple*, la soi-disant autobiographie de Thorez. L'ouvrage a fait l'objet d'une élaboration collective avec Jean Fréville, la « plume » de Thorez, comme l'indique un acrostiche fameux glissé par l'homme qui tapa le manuscrit, André Wierzbolowicz. Il n'y a pas lieu de s'en indigner outrageusement tant la pratique du « nègre » est courante chez les hommes politiques. D'autant que la forme autobiographique est choisie parce que accessible au plus grand nombre pour raconter l'histoire du parti communiste et servir à l'éducation des dizaines de milliers de néophytes qui l'ont rejoint. Le lancement de l'ouvrage s'appuie sur un « plan média » extrêmement ambitieux et onéreux : des communiqués pour les radios, l'insertion d'un encart publicitaire dans une trentaine de journaux de la presse « bourgeoise » et un film, long spot publicitaire de cinq minutes, probablement réalisé par Jean Renoir, ce qui constitue une absolue novation dans la publicité pour un livre. Le film s'ouvre sur Ivry-sur-Seine, le pavillon petit-bourgeois en meulière où est mis en scène le bonheur familial que vivent Maurice, Jeannette et leur aîné, Jean. Maurice dicte à Jeannette, qui tape à la machine. C'est une autre novation : la mise en scène de la vie privée d'un homme politique. Éclate alors, sur la couverture en gros plan de *Fils du peuple*, le chant *Ma blonde entends-tu dans la ville*, dont on peut considérer qu'il est l'hymne du Front populaire, alors qu'une série de vignettes et d'images d'archives illustrent la classe ouvrière et les manifestations du Parti. Ce film ne fut jamais utilisé. Maurice Thorez était toujours marié avec Aurore dont il ne divorcera qu'en 1947 et le montrer ainsi avec sa seconde famille aurait fait crier la « presse bourgeoise » à la bigamie. Ce n'est pas encore véritablement le culte de la personnalité, même si des éléments épars en marquent l'amorce, notamment la pratique des cadeaux. Ce culte s'épanouira au lendemain de la Seconde Guerre mondiale.

Le déserteur

L'euphorie du Front populaire a fait long feu. Sa stratégie a échoué. À l'extérieur, c'est l'échec des républicains espagnols et l'installation de la dictature franquiste. Après la remilitarisation de la Rhénanie, l'annexion de l'Autriche, les accords de Munich, le démantèlement de la Tchécoslovaquie, la guerre se profile à l'horizon et l'Union soviétique modifie sa politique. La sécurité collective a vécu et elle s'oriente vers d'autres alliances. Le 23 août 1939, le ministre des Affaires étrangères du IIIe Reich Ribbentrop et son homologue soviétique Molotov signent un pacte de non-agression, assorti d'un protocole secret qui délimite les zones d'influence respectives de l'Allemagne nazie et de l'Union soviétique dans la partie orientale de l'Europe. La nouvelle du pacte est un choc pour Thorez, qui sait désormais, comme tout le monde, la guerre inévitable. Le parti communiste maintient un temps sa ligne politique tout à la fois patriotique et « antifasciste » alors même que la répression s'abat sur lui : publications et parole publique sont interdites dès le 24 août et le parti communiste et toutes les organisations qui en dépendent seront interdits le mois suivant.

Cela n'empêche par Thorez, mobilisé, de rejoindre son régiment dès la déclaration de guerre, le 3 septembre 1939. Comme les autres élus communistes, il n'a pas souhaité user du sursis de quinze jours dont peuvent bénéficier les parlementaires. Cantonné à Chauny (Aisne), il semble apprécier la vie militaire et être estimé par ses chefs. Or au soir du 3 octobre 1939, anticipant probablement une arrestation, Jeannette, Mounette Dutilleul et le chauffeur Pelayo viennent le chercher. Maurice Thorez est désormais un déserteur. Il passe en Belgique, puis à Stockholm sous une fausse identité et avec un passeport soviétique, et de là s'envole pour Moscou où il arrive le 8 novembre. Jeannette et leur fils Jean l'y ont précédé. Le 28 novembre 1939, le tribunal permanent de la 2e région qui siège à Amiens le condamne à six ans de prison. Le 17 février 1940, il est déchu de la nationalité française par décret du Conseil d'État.

Le Parti communiste français entretient la fiction d'un Maurice Thorez continuant à le diriger clandestinement alors qu'il est incognito à Moscou où naît Paul, le 14 août 1940. Le 22 juin 1941, brisant le pacte germano-soviétique, l'armée allemande et ses alliés envahissent l'Union soviétique. Leur avance est fulgurante. Moscou est menacée. Le Komintern est évacué. Tandis que son secrétariat est installé à Kouïbychev, la plupart des étrangers le sont à Oufa, capitale de la Bachkirie. Thorez, toujours incognito, est donc isolé des autres leaders, Georges Dimitrov, Klement Gottwald, Otto Kuusinen, Wilhelm Pieck, Palmiro Togliatti, André Marty, Arthur Ramette, Ana Pauker, etc. La plupart seront membres de gouvernements dans divers pays d'Europe à la Libération. En mai 1943, Staline dissout le Komintern. Se met en place une nouvelle fiction : Thorez se serait rendu en Union soviétique pour participer aux délibérations concernant cette dissolution.

Le revenant

Depuis l'attaque soviétique, Thorez rêve de rejoindre Londres. De Gaulle s'y oppose. Alors que la plus grande partie du territoire français est libérée, il se morfond à Moscou. Jusqu'au moment où Staline le remet en scène, faisant de son retour la condition au voyage que doit effectuer de Gaulle à Moscou. Ce dernier fait bénéficier Thorez d'une grâce amnistiante et le 20 novembre, après un long entretien avec Staline qui lui dicte la ligne politique que le Parti communiste français devra suivre, la famille Thorez, accompagnée du fidèle Arthur Ramette, quitte Moscou.

Lors du grand meeting célébrant son retour, au Vél'd'Hiv le 30 novembre 1944, devant plusieurs dizaines de milliers de militants électrisés, Thorez fait ovationner la nouvelle ligne politique : « S'unir, combattre, travailler », ce que Annie Kriegel désignera comme le « national-thorézisme ». Les milices patriotiques qui avaient été mises sur pied pour aider à la libération du territoire sont dissoutes. Le parti communiste se jette dans la bataille du charbon (« Produire, produire et encore produire, faire du charbon, c'est aujourd'hui la forme la plus élevée de notre devoir de classe, de notre devoir de Français »). Thorez a mis son parti au service des intérêts supérieurs de la France. Un parti qui triomphe aux premières élections législatives de la Libération, dépassant les 5 millions de voix et obtenant 159 députés, dont son chef Thorez qui retrouve son siège de député de la Seine qu'il gardera jusqu'à sa mort. Le parti communiste, tout auréolé du prestige de l'Union soviétique et qui s'est autoproclamé « le parti des 75 000 fusillés », est le premier parti de France. Le général de Gaulle nomme Thorez ministre d'État, en charge de la Fonction publique. Le 29 janvier 1946, il devient vice-président du Conseil dans le gouvernement de Félix Gouin et le reste dans celui de Georges Bidault, avant de le redevenir dans celui de Paul Ramadier. On lui doit notamment le statut de la fonction publique.

Le 4 mai 1947, Paul Ramadier se sépare de Thorez et de ses autres ministres communistes. Le monde est entré dans la guerre froide. Thorez s'installe dans une opposition radicale qui, selon lui, ne devrait pas durer. Le climat en France est quasi insurrectionnel, marqué par des grèves dures réprimées dans la violence dans une atmosphère de guerre civile. Le parti communiste est désormais une forteresse assiégée et ses leaders s'estiment menacés. Thorez, comme d'ailleurs Jacques Duclos, circule dans une luxueuse Delahaye blindée, à l'instar des chefs d'État ou des monarques. En effet, à son retour d'URSS, son mode de vie a changé, comme s'il avait appris de la nomenklatura soviétique. Il habite en famille une imposante bâtisse à Choisy, bénéficie d'une domesticité, et s'isole par là même de la société et du peuple communiste. Les conditions sont donc réunies pour que s'épanouisse un véritable culte de la personnalité qui connaît un apogée lors de la célébration de son cinquantième anniversaire, en avril 1950, qui succède aux soixante-dixième de « l'homme que nous aimons le plus », Joseph Staline, célébré en décembre 1949. Pour l'occasion, une deuxième édition de *Fils du peuple*, corrigée et augmentée avec l'aide du fidèle Fréville est préparée, qui se vend à 450 000 exemplaires. Cette fois, à la différence de l'édition originale, le livre n'est pas destiné à l'extérieur du parti, mais à usage principalement interne pour le souder autour de son chef et éduquer ses membres. La célébration de l'anniversaire se déroule dans la capitale du communisme français, Ivry-sur-Seine. Parmi la pluie de cadeaux, on distingue les saintes reliques des martyrs du parti communiste fusillés ou déportés pendant l'Occupation, comme le miroir dans lequel Danielle Casanova, morte à Auschwitz, aimait à se regarder offert par son mari, Laurent, et sa nouvelle épouse Claudine Chomat, ou la poupée de Jacqueline Quatremaire, morte à Auschwitz, que ses parents offrent au secrétaire général de leur parti. Une telle célébration d'un anniversaire n'a aucun précédent dans l'histoire de notre pays.

Le crépuscule

La cruelle réalité de l'humaine condition se rappelle à Maurice moins de six mois après cette grandiose célébration. Il est frappé le 10 octobre 1950 par une attaque cérébrale. Il est alors transporté en Union soviétique pour y être soigné. Le parti communiste entretient la fiction d'un Thorez le dirigeant depuis Moscou, alors que pendant près d'un an il est dans l'incapacité d'effectuer le moindre travail intellectuel. Il est pourtant réélu député *in absentia* en juin 1951. Jeannette Vermeersch, qu'il a épousée après son divorce avec Aurore Membeuf en 1947, est souvent auprès de lui, et les autres dirigeants viennent régulièrement le visiter. La situation du parti communiste pendant l'année 1952 est d'une grande confusion. La ligne politique souffre de l'absence de son secrétaire général qui a exercé depuis une vingtaine d'années un pouvoir absolu. Le passage à Paris du général Ridgway, dit « Ridgway la peste », ancien commandant des troupes américaines en Corée, qui s'apprête à prendre la direction des forces armées de l'OTAN est marqué par une manifestation particulièrement violente le 28 mai. Des dizaines de manifestants et membres des forces de l'ordre sont blessés. Jacques Duclos est arrêté, ainsi que d'autres dirigeants. Le parti communiste, en pleine fièvre obsidionale, renoue avec la répression et ses dirigeants avec la prison alors que deux de ses dirigeants historiques, anciens mutins de la mer Noire, André Marty et Charles Tillon, ce dernier ayant de plus dirigé les FTP, les Francs-tireurs partisans, pendant l'Occupation, sont mis en procès pour « activités fractionnelles » et « déviationnisme », un procès de Moscou à Paris dans le style de ceux qui se déroulent alors dans les démocraties populaires et qui permet à Maurice et à Jeannette de régler quelques comptes. Marty est exclu du parti communiste, Charles Tillon en reste membre mais est démis de toutes ses fonctions.

Le parti communiste prépare le retour de son héros, dont la santé s'est améliorée, pour octobre 1952. « Il revient, écrit Aragon dans un long poème. Les vélos sur le chemin des villes/ se parlent rapprochant leur nickel ébloui. » Des meetings sont prévus partout en France. Or Thorez ne revient pas. Il est prisonnier de luxe en Union soviétique. Son nom, comme celui du secrétaire général du Parti communiste japonais Tokuda, apparaît dans l'économie du complot dit des blouses blanches, des médecins juifs dans leur très grande majorité qui auraient voulu assassiner Staline. Ce n'est qu'après la mort de ce dernier, le 5 mars 1953, que Thorez peut regagner la France. Il est physiquement diminué, et s'installe à Bazainville, à l'abri des regards, dans une propriété que le parti a acquise et où se tiennent désormais les réunions du bureau politique. Ses archives, sa bibliothèque, les cadeaux reçus pour son cinquantième anniversaire y ont été transférés.

Le parti communiste n'est pas en mauvaise santé. Ses effectifs se sont stabilisés, entre 330 000 et 350 000 membres. Aux élections de janvier 1956 qui suivent la dissolution de la Chambre, il retrouve le même nombre d'électeurs qu'en 1946, quand tout semblait possible, et compte 150 députés. C'est un succès personnel pour Maurice Thorez, une victoire sur la maladie et sur ses rivaux à l'intérieur du parti qu'il continue de diriger, souvent de loin car il passe les hivers dans des maisons que le parti loue pour lui sur la Côte d'Azur, à Mougins, puis au Canet, épaulé par son infatigable épouse, Jeanne Vermeersch, députée de 1945 à 1958, membre du bureau politique à partir de 1950. Thorez peut envisager la sortie de son parti du ghetto où l'éviction des ministres communistes par Ramadier l'a enfermé. Au début de l'année, il prend la route de Moscou pour assister au XXe Congrès du Parti communiste de l'Union soviétique, le premier depuis la mort de Staline. Le 24 février 1956, alors que le Congrès tire à sa fin, le premier secrétaire, Nikita Khrouchtchev informe les délégués qu'après la clôture officielle se tiendra une séance à huis clos. Dans la nuit du 24 au 25, il lit, devant un public sidéré, le réquisitoire contre Staline, un dictateur paranoïaque, ayant organisé un « culte de la personnalité », responsable des millions de morts de la Grande Guerre patriotique ou de l'exécution de milliers de communistes. C'est un choc. Thorez et son homologue italien Togliatti ont reçu à leur hôtel copie du rapport qu'ils doivent rendre après lecture.

Le XXe Congrès marque un tournant dans la politique soviétique. C'est le « dégel » (Ilya Ehrenbourg), qui conjugue la libération de plus d'un million de prisonniers du goulag, la « coexistence pacifique » en matière de relations internationales, « l'Octobre polonais » de Gomulka, l'insurrection de Budapest, ou encore la rupture sino-soviétique.

Thorez affirme qu'il n'y a pas de rapport secret alors même qu'il l'a lu. Tous ses efforts tendent vers l'immobilisme. Pour la première fois, il ne relaie pas scrupuleusement la politique soviétique. Il a désormais 56 ans. Grâce à une rééducation opiniâtre et à un régime drastique, il a récupéré totalement l'usage de la parole, et en grande partie sa motricité, même s'il marche à l'aide d'une canne et doit se ménager. Certains tournants lui ont beaucoup coûté : celui du pacte germano-soviétique qui a induit sa désertion et son départ pour Moscou ; celui de la plongée dans la guerre froide. Sa vie avec la maladie s'est routinisée, sa pensée s'est figée. Sa force d'inertie est considérable.

La position qu'il prend, conjointement avec Jeannette Vermeersch, sur le *birth control*, comme on disait alors, atteste sa cécité aux changements. Alors que le journal *Libération*, dans la mouvance du parti communiste, a publié une grande enquête de Jacques

Derogy sur les drames de l'avortement et que les députés progressistes apparentés au PCF déposent en février 1956 une proposition de loi pour abolir celle de 1920 qui interdisait la propagande anticonceptionnelle et la vente des « remèdes secrets », Maurice Thorez et Jeannette Vermeersch dénoncent ces démarches comme l'expression d'un néomalthusianisme réactionnaire. Avec les catholiques, ils retardent ainsi d'une douzaine d'années la légalisation de la contraception. Cet épisode montre le décrochage du couple des réalités sociales et culturelles, un alignement sur ce que la société compte de plus conservateur, même si ce conservatisme est partagé par une partie des classes populaires. Le parti communiste paiera cher, à la fin des années 1960, cette cécité aux mutations des mentalités.

Avec l'arrivée en 1958 au pouvoir du général de Gaulle analysée par Thorez comme un retour du fascisme, le parti communiste amorce un long déclin. Presque seul, il appelle à voter non au référendum qui doit enterrer la IVe République et adopter la nouvelle constitution. Pourtant, l'éternel stalinien aborde avec confiance les premières élections législatives, sans mesurer les transformations qu'apporte le scrutin d'arrondissement uninominal à deux tours. Le nombre de députés communistes descend à son plus bas niveau, celui de 1932 : 10. S'il continue à diriger son parti et à éliminer à l'intérieur ceux qu'il considère comme ses adversaires – Laurent Casanova ou Marcel Servin (1959) –, il songe aussi à se retirer, à abandonner son poste de secrétaire général, fonction qu'il exerce depuis plus de trente ans. Le 12 mai 1964, le comité central, debout, acclame la proposition de Frachon de l'élire président, un poste honorifique. Maurice Thorez se prépare à une retraite à Callian, dans le Var, dans la maison qu'il veut se faire construire sur le terrain offert par Nadia Léger, la veuve de Fernand. Le 6 juillet 1964, comme il le fait pratiquement chaque année depuis sa maladie, il embarque à Marseille sur le *Latvia* avec Jeannette pour passer des vacances au bord de la mer Noire. Il meurt à bord le 11 juillet. Les funérailles sont grandioses. La foule des grands jours suit le cortège du siège du parti communiste, au 44 de la rue Le Pelletier, au Père-Lachaise, où il est inhumé à l'ombre du mur des Fédérés.

Dans une lettre à Nikita Khrouchtchev, Jeannette Thorez-Vermeersch voit dans la mort de son mari au large d'Istanbul le « symbole de sa vie, d'une vie entre deux mers, d'une vie entre les deux pays qu'il aimait le plus au monde : sa France et le premier pays socialiste, l'Union soviétique ». Thorez laisse derrière lui un parti communiste qui compte encore dans la vie politique française, quoique très affaibli par les luttes internes comme par celles qui divisent le mouvement communiste international et les mutations de la société. Si le culte de la personnalité ne survit pas à sa mort, chaque municipalité qui fut communiste – et elles sont nombreuses – possède sa rue Maurice-Thorez dont une ville du Donbass porte aussi le nom. De son action comme ministre a longtemps subsisté le statut de la fonction publique. Pourtant, si ce n'est sa petite phrase : « Il faut savoir terminer une grève » prononcée en 1936 après la signature des accords de Matignon, souvent citée, parfois détournée, la mémoire de Thorez a été emportée avec l'effondrement du parti communiste et du camp soviétique.

Bibliographie sélective

Maurice Thorez, *Fils du peuple*, Éditions sociales, 1937, 1949, 1960.

Fonds Maurice Thorez et Jeannette Vermeersch, Archives nationales, 626 AP.

Fonds Thorez-Vermeersch aux archives municipales d'Ivry-sur-Seine, www.fonds-thorez.ivry94fr.

Philippe Robrieux, *Maurice Thorez. Vie privée et vie publique*, Fayard, 1975.

Annette Wieviorka, *Maurice et Jeannette. Biographie du couple Thorez*, Fayard, 2010 ; Perrin, coll. « Tempus », 2016.

24

Pierre Mendès France, la vérité face à la politique

par Julien Winock

*Par sa hauteur de vues, son intégrité, son sens de l'intérêt général et sa fameuse exigence de vérité à l'égard des citoyens, Pierre Mendès France (1907-1982) est sans conteste la grande conscience de la gauche de l'après-guerre. Rares sont pourtant les hommes politiques ayant comme lui cristallisé autant d'animosité, voire de haine, sur leur personne. Toute une génération de la gauche non communiste, lassée des manœuvres politiciennes à courte vue et de l'instabilité de la IV*e *République, a cru en lui. En regard, Mendès reste pourtant le symbole d'une espérance inaboutie. Après une expérience gouvernementale aussi brillante que fugace, durant laquelle ses qualités d'homme d'État furent éclatantes, son opposition indéfectible à la V*e *République ne lui a plus jamais permis d'occuper des responsabilités politiques nationales.*

La rapide ascension d'un jeune-turc

Issu de la branche des Juifs marranes portugais, Pierre Mendès France a grandi dans une famille relativement aisée, enracinée en France depuis la fin du XVIIe siècle. La religion, sans être absente, n'a pas tenu chez lui une place aussi importante que la politique. L'influence du père, entrepreneur cultivé, marqué par l'affaire Dreyfus, a joué un rôle majeur dans cette conscience de gauche et de patriote que Mendès s'est forgée très tôt. Dès l'âge de 16 ans, son vif intérêt pour la politique l'incline à prendre une part active dans le militantisme. Pour contrer l'influence de l'Action française qui sévit au Quartier latin, il participe en 1924 à la création de la Ligue d'action universitaire républicaine et socialiste (LAURS). Sa vivacité intellectuelle se manifeste tout aussi précocement sous de multiples formes : bachelier à 15 ans, il s'oriente vers le droit et l'École libre des sciences politiques, dont il sort diplômé en 1925. À 21 ans, Pierre Mendès France devient le plus jeune avocat de France et soutient en parallèle une thèse de droit public sur « La politique de redressement du franc menée par Raymond Poincaré ». Le prodige s'est construit par cette formation une approche globale de la politique très innovante pour l'époque. Selon lui, c'est à sa situation économique qu'un pays doit non seulement sa prospérité, mais aussi sa puissance d'action et sa crédibilité internationale. Avec d'autres brillantes figures telles que Pierre Cot, Jean Zay, Gaston Bergery ou encore Bertrand de Jouvenel, il fait partie, au début des années 1930, du mouvement des « Jeunes-Turcs », ces membres du parti radical soucieux de faire évoluer une doctrine usée depuis la séparation des Églises et de l'État, et largement éloignée des problèmes nés de la crise de 1929. Prenant racine à Louviers, dans l'Eure, où il s'impose comme un redoutable candidat, le jeune loup de la politique ne ménage pas sa peine pour se faire un nom. Il quadrille sans relâche la circonscription, multiplie les réunions politiques et s'attache à recueillir les soutiens d'éminentes figures du parti radical, à commencer par celle d'Édouard Herriot. Au cours de la campagne pour les élections législatives de 1932, son brio lui attire déjà des jalousies et plus encore des propos d'un antisémitisme sans fard.

Pierre Mendès France n'a que 25 ans lorsqu'il est élu député de l'Eure. Très vite, son indépendance d'esprit s'affirme. L'onde de choc de la Grande Dépression qui touche à son tour la France le préoccupe. Mais contrairement à nombre de ses collègues parlementaires, il refuse le recours à l'inflation et prône une rigueur budgétaire qui impose de limiter les dépenses publiques. Il va jusqu'à faire cavalier seul dans son camp lorsque, en décembre 1932, il apporte sa voix aux tombeurs d'Édouard Herriot. En janvier 1934, il refuse cette fois de voter l'investiture de Gaston Doumergue dont l'entourage, à ses yeux, s'est compromis en refusant de faire la lumière sur la complicité passive offerte par plusieurs personnalités du parti radical à l'escroc Stavisky. L'affaire qui porte son nom fut, rappelons-le, l'étincelle qui déclencha l'émeute du 6 Février. Dès cette époque, Mendès affirme ainsi ce sens de la probité qui allait l'accompagner tout au long de sa carrière. Elle lui vaut cependant bien des inimitiés, y compris au sein de sa propre famille politique. Il s'affirme aussi par des choix audacieux qui le distinguent : il est notamment le seul député français à voter en 1936 contre la participation de la France aux jeux Olympiques de Berlin, alors que toute la gauche (y compris les communistes) a choisi de s'abstenir.

Réélu aux élections législatives de mai 1936, le député de l'Eure est largement en accord avec l'esprit du Front populaire. Tout en déplorant certains excès dans l'immense vague de grèves qui déferle sur le pays, il s'active dans sa circonscription pour convaincre les patrons des usines concernées d'augmenter les maigres salaires des ouvriers. Si la réalisation du programme du Front populaire (congés payés, quarante heures hebdomadaires de travail, nationalisations) a sa faveur, il déplore néanmoins la dévaluation timide et tardive du franc tout comme l'absence d'intervention française dans la guerre d'Espagne. La chute du premier gouvernement Blum en juin 1937 n'en reste pas moins imméritée selon lui. Dans cette IIIe République fatiguée, l'instabilité gouvernementale ne fait que s'accentuer ; elle donne à Léon Blum l'occasion d'être à nouveau président du Conseil en mars 1938. Pour le seconder aux Finances, il choisit Pierre Mendès France comme sous-secrétaire d'État au Trésor. À 31 ans, l'expert des questions financières devient l'un des plus jeunes membres d'un gouvernement de la République. L'amitié qu'il noue avec le directeur de cabinet de Léon Blum, Georges Boris, est un tournant dans son parcours. Boris est l'un des grands admirateurs de la politique du New Deal menée par Franklin Roosevelt aux États-Unis. On lui doit surtout d'avoir fait connaître en France la pensée de John Maynard Keynes. Le programme économique audacieux présenté par Léon Blum à la Chambre des députés début avril, à l'élaboration duquel Mendès a participé, s'en inspire largement. Il restera cependant lettre morte : au bout de cinq semaines, son gouvernement est mis en minorité au Sénat.

La guerre et la reconstruction

Les tensions internationales croissantes après le réarmement de la Rhénanie puis l'*Anschluss* (annexion de l'Autriche) ouvrent progressivement les yeux de Mendès sur les aveuglements d'un pacifisme qui avait jusque-là ses faveurs. La valeur des accords de Munich a beau être indexée sur la parole douteuse de Hitler, il n'est pourtant pas loin, à ce moment-là, de partager le « lâche soulagement » évoqué par Blum. Très vite cependant, début 1939, l'imminence du conflit lui apparaît ; il défend alors une politique de fermeté et lorsque la guerre éclate le 3 septembre, il est résolu à se battre. Officier de réserve dans l'armée de l'air, Mendès France part pour la Syrie, moyen pour lui d'échapper à la torpeur de la « drôle de guerre ». Mais faute de combat en Orient, il revient en France. Lorsque éclate l'offensive allemande du 10 mai 1940, il est sans affectation malgré ses demandes réitérées. Il se rend alors à Bordeaux et parvient à trouver place sur le paquebot *Massilia*. Au moment où une continuation des combats en Afrique du Nord est envisagée, le navire est affrété pour transporter à Casablanca des personnalités officielles, dont une trentaine de parlementaires. Le voyage se transforme cependant en un redoutable piège : au lendemain de l'appareillage, l'armistice est signé avec l'Allemagne. Le gouvernement de Pétain, qui reçoit les pleins pouvoirs le 10 juillet, va s'employer à présenter les exilés comme des fuyards en les faisant arrêter les uns après les autres. Persuadé que la justice saura reconnaître sa bonne foi, Mendès reste à Casablanca et se laisse emprisonner fin août 1940. Il est bientôt transféré à Clermont-Ferrand pour être jugé par le tribunal militaire. Derrière la parodie de justice à laquelle il assiste, c'est un véritable procès politique qui est infligé à cet ancien ministre du Front populaire d'origine juive. La quasi-totalité des témoignages a beau le disculper, les magistrats aux ordres de Vichy le condamnent le 9 mai 1941 pour désertion à six ans de prison.

Après s'être fait la belle en juin 1941 avec une rare ingéniosité, il rejoint non sans mal la France libre à Londres, *via* Grenoble, la Suisse puis le Portugal. Son intelligence, son patriotisme et son esprit combatif séduisent d'emblée de Gaulle, qui l'engage dans l'escadrille Lorraine. De son côté, l'ancien ministre résistant, qui n'est pas aveugle sur l'orgueil et l'intransigeance du chef de la France libre, se prend d'admiration pour l'homme qui a permis de sauver l'honneur de la France. Pendant un peu plus d'un an, de l'automne 1942 jusqu'en novembre 1943, Pierre Mendès France participe, en tant que pilote navigateur, à une quinzaine de missions d'importance ; la plupart ont pour objectif de bombarder sur le sol français des installations industrielles et militaires aux mains des Allemands. Désireux de poursuivre son engagement militaire, il ne peut toutefois refuser le poste de commissaire aux Finances que lui offre de Gaulle dans le Comité français de la libération nationale (CFLN) qui siège à Alger.

Pour Mendès, le pays en voie d'être libéré ne peut rebâtir son économie sans mesures contraignantes, notamment pour lutter contre l'inflation. Dans une note de février 1944, il plaide pour ce qui sera l'un des traits les plus caractéristiques de sa manière de gouverner : face aux difficultés de la reconstruction, les citoyens ne doivent pas être dupés, il s'agit de leur exposer sans détour la réalité de la situation et les mesures qu'il convient de prendre. Les Français sont aptes, selon lui, à entendre la vérité. Mais cette haute conception de la politique s'accommode mal des jeux d'alliance et des compromis auxquels de Gaulle doit se soumettre pour préserver une fragile unité, particulièrement menacée par le jeu trouble des communistes. À la Libération, Mendès devient ministre de l'Économie nationale, sans toutefois contrôler les Finances, aux mains de René Pleven, qui ne partage pas son souhait d'une réforme monétaire ambitieuse. Impuissant à faire prévaloir ses vues, fidèle à ses convictions, il préfère démissionner en avril 1945.

L'ancien maire de Louviers va s'employer alors à reconquérir ses mandats, d'abord comme député à l'Assemblée constituante en octobre, puis comme président du conseil général de l'Eure, toujours sous l'étiquette radicale. Ce parti, pourtant sclérosé et d'un soutien très perfectible à son égard, garde sa préférence. Il y a là une évidente contradiction. Elle tient sans doute à ce que le radicalisme continue de symboliser à ses yeux l'esprit républicain dans son essence : un attachement à l'héritage de la Révolution française, à la laïcité, une importance accordée à la justice sociale sans verser dans le projet révolutionnaire marxiste... Mais au sortir de la guerre, le parti de la rue de Valois est bien en peine d'insuffler un élan modernisateur au pays. Reflet d'une France rurale, il est avant tout un parti de notables attachés à conserver leurs positions, à l'instar de son chef Édouard Herriot.

Dans cette période de reconstruction des institutions, Mendès se détourne tout autant du parlementarisme absolu, représenté par le premier projet de constitution de la IVe République, que des ambitions gaulliennes exposées à Bayeux. L'homme a beau être estimé, respecté, consulté parfois, son intransigeance et sa liberté d'esprit le tiennent cependant à l'écart des tractations politiques qui pourraient le faire entrer dans un nouveau gouvernement. C'est sur le plan international que son action se fait davantage sentir à la fin des années 1940 : de Gaulle lui a en effet permis de représenter la France dans plusieurs instances économiques internationales, au Fonds monétaire international ainsi qu'au Conseil économique et social de l'ONU (l'ECOSOC) où il restera jusqu'en 1951.

La situation en Indochine le fait revenir sur le devant de la scène nationale. Plus anticolonialiste de raison que de principe, Pierre Mendès France perçoit la guerre qui sévit à 12 000 kilomètres de la métropole comme un énorme gâchis financier au moment où le pays doit se reconstruire. Entre l'impossibilité matérielle d'envoyer massivement l'armée française et le refus du gouvernement de négocier avec Hô Chi Minh, la France se retrouve dans une impasse. Pour en sortir, Mendès invite à briser le tabou des pourparlers avec les rebelles communistes. Peu de personnalités le suivent sur ce terrain ; beaucoup l'accusent de démoraliser la nation et *Le Monde* lui donne bientôt le surnom de « Cassandre ». Devant la dégradation de la situation sur place, son approche commence à séduire l'opinion et une partie de l'échiquier politique. La gauche intellectuelle non communiste se fait de plus en plus le relais de ses positions. Un journal va jouer un rôle décisif dans la diffusion de ses idées : *L'Express*. Fondé par Jean-Jacques Servan-Schreiber et Françoise Giroud au printemps 1953, l'hebdomadaire entend être un véritable tremplin pour faire accéder à la présidence du Conseil celui que l'on appellera bientôt « PMF ». Intitulée « La France peut supporter la vérité », l'interview qu'il donne dans le premier numéro de l'hebdomadaire a valeur de programme.

Une semaine à peine s'écoule après cette déclaration d'intention lorsque le gouvernement de René Mayer tombe le 21 mai 1953, Mendès est alors pressenti pour lui succéder. À l'issue d'un discours qui subjugue une Assemblée ne ménageant pas ses applaudissements, l'investiture semble acquise. Mais une campagne de dénigrement menée dans les couloirs du Palais-Bourbon change très vite la donne. Ses opposants, qui le dénoncent comme un « bradeur » et un « crypto-communiste », parviennent le 3 juin à torpiller une investiture qu'il rate de 13 voix. Cet échec n'aura pas été inutile pour autant. À la lecture de ce discours intitulé « Gouverner, c'est choisir », la presse, y compris à l'étranger, s'enthousiasme pour ce « petit homme brun et râblé au regard mélancolique et à la voix vibrante de sagesse », selon les mots de Jean

Daniel et Jean Lacouture, mais dont la clairvoyance et la résolution semblent sans pareilles dans la classe politique. L'opinion dans une large proportion voit bientôt en lui un homme d'État aussi lucide que déterminé. Il faudra cependant attendre le 13 juin 1954 pour que Pierre Mendès France accède pour de bon à la présidence du Conseil. Un mois auparavant, l'humiliante défaite de Diên Biên Phu convainc René Coty de le choisir.

Sept mois et dix-sept jours

Dans une IVe République rompue au système des partis et coutumière d'un immobilisme délétère, Pierre Mendès France va très vite s'imposer par sa détermination, mais aussi par un style et une méthode qui tranchent avec les pratiques de ses prédécesseurs. Si pour lui gouverner consiste d'abord à savoir choisir ses priorités, nul doute que le règlement du conflit en Indochine est la première d'entre elles. Dès sa prise de fonction, la situation catastrophique de l'armée française le convainc de lancer ce pari des plus audacieux : il se donne un mois seulement pour négocier à Genève un cessez-le-feu, à défaut de quoi il devra remettre sa démission. L'Assemblée est séduite par cette détermination et lui accorde le 18 juin une très large investiture par 419 voix contre 47 et 143 abstentions. Mendès a pris soin cependant de récuser les voix des communistes acquis à la République démocratique du Vietnam.

La formation de son gouvernement prend une physionomie inhabituelle par le refus d'en passer par les tractations usuelles avec les états-majors des partis. Aussi y trouve-t-on davantage d'hommes de dossiers plutôt que des politiciens rompus au jeu des alliances et aux échanges de portefeuilles. Parmi eux, deux ministres MRP, Robert Buron et André Monteil, sont exclus de leur parti pour obtenir leur maroquin. Trois gaullistes sont également présents avec Christian Fouchet, chargé des Affaires marocaines et tunisiennes, Jacques Chaban-Delmas aux Travaux publics ainsi que le général Koenig à la Défense. Comme ministre de l'Intérieur, le jeune loup de l'UDSR François Mitterrand occupe l'un des postes clés du gouvernement tout comme Edgar Faure aux Finances. Une jeune et brillante équipe de conseillers entoure le président du Conseil parmi lesquels figurent Simon Nora, Léone Georges-Picot, Jean-Marie Soutou, Claude Cheysson, Jean-Louis Crémieux-Brilhac ainsi que Georges Boris, qui occupe une position en surplomb dans les deux cabinets des Affaires étrangères et de la présidence du Conseil. Presque chaque matin à 8 h 30, Georges Boris réunit au Quai d'Orsay le cabinet de PMF afin de préparer le travail de la journée. Il s'inspire de la méthode du *brain trust* de Roosevelt : tous les sujets sont abordés de sorte que les décisions puissent être prises sur la base d'une connaissance approfondie des dossiers. Si Mendès a l'habitude d'écouter attentivement ses conseillers dans la phase de réflexion, en tenant compte des arguments des uns et des autres, il décide seul, une fois forgée sa conviction, au point qu'il est difficile de le faire revenir sur un arbitrage. Cette forme d'autorité peut parfois prendre des aspects assez brutaux, notamment vis-à-vis des diplomates, qu'il considère avant tout comme des exécutants. Avec le recul, il ne paraît pas incongru de voir dans cette équipe gouvernementale les prémices d'une technocratie qui aura les honneurs de la Ve République. L'autre innovation majeure de « PMF » tient à sa forme inédite de communication. Pour la première fois, un chef de gouvernement décide de s'adresser chaque semaine directement aux Français par l'intermédiaire de la radio nationale. Les fameuses « Causeries au coin du feu », inspirées par celles de Franklin Roosevelt, lui donnent l'occasion chaque samedi d'exposer à l'opinion de façon claire, sans langue de bois, l'avancée de la politique mise en œuvre par son gouvernement. La nouveauté séduit la population, qui apprécie cet exercice de pédagogie et de transparence. Elle joue un rôle évident dans la grande popularité de Mendès. Ce bouleversement profond dans la relation qu'entretient un dirigeant avec ses concitoyens fera date.

En cumulant le portefeuille des Affaires étrangères avec la présidence du Conseil, il marque sa volonté d'être le négociateur direct d'une paix qui se doit d'être honorable. Il ne s'agit ni de s'obstiner à tout prix dans la poursuite d'un conflit sans issue, ni de céder aux exigences du Viêt-minh. Cet objectif a pourtant tout d'une gageure. La conférence de Genève, commencée le 26 avril en vue de régler les conflits indochinois et coréen, paraît d'abord sans issue. Grâce au concours décisif de l'ambassadeur de France en Suisse, Jean Chauvel, Mendès comprend la nécessité de bénéficier du concours des grandes puissances et de ne pas s'en tenir à des échanges directs avec le Viêt-minh. À l'issue de longs et laborieux pourparlers avec le négociateur d'Hô Chi Minh, Pham Van

Dong, un accord est trouvé sur la question décisive de la ligne de séparation entre les deux Vietnam. Alors que Hanoï exigeait au départ un partage au niveau du 13e parallèle, Pierre Mendès France obtient à l'arraché, dans la nuit du 20 au 21 juillet 1954, la fixation de la frontière sur le 17e parallèle. Des élections libres sont prévues dans les deux pays tandis que le Laos et le Cambodge voient leur indépendance reconnue. Pour imparfaites qu'elles soient, les conditions de cette paix en Indochine semblent être les moins mauvaises que la France pouvait obtenir. Mendès remporte donc son pari et obtient l'approbation massive des députés, qui avalisent les accords de Genève par 560 voix contre 9.

Deuxième chantier prioritaire : le règlement de l'épineux dossier de la Tunisie où les fellaghas nationalistes multiplient les attentats. Comme dans le cas de l'Indochine, il n'est pas *a priori* un partisan de l'indépendance ; il n'en comprend pas moins la nécessité d'une émancipation des Tunisiens. Pour mettre en œuvre cette approche dans la voie d'une solution de paix, il réalise un coup de maître en rendant visite au bey de Tunis, le 31 juillet 1954, en compagnie du maréchal Juin. Fort du soutien de cette grande figure gaulliste peu suspecte de vouloir brader l'Empire français, il annonce au monarque le lancement d'un processus d'autonomie ainsi que la formation d'un gouvernement ouvert aux nationalistes et chargé de préparer les réformes. Ce « discours de Carthage » frappe les esprits et lui attire des réactions largement favorables. Si le sort de la Tunisie ne sera définitivement réglé qu'en 1956, la rénovation parvient déjà à entamer un premier processus de décolonisation.

Dernier grand dossier auquel s'attelle Mendès : la question ô combien délicate de la CED. Le projet de Communauté européenne de défense conçu par Jean Monnet divise profondément la classe politique. Le très europhile MRP s'oppose avec acharnement aux gaullistes, qui rejettent tout transfert de souveraineté dans un domaine aussi essentiel que celui de la « défense nationale ». Les communistes pour leur part rejettent ce projet appelé à défier les ambitions soviétiques. Le réarmement de l'Allemagne, qui en est le corollaire, soulève les plus grandes réticences dans une large partie de l'opinion. Mendès France, lui-même, sans y être foncièrement hostile, fait preuve de grandes réserves et juge qu'en l'état le traité ne peut être ratifié par le Parlement. Une modification s'impose, selon lui, mais cette idée se heurte à l'opposition farouche des États-Unis, bien décidés dans le contexte de la guerre froide à partager au plus vite le fardeau de la sécurité du Vieux Continent. Le protocole que propose Mendès pour retirer à la CED son caractère supranational ne convainc personne, ni les ministres gaullistes, qui démissionnent du gouvernement, ni les pro-CED, qui crient à la trahison. Les Alliés, réunis à la conférence de Bruxelles fin août 1954, se refusent tout autant à l'adopter. Ne reste plus du « grand projet » que la solution d'un vote de l'Assemblée pour fixer une bonne fois pour toutes le sort de la CED. Le 30 août 1954, les opposants au projet parviennent à convaincre une majorité de députés de s'opposer au traité. Une question préalable, qui permet d'éviter le débat sans discussion, recueille 319 voix contre 263 : c'en est fini de la CED. Mendès devient alors la bête noire des démocrates chrétiens, qui ne lui pardonneront pas ce « crime du 30 août ». Cet échec ne remet pourtant pas en cause la reconstruction d'une armée allemande à laquelle les États-Unis sont attachés. Mendès tient toutefois à ce que ce réarmement soit « encadré », ce qu'il obtient *via* les accords de Paris et de Londres où se décide l'adhésion de l'Allemagne à l'Union de l'Europe occidentale (UEO) et à l'OTAN. Le texte est approuvé *in extremis* par les députés français le 31 décembre, mais la victoire n'est qu'apparente.

L'homme du pari de Genève a désormais cristallisé sur sa personne une multitude de rancœurs issues, on l'a dit, du MRP depuis l'abandon de la CED, des communistes en raison des accords de Paris, de la droite coloniale également qui voit en lui le « bradeur de l'Empire ». S'y ajoute la fin du privilège des bouilleurs de cru décidée en vue de lutter contre l'alcoolisme, et qui lui attire l'animosité des parlementaires ruraux. La dégradation de la situation en Algérie l'affaiblit un peu plus. Sa position de fermeté à la suite des attentats du 1er novembre 1954 est en effet assortie d'un vaste plan de réformes administratives que présente François Mitterrand début janvier 1955. Le projet d'un fédéralisme en Algérie soulève sans surprise l'hostilité des défenseurs de l'Union française. Un mois plus tard, l'arrêt de mort du gouvernement est prononcé : il est renversé par l'Assemblée nationale dans la nuit du 4 au 5 février par 319 voix contre 273 (22 abstentions) à la suite d'un débat sur sa politique en Afrique du Nord.

Cet échec est une cruelle désillusion : les succès éclatants remportés par Mendès France ne lui auront pas permis de renverser le système des partis à l'origine des faiblesses endémiques de la IVe République. Le vaincu n'en garde pas moins une forte popularité dans l'opinion et l'on se plaît à croire que son retour à Matignon arrivera tôt ou tard. « Nous avions vu au long de ces huit mois ce qu'un homme d'État est capable d'accomplir en dépit d'une meute qui le cerne. C'est sans exemple, il me semble, et le pays ne l'oubliera jamais », écrivait par exemple François Mauriac dans son *Bloc-notes*. Il ne reviendra en réalité aux affaires que quelques mois, en tant que ministre d'État sans portefeuille dans le gouvernement de Guy Mollet. Opposé à la politique exclusivement répressive menée en Algérie, il préfère en effet démissionner dès le mois d'avril 1956. Ce cours laps de temps, marqué par un isolement politique souvent humiliant, lui a permis néanmoins de lancer un chantier décisif en faveur d'un renouveau de la politique de recherche scientifique en France. Le colloque de Caen dont il a confié l'organisation à Jean-Louis Crémieux-Brilhac est l'occasion en novembre 1956 d'initier des efforts décisifs pour permettre à la France de rattraper son retard dans ce domaine capital pour l'avenir du pays. De Gaulle en sera le continuateur.

L'alternative manquée et l'opposition inflexible à la Ve République

Détaché des responsabilités gouvernementales, Mendès projette alors de rénover son vieux parti. Sa popularité auprès des militants ne lui permet pourtant pas de prendre le leadership au sein des radicaux. Dépourvu d'un véritable programme et d'une stratégie de conquête, il se heurte en interne à de nombreux opposants. Jugeant la France insuffisamment préparée à l'ouverture à la concurrence européenne, il vote contre le traité de Rome qui instaure la CEE. Vingt ans plus tard, il reconnaîtra pourtant le succès de l'entreprise. Mais ce rejet traduit aussi à l'époque une vision que l'on appellerait aujourd'hui souverainiste de la démocratie. C'est également au nom d'une conception classique de la république parlementaire qu'il va s'ériger en opposant résolu au pouvoir du général de Gaulle et à la Constitution de la Vᵉ République.

Tout au long des années 1960, l'homme, qui bénéficie d'un très grand prestige moral au sein de la gauche, ne cessera de condamner des institutions contraires selon lui à l'esprit d'une véritable démocratie. Dans *La République moderne* qu'il publie en 1962, il se fait l'avocat d'un régime parlementaire assez semblable à celui de la Grande-Bretagne. À ses yeux, le pouvoir exécutif, qui doit avoir les moyens de mener une politique efficace, ne saurait pour autant museler le Parlement. En toute logique, Mendès rejette l'élection du président de la République au suffrage universel instaurée en 1962, pourfend la personnalisation du pouvoir autour de son chef et ne cesse d'annoncer la mort prochaine de la Vᵉ République. Cette opposition farouche le prive toutefois d'une possible reconquête du pouvoir, laissant à François Mitterrand le champ libre. Pierre Mendès France soutient la candidature de ce dernier en 1965 mais cultive de son côté le courant d'une « deuxième gauche » au sein d'un PSU hétéroclite et dans les colonnes du *Nouvel Observateur* après son éloignement de « JJSS » rallié à de Gaulle.

En 1967, les élections législatives lui permettent de regagner un siège de député à Grenoble. La ville, symbole de modernité et d'innovation, a sa faveur depuis la perte de son siège normand en 1958. Ce retour au Parlement laisse présager une résurrection politique. Mai 1968 vient cependant briser pour de bon ses ambitions. Sa sympathie pour le mouvement étudiant ne lui permet pas en regard de saisir les ressorts profonds de cette crise inédite. Pour Mendès, la paralysie du pays témoigne d'un échec des institutions, ce qui le conduit à négliger le vaste élan d'émancipation qui traverse la société française. Le 27 mai, il tient à se rendre à la manifestation organisée par l'UNEF au stade Charléty. Sa présence, pense-t-il, est un moyen d'éviter les troubles que l'on peut craindre au moment où Mai 68 a basculé dans une crise politique insaisissable. Mais cette présence reste étrangement silencieuse, alimentant l'ambiguïté sur ses ambitions et dégradant son aura. Pour ses partisans, il est clair que Mendès ne veut pas être un recours en cas de vacance du pouvoir. Et si François Mitterrand propose son nom comme chef d'un « gouvernement de transition », l'idée est bien vite éclipsée par le coup de théâtre du général de Gaulle, qui annonce, à son retour de Baden-Baden, la dissolution de l'Assemblée nationale.

Battu aux élections législatives de juin 1968, Mendès n'a désormais plus aucun mandat et se laisse séduire par Gaston Defferre pour former avec lui, en tant que futur et hypothétique Premier ministre, un « ticket » à l'élection présidentielle de 1969. Dans son esprit, le Premier ministre aurait alors la réalité du pouvoir, laissant au président un rôle d'arbitre. Avec à peine 5,1 % des voix pour Defferre, l'échec de cette tentative est cuisant. Conscient de l'évidente pérennité d'un régime pourtant honni, Mendès France, par ailleurs affaibli par la maladie, choisit alors de se retirer définitivement de la politique à l'orée des années 1970. Sa stature morale et intellectuelle garde malgré tout dans les esprits de la gauche non communiste un indéniable éclat. Les dernières années de sa vie vont être occupées par une attention portée aux problèmes du tiers-monde et au conflit israélo-palestinien. Le président du Congrès juif mondial, Nahum Goldmann, le convainc à l'été 1976 de mener une mission de médiation entre Israël et l'OLP. Selon Mendès, partisan d'un État palestinien, rien ne peut avancer cependant sans la reconnaissance préalable de l'État hébreu par les Palestiniens. On sait ce qu'il en advint. La victoire de la gauche en mai 1981 sera l'ultime réjouissance de cet homme qui, les larmes aux yeux, entendit François Mitterrand lui dire le jour de son investiture : « Sans vous rien n'aurait été possible. »

Que reste-t-il de l'héritage de Pierre Mendès France et de ce que l'on a pu appeler le mendésisme ? Avant tout une exigence de vérité et d'intégrité hors norme. À ses yeux, morale et politique se devaient d'aller de pair dans une démocratie arrivée à l'âge de raison. L'anti-Machiavel s'est donc obstiné avec orgueil à refuser les réalités d'un monde politique rompu aux manœuvres et aux tractations inhérentes à la conquête du pouvoir. Mais son erreur a sans doute été de croire qu'il suffisait d'exposer cette fameuse vérité pour la voir s'imposer dans les consciences. La victoire en 1981 de son allié et rival, François

Mitterrand, fut le fruit de l'exact contre-pied de cette approche. Il reste que la « deuxième gauche », à la fois novatrice et sociale, qui a toujours fui les mirages du communisme, a peut-être encore quelques raisons de penser, comme le dit un jour Jacques Chirac d'Alain Juppé, que Pierre Mendès France aura été « le meilleur d'entre nous ».

Bibliographie sélective

Pierre Mendès France, *Œuvres complètes*, 6 vol., Gallimard, 1984-1991.

Pierre Mendès France, *Écrits de résistance*, CNRS éditions, 2018.

François Bédarida et Jean-Pierre Rioux (dir.), *Pierre Mendès France et le mendésisme*, Fayard, 1985.

Jean Daniel et Jean Lacouture, *Le Citoyen Mendès France*, Seuil, 1992.

Georgette Elgey, *Histoire de la IVe République*, vol. 3 : *La République des tourments 1954-1959*, Fayard, 1993 ; rééd. Robert Laffont, coll. « Bouquins », 2018.

Jean Lacouture, *Pierre Mendès France*, Seuil, 1981.

François Loncle, *La vérité guidait ses pas. Relire Pierre Mendès France*, Fondation Jean-Jaurès, 2012.

Éric Roussel, *Pierre Mendès France*, Gallimard, 2007.

25

Jean-Paul Sartre, entre diable et bon Dieu

par Pascal ORY

Il fut un temps où la France passait universellement – en bien comme en mal, peu importe – pour le pays par excellence de ce qu'on appelait, depuis l'affaire Dreyfus, d'abord en français puis dans la plupart des langues occidentales, des « intellectuels ». Il fut un temps où Jean-Paul Sartre passait pour le plus remarquable, le plus influent, partant le plus prestigieux des intellectuels français, donc des intellectuels du monde entier. Il fut un temps où la société intellectuelle française s'identifiait à la gauche et où, par voie de conséquence, Jean-Paul Sartre passait pour le plus important et le plus exemplaire des intellectuels de gauche. Le temps en question, aux contours nécessairement flous, correspond à peu près à ce que Jean Fourastié baptisa en 1979 – un an avant la disparition du héros – les « Trente Glorieuses », s'étendant du milieu des années 1940 au milieu des années 1970.

Rien de ce qui précède n'est totalement faux, mais rien non plus n'y est tout à fait exact. En vertu du principe, resté fameux, qu'énonce l'un des personnages – un journaliste – du film de John Ford L'homme qui a tué Liberty Valance *(entre la légende et la réalité il importe, en direction du public, d'« imprimer la légende » –* Print the legend*), on essaiera ici à la fois de préciser les contours de la légende du plus grand intellectuel, d'en analyser les sources et d'en mesurer, autant que faire se peut, la part d'exagération, tout en ayant conscience qu'au final les légendes bien enracinées résistent toujours à toutes les tentatives de démystification.*

L'intellectuel par excellence

Partons de la définition proposée en 1986 par l'auteur de ces lignes et son collègue Jean-François Sirinelli (*Les Intellectuels en France, de l'Affaire Dreyfus à nos jours*), définition affinée ensuite (Pascal Ory [dir.], *Dernières Questions aux intellectuels*, 1990) mais dans le détail de laquelle nous n'entrerons pas, car, appliquée au cas sartrien, elle fonctionne si bien que le cœur en suffit largement : un intellectuel est un acteur de la société culturelle mis en situation – terme éminemment sartrien – d'acteur de la société politique. On n'est pas un intellectuel parce qu'on serait prix Nobel de littérature, agrégé de philosophie ou auteur dramatique, mais parce qu'on utiliserait la légitimité sociale que ces titres confèrent pour prendre position dans le débat civique. À cet égard, Jean-Paul Sartre cumule les légitimités : agrégé de philosophie, mais, de surcroît, ancien élève de la rue d'Ulm, passé par les deux plus prestigieux lycées parisiens de l'époque, Henri-IV et Louis-le-Grand, auteur d'exposés philosophiques à l'usage de la confrérie (*L'Être et le néant. Essai d'ontologie phénoménologique*) ou à vocation pédagogique (*L'existentialisme est un humanisme*), capable d'écrire sur Flaubert (*L'Idiot de la famille*) comme sur le Tintoret (*Le Séquestré de Venise* et autres textes), directeur de revue (*Les Temps modernes*) et essayiste universel (*Situations*, de *I* à *X*), mémorialiste (*Les Mots*), mais aussi artiste en tant que romancier (*La Nausée*, *Les Chemins de la liberté*…), nouvelliste (*Le Mur*) ou dramaturge (*Huis clos*, *Le Diable et le Bon Dieu*…) – voire, au moins une fois, parolier de chanson (*Les Blancs Manteaux* créée par Juliette Gréco).

On est ici devant un cas rare de double reconnaissance : intellectuelle et artistique, configuration qu'il partage en son temps avec Albert Camus, mais qui le distingue nettement de la plupart de ses concurrents – puisque aussi bien il s'agit là d'une compétition : Raymond Aron n'a pas écrit de romans, André Malraux ne s'est pas aventuré au théâtre, Albert Camus n'a pas dirigé de revue, etc. Le comble de la renommée est sans doute atteint en 1964 quand Sartre se voit couronné – après Camus, cependant – par le prix Nobel de littérature et se paye le luxe de le refuser. Ajoutons que le prestige sartrien, national mais plus encore international, est redoublé par une situation plus rare encore quand, en 1949, sa compagne, Simone de Beauvoir, publie les deux tomes du *Deuxième Sexe*, appelé à devenir, en France et plus encore dans le monde anglo-saxon, le premier livre canonique du féminisme moderne.

Considéré sous l'angle non plus de ses prises de pouvoir mais de ses prises de position, Sartre a suivi, de la Libération aux lendemains de Mai 68, un itinéraire qui le situe clairement et nettement au sein de la gauche radicale. Sans affiliation partisane déclarée – il n'en aura jamais aucune –, le membre du Comité national des écrivains figure parmi les tenants de la ligne la plus intransigeante face à la question qui domine les premiers mois de la Libération, celle de l'épuration des collaborateurs. Le directeur des *Temps modernes*, revue dont s'éloigne très vite le libéral Raymond Aron et dont se tiendront en général éloignés les militants du parti communiste, donne le ton d'un « progressisme » qui n'hésite plus à se réclamer du marxisme et à réserver l'essentiel de ses coups à la droite, vichyste mais aussi gaulliste, et au capitalisme. Dès 1947, le producteur de l'émission de radio qui s'essaye à prolonger la revue (*La Tribune des Temps modernes*) manifeste une vigueur critique qui lui vaut sa suspension, au bout de seulement cinq numéros.

Quand, l'année suivante, la configuration de guerre froide s'est définitivement mise en place, on retrouve le nom de Sartre dans l'aventure éphémère du Rassemblement démocratique révolutionnaire (RDR), qui cherche à délimiter l'espace d'une extrême gauche marxiste, critique du libéralisme et de l'« impérialisme » américain, mais soucieuse aussi d'affirmer son indépendance à l'égard d'un parti communiste à l'apogée de son influence politique et de son prestige intellectuel. L'échec est rapide, mais alors que pour la plupart des grandes figures du RDR – David Rousset en tête –, il radicalise leur anticommunisme, pour Sartre il ouvre, à partir de 1949, sur un rapprochement avec le Parti, faisant de lui un « compagnon de route » typique, au moment précis où l'on commence à observer en Occident les premiers départs en nombre des militants ou sympathisants « titistes » et autres dissidents. Celui qu'un intellectuel organique de l'Union soviétique avait qualifié, en 1948, de « hyène dactylographe » devient alors celui qui peut, sept ans plus tard, répondant à un journaliste, s'aventurer jusqu'à dire : « Le citoyen soviétique possède une entière liberté de critique. »

L'année 1956, qui est tout à la fois celle du « Rapport Khrouchtchev » et de l'écrasement de la révolte de Budapest, conduit le groupe des *Temps modernes* à prendre désormais avec les communistes orthodoxes des distances qui iront en s'amplifiant jusqu'à la rupture la plus nette. Comme elle est aussi le moment de l'expédition de Suez et du vote des « pouvoirs spéciaux » en Algérie, le déplacement du centre de gravité du débat politique au sein des intelligentsias occidentales de la guerre froide vers le « tiers-monde » va permettre à Sartre de reconquérir et d'élargir son audience en s'identifiant au combat le plus résolu contre le colonialisme. Deux préfaces, évidemment remarquées comme le sont à l'époque tous les textes de Sartre, donnent le ton de cette période. L'une et l'autre sont éditées chez François Maspero : celle qui, en 1960, accompagne la réédition du brûlot de son « petit camarade » Nizan, *Aden Arabie*, le rattache à une continuité intransigeante ; celle qui, en 1961, radicalise le contenu des *Damnés de la terre* de l'intellectuel antillais Frantz Fanon s'adresse à tous les militants de la décolonisation dans les termes les moins équivoques : « Abattre un Européen c'est faire d'une pierre deux coups, supprimer en même temps un oppresseur et un opprimé : restent un homme mort et un homme libre. » L'exemplarité mobilisatrice du directeur des *Temps modernes* est alors à son apogée et c'est sous son égide que se placeront les signataires du manifeste (dit des 121) prônant l'insoumission des appelés de la guerre d'Algérie, tout comme son disciple Francis Jeanson, très impliqué dans le soutien direct au FLN comme « porteur de valise ».

Cette capacité est encore intacte quand survient, dans une tout autre conjoncture culturelle et politique, le mouvement de Mai 68. La Gauche prolétarienne (GP), qui se réclame de la pensée de Mao, se sert du maître comme d'un bouclier (Sartre devient directeur de la publication de la GP, *La Cause du peuple*), mais le maître, quant à lui, continue à se mettre au diapason de la nouvelle avant-garde politique et, à près de 70 ans, sait parler la langue gauchiste : « foutre le régime en l'air » (1969), « élections piège à cons » (1973), « on a raison de se révolter » (1974)...

On le voit : la force de Sartre n'est pas seulement dans cette continuité d'extrême gauche, mais dans sa capacité, beaucoup plus rare et, assurément, unique à ce degré de notoriété, de conserver une position magistrale sur pas moins de trois générations politiques : celle de la Libération, celle de la décolonisation et celle de Mai, le tout à l'échelle non seulement de la France, mais d'une bonne partie des intelligentsias d'Occident et du tiers-monde. L'affluence à ses funérailles, le 19 avril 1980 – plusieurs dizaines de milliers de personnes –, est à la mesure de ce prestige cumulé.

Critiques de l'intellectuel

L'affaire est-elle entendue ? Il y a, on le verra, derrière cette *success story* une série d'ambiguïtés, voire d'erreurs de perspective, que de multiples analyses, postérieures à la mort de Sartre, ont mises en lumière, mais, paradoxalement, ce désenchantement progressif du mythe Sartre – dont l'un des indices sera, en symétrie, la nette revalorisation de la figure de Camus, sortie un temps affaiblie, aux yeux des anticolonialistes, par la guerre d'Algérie – confirme *a contrario* l'étendue de la réussite anthume. Du vivant de Sartre, sa phase de compagnonnage de route avec le parti communiste dans sa période la plus stalinienne n'avait pas durablement terni l'image du philosophe, d'autant plus que la rupture de 1956 semblait l'avoir réintégré dans la configuration de l'intellectuel critique, capable de se libérer du dogmatisme d'un appareil partisan. De même, dans les dernières années de sa vie, seul un microcosme avait pu être ébranlé par la polémique qui, à partir de la publication de plusieurs entretiens de Sartre (« L'espoir maintenant », *Le Nouvel Observateur*, du 10 au 24 mars 1980), fut déclenchée par Simone de Beauvoir (*La Cérémonie des adieux*, 1981) autour de la problématique du « détournement de vieillard » (Olivier Todd). Le dernier en date des secrétaires de Sartre, Pierre Victor, tête pensante de la Gauche prolétarienne en grand retour vers la pensée juive sous son nom d'état civil (Benny Lévy), y avait en effet recueilli sur diverses questions fondamentales touchant aux rapports entre *Pouvoir et liberté* (titre de l'ouvrage posthume de Benny Lévy paru en 2007) les dernières paroles d'un homme assurément malade et presque totalement aveugle, mais dont aucun indice ne permit de dire, *a posteriori*, qu'on lui extorquait des phrases telles que « ce n'est pas la violence qui fera sauter les étapes et rapprochera de l'humanité proprement dite » ou encore « la radicalité conduit à une impasse » et que seule en doit subsister « l'intention » – des propositions fort éloignées de ses prises de position des années antérieures.

En revanche, le plus large public avait pu assister, le 20 juin 1979, à un spectacle troublant pour ceux qui indexaient Sartre à un soutien sans faille non seulement à l'interprétation marxiste de l'histoire, mais au choix léniniste de la politique. Ce jour-là, en effet, il se retrouvait aux côtés de son ancien camarade Raymond Aron, devenu le maître à penser de la droite libérale, et d'une figure de la jeune génération des « nouveaux philosophes », André Glucksmann, en délégation auprès du président de la République du moment, Valéry Giscard d'Estaing, pour lui demander de faciliter l'accueil des réfugiés indochinois fuyant les régimes communistes de la péninsule. Démarche hautement significative puisqu'elle témoignait d'un grand basculement éthique à l'échelle mondiale, le couple symbolique de la victime et du bourreau passant de l'enfant napalmé par l'armée américaine au *boat-people* fuyant les Viêt-cong ou les Khmers rouges. Et on tient là une grille d'analyse plus solide que la précédente, car, plutôt que de s'attacher aux variations d'une orientation de pensée, elle cherchera à référer celles-ci à l'évolution générale de l'esprit public qui, dès avant la mort de Sartre, en France comme à l'échelle mondiale, a paru s'éloigner des lignes de force qui présidaient à l'univers dans lequel l'intellectuel d'excellence avait jusqu'alors déployé sa réflexion et son activité, donnant petit à petit une coloration de plus en plus sardonique à l'aphorisme de Jean Daniel, cité par Claude Roy (*Le Nouvel Observateur*, 9 septembre 1968) : « J'ai toujours préféré avoir tort avec Sartre plutôt que raison avec Aron. »

L'effondrement, réel (anéantissement du bloc soviétique) ou symbolique (évolution de la Chine populaire, de la Corée du Nord ou de Cuba), des expériences politiques se réclamant toutes du modèle léniniste, auxquelles le directeur des *Temps modernes* avait successivement accordé son soutien, caractérise la période qui a suivi sa disparition. Du coup, l'autorité intellectuelle et morale de celui qui était allé jusqu'à affirmer que « tout anticommuniste » était « un chien » (1965) et que le marxisme était « l'horizon indépassable de notre temps » (1957) ne pouvait manquer de subir le contrecoup de cette sortie du cycle « progressiste » de l'histoire mondiale (1945-1975), clos symboliquement par la chute de Saigon et par la diffusion contemporaine de *L'Archipel du Goulag*. La nouvelle hégémonie qui a succédé à ce cycle, à dominante, cette fois, libérale, tout comme celle qui, au milieu des années 2010, a pris le relais, à dominante désormais populiste, n'ont ni l'une ni l'autre eu besoin d'exhumer Sartre, bien au contraire.

Cela veut-il dire que le sens de ses combats perdait, petit à petit, toute pertinence ? À l'orée du XXIe siècle deux demeuraient apparemment intacts : son engagement anticolonialiste – qui lui assurait une survie mémorielle non négligeable dans l'ancien tiers-monde – et, de manière plus indirecte, sa proximité avec le combat féministe de Simone de Beauvoir. Reste que, même à ce stade, le déclin est désormais sensible : sur le premier terrain, l'évolution idéologique des anciennes colonies les éloigne insensiblement de leurs origines révolutionnaires, sur le second on arrive à une inversion du rapport de force entre les deux amants, un Sartre à la légitimité affaiblie devenant le compagnon de Simone de Beauvoir, et non plus l'inverse.

La seconde mort

Mais la vie posthume de Sartre s'est révélée plus négative encore. Sa stature n'étant pas celle de l'intellectuel standard, son « existence » se devait d'être impeccable, faute de quoi elle entachait – pour le coup – radicalement son « essence » de producteur d'idéologie. Or l'historiographie – française, mais plus encore étrangère – a, dans l'ensemble mis à mal cette impeccabilité. Elle l'a d'abord fait sur les deux plans auxquels les nouvelles générations de la fin du siècle et du début du suivant allaient se révéler sensibles : la lecture à la lumière (sombre) du temps de Vichy, et la lecture à la lumière du genre. Ainsi découvrit-on en Sartre et Beauvoir un couple d'enseignants assurément non conformistes et, à ce titre, mal vus par le régime pétainiste, mais tout aussi assurément non résistants, par-delà même l'ambiguïté, déjà connue, du montage de pièces de théâtre soumises aux deux censures (vichyste et allemande) et, pour la première (*Les Mouches*), créée dans un théâtre symboliquement « aryanisé » (le Théâtre de la Cité, ex-Sarah

Bernhardt). Lui accepte, à son retour des camps de prisonniers allemands, une promotion au prestigieux lycée Condorcet sur un poste « libéré », de fait, par un collègue juif victime de la législation antisémite ; elle, conduite après sa révocation de l'Éducation nationale[1] à chercher un travail rémunéré, ne répugne pas à produire une série d'émissions historiques sur les ondes de la radio nationale de Vichy : rien que de très ordinaire, dira-t-on, au titre de l'« accommodement », mais alors que reste-t-il de si extra-ordinaire dans ces conduites ? Même nécessité de ramener à un comportement moins « authentique » qu'il ne cherchait à l'être les aléas d'une complexe vie de couple : les *Lettres à Sartre* de l'une, les *Lettres au Castor* de l'autre, leurs carnets, les textes, plus rares, de leurs partenaires révèlent que ces relations, parfois croisées ou triangulaires, furent aussi fortement empreintes de duplicité. Le fameux pacte de sincérité sexuelle réciproque entre les deux amants « s'est révélé à moi, bien plus tard, comme un "truc" inventé par Sartre pour satisfaire ses besoins de conquête, et que Simone de Beauvoir avait été contrainte d'accepter », conclura pour sa part, au soir de sa vie, Bianca Lamblin, l'une de leur amante commune (*Mémoires d'une jeune fille dérangée*, 1993).

Mais le plus délégitimant se situe encore ailleurs. Ces exhumations documentées, conséquences inévitables

1. En date du 17 juin 1943, cette révocation n'était pas liée, comme on l'a parfois écrit, à la plainte – non suivie d'effet – d'une mère d'élève supposément dévoyée par son professeur, mais au dossier constitué à cette occasion par le recteur de l'académie de Paris contre une enseignante désormais repérée comme étrangère aux « valeurs morales et familiales » prônées par Vichy.

de l'accession progressive à l'archive publique et privée, si elles alimentent la polémique opposant – même avant elles – partisans et adversaires, pèsent au final moins lourd que la mise en valeur – et, pour beaucoup, la découverte – des limites et des ambiguïtés d'un « engagement » dont la formulation ne datait pas de Sartre[2] mais dont il avait fait solennellement la théorie dans une série de textes devenus célèbres, tels la *Présentation* des *Temps modernes* et l'ensemble des textes réunis dans le recueil *Qu'est-ce que la littérature ?* : « On regrette l'indifférence de Balzac devant les journées de 1848, l'incompréhension apeurée de Flaubert en face de la Commune ; on les regrette pour eux : il y a là quelque chose qu'ils ont manqué pour toujours. Nous ne voulons rien manquer de notre temps. » Force fut alors de reconnaître que le Sartre des années qui avaient précédé ce texte avait, sous ce regard, « manqué » à peu près tout.

En septembre 1933, le jeune normalien succède pour un an à son camarade Aron comme boursier à l'Institut français de Berlin, autrement dit au plus fort de la phase de « mise au pas » (*Gleichschaltung*) de tout un peuple par le totalitarisme et le racisme. Ce contact direct avec l'« Histoire avec sa grande Hache » de Georges Perec n'entraîne chez lui aucun commentaire – sauf « des vacances d'un

2. Comme l'intéressé le notera plus tard avec amertume, la formule avait déjà été mise en avant et glosée dans les années 1930 par Denis de Rougemont – voix peu entendue à ce moment-là. Au reste, au-delà du mot, la chose, on l'a vu, est consubstantielle à la figure de l'intellectuel, bien avant toutes les caractérisations.

an » – et aucune mobilisation. Quand, à partir de l'année suivante, s'amorce le processus historique qui conduira, dans plusieurs pays, dont la France, à la constitution de Fronts populaires, Sartre continue à se « non-engager », s'abstenant – comme il le fait d'ordinaire – aux élections de 1936. La montée des périls ne suscitera de même chez lui qu'une première signature de manifeste, en 1938 : un texte pacifiste, lancé par Giono, de non-engagement dans la guerre. Pendant la même durée, le jeune Albert Camus aura eu le temps d'adhérer au parti communiste, de créer une « Maison de la culture » à Alger et de rompre avec le Parti.

Sartre et Beauvoir n'ont assurément aucune sympathie pour la droite classique, mais, aux yeux de leurs proches, leur position reste ambiguë, voire équivoque. Dans le deuxième roman de Nizan – son camarade le plus intime – *Le Cheval de Troie*, sorti à l'automne 1935, émerge le personnage de Lange. Professeur dans un lycée de province, cet intellectuel est assurément un penseur radical mais plus encore un sarcastique et un désespéré. « Vous travaillez à fabriquer un monde où je ne serai pas moins seul », lance-t-il à son collègue Bloyé, animateur avec sa femme de la cellule communiste locale, figure dans laquelle il n'est pas difficile de retrouver plus d'un trait de l'auteur. Le roman se termine par une manifestation fondatrice où se cristallise, d'un côté, l'énergie révolutionnaire de la petite ville, de l'autre le ralliement au « fascisme » des opposants. Parmi ces ralliés, révélés à eux-mêmes dans cette confrontation où le désengagement n'a plus cours, figure M. Lange, déchu, qui n'hésite pas à tirer sur les manifestants de gauche, avec tous les signes de l'orgasme. Dans la galerie, assez courte, des héros fascistes de la littérature française, Lange a plus de cohérence que le Gilles de Drieu et plus de vraisemblance que l'Aurélien d'Aragon. Sartre s'y reconnaîtra, et n'en sera pas autrement content. Trois ans plus tard, l'individualisme radical de l'auteur de *La Nausée* lui permet encore de placer son premier roman sous l'épigraphe de Louis-Ferdinand Céline et d'un extrait – de totalité libertaire, mis dans la bouche d'un bourgeois juif – de son premier texte antisémite, *L'Église*, publié en 1933.

La libération, en mars 1941, du prisonnier Sartre du stalag XII suscite encore l'interrogation chez les chercheurs. Un document des archives Drieu la Rochelle rend crédible l'hypothèse suivant laquelle il aurait bénéficié d'une démarche du nouveau directeur de la *NRF*, soucieux de rendre service à divers auteurs Gallimard : à ce stade, retenons surtout qu'elle signifie qu'à cette date Sartre n'a évidemment, auprès des autorités allemandes ou de Vichy, aucun « dossier » compromettant. Symétriquement, il est assez significatif du regard porté sur le Sartre d'avant guerre que cette même année, lorsque se constitue dans la clandestinité le Comité national des écrivains, son adhésion ait été refusée, alors qu'entraient déjà au comité un François Mauriac ou un Jean Paulhan. Au reste, le plus intéressant dans cette anecdote est qu'elle témoigne du premier acte d'« engagement » repérable du futur héros. Qu'elle soit datable de cette année-là renforce une hypothèse, déjà avancée par l'auteur de ces lignes dans une biographie de Nizan.

On ne peut pas en effet ne pas être frappé par la coïncidence chronologique entre ce moment où

Sartre semble basculer dans une attitude de claire opposition à Vichy et à la Collaboration – avec la tentative en pure perte de mettre sur pied un groupe clandestin intitulé Socialisme et liberté, sans pour autant jamais rejoindre ensuite quelque mouvement de résistance que ce soit – et la découverte, à son retour de captivité, de la mort, tragique et héroïque, du « petit camarade ». Nizan, engagé – au sens militaire du terme – dans l'armée française puis détaché comme officier de liaison dans l'armée britannique, est en effet mort au combat le 23 mai 1940. Les circonstances désastreuses de la Débâcle empêcheront sa veuve, ses enfants et ses proches de connaître précisément son destin avant l'année suivante, celle où Sartre, revenu en France, renoue avec la société artistique et intellectuelle nationale.

Après la guerre, l'auteur de *La Nausée* entreprendra un ambitieux cycle romanesque, *Les Chemins de la liberté*, qu'à l'instar de bien d'autres projets d'écriture il laissera inachevé. Le dernier chapitre écrit en est très peu connu puisqu'il fut publié à part et par anticipation comme faisant partie d'un tome quatre qui ne fut jamais terminé. Ce texte est donc le dernier texte romanesque écrit par Sartre. Il sera publié dans *Les Temps modernes*, en novembre et décembre 1949, autrement dit juste avant l'entrée de Sartre en compagnonnage de route léniniste. Le chapitre s'intitule « Drôle d'amitié » et il raconte la mort héroïque de Vicarios, qui réunit en lui tous les traits de Nizan, dans les bras de Brunet, qui réunit en lui tous les traits de Sartre.

Ce transfert, à la fois réel et imaginaire, de responsabilité, cette hypothèse d'un passage de relais du premier petit camarade au second renvoient à une hypothèse plus large, touchant au-delà du cas particulier de Sartre, à celui de plusieurs figures remarquables de la société intellectuelle réunissant deux caractéristiques qui, du coup, de contradictoires deviennent complémentaires : une remarquable intransigeance de paroles et d'actes, succédant soit à un non-engagement, soit à un engagement en sens inverse pendant la période antérieure. Au sein de l'intelligentsia française du xxe siècle un Sartre ou un Louis Althusser appartiennent clairement à la première catégorie, un Maurice Blanchot ou un Chris Marker à la seconde. La meilleure connaissance que l'on a aujourd'hui de la vie privée de Sartre permet, au reste, d'affiner l'analyse de cette mauvaise conscience : le même sentiment de culpabilité qui a pu naître face à la terrible évidence de la mort de Nizan pourrait ainsi éclairer la fidélité sioniste, à partir de la Libération, de l'auteur des *Réflexions sur la question juive*, tout comme plus tard son adoption d'Arlette Elkaïm, à la lumière de l'aventure amoureuse qui l'avait uni juste avant la guerre à une jeune Juive (future Bianca Lamblin, déjà citée), dont le destin sous l'Occupation n'avait suscité chez son ancien amant aucun signe de sympathie particulier.

Assurément, postuler une telle corrélation ressortit du domaine de la psychologie – dont communément les historiens maîtrisent mal les outils. Mais qui peut démontrer qu'un intellectuel échappe aux investigations sociologiques et psychologiques – unies ici chez Sartre dans le péché originel de ses origines bourgeoises ? Certainement pas l'auteur de la *Présentation*, déjà citée, des *Temps modernes* : « Nous ne voulons pas avoir honte d'écrire et nous ne voulons pas parler pour ne rien dire. » Sartre ne court guère le second reproche : il a beaucoup parlé, et pour beaucoup dire. Mais peut-être avait-il honte de ne pas avoir écrit au bon moment.

Bibliographie sélective

Simone de Beauvoir, *La Cérémonie des adieux*, Paris, Gallimard, 2e éd., 1987, p. 624.

Annie Cohen-Solal, *Sartre*, Gallimard, 3e éd., 1999, p. 960.

Ingrid Galster, *Sartre sous l'Occupation et après. Nouvelles mises au point*, L'Harmattan, 2014, p. 191.

Ingrid Galster, *La Naissance du phénomène Sartre : raisons d'un succès 1938-1945*, Seuil, 2001, p. 363.

Gilbert Joseph, *Une si douce Occupation*, Albin Michel, 2015.

Claude Lanzmann, *Le Lièvre de Patagonie*, Gallimard, 2009, p. 557.

Pascal Ory, *Nizan : destin d'un révolté*, Bruxelles, Complexe, 2e éd., 2005, p. 281.

Jean-François Sirinelli, *Sartre et Aron : deux intellectuels dans le siècle*, Hachette, coll. « Pluriel », 2e éd., 1999, p. 395.

De Jean-Paul Sartre :

Situations, 1 à 10 (ancienne série) (Gallimard, 1947-1976) et I à IV (nouvelle édition Arlette Elkaïm-Sartre) (Gallimard, 2010-2015).

Les Mots (Gallimard, 1964).

Lettres au Castor (Gallimard, 1983).

L'Espoir maintenant (nouvelle édition Verdier, 2007).

De Simone de Beauvoir :

Les Mandarins (Gallimard, 1954).

Lettres à Sartre (Gallimard, 1990).

26

Albert Camus ou la gauche réformiste

par Jeanyves GUÉRIN

Camus homme de gauche ? Dans les années qui ont suivi sa mort, il allait de soi qu'ayant critiqué l'idée communiste et sa réalisation totalitaire et s'étant opposé à l'indépendance de l'Algérie, il n'était qu'un transfuge, pis, un renégat. Rares étaient les hommes politiques qui, comme Roger Quilliot, se recommandaient de lui. Il était de bon ton de dédaigner un « philosophe pour classes terminales » et sa « morale de Croix-Rouge ». Les maîtres-penseurs de l'époque, Foucault, Deleuze, Derrida, l'ignoraient. Mais il demeurait une référence pour les opposants et dissidents de l'Est. Lui-même, interrogé par des étudiants aixois quelques semaines avant sa mort, avait déclaré faire partie de la gauche, « malgré lui, malgré elle ». Sa famille lui a infligé une succession de déconvenues. La gauche réelle était la caricature de la gauche idéale. Aussi a-t-il exercé à son encontre son droit d'inventaire.

Orphelin de guerre, élevé par une mère illettrée, Camus est un fils du peuple. L'enfant pauvre doit à un instituteur républicain d'avoir obtenu la bourse qui lui a ouvert les portes de l'ascenseur social. C'est par fidélité à ses origines qu'il rejoint les rangs du parti communiste en 1935. Le jeune activiste se heurte à des apparatchiks sectaires et se fait rapidement exclure. Que le Front populaire pour lequel il avait milité ne tienne pas ses promesses en Algérie le choque. Jeune journaliste, il a été écœuré par les jeux des politiciens locaux. Par la suite, il reste à distance de la politique professionnelle. Sa sensibilité libertaire s'est trempée dans la fréquentation des derniers militants anarchistes. Pragmatique, il se situe dans la gauche démocratique mais ne rejoint pas la SFIO. En 1944, il attend que la Résistance prenne en charge la rénovation du pays, puis, à défaut, que les partis de gauche rénovent leur doctrine et leurs méthodes. Le journal *Combat*, dont il est le brillant rédacteur en chef et éditorialiste, se tient à distance desdits partis. Ceux-ci ont vite évincé les mouvements résistants et repris leurs vieilles pratiques. Les deux hommes sur lesquels comptait Camus, Daniel Mayer et Pierre Mendès France, se heurtent à eux. Après avoir écarté l'un, Guy Mollet, dix ans plus tard, fait de même avec l'autre et mène en Algérie une politique sociale-colonialiste qui comporte la pratique massive de la torture.

Ses deux années de militantisme au parti communiste et son travail de reporter ont immunisé Camus contre le politique d'abord. Il ne cherche pas à être le conseiller des princes républicains. La politique n'est pour lui « ni une carrière ni un loisir ». Elle exige de l'« imagination » et un « parler vrai ». À tout prendre, il compte plus sur l'action syndicale que sur les partis de gauche pour résoudre la question sociale. Quand il est journaliste entre 1944 et 1947, il se syndique. En 1958, il ne se rallie pas au général de Gaulle comme plus d'un mendésiste désabusé. Il ne rejoint pas la nébuleuse hétérodoxe qui forme le PSU. Sa désillusion en a encore moins fait un néo-réac. « C'était, écrit Jean Grenier, un révolté prêt à devenir un révolutionnaire, et non pas un pessimiste prêt à devenir un sceptique. »

Camus n'est certes pas un grand philosophe si, pour le devenir, il faut associer son nom à un « isme », à un système ou à un prêt-à-penser. Il n'a pas lancé de nouveaux concepts ni légué des néologismes. Les deux grands paradigmes de son œuvre, l'absurde et la révolte, courent dans la littérature de son époque. Sa culture historique est limitée. Il a peu lu les classiques de la philosophie politique et les grands théoriciens du socialisme. Mais il fut un grand éditorialiste et sa conception d'un « journalisme critique » garde une vive actualité. Ses écrits aident leurs lecteurs hier et aujourd'hui à réfléchir sur la justice, la liberté et la démocratie.

Ce n'est pas un bateleur qui donne *urbi et orbi* son opinion sur tout et sur rien. Il n'a eu une tribune que pendant de courtes périodes : en 1938-1940 à *Alger républicain* et au *Soir républicain*, de 1944 à 1947 à *Combat* (et encore il a de longues absences), en 1955-1956 à *L'Express*. En dehors de ces périodes, il intervient peu : il envoie des lettres aux journaux, il prononce des allocutions à quelques meetings. Il signe peu de pétitions. Il ne prend pas position sur l'affaire de Suez en 1956. En revanche, quelques jours plus tard, les insurgés hongrois font appel à lui et il prend leur défense. Sa voix porte d'autant plus qu'elle se fait rare. Il lui arrive de dire ses hésitations et ses déchirements, notamment à propos de l'Algérie.

Le test des œuvres complètes se révèle cruel pour les écrivains engagés. Leurs écrits appelant ou excusant les crimes de masse se trouvent dans les bibliothèques. Le compagnonnage impavide des Aragon, Céline, Drieu la Rochelle, Sartre avec des organisations totalitaires, leur apologie d'idéologies criminogènes ont laissé des traces que les parfums de la dialectique ou de la sophistique ne sauraient effacer. *Les Communistes*, *Bagatelles pour un massacre*, *Socialisme fasciste*, la préface aux *Damnés de la terre*… *Scripta manent*. Les despotes en place, de Hitler à Assad, de Staline à Pol Pot, et ceux en herbe ont longtemps trouvé et parfois trouvent encore aujourd'hui de zélés thuriféraires chez les scribes et les clercs. L'on ne trouvera pas sous la signature de Camus la moindre ligne justifiant ou exaltant la torture, le système concentrationnaire, un crime de guerre ou contre l'humanité.

Parce qu'il n'est pas manichéen, il n'est pas devenu un auteur de guerre froide. Aussi étranger à l'esprit d'orthodoxie qu'à l'esprit de système, ce n'est pas un idéologue. « Les faits sont là et les idéologies doivent les reconnaître d'abord, pour ensuite, si elles ne veulent pas mourir, évoluer » (*L'Express*, 11 novembre 1955). Jamais il n'a ignoré les démentis que le monde réel opposait à ses convictions.

Le citoyen a su choisir ses causes : la défense et illustration de la République espagnole, l'engagement dans la Résistance, l'urgence d'un nouvel ordre international, la ferme condamnation du communisme soviétique et l'aide à ses victimes, le soutien à Mendès France, la trêve civile en Algérie, le combat contre la peine de mort. Ces justes causes, il les a défendues en tant que journaliste et citoyen. Il ne les aborde que de loin dans son œuvre littéraire. Rien n'est plus étranger à l'écrivain que cet hybride monstrueux, le roman ou le théâtre à thèse. « Le seul artiste engagé, déclare-t-il en 1957, est celui qui, sans rien refuser du combat, refuse du moins de rejoindre les formations régulières, je veux dire le franc-tireur. » Il est solitaire et/ou solidaire.

Une certaine idée de la gauche

La gauche, loin d'être un bloc, comporte plusieurs familles qui souvent s'opposent, parfois s'allient. Deux cultures inscrites dans son histoire sont en jeu au temps de la guerre froide. D'un côté, « la gauche libre », démocratique, de l'autre, « la gauche policière ». Leur unité ne peut être que « de mauvaise action ». La première est minoritaire et Camus se retrouve isolé dans le cercle restreint de l'intelligentsia parisienne, où il est chic de se déclarer marxiste et de glorifier le communisme soviétique et ses sous-produits. Sa joute avec Sartre et Jeanson à propos de *L'Homme révolté* s'inscrit dans ce qu'il a appelé « la guerre des gauches ». Mais il trouve hors de ce cercle des alliés qui s'appellent Hannah Arendt, George Orwell, Czeslaw Milosz, et dans l'opinion, il est loin d'être isolé. Ses idées trouvent des échos dans la mouvance socialiste, qui n'est pas toute rassemblée derrière Guy Mollet, et dans les rangs du syndicalisme démocratique. Comme Rousseau face à l'*Encyclopédie*, comme Proudhon face aux marxistes, il est à la fois marginal et central.

En août 1944, Camus croit qu'une révolution est en cours. Il s'en fait le chantre éloquent dans ses éditoriaux de *Combat*. En décembre de la même année, le démocrate comprend qu'elle n'est pas possible et le dit. Le Jacobin se change en Girondin. Faisant ses adieux définitifs au mythe du « grand soir », Camus opte désormais pour un « réformisme intransigeant ». L'objectif est le même, la méthode est différente. Le pragmatique soutient les mesures concrètes qui font avancer la justice quand l'idéologue, arc-bouté sur les grands principes, en tient pour le tout ou rien. Une idée si à contre-courant lui a valu d'être calomnié, ostracisé et excommunié quelques années plus tard par ses anciens compagnons existentialistes.

Camus appartient, avec Péguy, à cette gauche pour qui le social passe avant le sociétal. Il se garde de proposer une utopie socio-politique et préfère formuler des exigences et des objectifs. Il désolidarise la démocratie et les marchés. La liberté d'entreprendre n'est pas la liberté, elle peut même en être la destructrice. L'argent, on le voit bien aujourd'hui, est un despote fou qui ravage la société et menace le vivre-ensemble. La démocratie doit le juguler pour qu'il ne la domine pas. « Il n'y a ni justice ni liberté possibles quand l'argent est toujours roi » (*Combat*, 21 octobre 1944). Il revient au politique non de consacrer les inégalités et les privilèges, mais de les réduire. Cela passe par des droits sociaux. L'économie moderne a besoin de régulations. Camus a soutenu les grandes réformes mises en œuvre par le général de Gaulle en 1945, notamment la nationalisation des usines Renault, et les réalisations des travaillistes britanniques et des sociaux-démocrates scandinaves. Il n'est pas un libéral ni même un social-libéral, c'est un socialiste. Un socialiste non dogmatique. Un socialiste respectueux des libertés démocratiques.

Le communisme léniniste et stalinien est pour lui un repoussoir, non un modèle. L'effondrement du bloc soviétique ne met pas en cause l'idée, l'idéal, le projet socialiste. Si l'État a encore un rôle à jouer, il n'est pas pour autant le seul mécanicien du changement social. Camus a salué aussi les aspirations et le bilan du syndicalisme révolutionnaire et a été le compagnon de route des derniers anarchistes. Son cœur est libertaire, sa raison sociale-démocrate. Son socialisme est une synthèse. Ce n'est pas de son fait si, en France, la symbiose n'a jamais pu s'opérer entre les partis de gauche, et d'abord le parti socialiste et les syndicats, et si, la société ayant changé, le réformisme social-démocrate y est une idée neuve.

Camus n'a pas une conception agonistique, manichéenne de la politique. Si elle se traduit par des conflits, ceux-ci doivent être civilisés. Il compte sur la négociation plus que sur la lutte et davantage sur la société que sur l'État pour faire avancer, de compromis en compromis, les réformes nécessaires. Le vrai démocrate, homme révolté, est le constructeur patient d'une maison commune, non un démolisseur brutal. Mais il est d'abord un homme de liberté. « La liberté, c'est pouvoir défendre ce que je ne pense pas, même dans un monde que j'approuve. C'est pouvoir donner raison à l'adversaire » (*Carnets* II). La liberté est un principe inaliénable : Camus le dit et le redit après Proudhon et Péguy, mais contre la vulgate marxiste qui distingue les libertés formelles et les libertés réelles. C'est une valeur de gauche en ce sens qu'elle ne se sépare pas de la justice, donc de l'égalité. Elle exige un parler vrai. « La liberté consiste à ne pas mentir. Là où le mensonge prolifère, la tyrannie s'annonce ou se perpétue » (*Actuelles* II). Les grands dissidents ne diront rien d'autre.

L'Algérien

L'enfant de Belcourt a vu les inégalités là où elles étaient les plus criantes, dans l'Algérie coloniale. La question sociale, pour lui, prime là aussi. Elle appelle des réformes, des grands travaux, la redistribution des richesses. *Misère de la Kabylie* paraît en 1939 dans le seul quotidien qui pouvait en accepter la publication, *Alger républicain*. C'est un petit journal de gauche dont le maigre lectorat comprend peu d'autochtones, arabes et *a fortiori* kabyles. Il ne faut pas dès lors s'étonner que Camus n'en dise pas plus, notamment dans son article conclusif. Il en a déjà dit beaucoup. Il oblige ses lecteurs à connaître, à affronter des faits qui contredisent le discours officiel.

Camus veut distinguer les colons pauvres et les riches féodaux. Une minorité extrémiste accapare la représentation de la minorité française. La majorité silencieuse laisse les matamores irresponsables gesticuler et discréditer l'idée de l'Algérie française dans l'opinion métropolitaine. Parce qu'il est coupé de sa terre natale en s'installant dans la métropole en 1942, il sous-estime le caractère national et la dimension religieuse de la revendication. Or l'histoire va vite.

La trêve civile qu'il propose en janvier 1956 est un compromis pacificateur et provisoire. Il s'agit d'arrêter l'engrenage de la violence et de la contre-violence pour sauver le vivre-ensemble. Une fois ce point obtenu, le compromis peut déboucher sur d'autres compromis. La solution fédérale qu'il préconise ne pouvait être qu'une transition vers l'indépendance. À ces deux propositions, il a manqué, pour être viables, d'être soutenues par des forces politiques. La dynamique réformatrice ne pouvait s'enclencher. Il était déjà trop tard. La méthode réformiste trouve ici ses limites.

L'intelligentsia française a peu donné de consciences civiques, et encore moins de démocrates au XXe siècle et au nôtre. La réception française et internationale de ses écrits prouve que, dans ses fictions et dans ses essais, Camus fut un héraut ou, comme l'écrit aujourd'hui Jacques Julliard, un « héros de la démocratie ». Il n'en fut pas un doctrinaire. Mais ce qu'il écrit dans un article de 1948 vaut bien les dissertations les plus sophistiquées : « La démocratie c'est l'exercice social et politique de la modestie [...]. La démocratie, qu'elle soit sociale ou politique, ne peut se fonder sur une philosophie qui prétend tout savoir et tout régler, pas plus qu'elle n'a pu se fonder sur une morale de conservation absolue [...]. Le démocrate est modeste [...]. Quelque décision qu'il soit amené à prendre, il admet que les autres, pour qui cette décision a été prise, puissent en juger autrement et le lui signifier. »

Camus s'est prononcé pour une double séparation de l'idéologie et de l'État d'une part, de la littérature d'autre part. C'est à lui, pas à Raymond Aron, que l'on doit l'idée de la « fin des idéologies ». La formule figure en 1946 dans *Ni Victimes ni bourreaux*, l'un de ses textes les plus actuels où l'on trouve aussi celle d'un « nouvel ordre international » où il appelle à un partage des richesses naturelles et préconise un multilatéralisme raisonné. On y lit ceci : « Il n'y a plus d'îles et les frontières sont vaines. Nous savons que dans un monde en accélération constante, où l'Atlantique se traverse en une seule journée [...], nous sommes forcés à la solidarité ou à la complicité selon les cas. » La question – cardinale – de la justice ne peut se poser qu'à l'échelle internationale. Les réformes les plus audacieuses, pour être viables, ne peuvent être menées dans un seul pays. Les propositions utopiques que Camus esquissait alors sont aujourd'hui un horizon à l'heure de la mondialisation néolibérale.

Le jeune militant s'affirmait internationaliste. « Les nationalismes apparaissent toujours dans l'histoire comme des signes de décadence », écrit-il en 1937 dans l'un de ses premiers textes politiques. Ce sont surtout des excitateurs aux haines collectives. « Il est une manière d'aimer son pays qui consiste à ne pas le vouloir injuste » (*Actuelles*). Sa résistance fut celle d'un Européen, non d'un nationaliste français. Le journaliste citoyen s'affirme citoyen du monde et, pragmatisme oblige, partisan fédéraliste de la construction européenne. Son Europe est la grande Europe, de l'Espagne à la Pologne, et elle est ouverte vers l'Afrique, l'Asie et l'Amérique latine. Les intellectuels français ne furent pas nombreux à choisir cette cause. « La France, écrit-il en 1945, est solidaire de l'Europe, quoi qu'elle fasse et quoi qu'elle veuille. Elle l'a été dans la souffrance, elle l'est dans son économie, elle le sera dans son destin. La France ne se reconstruira pas sans l'Europe [...], la France a une tâche européenne qu'elle ne peut éluder. » Dans le débat qui déchire la gauche française depuis des lustres, ses écrits le situent du côté des Euro-Girondins.

La guerre d'Espagne lui a appris aussi que l'on ne peut laisser un régime opprimer et massacrer une population. Il s'en souvient quand Khrouchtchev envoie les chars de l'Armée rouge à Budapest en 1956. Les droits de l'homme sont universels, ils ignorent les frontières et l'emportent sur les souverainetés. Toute victime de l'oppression appartient à l'espèce humaine avant d'être le ressortissant d'un pays. Il écrit en 1946, pensant à l'Espagne : « La démocratie, à ce qu'il paraît, c'est ne pas s'occuper des autres. Mais nous savons que la démocratie n'a pas de frontières. Méprisée en un lieu, elle est menacée tout entière [...]. Chaque fois qu'un homme est chargé de chaînes dans le monde, c'est nous qui en même temps sommes liés. La liberté doit être pour tous ou pour personne. C'est la seule formule de la démocratie qui vaille le sacrifice. »

Il demande à l'Assemblée générale de l'ONU d'assurer la protection de la population hongroise. Non seulement il n'a cessé de critiquer la raison d'État, mais il a même été amené à esquisser l'idée d'ingérence humanitaire.

Prenons enfin la question du terrorisme qu'il fut longtemps bien porté de justifier et d'exalter. La violence, pour Camus, est « à la fois inévitable et injustifiable ». Elle est parfois libératrice et souvent liberticide. Elle peut être une arme dans des circonstances données, elle ne saurait être une politique. Il faut lui garder un « caractère exceptionnel ». Ce n'est pas parce qu'on croit avoir la raison historique avec soi qu'on doit s'estimer tout permis. L'attentat aveugle révulse Camus : c'est une application de la responsabilité collective aux civils, c'est la peine de mort infligée au premier venu. C'est un crime de guerre comme l'est la torture. Il le condamne comme il a condamné, *vox clamans in deserto*, l'anéantissement d'Hiroshima et pour les mêmes raisons.

« Il est des moyens qui ne s'excusent pas. » (*Lettres à un ami allemand.*)

« Quelle que soit la cause que l'on défend, elle restera toujours déshonorée par le massacre aveugle d'une foule innocente où le tueur sait d'avance qu'il atteindra la femme et l'enfant. » (*Chroniques algériennes.*)

« Le sang, s'il fait avancer l'histoire, la fait avancer vers plus de barbarie encore. » (*Chroniques algériennes.*)

Aucune fin, fût-elle sublime, ne justifie un moyen barbare. Jamais des organisations terroristes n'ont construit une démocratie, ni en Algérie ni ailleurs. On peut reprocher à Camus de ne pas avoir perçu la dimension nationale de la revendication, pas d'avoir pressenti la nature et le projet du FLN. Une organisation exerçant la terreur contre les civils n'installe pas une démocratie pluraliste. Tout est dans ce dialogue des *Justes*, pièce créée en 1949 et sans cesse jouée dans le monde entier :

> « Stepan – L'Organisation t'avait commandé de tuer le grand-duc.
>
> Kaliayev – C'est vrai. Mais elle ne m'avait pas demandé d'assassiner des enfants. [...]
>
> Stepan – Il devait obéir. [...]
>
> Dora – Ouvre les yeux et comprends que l'Organisation perdrait ses pouvoirs et son influence si elle tolérait, un seul instant, que des enfants fussent broyés par nos bombes.
>
> Stepan – Je n'ai pas de cœur pour ces niaiseries. Quand nous nous déciderons à oublier les enfants, ce jour-là, nous serons maîtres du monde et la révolution triomphera.
>
> Dora – Ce jour-là, la révolution sera haïe de l'humanité entière. »

Quelques idées simples peuvent être tirées des écrits de Camus. S'informer d'abord avant de prendre une position ou de signer une pétition. Faire preuve d'esprit critique par rapport aux sources et aux discours construits. Le monde est complexe. Les situations sont embrouillées. Le principe de réalité devrait toujours l'emporter sur l'esprit d'orthodoxie.

Choisir ses mots. Il en est qui tuent. « Mal nommer les choses, c'est ajouter au malheur du monde. » Un écrivain est responsable des lectures que l'on fait de ses textes. « L'effort d'exactitude », « la recherche des nuances » sont essentiels à l'exercice de la pensée.

Être cohérent. Cela signifie refuser notamment les indignations unilatérales, les protestations sélectives, le tri entre les victimes, qui sont des pensées de tribu et/ou de guerre. Les principes ne sont pas à géométrie variable. « L'engagement n'exclut pas le goût de la vérité. »

Avant de soutenir une cause, en apprécier la pente, la logique. Les méthodes s'évaluent plus aisément que les programmes qui font chanter les lendemains. Le soutien à un pays, à un parti doit s'arrêter quand il implique l'apologie de crimes. Il faut toujours opposer un refus éthique à la perversion des causes. Les solidarités ne peuvent être que relatives, conditionnelles. Par exemple, au Proche-Orient.

Être responsable, ne pas laisser s'envenimer les problèmes. Effectuer les réformes, réaliser les compromis sociaux, réduire les inégalités quand il en est temps. Ne jamais faire la politique du pire. Priver de toute légitimité les apprentis sorciers. Penser les effets pervers d'une décision, les dommages collatéraux d'une action. L'enfer est pavé de bonnes intentions et aussi de mauvaises.

Aucun écrivain français du XXe siècle n'a le rayonnement international de Camus. En Allemagne, en Italie, au Japon au sortir de la guerre, en Espagne, en Pologne, en Tchécoslovaquie dans les années 1960, en Iran, en Chine et en Algérie aujourd'hui, les démocrates font circuler ses écrits. Dans chacun de ces pays, il est reçu comme un passeur de l'idée et des valeurs démocratiques. Sa conception de la révolte se révèle libératrice et féconde. Ce n'est pas un hasard si l'on a trouvé son portrait et des phrases de lui lors des grands rassemblements non violents de la dernière décennie au Caire, à Istanbul, à Hong Kong. Après Solidarność, après les révolutions de velours, le printemps arabe, notamment en Tunisie, a été une grande révolte selon Camus. D'immenses foules pacifiques ont fait tomber des dictatures. Comme Vaclav Havel et les grands dissidents, elles font leur le mot de Diego dans ce classique de la littérature antitotalitaire qu'est *L'État de siège* : « Ni peur ni haine. »

La peste, dans le roman qui porte ce titre, figure, selon les pays et les moments, le nazisme, le communisme, l'islamisme. Elle est « l'affaire de tous ». Qu'un ouragan frappe le Texas, un tsunami le Japon, une pandémie la Chine, la presse locale invoque aussitôt les « formations sanitaires » de *La Peste*. Elles suppléent les défaillances du préfet et de la municipalité, à savoir des élites républicaines en 1940. Elles représentaient la Résistance pour Camus. L'initiative du sursaut est venue de la société civile. Elles préfigurent Amnesty International, les folles de la place de Mai à Buenos Aires, le KOR polonais, la Charte 77 à Prague. Leurs moyens sont limités. « Je le sais, dit Rieux. Ce n'est pas une raison pour cesser de lutter. » Parole d'un *French doctor*.

Le final du roman est un appel à la vigilance : le pire est toujours possible. « [Rieux] savait que le bacille de la peste ne meurt ni ne disparaît jamais, qu'il peut rester pendant des dizaines d'années endormi dans les meubles et le linge, qu'il attend patiemment dans les chambres, les caves, les malles, les mouchoirs et les paperasses et que peut-être le jour viendrait où, pour le malheur et l'enseignement des hommes, la peste réveillerait ses rats et les enverrait mourir dans une cité heureuse. »

L'histoire ne s'est pas arrêtée à la fin du dernier millénaire. Les ravages sociaux et politiques d'une économie mondiale dérégulée, l'explosion des inégalités, le pourrissement des conflits non résolus, l'exaspération des nationalismes et des populismes, les crispations identitaires font craindre un sombre début de troisième millénaire. L'idéologie et l'argent exercent toujours leurs ravages. La social-démocratie de notre siècle est à inventer. Le combat contre l'injustice, l'oppression et l'obscurantisme est une entreprise à reprendre toujours. Une entreprise « sisyphienne ». Car « la barbarie n'est jamais provisoire ».

Les raisons qui ont valu à Camus d'être « le souffre-douleur d'une gauche parisienne sincère mais cruelle, souvent malhonnête et hargneuse, au mieux désinformée », pour citer Olivier Todd, expliquent sa gloire, la pérennité et l'actualité de son œuvre qui le situe et dans la gauche sociale et dans la gauche morale. Loin d'être un apostat sans foi ni loi, cet hétérodoxe impénitent est le juste auquel les événements, de Gdansk à Alger, ont donné raison. On est tenté de lui appliquer ce mot d'Anatole France prononcé aux obsèques de Zola : « Il fut un moment de la conscience humaine. »

Comme Sartre, Bernanos ou Malraux, Camus appartient au monde d'avant 1989 et d'avant 2001. Quand il est mort, le général de Gaulle était au pouvoir, la guerre ravageait son Algérie natale et l'Union soviétique semblait indestructible. Dreyfusard égaré au milieu de pseudo-bolcheviks, il a su « résister à l'air du temps ». Il a été un professeur de doute quand les gourous de l'idéologie énonçaient leurs oracles. Le non-conformiste des années 1950 est un penseur du XXIe siècle. Ses écrits, bien que datés, inspirent encore et toujours les militants de la démocratisation. Cet homme de liberté est la mauvaise conscience et l'honneur de la gauche. Sa voix, son « langage clair » manquent cruellement dans les débats d'aujourd'hui.

Bibliographie sélective

Albert Camus, *Œuvres complètes*, Gallimard, coll. « Bibliothèque de la Pléiade », 2006-2008.

Jacques Chabot, *Albert Camus. « La pensée de midi »*, Édisud, 2002.

Jeanyves Guérin (dir.), *Dictionnaire Albert Camus*, Robert Laffont, coll. « Bouquins », 2009.

Jeanyves Guérin, *Albert Camus. Littérature et politique*, Honoré Champion, 2013.

Denis Salas, *Albert Camus, la juste révolte*, Michalon, coll. « Le bien commun », 2002.

Olivier Todd, *Camus, une vie*, Gallimard, coll. « Folio », 1999.

27

Simone de Beauvoir et la gauche féministe

par Ingrid Galster[1]

On a souvent vu en Simone de Beauvoir la compagne de Sartre et l'intellectuelle, féministe ou écrivain. Ce qui est aujourd'hui considéré comme son ouvrage principal, Le Deuxième Sexe, *a été en réalité peu lu. On croit pouvoir résumer ce livre de plus de mille pages en une phrase : « On ne naît pas femme : on le devient. »*

La figure de Simone de Beauvoir est pourtant beaucoup plus importante que cela. Au moment de sa mort, en 1986, dans les articles nécrologiques, on pouvait déceler ses quatre dimensions principales : pour les Français, elle était alors avant tout l'auteur du Deuxième Sexe, *ensuite la compagne de Sartre, puis une intellectuelle de gauche et enfin un écrivain. Certes, elle était considérée d'abord en tant que féministe, mais son œuvre narrative, avant tout les trois tomes de son autobiographie –* Mémoires d'une jeune fille rangée *(1958),* La Force

1. Cet article est l'adaptation d'un entretien avec Ingrid Galster pour *L'Histoire*. Nous en avons gardé le style oral.

de l'âge *(1960) et* La Force des choses *(1963) –, l'a hissée au rang des écrivains d'audience internationale.*

Une jeune fille pas si rangée

Simone de Beauvoir est née en janvier 1908 à Montparnasse, à l'emplacement actuel du restaurant La Rotonde. À quelqu'un qui lui demandait un jour quelle continuité elle voyait dans sa vie, elle a répondu : « Montparnasse ! » Elle a également habité dans des hôtels à Saint-Germain-des-Prés puis elle a acheté, avec l'argent du prix Goncourt obtenu en 1954 pour *Les Mandarins*, un appartement rue Victor-Schoelcher, en face du cimetière Montparnasse, où elle a résidé jusqu'à sa mort.

À sa naissance, sa famille appartenait à la bourgeoisie aisée. Mais, après la Première Guerre mondiale et la révolution bolchevique, ses parents ont été ruinés avec la perte des « emprunts russes ». La famille a dû déménager et renoncer à son mode de vie privilégié. Le père a prévenu Simone et sa sœur cadette : *« Il faudra travailler. »* Contrairement aux normes de sa classe, Beauvoir devrait donc exercer un métier pour gagner sa vie.

Elle aurait dû avoir une dot, se marier et mener la vie d'une bourgeoise. D'ailleurs, à l'âge de 18 ans, la perspective de se marier ne lui déplaisait pas. On lit dans ses *Cahiers de jeunesse* qu'elle était amoureuse de son cousin Jacques et qu'elle avait l'intention de l'épouser. Ce n'est qu'au dernier moment, lorsque Jacques lui annonce le 2 octobre qu'il fera un mariage d'argent avec une autre femme, qu'elle renonce à lui et se lance dans sa relation avec Sartre. C'était en 1929, l'année de l'agrégation. Elle avait 21 ans.

Très tôt, elle veut devenir écrivain. Dans les *Mémoires d'une jeune fille rangée*, elle explique que la littérature l'a toujours attirée. Dès l'âge de 15 ans, elle entend devenir un auteur célèbre. Sans doute parce que les écrivains avaient à cette époque un très grand prestige et que Beauvoir possédait, comme elle le dit elle-même, un goût prononcé pour la communication. Enfant, elle dévore les livres. *Little Women* de Louisa May Alcott, *Les Quatre Filles du docteur March* et *The Mill on the Floss* de George Eliot l'ont particulièrement marquée ; plus tard, ce sera *Le Grand Meaulnes* d'Alain-Fournier. Et puis Jacques l'a initiée aux auteurs de la NRF, à Proust, à Gide, ce qui à l'époque sentait le soufre…

À 6 ans, elle entre au cours Adeline-Désir, un institut privé catholique pour les filles de la bonne société. Elle y reste jusqu'au bac. Rapidement, elle prend conscience du sectarisme des enseignants et de leur catholicisme étroit. Elle a pourtant été très pieuse. Elle communiait trois fois par semaine et se confessait deux fois par mois auprès d'un abbé nommé Martin. Tout ce qu'elle entreprenait, elle le faisait avec passion ! Mais vers 13 ans, si l'on en croit son autobiographie, elle a perdu la foi. Elle dit se souvenir du moment précis où elle a douté : l'abbé Martin, lors d'une confession, lui aurait dit : « J'ai entendu que ma petite Simone a fait ceci et cela… » Beauvoir raconte la colère qui l'a alors envahie : « Brusquement, il venait de retrousser sa soutane, découvrant des jupons de bigote ; sa robe de prêtre n'était qu'un travesti ; elle habillait une commère qui se repaissait de ragots. »

Dans la description qu'elle fera dans ses Mémoires de ses relations avec ses parents, Simone de Beauvoir semble assez influencée par la psychanalyse. Elle décrit leurs liens à partir du complexe d'Œdipe. Elle dit adorer son père et haïr sa mère. Son père, voltairien, représente pour elle la formation intellectuelle. Sa mère, catholique pratiquante, la formation de l'âme. Et cette opposition entre ces deux instances qui défendent des idées différentes a contribué à la perte de sa foi : ils ne pouvaient pas avoir raison tous les deux, et elle a choisi le camp de son père. Un père qui, au moment de la puberté, l'aurait rejetée, ce qui a eu une importance décisive dans son développement et une certaine aversion pour le corps. Il n'y a cependant pas eu de rupture brutale avec ses parents, mais un éloignement progressif. Jusqu'au bout, elle s'occupera de sa mère, et elle a gardé des relations avec sa sœur, Hélène, qui s'est mariée avec un ancien élève de Sartre.

Après le bac, en 1925, elle s'est inscrite à l'Institut catholique pour passer un certificat de mathématiques et à l'institut Sainte-Marie, à Neuilly, pour étudier les lettres. Une professeure a remarqué ses grandes capacités en philosophie et lui a conseillé de passer l'agrégation. Ce fut terrible pour sa mère, pour qui l'enseignement laïque représentait le diable.

Pour préparer l'agrégation, elle étudie à la Sorbonne et suit les cours de la rue d'Ulm. C'est là qu'elle fait la connaissance des « petits camarades » : René Maheu qu'elle appelle « mon lama », Paul Nizan et Jean-Paul Sartre. Pour préparer l'oral, c'est elle qui est chargée d'expliquer Leibniz, sur lequel elle vient de rédiger son mémoire de diplôme d'études supérieures. Elle est la seule fille du groupe. Les hommes et les femmes passaient alors les mêmes épreuves de la même agrégation. En 1929, elles sont 4 à être reçues et 9 hommes – sur 76 candidats. Beauvoir est deuxième derrière Sartre.

Le duo emblématique des lettres françaises

Beauvoir et Sartre avaient, dès 1929, conçu leurs propres systèmes philosophiques. Sartre avait déjà formulé sa « théorie de la contingence » où, selon Beauvoir, se trouvaient en germe ses idées matricielles sur l'être, l'existence, la nécessité, la liberté. Cette philosophie, elle l'a faite sienne, lors d'une scène devenue célèbre. Cela se passait tout au début de leur relation, à la fontaine Médicis, au jardin du Luxembourg. Après avoir défendu pendant des heures la morale pluraliste qu'elle s'était fabriquée, Beauvoir a cédé devant les arguments de Sartre.

Une lettre inédite, écrite à Zaza le 17 septembre 1929, montre qu'à cette date elle avait besoin d'un guide et pensait l'avoir trouvé en Sartre. Beauvoir y écrit : « Je suis dominée. » Elle évoque son « besoin de lui, besoin de sa pensée, de sa présence, plus encore que de sa tendresse ». Elle a donc épousé les idées philosophiques de son nouveau mentor. Mais il a existé une vraie complémentarité entre ces deux êtres. Sartre était le créateur et Beauvoir, avec sa force analytique, discutait tout, morceau par morceau. Cette combinaison est peut-être ce qui les a unis jusqu'au bout. Ainsi, pendant que Sartre déchiffrait Heidegger au stalag, Beauvoir, à la Bibliothèque nationale, étudiait Hegel dont *La Phénoménologie de l'esprit* venait d'être traduite en français. Avant, ils s'étaient familiarisés avec Husserl, sur les conseils de Raymond Aron, par le biais de Levinas. Voilà comment ils ont assimilé les « trois H ».

C'était avant tout une relation intellectuelle. Certes, ils ont eu des rapports sexuels, dès 1929, mais cela n'a pas duré très longtemps. Ils savaient surtout qu'ils pourraient toujours compter l'un sur l'autre. Beauvoir savait que s'ils se donnaient rendez-vous dans dix ans, à un endroit précis, Sartre y serait. Cette confiance est sans doute autrement plus forte qu'une passion passagère.

C'est lui qui, dès le début, a posé des conditions à leur relation. Sartre n'était pas monogame, il voulait séduire d'autres femmes. C'était à prendre ou à laisser. Elle avait besoin de se retrouver dans une relation intime avec lui, sans un tiers. Mais elle savait que ce n'était pas possible. Elle aussi a pris des amants et des amantes.

Selon la mère de Nathalie Sorokine, qui a déposé plainte en 1942 pour détournement de mineure contre Beauvoir, il s'agissait pour celle-ci d'apporter de la chair fraîche à Sartre. Elle aurait servi de rabatteuse. Je pense qu'elle a aussi noué des relations avec les femmes par curiosité, pour transformer ses expériences en littérature. Son amitié intense, passionnée, avec Zaza durant l'adolescence a pu jouer également un rôle. En tout cas, ce n'est pas Beauvoir qui allait vers les filles, mais l'inverse. La première, dans l'état actuel de nos connaissances, est Olga Kosakiewicz, une de ses élèves à Rouen, où Beauvoir fut professeur entre 1932 et 1936. Il faut dire qu'elle impressionnait beaucoup ses étudiantes. Tout le monde était amoureux d'elle. Les filles lui couraient après et quand elle les trouvait assez intelligentes et attirantes, elle acceptait d'entamer une relation. Son premier amant « contingent » est Jacques-Laurent Bost, fils de pasteur et élève de Sartre au Havre, qui fit très vite partie de la « famille ». Ils sont partis ensemble en vacances en juillet 1938 et c'est elle qui a fait le premier pas, comme elle le raconte à Sartre. Elle avait 30 ans, lui 22.

Beauvoir redoutait plus que tout de mettre sa relation avec Sartre en péril. Elle a souvent agi par symétrie avec lui. Une fois que Sartre se permettait quelque chose, elle s'autorisait elle aussi à le faire. Mais elle ne prenait pas l'initiative. Sartre, par exemple, a adopté en 1965 une étudiante d'origine juive née en Algérie, Arlette Elkaïm. Beauvoir a fait de même avec Sylvie Le Bon, qu'elle adoptera quelques années plus tard. Et c'est lorsque Sartre tombe sérieusement amoureux de Dolorès Vanetti, dont il a fait la connaissance après la guerre aux États-Unis, qu'elle se lie aussi fortement, immédiatement après, avec l'écrivain américain Nelson Algren.

Plus tard, en 1952, elle a entamé une relation avec Claude Lanzmann, qui, correcteur à *France-Dimanche*, venait d'entrer, avec l'aide de Jean Cau, dans l'équipe des *Temps modernes*. Elle avait 44 ans et s'imaginait, avec regret, « ne plus jamais dormir dans la chaleur d'un autre corps ». Quand elle a vu arriver ce jeune homme de 27 ans, elle a cédé à ses avances.

Avait-elle la tête politique ? Dans le deuxième tome de son autobiographie, *La Force de l'âge*, paru en 1960, elle raconte que dans l'entre-deux-guerres elle ne se souciait pas de la politique car pour elle, comme pour Sartre, seules comptaient la métaphysique, la condition humaine. Pendant la guerre civile espagnole de 1936-1939 par exemple, alors qu'elle était solidaire du camp républicain, elle ne s'est pas pour autant engagée, se sentant avant tout spectatrice.

La métamorphose

Une rencontre avec la philosophe Simone Weil, avec qui elle avait passé un certificat de licence, illustre son attitude longtemps apolitique : « Une grande famine venait de dévaster la Chine, et on m'avait raconté qu'en apprenant cette nouvelle, elle [Weil] avait sangloté. [...] La conversation s'engagea ; elle déclara d'un ton tranchant qu'une seule chose comptait aujourd'hui sur terre : la Révolution qui donnerait à manger à tout le monde. Je rétorquai, de façon non moins péremptoire, que le problème n'était pas de faire le bonheur des hommes, mais de trouver un sens à leur existence. Elle me toisa : "On voit bien que vous n'avez jamais eu faim", dit-elle. »

Si l'on en croit *La Force de l'âge*, c'est la guerre et l'Occupation qui lui ont fait prendre conscience de la nécessité de s'engager. Elle a peur pour son jeune amant Bost parti au combat et fait part de ses doutes, le 8 octobre 1939, à Sartre, alors engagé en Alsace : « Je sais bien qu'on n'y pouvait rien, mais nous sommes quand même de la génération qui aura laissé faire [...] j'ai du remords en pensant que c'est un autre qui paiera pour notre impuissance. » C'est à partir de cette discussion que Sartre, qui découvre au même moment le concept d'historicité chez Heidegger, développe la théorie de l'engagement, capitale dans la philosophie de l'existentialisme. Dans son autobiographie, Beauvoir va beaucoup plus loin. La guerre lui aurait fait découvrir le poids de l'Histoire qui « fondait sur elle », si bien qu'il y aurait eu un avant et un après. Je suis un peu sceptique face à ces explications. Je crois que les événements de 1939 sont surtout une occasion pour elle et Sartre d'intégrer l'histoire dans un système philosophique qui piétinait. Comme toujours, elle perçoit la réalité en fonction de ce qu'elle peut en tirer pour la transformer en littérature. Le goût pour la politique viendra plus tard.

Il ne faut jamais oublier qu'elle a été exclue de l'Université par Abel Bonnard en 1943 pour des raisons idéologiques. Le moins que l'on puisse dire, c'est qu'elle ne formait pas ses élèves dans le sens souhaité par l'État français... À partir de 1943, elle ne touchait donc plus de salaire et Sartre lui a trouvé un travail à Radio Vichy, à ne pas confondre avec Radio Paris. Elle y rédige par exemple des sketches sur les origines du music-hall. Selon Beauvoir, les écrivains de son bord avaient tacitement adopté certaines règles, un « code » d'après lequel « on ne devait pas écrire dans les journaux et les revues de la zone occupée, ni parler à Radio Paris ; on pouvait travailler dans la presse de la zone libre et à Radio Vichy : tout dépendait du sens des articles et des émissions ». Reste que le ton de la radio est devenu plus virulent dès le début de l'année 1944, que Philippe Henriot parlait deux fois par jour et qu'elle n'a pas pour autant renoncé à ses émissions. Une certaine mauvaise foi l'a conduite à ne pas voir.

Elle parle quelquefois des Juifs qu'elle a vu menacés ou arrêtés avec une relative indifférence. Cela ne va jamais plus loin qu'une ou deux phrases. Mais le pire est sans doute son attitude face à Bianca Lamblin, son ancienne amante juive, qui était aussi la maîtresse de Sartre. Le 10 mars 1940, moment où cette dernière reçoit une lettre de rupture de Sartre, Beauvoir écrit froidement à celui-ci : « Elle hésite entre le camp de concentration et le suicide. » Sartre et Beauvoir laissent tomber Bianca qui s'est cachée dans le Vercors, et jamais ils n'ont cherché à savoir ce qu'elle était devenue.

Une évolution est perceptible entre son premier roman, *L'Invitée*, paru en 1943, qui transpose en fiction son triangle amoureux avec Olga et Sartre, et la rédaction du *Sang des autres* sur la Résistance et les Juifs qu'elle a commencé à écrire en 1941 et qui a été opportunément publié en 1945. Elle passe alors de la morale individualiste à la théorie de l'engagement. Mais l'exercice est encore littéraire. C'est sans doute le travail dans *Les Temps modernes* et la confrontation, après guerre, avec les communistes qui l'ont poussée dans cette direction. En 1945, elle écrivait ainsi dans la revue : « Les existentialistes affirment que l'homme est transcendance ; sa vie est engagement dans le monde, mouvement vers l'Autre, dépassement du présent vers un avenir que la mort même ne limite pas. »

L'engagement

Elle soutient comme Sartre le parti communiste entre 1952 et 1956 comme elle distribuera plus tard *La Cause du peuple* des maos. En 1954, elle rédige un article significatif pour un numéro des *Temps modernes* sur la droite, où elle écrit notamment : « La vérité est une : l'erreur, multiple. Ce n'est pas un hasard si la droite professe le pluralisme. » Autrement dit, contre le pluralisme, il n'y a qu'une vérité, le marxisme. Une fois encore, elle embrasse une nouvelle cause avec passion. Claude Roy, ancien communiste exclu du Parti, a écrit fort justement dans son article nécrologique du *Nouvel Observateur* que « la force et la faiblesse de Beauvoir, c'était d'être absolument absolue » (18 avril 1986).

Elle a fait de multiples voyages avec Sartre, en URSS, en Chine, à Cuba. Elle ne s'est pas érigée en modèle, mais elle a exercé une grande influence pour beaucoup d'intellectuels de la gauche non orthodoxe. Le grand moment reste toutefois la guerre d'Algérie. Elle a préfacé un livre en 1962 sur Djamila Boupacha, une jeune Algérienne, membre du FLN, torturée par les Français. À ce moment-là, elle a pris des risques en dénonçant la politique française. Son engagement anticolonialiste est alors authentique. Au total cependant, elle n'a pris que très peu d'initiatives en politique et a plutôt suivi les variations de Sartre. Après la mort de celui-ci, elle est d'ailleurs devenue plus modérée politiquement. Dans les années 1980, elle se rapproche même du parti socialiste.

C'est dans et par le combat féministe qu'elle a fait œuvre personnelle et devient une grande figure de la gauche. Il faut revenir sur la genèse du *Deuxième Sexe,* paru en 1949. Dès l'entre-deux-guerres, Colette Audry, collègue de Beauvoir au lycée de Rouen, lui avait parlé de la question féministe. Mais cela ne l'intéressait pas encore. C'est en 1946, lorsqu'elle a souhaité écrire sur elle-même, qu'en bonne philosophe Beauvoir s'est d'abord demandé ce que signifiait pour elle d'être une femme. À partir de ce questionnement, elle a compris que le monde dans lequel elle vivait avait été fait par et pour les hommes. De là lui est venue l'idée d'écrire un livre sur la condition de la femme. Elle se lance dans l'écriture en octobre 1946. Puis elle part en 1947 aux États-Unis, où elle rencontre Algren, écrit *L'Amérique au jour le jour* et parvient, entre tous ces allers-retours, à terminer très rapidement l'ouvrage qui est composé en morceaux publiés dès mai 1948 dans *Les Temps modernes*, puis réunis après coup, en 1949, en un ensemble. Beauvoir le reconnaît, cet éparpillement se sent dans l'écriture : « Découvrant mes idées en même temps que je les exposais, je n'ai pas pu faire mieux. » Ce livre, considéré par son auteur à certains égards un peu brouillon, sera pourtant un très grand livre, un véritable monument et un tournant dans l'histoire des femmes.

Il lui a fallu choisir entre l'écriture et la maternité. Mais il n'y a pas d'incompatibilité pour elle : on peut être une femme émancipée et avoir des enfants. Ce qu'elle érige en modèle vaut pour elle en tant qu'écrivain. Elle met uniquement en cause la maternité qui aliène. Surtout elle veut une maternité choisie et non subie. Cette distinction est capitale. Dans son autobiographie, il est vrai, on apprend qu'elle n'aime pas les enfants. Elle n'aime pas tout ce qui est organique, animal. Elle n'a jamais touché aux produits laitiers – réminiscence répulsive du sein maternel ? Reste qu'elle parle de Sylvie Le Bon, sa fille adoptive, comme d'une « réincarnation d'elle-même ». Même si Beauvoir a réfuté cette idée, on peut se demander si ce n'est pas la définition même du sentiment maternel.

À partir des années 1970, Beauvoir a milité avec le Mouvement de libération des femmes (MLF) naissant. Elle a écrit plusieurs préfaces à des ouvrages sur le planning familial et accepté d'intégrer le comité d'honneur de cette association. Elle figure également parmi les signataires du fameux « Manifeste des 343 pour la liberté de l'avortement » en 1971.

Le Deuxième sexe a fait scandale. En une semaine, 22 000 exemplaires du premier tome ont été vendus. C'est avant tout le chapitre sur « L'initiation sexuelle de la femme », paru en mai 1949 dans *Les Temps modernes*, qui a été jugé inacceptable. Beauvoir parle de la sexualité des femmes comme personne avant elle, à l'exception des médecins. Il y est question d'« orgasme mâle », de « spasme clitoridien », autant de choses que l'on n'avait jamais évoquées publiquement jusque-là. La phénoménologie lui a permis de trouver un langage pour introduire des sujets tabous. Pour la première fois, cette mise en philosophie du corps, de la sexualité fait ainsi irruption dans le débat public. Reste que pour le catholique François Mauriac, c'était intolérable. Mauriac a écrit à Roger Stéphane, collaborateur des *Temps modernes* : « J'apprends beaucoup de choses sur le vagin et le clitoris de votre patronne. » Peu après la sortie du *Deuxième Sexe,* il écrit encore à Jean-Louis Curtis : « Vos pages me consolent des infamies de la femme Magny [critique littéraire]. Ces idiotes instruites qui enfoncent leurs talons Louis XV sur toutes les voies sacrées de notre vie, ces connes pédantes et piaillantes, il faudrait les mettre dans une garderie d'enfants à torcher les derrières et à vider des pots jusqu'à la mort. » Tous les catholiques ne réagissent pas de la même manière. La revue *Esprit* approuve Beauvoir. Jean-Marie Domenach écrit ainsi, le 25 juin 1949 : « Je crois que les chrétiens qui, sous prétexte d'érotisme et d'obscénité, attaquent Simone de Beauvoir et la tentative qu'elle représente se trompent du tout au tout. »

L'accueil à l'extrême gauche se révèle franchement négatif. Au parti communiste, alors hostile à la contraception, presque personne ne lit le livre selon le souvenir d'Annie Kriegel, qui raconte que cela ne l'intéressait pas du tout : « Pour notre génération [elle est née en 1926], ces problèmes d'émancipation étaient dépassés : nous n'étions pas le deuxième sexe. » Dès le mois de juin 1949, Marie-Louise Barron, héroïne communiste de la Résistance, exprime à l'unisson son dédain dans *Les Lettres françaises*. Elle se représente « le franc succès de rigolade » que Beauvoir obtiendrait dans un atelier de Billancourt, « en exposant son programme libérateur de défrustration ». La socialiste Colette Audry lui répond dans *Combat* que « c'est estimer bien peu les ouvrières de Billancourt que de penser qu'elles se moqueraient ainsi d'une œuvre qui, à la fois, insiste sur l'importance historique de l'entrée des femmes dans la production […] et passe en revue tous les problèmes auxquels se heurtent concrètement, quotidiennement, les travailleuses » (22 décembre 1949).

Comme l'a dit Michelle Perrot, c'est de l'Amérique que *Le Deuxième Sexe* est revenu en France comme la bible du féminisme. Quand le livre y paraît en 1953, et surtout en 1961 en livre de poche, les féministes lui font un accueil éclatant. Au milieu des années 1970, il s'est déjà vendu à plus d'un million d'exemplaires aux États-Unis. Deux féministes ont plus particulièrement participé à la diffusion des théories de Beauvoir : Kate Millett et Betty Friedan se sont beaucoup inspirées de son livre mais sans le citer. Si bien que beaucoup de féministes ignorent qu'elle est la première à avoir théorisé le concept de « femme » comme construction culturelle. Or cette avancée est bien à l'origine du concept du « genre » – *gender* entendu comme sexe social. C'est le féminisme américain qui inspirera directement le MLF en France dans les années 1970. C'est plutôt indirectement, à travers les féministes américaines, que Simone de Beauvoir a influencé celui-ci. Le paradoxe est donc que *Le Deuxième Sexe* n'a pas donné l'impulsion à un mouvement féministe en France. Il y aura même un « creux de la vague » dans les années 1950 et 1960, les combats politiques l'emportant sur les revendications féministes. Même s'il y eut des prises de conscience individuelles, le vrai succès de Simone de Beauvoir en France, en la matière, est tardif, pas avant les années 1970.

La critique est surtout venue, dans les années 1970, des trois figures phares de ce que les Américains appellent le *French Feminism* : Hélène Cixous, Julia Kristeva et Luce Irigaray. Leur féminisme poststructuraliste est un amalgame de psychanalyse, de linguistique et de déconstruction à la Derrida. Ainsi Cixous et ses adeptes reprochent-ils à Beauvoir d'avoir fondé sa théorie de la libération de la femme sur une version particulièrement prononcée du « phallogocentrisme », à partir d'une philosophie « mâle », celle de Sartre. Selon elles, les oppositions binaires comme « culture et nature », « sujet et objet » qui structurent notre pensée et qui se veulent universelles ne sont que le produit de l'homme. Beauvoir, au contraire, pense que nos outils conceptuels, comme le langage, sont neutres, et que la raison n'est pas l'apanage des hommes. Pour les féministes poststructuralistes, l'universalisme est une ruse de la virilité. Ces féministes de combat remettent en cause la quête de l'égalitarisme entre les hommes et les femmes. C'est encore plus vrai des féministes de la différence comme Antoinette Fouque. Pourtant, le féminisme égalitaire reste majoritaire en France même s'il fait moins de bruit à l'étranger que le féminisme poststructuraliste ou déconstructionniste. Toutes les femmes qui passent des concours et pensent qu'il faut gagner leur vie pour être indépendantes lui doivent quelque chose. Parmi les figures les plus éclatantes, citons seulement la philosophe Élisabeth Badinter ou l'historienne Michelle Perrot.

Aux États-Unis, la grande théoricienne du genre Judith Butler a reconnu sa dette envers Beauvoir, qui, en définissant le corps comme une partie de la « situation » que la femme doit dépasser, a préparé le terrain pour la déconstruction de l'opposition entre le sexe biologique et le genre social.

Bibliographie sélective

Simone de Beauvoir, *Le Deuxième Sexe*, 2 vol., Gallimard, 1949 et coll. « Folio essais », 1976.
Simone de Beauvoir, *Cahiers de jeunesse 1926-1930*, Gallimard, 2008.
Simone de Beauvoir, *Mémoires*, Gallimard, coll. « Bibliothèque de la Pléiade », 2018, 2 vol.

Ingrid Galster, *Beauvoir dans tous ses états*, Tallandier, 2007.
Sylvie Le Bon, *Album Simone de Beauvoir*, Gallimard, 2018.

28

François Mitterrand ou l'ambition du pouvoir

par Gérard Grunberg

François Mitterrand (1916-1996) a été sans conteste la figure principale de la gauche française sous la Ve République. Rien ne l'y prédisposait en apparence. Issu d'une famille catholique, attiré dans ses années d'étudiant par des formations de droite, il rejoint Vichy après son évasion d'Allemagne avant d'intégrer la Résistance au printemps de 1943. À la Libération, il commence sa carrière politique comme commissaire provisoire aux Prisonniers de guerre, mais refuse d'être le second du ministre en titre Henri Frenay. En 1946, à la fois antigaulliste et anticommuniste, conseillé par Edmond Barrachin, il devient député de la Nièvre à la tête d'une liste « Action et unité républicaine » dont le programme anticommuniste se révèle nettement de droite (défense de la propriété individuelle, liberté du commerce et de l'agriculture, liberté de l'enseignement, droits de la famille, défense de l'épargne, etc.) ; il adhère au groupe parlementaire de l'UDSR à l'Assemblée. Plusieurs fois ministre de la IVe République, il se rapproche des partis de la gauche non communiste à partir de 1953, date à laquelle il prend la présidence de l'UDSR. Il devient ministre de l'Intérieur du gouvernement Mendès France en 1954 et garde des Sceaux dans celui de Guy Mollet en 1956. Ce dernier poste, alors que la politique algérienne divise de plus en plus la gauche, ne le prédestine pas à en devenir un jour son rassembleur. Lorsque le général de Gaulle revient au pouvoir, il se retrouve isolé et sans perspectives politiques, ayant été battu aux élections législatives de novembre 1958. Comment expliquer dans ces conditions qu'il ait pu être élu en 1981 le premier président de la République socialiste avec le soutien de l'ensemble des forces de gauche ?

François Mitterrand est avant tout un grand animal politique. L'homme possède une vaste culture – littéraire et politique – et une pugnacité qu'il met au service d'une ambition d'emblée manifeste. Grand orateur parlementaire, arrondissementier chevronné, il prise le combat politique et joint l'audace de l'aventurier à l'habileté du « Florentin », comme on le surnomme. Il est mobile et toujours prêt à saisir sa chance, ses prises de risque frisant souvent l'imprudence. À plusieurs reprises, sa carrière a paru ainsi compromise. Mais sa capacité de rebond lui a toujours permis de se remettre en selle. N'étant prisonnier d'aucune idéologie ni attaché à aucun grand parti, jaloux de sa liberté et de son autonomie d'action, ne se fiant qu'à lui-même et à quelques amis fidèles, comme Roger-Patrice Pelat ou Georges Dayan, il a fini par atteindre son but ultime : la conquête du pouvoir. Cette arrivée au sommet a été rendue possible par les grandes qualités politiques qui se sont ajoutées aux traits de sa personnalité : l'acuité du coup d'œil qui analyse et comprend la situation et – le plus souvent – le juste choix du moment pour se positionner et agir. Elle est due aussi à bien des hasards heureux. Mais le grand politique n'est-il pas celui qui allie risque et chance ?

François Mitterrand va opérer à partir des débuts de la Ve République une série de choix stratégiques majeurs : en 1958 en décidant d'incarner l'anti-de Gaulle ; en 1965 en se portant candidat à la première élection présidentielle au suffrage universel ; en 1971 en se lançant à la conquête du parti socialiste ; en 1981 en décidant de se représenter au scrutin suprême dans des conditions particulièrement défavorables.

L'anti-de Gaulle

Le 1er juin 1958, François Mitterrand fait partie, aux côtés de Pierre Mendès France, de la minorité socialiste et des radicaux ainsi que des communistes, des 224 députés qui refusent la confiance au gouvernement formé par l'homme du 18 Juin. Il explique ainsi son vote : « Lorsque, le 10 septembre 1944, le général de Gaulle s'est présenté devant l'Assemblée consultative provisoire issue des combats de l'extérieur ou de la Résistance, il avait près de lui deux compagnons qui s'appelaient l'honneur et la patrie. Ses compagnons d'aujourd'hui, qu'il n'a sans doute pas choisis, mais qui l'ont suivi jusqu'ici, se nomment le coup de force et la sédition. […] En droit, le général de Gaulle tiendra ce soir ses pouvoirs de la représentation nationale ; en fait, il les détient déjà du coup de force. » Le ton est donné. Mitterrand se situe d'emblée dans une opposition irréductible et absolue à l'ancien chef de la France libre avec lequel l'ancien partisan du général Giraud qu'il était entretient depuis la guerre un fort contentieux. En septembre, il appelle logiquement à voter « non » au référendum sur la Constitution, axant son discours sur la défense des libertés républicaines, et situant son opposition dans le cours du combat historique des républicains contre le bonapartisme. Son virulent pamphlet de 1964, *Le Coup d'État permanent*, exprime avec brio, avec violence mais aussi beaucoup d'injustice sa thèse centrale : « J'appelle le régime gaulliste dictature parce que c'est vers un renforcement continu du pouvoir personnel qu'inéluctablement il tend. » Dans les années suivantes, ce positionnement ne lui permettra pas cependant de sortir de son isolement, accentué en 1959 par la fâcheuse affaire de l'Observatoire, qui lui vaut la suspension provisoire de son immunité parlementaire de sénateur[1]. Mais le petit capital qu'il engrange alors va se révéler fort précieux à partir de 1962.

Candidat de la gauche

Si, depuis 1958, François Mitterrand n'a cessé de mettre en cause l'exercice solitaire du pouvoir du général de Gaulle, en revanche, il s'est bien gardé

1. Piégé par l'ancien député poujadiste Pesquet qui l'avertissait de menaces de mort pesant sur lui, François Mitterrand avait simulé, sur son conseil, un faux attentat contre lui – une supercherie défensive mais qui fut immédiatement dénoncée à la presse par Pesquet.

de condamner les nouvelles institutions dans leur ensemble. Si dans *Le Coup d'État permanent* il fustige la monarchie gaullienne, il a compris la chance que lui offre le régime de la Ve République. La révision constitutionnelle de 1962 a changé fondamentalement la donne politique à ses yeux en lui offrant un formidable tremplin. Dans *Ma part de vérité,* écrit en 1969, alors qu'il est à nouveau au creux de la vague, il affirme sans ambages : « Depuis 1962, c'est-à-dire depuis qu'il a été décidé que l'élection du président de la République aurait lieu au suffrage universel, j'ai su que je serais candidat. » Une candidature présidentielle lui permettrait à la fois de donner sa pleine portée à son combat personnel contre le fondateur de la Ve République et de rassembler la gauche autour de sa personne. Pour cela, il lui fallait réintégrer le parti communiste dans le jeu politique, ce qui n'était pas une mince affaire. Il était convaincu que le PCF serait obligé d'y souscrire, pour y trouver sa part et éviter la marginalisation, tout en prenant soin d'ajouter : « La démocratie socialiste, redevenue fidèle à elle-même, ne peut espérer distancer le parti communiste et récupérer sur lui les suffrages qui devraient être les siens que dans le cadre et le climat de l'union de la gauche. » Ce choix s'opposait à celui de Gaston Defferre, l'un des dirigeants de la SFIO, qui avait lancé en 1963 le projet de Grande Fédération destinée à réunir dans la perspective de sa candidature en une seule organisation les forces de la gauche réformiste et du centre antigaulliste, stratégie qui excluait le parti communiste. Cette Grande Fédération devait soutenir l'éventuelle candidature de Defferre.

En axant sa volonté d'action sur l'élection présidentielle, François Mitterrand pouvait espérer en tirer plusieurs avantages. S'il réussissait à devenir le candidat de la gauche, il pourrait amener celle-ci à accepter en pratique cette élection dont elle condamnait le principe. Un choix décisif, car cette élection était à ses yeux le seul canal par lequel il pouvait espérer parvenir au pouvoir. En outre, la forte personnalisation de cette consultation lui permettrait de préserver son autonomie politique par rapport aux partis qui le soutiendraient mais aussi et surtout d'affirmer sa propre personnalité politique : « Le président de la République doit être le garant de l'application de la politique définie par lui et choisie par la majorité qui l'a élu », déclarait-il en janvier 1964.

Le « Florentin » était ainsi prêt à en découdre. Encore fallait-il qu'il puisse imposer sa candidature à l'ensemble des organisations de la gauche. Il fut alors servi par plusieurs événements dont il sut tirer parti. D'abord, le projet de Gaston Defferre, auquel il n'avait jamais cru, échoua, la SFIO et le MRP demeurant irréductiblement séparés par la question religieuse et Guy Mollet étant hostile à la fusion de la SFIO dans un ensemble plus large. En juin 1965, Defferre retira sa candidature. Ensuite, les partis de gauche ne voulurent pas présenter l'un des leurs à l'élection présidentielle, c'était trop risqué. Quant à Pierre Mendès France, qui gardait encore bien des partisans, le seul qui, au sein de la gauche non communiste, avait la stature d'un candidat crédible, il excluait totalement de se présenter. La place étant libre, le candidat « par défaut » voulut se munir d'un embryon d'organisation politique plus en phase avec sa nouvelle position que la petite UDSR qu'il continuait de présider. En juin 1964, il créa la Convention des institutions républicaines, rassemblant une trentaine d'organisations de la gauche non communiste (club des Jacobins, Jeune République, Gauche européenne...) dont il devint président. En septembre de la même année, au lendemain de l'annonce de sa candidature, Mitterrand présidait à la naissance de la Fédération de la gauche démocrate et socialiste (FGDS), premier rassemblement organisationnel de « la gauche non communiste », auquel adhérèrent notamment le parti radical, la SFIO et la Convention des institutions républicaines. L'ensemble des partis de gauche soutient alors la candidature de celui qui vient de déclarer : « Le général de Gaulle se présente, moi aussi. »

Le résultat de François Mitterrand au premier tour est relativement décevant, puisqu'il obtient 7 700 000 voix, soit 32 % des suffrages exprimés – ce qui n'est pas mieux que le vote à gauche aux législatives de 1962. Il n'empêche, le Général est mis en ballottage à la surprise générale et le candidat de la gauche, arrivé en seconde position devant le centriste Jean Lecanuet, se trouve qualifié pour le second tour. Il est battu avec 45,5 % des voix mais il a gagné largement son pari. Aux élections législatives de 1967, la gauche non communiste talonne le PCF et la gauche dans son ensemble, dont les différentes organisations ont passé entre elles un accord, atteint 46 %. Mai 68 vient casser cette dynamique. En pleine crise, alors que le pouvoir semble s'effondrer, François Mitterrand annonce trop tôt sa candidature à une éventuelle élection présidentielle anticipée. Le 28 mai, il déclare ainsi : « Il convient dès maintenant de constater la vacance du pouvoir et d'organiser la succession. » Le retour spectaculaire de De Gaulle, la dissolution et les élections législatives de juin qui voient l'écrasement de la gauche stoppent net son irrésistible ascension et le processus de rassemblement de la gauche. Ses adversaires au sein de la FGDS en profitent pour se débarrasser de lui, le conduisant à démissionner de son poste de président. L'année suivante, privé du soutien des socialistes, il doit renoncer à se présenter à l'élection présidentielle précipitée par la démission du général de Gaulle. Sa carrière politique paraît à nouveau définitivement compromise.

La refondation d'Épinay

C'est pourtant à ce moment-là que François Mitterrand décrit, dans *Ma part de vérité*, sa stratégie et son programme pour l'avenir. Il réaffirme que seule l'union peut ramener la gauche au pouvoir. À défaut d'un programme précis, il présente un ensemble d'idées et de valeurs qui animeront son action. La démocratie socialiste, dit-il notamment, devra s'affirmer en tant que telle, « autant par la fermeté de ses analyses économiques que par les vertus qui lui sont propres, l'amour de la liberté, le bon sens, la vigilance du patriotisme, le respect irréductible du droit ». Dans le domaine économique, il redéfinit habilement le socialisme par rapport au capitalisme : « Le socialisme n'a pas pour finalité de créer un système productif supérieur au système capitaliste. Sa vocation est de libérer l'homme des forces qui l'oppriment et cette libération passe par la création de nouveaux rapports de production. Mais le socialisme, pour survivre dans un monde où la plupart des grands pays industriels appartiennent au bloc capitaliste, doit accepter la compétition et supporter la comparaison. » « Pour le temps qui vient, ajoute-t-il, l'économie socialiste se développera sur la base du double secteur sous la dominance du secteur public et respectera les lois du marché sous la dominance du Plan. »

L'hostilité foncière de François Mitterrand aux « grands intérêts » n'est pas un simple emprunt utilitaire à l'idéologie classique des gauches. Elle vient de sa famille, telle qu'il l'a décrite dans son ouvrage, imprégnée d'une culture chrétienne sociale. Son milieu familial, dit-il, « tenait les hiérarchies fondées sur le privilège de l'argent pour le pire désordre. Que l'argent pût primer les valeurs qui leur servaient naturellement de référence : la patrie, la religion, la liberté, la dignité révoltait les miens ». Derrière la condamnation alors obligée du capitalisme qu'il prononce sans s'y étendre, c'est en réalité celle de l'argent, au nom de l'idéal de justice, qui nourrit sa vision de la gauche.

Les événements politiques viennent redonner à sa stratégie d'union une certaine crédibilité. Le référendum d'avril 1969, le départ du général de Gaulle puis l'écrasement du candidat socialiste à l'élection présidentielle, Gaston Defferre, avec 5 % des suffrages exprimés, confirment qu'il n'y a pas d'autre choix pour les socialistes que l'alliance de raison avec le PCF, dont le candidat Jacques Duclos a obtenu 21 % des suffrages. L'élection de Georges Pompidou y pousse également, en allant dans le sens d'une bipolarisation croissante du système partisan autour du clivage gauche/droite.

François Mitterrand accomplit alors un choix stratégique qui va se révéler judicieux. L'échec de la formule fédérative pour rassembler la gauche non communiste en 1968 le conduit à donner la préférence à la reconstruction d'un grand parti socialiste, seul moyen de pouvoir ensuite traiter d'égal à égal avec les communistes. À la différence du PSU de Michel Rocard, qui espère rebâtir la gauche non communiste autour de lui, il choisit de faire du neuf avec du vieux en faisant fond sur ce qui reste de la « vieille maison ». Au congrès d'Épinay, en 1971, il réussit à battre Alain Savary et Guy Mollet d'une courte tête et à prendre la direction de la nouvelle organisation, qui prend le nom de Parti socialiste français (au lieu de SFIO). Il y dévoile son objectif principal : « Maintenant que notre parti existe, je voudrais que sa mission soit d'abord de conquérir. En termes un peu techniques on appelle ça la vocation majoritaire de ce parti. Je souhaite que ce parti prenne le pouvoir [...] le péché d'électoralisme ! Je commence mal. » Il entend éteindre chez les socialistes le remords du pouvoir, dont la SFIO n'a jamais pu se déprendre, pour leur insuffler l'esprit de conquête. Mais en même temps, il doit se situer idéologiquement très à gauche pour rassurer sur ses convictions et bâtir un pont avec le PCF : « Violente ou pacifique, la Révolution, c'est d'abord une rupture, déclare-t-il. Celui qui n'accepte pas la rupture avec l'ordre établi [...] avec la société capitaliste, celui-là, je vous le dis, il ne peut pas être adhérent au parti socialiste. » L'année suivante, un programme commun de gouvernement est signé avec le parti communiste.

Ce programme comporte un grand nombre de nationalisations mais, en contrepartie, l'enfant de Jarnac impose aux communistes... et aux socialistes une acceptation au moins implicite des institutions de la Ve République ainsi que le respect des principes du libéralisme politique. Aux élections législatives de 1973, le PS impose sa domination au sein de la gauche non communiste et n'est plus qu'à deux points du PCF. La « gauche » perd les élections mais elle atteint à nouveau 46 %. La dynamique est relancée et l'élection présidentielle s'annonce sous les meilleurs auspices pour Mitterrand. L'année suivante, candidat unique de la gauche, sa stratégie manque de peu de triompher avec 49,2 % des voix contre 50,8 % à Giscard d'Estaing. Cette défaite est reçue par son camp comme une promesse de victoire prochaine. Jamais François Mitterrand n'a été aussi assuré de sa position. Mais, une fois encore, le balancier repart dans l'autre sens. Les sept années suivantes se révèlent un chemin de croix pour le premier secrétaire du parti socialiste. Le parti communiste, effrayé par la perspective de voir son rival lui ravir la première place, ne songe plus qu'à le détruire et avec lui l'union de la gauche. En 1977, il exige une renégociation du programme commun que Mitterrand est finalement obligé de rompre face à la surenchère communiste. L'union de la gauche est moribonde. Au sein du PS, Michel Rocard, qui a rejoint ses rangs en 1974, condamne la stratégie et le programme et s'affirme comme un compétiteur d'autant plus sérieux qu'il séduit l'opinion. Lorsque les communistes provoquent la défaite de la gauche aux élections législatives de 1978, il tente de s'emparer de la direction du parti.

Mitterrand doit batailler ferme au congrès de Metz en 1979 pour l'emporter. À l'approche de l'élection présidentielle, une fois encore, si près du but, il paraît devoir échouer.

L'alternance de 1981

L'éternel revenant décide alors de « tenir bon » en étant « unitaire pour deux ». Il bénéficie pour ce faire du serment prêté par Rocard à Metz de ne pas se présenter contre lui à l'élection présidentielle, s'il était candidat. Ensuite, le PCF, obligé de soutenir son propre candidat, Georges Marchais, s'engage dans une compétition électorale mal faite pour lui. Enfin la droite s'avance divisée, Jacques Chirac, le leader du parti gaulliste, ayant décidé de se présenter contre le président sortant, préférant une victoire du leader socialiste à la réélection de Valéry Giscard d'Estaing. Avec seulement 26 % au premier tour, François Mitterrand est néanmoins qualifié pour le second tour qu'il emporte sur le président sortant avec 51,8 % des voix. Le PCF, avec 15 % au premier tour, s'effondre et voit le PS devenir pour de bon le champion de la gauche. Aux élections législatives de juin, celui-ci triomphe et remporte dans la foulée la majorité absolue. Désemparé, le PCF accepte de participer au nouveau gouvernement dirigé par Pierre Mauroy, en étant réduit à la portion congrue. François Mitterrand a totalement gagné son pari. Premier président de gauche de la Ve République, il se coule sans difficulté dans les habits de ses prédécesseurs et exerce le pouvoir dans toute son étendue et non sans une certaine jouissance.

Le nouveau gouvernement applique fidèlement son programme, mais, rapidement, les difficultés s'accumulent. Au bout d'une courte période de pouvoir enchanté marquée par la croissance des dépenses sociales et de nombreuses nationalisations, les difficultés financières obligent le gouvernement à effectuer un tournant dit « de la rigueur » dès 1983. L'année suivante, des manifestations monstres défilent en faveur de l'enseignement privé et les élections européennes sont mauvaises. En juillet 1984, Laurent Fabius remplace Pierre Mauroy à la tête d'un gouvernement auquel le PCF décide de ne pas participer. La politique nouvelle, plus libérale, exprime une volonté de modernisation du pays fondée sur une pleine acceptation de l'économie de marché. Mais l'opinion publique s'est retournée contre le pouvoir et, en 1986, les socialistes perdent nettement les élections législatives, entraînant une alternance au profit de la droite. François Mitterrand décide de rester à son poste tout en nommant Premier ministre le chef de la nouvelle majorité, Jacques Chirac, inaugurant ainsi la cohabitation. Les erreurs de la droite et sa propre habileté lui permettent d'être réélu sans difficulté à l'élection présidentielle de 1988, avec 54 % des suffrages (34 % au premier tour, contre seulement 20 % à Chirac). Ce sera sa dernière victoire. Le courant « mitterrandiste » se divise irréversiblement au congrès de Rennes de mars 1990, qui connaît un affrontement impitoyable entre « jospinistes et « fabiusiens ». Le président n'est plus maître des siens. Après trois années d'un gouvernement Rocard sans majorité absolue à l'Assemblée, le président renvoie sans ménagement son éternel rival, aggravant la division de son camp. Les gouvernements socialistes qui lui succèdent, sous les directions d'Édith Cresson et de Pierre Bérégovoy, accumulent impopularité et défaites électorales. Aux législatives de 1993, le PS subit une véritable déroute avec 18 %. Une nouvelle cohabitation s'impose à un François Mitterrand déjà très diminué par la maladie.

Mémoire, bilan et legs

François Mitterrand est resté dans la mémoire des Français comme l'un des meilleurs présidents de la Vᵉ République, en seconde position après Charles de Gaulle. Il a su bâtir sa légende de son vivant, se construisant un personnage paradoxal de « monarque de gauche » qui marqua son époque, teinté de mystères, suscitant des visions antinomiques qui ont désormais tendance à s'estomper.

C'est lui, et lui seul, qui a su reconstruire une opposition capable de permettre une alternance au pouvoir après vingt-trois années de majorité gaulliste, montrant ainsi que la Vᵉ République était une démocratie au sens schumpetérien où les citoyens peuvent changer leur gouvernement librement. Pendant son long exercice du pouvoir, il a préservé les libertés publiques et a su épouser le vent de libéralisme culturel qui a balayé la société française à partir de Mai 68 et qui a contribué fortement à la renaissance du parti socialiste. L'abolition de la peine de mort a été dans ce domaine un élément emblématique de son legs.

Le grand pourfendeur du régime gaulliste a paradoxalement contribué à enraciner ses institutions, déclarant crûment que si elles n'avaient pas été « faites à son intention », elles étaient néanmoins « bien faites pour lui ». Cette permanence institutionnelle et la stabilité des gouvernements qui en résulte constituent un acquis appréciable dans un pays toujours propice aux divisions. Pourtant, le président a toujours refusé de se rallier officiellement aux institutions de la Ve République, déclarant que celles-ci, dangereuses avant lui, le resteraient après lui. Ce refus de conduire les socialistes à assumer clairement leur ralliement à la « monarchie présidentielle » contribue à entretenir un flou menaçant et la résurgence de la revendication en faveur d'une hypothétique VIe République.

Son choix de la cohabitation au lendemain de la défaite aux législatives de 1986 a permis d'éviter une crise qu'une stricte application des principes gaulliens n'aurait peut-être pas pu empêcher, démontrant ainsi la souplesse d'adaptation de la Constitution. La double expérience de 1986 et de 1993 a cependant montré ses inconvénients en faisant du président de la République le chef de… l'opposition ! Après son départ, des changements ont été opérés pour limiter au maximum ce type de situation.

Pour aller à l'essentiel, François Mitterrand a su faire du PS une organisation politique capable de gagner les élections et de gouverner. Cet exercice du pouvoir a conduit ce parti à prendre ses distances avec son projet initial, plus radical, et à mener des politiques réformistes. Là encore, le président n'a pas voulu le pousser à sortir de son ambiguïté originelle : parti de gouvernement dans le cadre de l'économie de marché et parti de rupture avec le capitalisme dans son modèle génétique. Cette ambiguïté s'est révélée destructrice à terme pour le parti d'Épinay. Le désastre de 2017 provient pour une large part de ce refus de mettre en cohérence sa pratique du pouvoir et sa doctrine radicale.

La stratégie de l'union de la gauche demeure son chef-d'œuvre tactique. Cette rupture, en réintégrant les communistes dans le jeu politique et en les amenant à gouverner, a eu certaines conséquences bénéfiques. Elle a permis au PS de conquérir une position dominante à gauche et de marginaliser progressivement le PCF. En outre, en imposant à ce dernier le respect des principes du libéralisme politique et des institutions de la Vᵉ République, il a amené l'essentiel de la gauche à exercer le pouvoir dans le cadre d'une économie sociale de marché et dans le respect de la démocratie libérale. Cependant, la conception fondamentalement pragmatique de cette union, ne reposant pas sur un véritable accord de fond sur les questions centrales, s'est révélée impraticable à terme. Dès 1974, l'union de la gauche a commencé à se disloquer, l'acte de décès intervenant lors de la constitution du gouvernement de Laurent Fabius en 1984. Les socialistes, on l'a dit, subirent en 1993 une défaite cinglante et, depuis 2017, la gauche, marginalisée et profondément divisée, ne constitue plus une alternative crédible au pouvoir en place. Par ses rejets et ses choix, le rassemblement de la gauche a ainsi créé les conditions de sa défaite, certains diront même son décès. L'héritage international a généralement meilleure presse, même si le bilan s'avère, là encore, contrasté.

Sa proximité avec Helmut Kohl a permis à François Mitterrand de jouer un rôle central dans les progrès de la construction européenne. La création de l'euro, acte fondamental, est largement à mettre à son crédit. Pour autant, le choix, qui n'était pas d'abord le sien il est vrai, mais qu'il a approuvé, de donner la priorité à l'élargissement de l'Union européenne plutôt qu'à son approfondissement apparaît aujourd'hui comme une erreur capitale qui pourrait à l'avenir menacer la survie même de l'euro. Son soutien à l'Alliance atlantique manifeste dans sa position dans la crise des euromissiles en 1983 – « le pacifisme est à l'ouest et les euromissiles sont à l'est » – ou sa participation à la guerre du Golfe en 1990 ont clairement montré sa volonté de participer à la défense des pays libres, héritier paradoxal d'une idée du rôle de la France dans le monde qui doit autant à Jaurès qu'à de Gaulle. Mais finalement, dans ces deux domaines « réservés » de l'Europe et de la défense, peu de progrès tangibles ont été réalisés.

L'homme du changement donne l'impression de s'être figé dans l'immobilisme, en particulier au cours de son deuxième mandat où, gravement malade, il a présenté les travers classiques – conservations, suspicion – des monarques vieillissants. N'ayant pu imposer Laurent Fabius comme son successeur et ayant perdu le contrôle sur son parti, il s'est retourné contre lui. Sa détestation de Michel Rocard, qu'il avait pourtant appelé à Matignon avant de le renvoyer brutalement, le poussa à jouer clairement contre lui en contribuant à sa défaite aux élections européennes de 1994, suscitant une liste rivale conduite par le très contesté Bernard Tapie. Lorsqu'il se retira en 1995, le PS était profondément divisé, impopulaire et très peu assuré quant à sa doctrine et son projet. Lionel Jospin le tira un temps de ses graves difficultés, mais son élimination au premier tour de l'élection présidentielle de 2002 allait ouvrir une période de doute et de divisions internes dont il n'est pas sorti.

Le « sphinx » a fasciné nombre de ses contemporains. Mauriac dit de lui dans son *Bloc-Notes* : « C'est un garçon romanesque : je veux dire un personnage de roman. Il sort, à quelques lieues de chez moi, du terroir charentais, comme Rastignac. » Par ses silences, sa causticité hautaine, ses ambiguïtés mêmes, Mitterrand en impose et domine toujours ses contemporains. La publication posthume de son *Journal pour Anne* et de sa correspondance amoureuse a ajouté rétrospectivement à la dimension romanesque que lui prêtait François Mauriac. Personnalité hors ligne donc, mais le politique ?

L'auteur admiré du *Coup d'État permanent* restera finalement comme le grand leader de la gauche et du parti socialiste sous la Vᵉ République. Mais son action, refondatrice dans plusieurs domaines, n'a cependant pas permis à la France de régler ses problèmes principaux, notamment ceux de l'emploi et de la croissance économique ; elle n'a pas davantage œuvré en faveur de la reconstruction du PS sur la base de la social-démocratie. Faute de vouloir sortir de l'ambiguïté, il a fini par s'y complaire, espérant que la postérité corrigerait un bilan mitigé, reflet des espoirs et des désillusions de la gauche au pouvoir.

Bibliographie sélective

François Mitterrand, *Le Coup d'État permanent*, Plon, 1965.
François Mitterrand, *Ma part de vérité*, Fayard, 1969.

Alain Bergounioux et Gérard Grunberg, *Les Socialistes français et le pouvoir. L'ambition et le remords*, Hachette Littératures, 2007 ; Fayard, 2005.
Éric Duhamel, *François Mitterrand, L'unité d'un homme,* Flammarion, 1998.
Pierre Favier et Michel Martin-Roland, *La Décennie Mitterrand*, 4 vol., Seuil, 1990- 1999.
Hubert Védrine, *Les Mondes de François Mitterrand*, Fayard, 1996.
Michel Winock, *François Mitterrand*, Gallimard, 2015.

29

Michel Rocard ou la deuxième gauche

par Alain Bergounioux

Peu nombreux sont les responsables politiques qui donnent leur nom à un mouvement politique qui passe l'épreuve du temps. Michel Rocard (1930-2016) est sans doute l'un de ceux-là…

Son décès, le 5 juillet 2016, a fait prendre conscience qu'il avait représenté, pendant environ trois décennies, une part de la gauche française, une option possible en tout cas. Évidemment, la trajectoire n'a pas été linéaire et il faut se défier des reconstructions a posteriori *– que Michel Rocard a lui-même pratiquées dans ses derniers entretiens. De multiples influences ont joué selon les contextes, il y a eu des hésitations et des ruptures selon les circonstances. Mais il n'empêche qu'avec des mots et des positionnements différents, il y a bien eu une aventure collective, qui a traversé au moins trois générations, autour d'une volonté de rénover la gauche française, en unissant des valeurs et des pratiques, et en portant une double vocation politique et intellectuelle. Celle-ci s'inscrit, certes, dans une mouvance large,* *caractérisée souvent comme une « deuxième gauche », selon le titre de l'ouvrage de Hervé Hamon et Patrick Rotman paru en 1982, qui englobe principalement l'histoire d'une grande part du syndicalisme d'origine chrétienne dans la CFTC puis avec la CFDT, et celle de courants socialistes, dissidents, entre autres, de la SFIO, qui ont nourri la « petite gauche » des années 1960. L'apport propre de Michel Rocard a été de privilégier clairement l'action politique, dans la SFIO d'abord, dans le Parti socialiste autonome et le Parti socialiste unifié ensuite, dans le parti socialiste, enfin, après 1974. Dans chaque contexte, il a voulu être le porteur de la rénovation politique. La grande opinion n'a eu tendance qu'à ne retenir l'opposition avec François Mitterrand, qui a rempli l'histoire de la gauche des années 1970 et 1980. Mais cela ne résume pas tout, il y a, en effet, un « avant » de ce face-à-face, sans lequel il est difficile de comprendre les fondements du rocardisme, et il y a un « après » qui permet de mesurer sa postérité.*

Le militant

Le premier engagement politique de Michel Rocard date de 1949, soit à l'âge de 19 ans, avec une adhésion aux Étudiants socialistes SFIO en pleine guerre froide. Il a souvent dit que ce choix venait d'une forte conviction européenne acquise avec les premiers appels à une Europe unie l'année précédente. Il faut noter que cette volonté d'agir en politique prolongeait un long engagement dans le scoutisme protestant, les « Éclaireurs unionistes », de près de quatorze ans, où il a gagné le surnom de « Hamster érudit »... S'il s'est ainsi tourné vers l'action collective, cela résulte partiellement d'une enfance difficile, « terriblement sérieuse » disait-il lui-même, dans une famille dominée par la figure de son père, Yves Rocard, résistant, savant éminent, qui n'accepta pas que son fils se détourne d'une carrière scientifique pour entrer à l'Institut d'études politiques en 1947. Le conflit qui en résulta fut durable. Ses rapports complexes avec sa mère dans un foyer, qui plus est, divisé avec une sœur handicapée, achèvent d'expliquer la recherche d'une reconnaissance extérieure. Il acquiert vite des responsabilités nationales dans la petite structure des étudiants socialistes. Il en devient le secrétaire général en 1954, l'année de son mariage avec Geneviève Poujol, une sociologue, avec qui il eut deux enfants, Francis et Sylvie. Ses premières responsabilités l'amènent à côtoyer d'autres responsables socialistes, dont Pierre Mauroy, alors dirigeant des Jeunesses socialistes, auxquelles la Fédération des étudiants socialistes est rattachée. Ces années marquées par les guerres coloniales, l'Indochine d'abord, surtout l'Algérie, ont été une période d'intense militantisme et d'interrogations pour cette jeune génération militante. Michel Rocard, avec son petit mouvement, mène une politique qui tranche avec l'orthodoxie de la SFIO. En contact avec des militants issus de la Jeunesse étudiante chrétienne, il noue des liens avec des étudiants algériens, mène un combat pour l'élection d'une direction progressiste à la tête de l'UNEF, qui aboutit en 1956. C'est l'année où il intègre l'École nationale d'administration (ENA). Après un court passage au cabinet d'Alain Savary, secrétaire d'État chargé des Affaires tunisiennes et marocaines dans le gouvernement de Guy Mollet, il est affecté à la sortie de l'ENA à l'Inspection générale des finances. Envoyé en Algérie en septembre 1958, aidé sur place de son successeur aux étudiants socialistes, Jacques Bugnicourt, il rédige officieusement un rapport sur les camps de regroupement où étaient enfermés des centaines de milliers d'Algériens de la population rurale. Le rapport remis à Paul Delouvrier en février 1959 fuite dans la presse, *Le Monde* et *France Observateur*, et provoque un scandale qui a failli provoquer sa révocation.

Il n'est donc pas étonnant qu'il ait rejoint les rangs des minoritaires de la SFIO, autour d'Édouard Depreux et Alain Savary, son « patron » en politique, qui contestaient la politique algérienne de Guy Mollet et le ralliement à la Ve République, comme Pierre Mendès France, et ont fondé le Parti socialiste autonome, qui fusionna ensuite, en 1960, avec les chrétiens de gauche de l'Union de la gauche socialiste, avec Gilles Martinet, et d'anciens communistes, autour de Jean Poperen, pour créer le Parti socialiste unifié (PSU). Pendant quelques années, Michel Rocard a mené deux vies. Celle d'un haut fonctionnaire d'abord. Inspecteur des finances, il s'initie aux travaux de la comptabilité publique et de la prospective. En 1965, il est secrétaire général de la Commission des comptes et des budgets économiques de la nation. Parallèlement, sous le pseudonyme de Georges Servet (du nom d'un hérétique protestant, Michel Servet, brûlé à Genève au XVIe siècle), il milite activement dans le PSU, au sein de la fédération de Paris, où il multiplie les réunions, puis au bureau national où il entre en 1965 pour prendre en charge la formation. Son action ne se limite pas au parti. Il participe aux travaux de différents clubs politiques, dont le plus important est le club Jean Moulin. Il crée avec des proches l'ADELS (Association pour la démocratie, l'éducation locale et sociale), dont il devient le président en 1964. Son privilège est ainsi de figurer au croisement de plusieurs réseaux militants et intellectuels et de cumuler plusieurs expériences. Il noue de multiples liens avec des militants politiques et syndicaux, des hauts fonctionnaires et des intellectuels, des animateurs de clubs et d'associations.

Michel Rocard acquiert un début de notoriété nationale lors de deux colloques tenus, pour le premier, à Grenoble au printemps 1966, l'autre à Saint-Brieuc à l'automne. Ceux-ci veulent regrouper la « gauche moderne », qui se reconnaît dans la pensée et la figure de Pierre Mendès France, marquant une distance avec François Mitterrand, à la tête de la Fédération de la gauche démocrate et socialiste depuis septembre 1965. Dans les rapports qu'il présente encore sous son pseudonyme, le premier sur « Les voies de passage au socialisme », avec toute une partie sur « la gauche et la monnaie », l'inscrit dans la filiation mendésiste qui privilégie la responsabilité économique et n'entend pas séparer la politique de l'économie ; le second au titre qui claque, « Décoloniser la province », défend une France décentralisée où les pouvoirs sont redistribués. Son influence naissante se cristallise réellement lorsqu'il devient secrétaire national du PSU en juin 1967, porté par une majorité qui refuse l'entrée dans la FGDS, à laquelle inclinait Gilles Martinet, qui aurait dû être normalement le successeur d'Édouard Depreux, mais qui n'est plus, de fait, dans l'axe du parti. Il prend alors à bras-le-corps le projet de rénover une gauche dominée par le parti communiste et la FGDS, grâce à l'influence de son parti, partie prenante des luttes sociales et culturelles, irrigué par les travaux et les analyses d'une pléiade d'intellectuels appartenant ou sympathisant du PSU, comme Serge Malet sur la « nouvelle classe ouvrière », Daniel Mothé sur l'entreprise, Alain Touraine sur les nouveaux mouvements sociaux, Michel Crozier sur la bureaucratie ou Jean Braudrillard sur la société de consommation. Les socialistes unifiés donnent ainsi consistance à un projet politique tranchant avec l'orthodoxie de la gauche, mettant en avant la diffusion du pouvoir avant la question de la propriété, l'exercice du contrôle dans l'entreprise et les communes, la dimension politique des problèmes de la vie quotidienne. Cette orientation leur donne des soutiens dans une partie du mouvement syndical, dans la nouvelle CFDT particulièrement, auprès de jeunes dirigeants comme Edmond Maire ou Jacques Chérèque. Les élections législatives de 1967 montrent, cependant, la réalité des rapports de force. Le PSU n'obtient que quelques élus. Mais il s'est installé dans le débat public. Sans qu'on parle encore de « rocardisme », le secrétaire national a su constituer autour de lui un noyau d'équipes politiques actives, avec, notamment, plusieurs anciens dirigeants de l'UNEF comme Robert Chapuis ou Michel de La Fournière.

Le souffle

Mai 1968 bouleverse la situation politique. Malgré sa présence dans le syndicalisme étudiant – le vice-président de l'UNEF, Jacques Sauvageot, est un militant du PSU –, Michel Rocard est surpris par la rapidité de la crise. Il y trouve cependant la confirmation de ses analyses, la remise en cause des rapports de pouvoir à tous les échelons de la société. La notion d'autogestion paraît pouvoir exprimer les revendications du mouvement. Dans les semaines chaudes de Mai, fort d'un rôle de médiateur entre les étudiants, les syndicats, les partis de gauche et les groupes gauchistes, Michel Rocard a pensé que le PSU pouvait jouer un rôle clef dans la recherche d'une issue politique. Mais sa tentative de proposer à Pierre Mendès France de diriger un gouvernement provisoire se heurta à un refus de ce dernier qui ne voulait pas avaliser un système de double pouvoir étranger à sa culture politique. Cela signa l'échec politique du mouvement lui-même. Le rassemblement du stade Charléty, le 27 mai marque cette impasse. Le 28, Pierre Mendès France préfère donner son accord à la proposition de François Mitterrand. Aux élections législatives de juin 1968, le PSU, qui a présenté des candidats dans seulement 316 circonscriptions, recueille moins de 4 % des suffrages exprimés. À l'issue de cette période, Michel Rocard se remarie avec la sociologue Michèle Legendre, militante du PSU, qu'il avait rencontrée depuis quelques années auparavant, et avec qui il aura ses deux derniers fils, Loïc et Olivier.

Pendant trois années, le PSU bénéficie du souffle de Mai 1968. Et Michel Rocard tente d'incarner le discours public d'un parti qui a connu un fort gauchissement, avec des tendances influencées par le trotskisme et même le maoïsme. Il y parvient un temps, en s'imposant comme candidat à l'élection présidentielle de 1969, où il rend un son neuf en proposant un modèle de société marqué par l'esprit de Mai. Les 3,6 % de suffrages qu'il réunit lui valent un succès d'estime – face aux 5 % de Gaston Defferre – et une réelle notoriété nationale. Il la conforte, en novembre de la même année, en battant lors d'une élection législative partielle dans les Yvelines l'ancien Premier ministre Maurice Couve de Murville, devenant ainsi le seul député de son parti. Mais les années suivantes mettent en évidence la difficulté croissante de concilier les tendances gauchistes du PSU, soucieuses de la construction d'un « parti révolutionnaire », et les thèmes d'un socialisme autogestionnaire qui récuse la violence. Pris dans des débats passionnés et des congrès agités, les succès que Michel Rocard remporte contre les tendances gauchisantes, trotskiste en 1971, lors du congrès de Lille, maoïste en 1972, sont des victoires à la Pyrrhus. Le PSU peine à convaincre, malgré son rôle dans des luttes sociales emblématiques, comme celle de Lip à Besançon en 1973, et la convergence de ses thèses avec la CFDT. Il accueille avec scepticisme le congrès d'Épinay en juin 1971, où le parti socialiste tourne la page de la SFIO et voit François Mitterrand s'imposer à sa tête. Il critique le caractère trop étatiste du programme commun de gouvernement conclu en juin 1972 avec le parti communiste. Mais celui paraît, pourtant, à l'opinion porteur d'une alternative politique, ce que ne porte pas le PSU. Les élections législatives de mars 1973 sont un échec pour ses candidats – Michel Rocard est battu dans les Yvelines et doit réintégrer l'Inspection des finances, en se retirant par là même du secrétariat national de son mouvement, confié à Robert Chapuis. Le pari de l'autonomie est perdu.

L'élection présidentielle anticipée d'avril 1974, à la suite du décès de Georges Pompidou, ouvre une autre voie. Le PSU annonce son soutien à la candidature de François Mitterrand. Michel Rocard rejoint directement l'équipe de campagne du candidat socialiste pour les questions économiques. Mettant à profit les contacts noués depuis quelque temps avec Pierre Mauroy et des dirigeants de la CFDT, autour d'Edmond Maire, il propose au candidat, après la courte défaite qui laisse ouverte l'avenir, une « nouvelle étape du rassemblement des socialistes ». Celle-ci se concrétise dans les « Assises du socialisme » en octobre 1974, qui regroupent le parti socialiste, les scissionnistes du PSU et une « troisième composante » formée de militants syndicalistes, avec notamment Jacques Chérèque, et associatifs. Cependant, faute d'avoir entraîné la majorité du PSU, Michel Rocard et ses soutiens ne peuvent pas négocier une adhésion collective. Leur volonté de faire prendre en compte leur conception du « socialisme autogestionnaire » se heurte à la méfiance des mitterrandistes et des tendances de gauche du PS, le CERES de Jean-Pierre Chevènement, et le courant de Jean Poperen. Ceux-ci défendent avant tout « la ligne d'Épinay » et l'union de la gauche.

Le duel

Bien que tenu en lisière de la direction effective du parti – il dut attendre décembre 1975 pour être intégré au secrétariat national, à un poste secondaire, le secteur public –, Michel Rocard choisit dans un premier temps de ne pas se différencier, espérant une reconnaissance effective par François Mitterrand. Mais ses amis – le « courant des Assises » – entendent s'identifier pour exister dans le parti. Au congrès de Pau, à l'automne 1975, ils présentent un amendement à la motion majoritaire, porté par Gilles Martinet, qui obtient près de 18 % des voix. Les différences se transforment peu à peu en opposition. L'exercice, désormais, possible du pouvoir amène Michel Rocard à retrouver les équilibres du colloque de Grenoble et à insister, de plus en plus, sur le réalisme économique. Dans un colloque organisé par *L'Expansion* en octobre de cette même année, il défend la régulation inévitable par le marché dans une économie ouverte et la fonction du Plan pour développer une politique de l'offre en canalisant les investissements. Au congrès de Nantes, au printemps 1977, il expose sa vision des « deux cultures de la gauche », l'une étatique et jacobine, l'autre autogestionnaire et girondine. Il incarne désormais un courant bien constitué avec un réseau de militants et d'élus présents sur tout le territoire. La revue *Faire*, créée en 1975 et animée par Pierre Rosanvallon et Patrick Viveret, s'inscrit au cœur des débats de la gauche. La cote de Michel Rocard s'affirme dans l'opinion. Et les rocardiens apparaissent de plus en plus comme les tenants d'un socialisme soucieux de crédibilité économique, imaginatifs sur le plan social, éloignés de la culture communiste. En mars 1977, son élection à la mairie de Conflans-Sainte-Honorine, puis l'année suivante dans la 3e circonscription des Yvelines ajoute à sa légitimité électorale.

Le conflit avec François Mitterrand se noue en plusieurs étapes. Lors des négociations sur l'actualisation du programme commun, à l'été 1977, Michel Rocard combat l'extension des nationalisations – demandée par le parti communiste – à toutes les filiales des groupes visés. Georges Marchais le juge responsable de la « droitisation » du PS. Aussi est-il écarté des négociations par François Mitterrand. Le soir des élections législatives perdues de mars 1978, Michel Rocard prend date en affirmant « qu'il n'y a pas de fatalité à l'échec de la gauche ». Il se pose ainsi explicitement en recours. Et cela d'autant plus qu'il dépasse, à partir de ce moment, François Mitterrand dans les sondages d'opinion. L'élection présidentielle de 1981 est en jeu. Michel Rocard s'y prépare, avec une équipe animée par Christian Blanc, où des personnalités comme Edgard Pisani, Louis Le Pensec, Jean-Pierre Cot rejoignent les rocardiens historiques, comme Claude Évin ou Robert Chapuis. L'affrontement majeur a lieu au congrès de Metz, en avril 1979. Michel Rocard trouve l'appui de Pierre Mauroy, qui entend rééquilibrer les rapports de force avec les mitterrandistes mais ne souhaite pas la rupture avec François Mitterrand. Après une campagne interne d'une rare intensité, obtenant un peu plus de 20 % des voix pour sa motion et son allié Pierre Mauroy seulement 13,6 %, face aux 40 % du courant Mitterrand, qui peut s'appuyer sur les 5 % du courant Defferre et les 14 % du CERES, Michel Rocard est battu. Dans ses deux interventions, il reprend tous les termes du débat qui structure les oppositions dans la gauche socialiste : le sérieux économique, la contrainte internationale, l'organisation des pouvoirs, l'équilibre entre les mesures qualitatives et quantitatives. Mais la majorité est fixée pour plusieurs années au parti socialiste. Malgré l'engagement public qu'il prend de ne pas être candidat à l'élection présidentielle si François Mitterrand l'est, Michel Rocard, bénéficiant toujours de la faveur de l'opinion, poursuit sa tentative. Le 14 octobre 1980, il annonce sa « candidature à la candidature » depuis sa mairie de Conflans-Sainte-Honorine. Mais cela n'influence aucunement les rapports de force au sein du PS et, le 8 novembre 1980, il est contraint de se retirer face à François Mitterrand. Minoritaire, la campagne présidentielle se fait, pour l'essentiel, sans lui, même si sa compétence d'économiste est utilisée pour faire face au président sortant, Valéry Giscard d'Estaing, en défendant les « 110 propositions » du candidat socialiste.

La victoire de 1981 change la donne. Tenu à l'écart au début, au ministère du Plan et de l'Aménagement du territoire, avec pourtant le titre de ministre d'État, ses principales propositions sont repoussées : la mise en œuvre d'une dévaluation dès juin 1981, la nationalisation à 51 % des entreprises en cause. La première mouture du Plan intérimaire (1982-1983) est récusée, jugée trop « pessimiste » par Pierre Mauroy. Il contribue néanmoins à la décentralisation en mettant en place des contrats de plan État-régions. Et il promeut également le développement de l'économie sociale et solidaire. Mais l'évolution de la politique économique depuis le printemps 1982 jusqu'à la confirmation de mars 1983, avec le tournant dit de la « rigueur », justifie rétrospectivement les analyses des rocardiens et remet Michel Rocard dans le jeu. Nommé ministre de l'Agriculture en mars 1983, il peut faire preuve de ses talents de négociateur. Il apaise les relations avec les principaux syndicats agricoles, particulièrement la FNSEA. Il contribue à négocier avec succès les quotas laitiers, pour préserver l'agriculture française, et la suppression des « montants compensatoires monétaires » qui la pénalisent. Dans la même lignée, il fait voter, à l'unanimité, deux lois réformant l'enseignement agricole public et privé.

Pour marquer son désaccord avec la réforme du mode de scrutin législatif, qui établit une proportionnelle intégrale permettant à coup sûr au Front national d'entrer à l'Assemblée nationale avec un groupe parlementaire, Michel Rocard démissionne brusquement le 4 avril 1985 en pleine nuit. Au-delà de l'événement, il faut y voir une volonté de retrouver une autonomie pour préparer l'élection présidentielle de 1988 et affirmer ses conceptions profondes alors que le nouveau cours politique amène une reconfiguration idéologique que le jeune Premier ministre, Laurent Fabius – nommé en juillet 1984 –, entend bien incarner également. S'ensuivent deux années et demie d'une intense préparation dans l'opinion et dans le parti. Au congrès de Toulouse, en octobre 1985, les rocardiens obtiennent leur plus important résultat, avec 28,5 % des votes militants. Michel Rocard y défend la nécessité d'un nouvel équilibre entre l'État et la société. La création des Clubs Convaincre, pour aller au-delà du PS, permet de tester de nouvelles propositions, un « minimum social garanti », une « baisse négociée du temps de travail », une « modulation des cotisations sociales » pour favoriser l'emploi, une nécessaire « réforme des retraites », etc. Mais la cohabitation ouverte par les élections législatives de 1986 amène un regain rapide de popularité de François Mitterrand, qui transforme sa présidence en pouvoir « tribunicien » face à Jacques Chirac et une droite saisie par la mode néolibérale. Michel Rocard est amené, à nouveau, à renoncer à sa candidature dès que François Mitterrand fait connaître ses intentions de se représenter.

Les illusions et désillusions du pouvoir

La nature de la campagne présidentielle de 1988, menée sur le thème de la « France unie », explique sans doute que François Mitterrand réélu appelle Michel Rocard à Matignon. Il sait qu'une majorité de Français ne veut pas revivre 1981. La personnalité de son rival malheureux symbolise à elle seule un « esprit d'ouverture » que le président ne veut pas concrétiser par un contrat politique en bonne et due forme avec les partis centristes. On ne peut pas exclure, qui plus est, le désir de « lever une hypothèque »... comme divers témoignages (et pas seulement les *Verbatim* de Jacques Attali) l'indiquent. Premier ministre d'un gouvernement où presque tous les grands ministères sont occupés par des figures du mitterrandisme, avec une majorité parlementaire relative à l'issue des élections législatives de juin qui ne traduisent pas une adhésion large de l'opinion ; enfin conduit à une négociation permanente avec les parlementaires communistes et centristes selon les cas, et avec, de surcroît, un parti socialiste où il demeure minoritaire, Michel Rocard connaît l'épreuve du pouvoir dans des conditions politiques malaisées, même si le contexte économique est favorable avec une croissance dépassant les 3 % en 1988 et 1989, avant de baisser à nouveau. Une « cohabitation » qui ne dit pas son nom se déroule entre l'Élysée et Matignon, François Mitterrand jouant, selon le moment, d'une position protectrice ou critique, il est vrai de plus en plus affirmée après le printemps 1990.

Juste après sa nomination, Michel Rocard s'attaque au problème urgent de la Nouvelle-Calédonie, au bord de la guerre civile depuis la prise d'otages d'Ouvéa, le 5 mai 1988, conclue par la mort de 19 Kanaks et de deux militaires. Au terme d'une négociation pressante entre les indépendantistes et la droite du RPCR, il parvient à mettre un terme au conflit et à faire adopter les « accords de Matignon » qui accordent plus d'autonomie aux autorités locales et renvoient le choix sur l'avenir à l'échéance de 1998. Michel Rocard fait rapidement voter l'importante mesure sociale du revenu minimum d'insertion (RMI), assurant un revenu à tous ceux placés dans une situation de précarité. La situation économique favorable aide à la diminution du chômage, mais favorise aussi les revendications sociales, salariales notamment. C'est le cas dans la fonction publique ; pendant deux années, le gouvernement se trouve soumis à une série de revendications, dans les hôpitaux et les transports notamment. La « méthode Rocard » se trouve, souvent, réduite à trouver des solutions au cas par cas. Néanmoins, le gouvernement met en œuvre une large rénovation du service public et une réforme de la grille de la fonction publique avec la suppression de la catégorie D. Il fait également la proposition d'un « pacte de croissance » : un tiers de gains de la croissance pour la revalorisation des salaires, un tiers pour la création des emplois, un tiers pour favoriser la recherche et le développement. Sur le plan éducatif, le gouvernement adopte un plan important de revalorisation du statut des enseignants et de rénovation des établissements, à hauteur de 30 milliards de francs, sans réussir, cependant, une refonte en profondeur de la pédagogie, face aux divisions des syndicats enseignants et en raison des désaccords au sein même de son gouvernement avec le ministre de l'Éducation nationale, Lionel Jospin. Ces avancées n'empêchent d'ailleurs pas l'éclosion d'un mouvement lycéen à l'automne 1990. La même année, le Premier ministre fait adopter dans la difficulté, face à l'hostilité des syndicats, hors la CFDT, et aux critiques de certains ministres – de Pierre Bérégovoy, ministre des Finances, particulièrement –, la contribution sociale généralisée (CSG), prélèvement obligatoire – nouvel impôt en fait – pour permettre de financer dans la durée la Sécurité sociale, prémices d'une réforme des retraites pour laquelle un « livre blanc » ouvre le débat en 1991. La politique étrangère demeure, évidemment, entre les mains de l'Élysée dans ces années de bouleversement de la carte européenne. Mais, dans les marges qui sont les siennes, le Premier ministre obtient l'organisation d'une conférence à La Haye sur l'environnement aboutissant à « l'appel de La Haye » de 1989, préfigurant les conférences sur le climat des années 1990.

Plus que les problèmes de l'action gouvernementale, c'est la dégradation des rapports internes au sein du parti socialiste qui entraîne les difficultés majeures. Le congrès de Rennes, en mars 1990, provoque le mécontentement de François Mitterrand devant l'alliance esquissée entre Michel Rocard et Lionel Jospin contre Laurent Fabius, qu'il souhaitait voir à la tête du parti à la place de Pierre Mauroy. Seul le déclenchement de la guerre du Golfe, en août, retarde la démission forcée du Premier ministre. Mettant en avant son désir de voir accélérer les réformes trop peu nombreuses à son sens, le président l'exige le 15 mai 1991, date à laquelle est appelée Édith Cresson à Matignon. Ce tournant politique coïncide avec sa séparation conjugale difficile de Michèle Rocard. Il se remariera une dernière fois, en 2002, avec Sylvie Pélissier.

Le recours empêché

Malgré tout, la position de Michel Rocard est encore notable dans l'opinion. Il fait figure de « candidat naturel » pour l'élection présidentielle de 1995. Il semble, dans un premier temps, s'accorder avec Laurent Fabius, premier secrétaire depuis janvier 1992, contre un soutien du parti. Il tente une nouvelle fois de modifier les lignes politiques face à une défaite prévisible des socialistes après les mauvais résultats des élections régionales de mars 1992 qui amènent Pierre Bérégovoy à succéder à Édith Cresson, en appelant, en février 1993, à un « big-bang » politique qui pourrait regrouper dans un parti nouveau, ouvert et moderne, les socialistes, les écologistes, des communistes, des centristes qui accepteraient d'entrer dans un projet réformateur. Mais, trop tard ou trop tôt, la défaite électorale est au rendez-vous en mars 1993. Et elle est lourde : même si le parti socialiste obtient 20,13 % des suffrages, la gauche est sévèrement battue et le PS ne retrouve que 54 députés – Michel Rocard lui-même est défait dans sa circonscription de Conflans-Sainte-Honorine. Dans les troubles du PS qui suivent, Laurent Fabius est mis en minorité et Michel Rocard se trouve porté à la tête du parti par une coalition hétéroclite où se mêlent rocardiens, mauroyistes, jospiniens et même l'aile gauche socialiste. Son insuccès législatif explique sans doute sa volonté de reconquérir une position plus légitime pour affronter l'échéance de 1995. Il tente de faire évoluer le parti socialiste en l'ouvrant vers la société civile, organise les états généraux de Lyon en juin et lance les Assises de la transformation sociale à l'automne, sous la direction de Lionel Jospin et de Jean-Christophe Cambadélis, pour renouer les fils d'une union des gauches. Après avoir présidé ce qui n'était qu'une direction provisoire, il est élu premier secrétaire du PS au congrès du Bourget en octobre 1993. Les élections cantonales de mars 1994 paraissent montrer un redressement du parti socialiste. Mais les élections européennes de juin mettent un terme à cet espoir. Michel Rocard, à la tête de la liste socialiste, n'obtient que 14,49 % des voix, talonné par la liste de Bernard Tapie, encouragée en sous-main par François Mitterrand. Il doit alors quitter la direction du PS, remplacé par Henri Emmanuelli lors d'un comité directeur de crise.

Ces élections européennes marquent la fin du « rocardisme » comme courant politique constitué, qui ne tarde d'ailleurs pas à se désunir. Michel Rocard n'en poursuit pas moins une action politique propre par son action au Parlement européen, où il effectue trois mandats, et préside successivement les commissions de la coopération et du développement, celle des affaires sociales et de l'emploi, et enfin celle de la culture, de la jeunesse et de l'éducation. À ce titre, il fait notamment adopter une législation européenne contre la brevetabilité des logiciels. Il se mobilise également sur les grands enjeux environnementaux, dans le cadre d'instances relevant de l'ONU ou lorsqu'il accepte les fonctions d'ambassadeur chargé de la négociation internationale pour les pôles Arctique et Antarctique que lui confie Nicolas Sarkozy. Il participe également au débat national – n'hésitant pas à distribuer les bons et les mauvais points, notamment à gauche… Ainsi en avril 2007, quelques jours avant le premier tour de l'élection présidentielle, il prône un accord entre Ségolène Royal et François Bayrou. Il accepte plusieurs missions publiques d'envergure, en dehors de celle sur les pôles, un rapport sur la contribution climat énergie en 2009 pour proposer les conditions d'une taxe carbone ou, avec Alain Juppé, la coprésidence de la commission chargée de la mise en œuvre d'un grand emprunt national. La publication de pas moins de 23 livres depuis 1994 montre qu'il a renoué avec sa première réputation d'agitateur d'idées. Dans une vie toujours active, à un âge avancé, victime déjà à deux reprises d'une hémorragie cérébrale en 2007 et 2012, il décède finalement d'un cancer du poumon le 2 juillet 2016.

Cette destinée politique qui a façonné une part de l'histoire de la gauche et du pays pendant trente années suggère plusieurs réflexions. Michel Rocard, et le courant qu'il a animé, suscitant des fidélités depuis la guerre d'Algérie, s'inscrit dans une histoire large du socialisme français et européen. La filiation avec Pierre Mendès France est évidente. Mais celle plus ancienne avec le « planisme » des années 1930 ne l'est pas moins. La marque propre, cependant, de Michel Rocard a été d'unir fortement une volonté de sérieux économique et une volonté démocratique. Sa vocation internationaliste toujours présente date aussi de ses années de formation. La conviction que l'on ne peut pas séparer les objectifs d'une politique de la pertinence des moyens pour les atteindre a été un fil directeur pour sa pensée et son action, par-delà les moments différents qu'il a traversés et les contradictions qui ont parfois pu être les siennes. Il n'a certes pas toujours été social-démocrate au sens strict, mais il n'a jamais pensé que la transformation sociale doit découler seulement de l'action de l'État. Le « rocardisme » a fini par s'inscrire dans la chaîne du « révisionnisme », inséparable de l'histoire du socialisme européen. Au sein du socialisme français, les idées rocardiennes, telles qu'elles ont été définies à la fin des années 1970 et dans les années 1980, ont été de plus en plus admises. Mais, à partir des années 1990, il n'a plus été possible de les identifier à un projet politique spécifique. Les rocardiens se sont dispersés à un moment, les années tournantes du XXe et du XXIe siècle, où des défis nouveaux, la mondialisation de l'économie et la fragmentation de société, ont mis en cause les politiques sociales-démocrates. Il reste cependant des valeurs et une méthode qui, à plusieurs reprises, ont su unir la rigueur dans l'action et l'invention dans la pensée.

Bibliographie sélective

Michel Rocard, *Le PSU et l'avenir socialiste de la France*, Seuil, 1969.

Michel Rocard, *Parler vrai, textes politiques*, Seuil, 1979.

Michel Rocard, *Le Cœur à l'ouvrage*, Odile Jacob, 1987.

Michel Rocard, *Suicide de l'Occident, suicide de l'humanité ?*, Flammarion, 2015.

Alain Bergounioux et Jean-François Merle, *Le Rocardisme, devoir d'inventaire*, Seuil, 2018.

30

Arlette Laguiller : femme, communiste, révolutionnaire

par Ludivine Bantigny

C'était une petite révolution de voir apparaître Arlette Laguiller sur les écrans de télévision : en 1974, une femme candidate à l'élection présidentielle – une femme, de surcroît, qui n'avait pas fait de la politique son métier, une femme, enfin, issue d'un milieu populaire, modeste employée de banque tenace et déterminée –, il y avait là de quoi secouer les habitudes institutionnelles et télévisuelles. Très vite, la porte-parole de Lutte ouvrière est devenue une figure familière, bien au-delà d'une formule sincère : son « Travailleuses, travailleurs », expression d'un engagement et d'une fidélité. Arlette Laguiller, par-delà son appartenance à un courant du trotskisme français, a incarné durant des années la volonté de ne pas abandonner la perspective du communisme, dont elle a entendu combattre les formes qu'elle jugeait dévoyées.

Pauvreté et dignité

« Cette idée que la société est divisée en classes, je n'ai pas eu à la chercher dans les livres. Elle fait partie de ce que la vie m'a appris. » Arlette Laguiller est née le 18 mars 1940. Elle grandit aux Lilas, dans la cité Jardins, une cité ouvrière faite de petits pavillons : la famille habite à cinq dans une « pièce-cuisine ». Ses parents sont pauvres, fragilisés par les traumatismes de la guerre. Son père a été prisonnier et est revenu malade, sans métier : il exerce ici ou là le travail de manœuvre mais connaît souvent le chômage et le désarroi des très maigres revenus. Sa mère, malade elle aussi, ne travaille pas. Elle reste profondément meurtrie par la mort d'un enfant en 1945. Pour autant, elle est parfois gaie, elle aime chanter. Il y a de petites fêtes à la maison – en début de mois… Arlette apprécie surtout de jouer avec les enfants de la cité, dehors : elle adore « le sirop de la rue ». Comment ne pas vouloir en effet s'échapper quand, chez soi, on vit entassé dans des conditions indescriptibles, comme dans les autres logements de cette cité ? On ne part jamais en vacances, mais la petite fille va en colo, avec un « curé rouge » qui, de notoriété publique, a une compagne. La mère d'Arlette est catholique, d'un catholicisme sensible au décorum des églises, aux odeurs d'encens et aux sons des orgues. Elle fait donc sa communion solennelle. Mais, au catéchisme, elle se montre très tôt sceptique : « Pour moi, c'était une vie rétrécie, expliquera-t-elle plus tard. Je pensais que la vie, c'était sur Terre qu'on devait la vivre, la faire la plus belle possible et pas attendre. »

Cette vision des choses et du monde, elle la tient d'abord de son père, influencé par l'anarchisme sans être véritablement militant. Elle discute beaucoup avec lui. À la maison, on lit *Libération*, *L'Humanité* et *Ce Soir*, la presse communiste. La jeune fille d'alors, peu à peu, se plonge dans d'autres lectures et se passionne : Balzac, Anatole France et surtout Zola ; ce goût lui vient aussi de son père. Au collège des Lilas, elle prend la parole lors des débats organisés en classe. Mais elle fait face aussi à l'humiliation de se sentir une « assistée » : elle est souvent la seule à bénéficier de la cantine gratuite – « j'aurais préféré ne pas y manger »…

Cette situation matérielle précaire explique qu'elle entre dès 16 ans dans le monde du travail, son BEPC en poche. Elle est de fait contrainte de travailler pour aider sa famille dans le besoin, d'autant que ses frères ont six et neuf ans de moins qu'elle : elle se perçoit comme une seconde mère pour eux. Après avoir échoué au concours d'entrée de l'école normale d'institutrices, faute d'avoir pu vraiment le préparer, elle trouve un poste de mécanographe au Crédit lyonnais, en septembre 1956. Elle se souviendra que, le jour de son entretien d'embauche, une voisine lui avait prêté un imperméable et des chaussures, en somme une tenue plus convenable que ce qu'elle pouvait se payer. Son parcours d'employée dans cette banque commence donc là, dans une petite agence du quartier Jules-Joffrin, dans le XVIIIe arrondissement alors très populaire, où elle vit aussi. Au bout de six années, elle est mutée au siège central dans le très chic carrefour Richelieu-Drouot, un lieu qu'elle ne fera jamais sien, trop éloigné de son milieu et de son goût pour les choses simples. Elle y travaille comme dactylo dans un « pool » au vacarme assourdissant. Finalement, elle restera au Crédit lyonnais durant quarante ans, occupant des emplois divers, consciente aussi de ce qu'elle perçoit comme les injustices du système bancaire, lorsqu'une banque rejette faute de provisions un chèque de 100 francs d'un modeste client et « accepte les découverts de plusieurs millions d'un gros industriel ». Au travail, elle aura souvent le sentiment d'être prise au piège d'une mécanique répétitive et aliénante.

Mais son premier terrain d'engagement est la guerre d'Algérie dont, jeune femme, elle mesure les affres et les injustices. « J'avais honte de cette guerre que les soldats français faisaient là-bas », dit-elle. Elle connaît bien la position du parti communiste : « Paix en Algérie. » Mais elle ne s'y reconnaît pas : si des hommes y ont pris les armes, ce n'est pas pour la paix mais pour l'indépendance. Elle les approuve et ressent une profonde solidarité avec le peuple algérien, révoltée par ce qu'elle observe dans le quartier de la Goutte d'Or, entre racisme, descentes de police et passages à tabac, et ce qu'elle sait de la torture comme des exécutions sommaires. Elle va manifester le 27 octobre 1960 : c'est un moment révélateur, catalyseur. « J'ai vu, pour la première fois, la police à l'œuvre, raconte-t-elle ; je ne l'avais jamais vue d'aussi près. Elle a tout de suite chargé à coups de “bidules”, ces longues matraques qui fendent si bien la peau du crâne. […] J'avais très peur. C'était ma première expérience, et elle n'a fait que renforcer mon désir de faire quelque chose. » Elle adhère alors au Parti socialiste unifié, fait du porte-à-porte pour vendre

Tribune socialiste et en discuter ; elle devient même responsable de la section PSU aux Lilas. Ce parti est le seul à organiser un rassemblement, évidemment clandestin, pour protester contre le massacre d'Algériennes et d'Algériens à Paris le 17 octobre 1961. Comme, cette fois, des millions d'autres, elle va être bouleversée par « Charonne » et ses neuf morts laissés sur le pavé au soir du 8 février 1962.

C'est à cette époque qu'elle rencontre, par un relatif hasard, un militant trotskiste du groupe Voix ouvrière. Déléguée syndicale CGT au Crédit lyonnais, elle a éprouvé surtout le sentiment jusque-là d'être une « activiste », tournée vers l'action donc plus que vers l'approfondissement d'idées politiques. Les discussions régulières, un an durant, avec ce militant lui font découvrir le marxisme. C'est en 1956 que sont sortis les premiers bulletins de *Voix ouvrière*, un journal, une feuille ronéotée plus précisément, qui s'adresse d'abord aux ouvrières et ouvriers d'usine, avec une page générale et, au verso, des textes spécifiques à l'entreprise dans laquelle elle est distribuée. L'organisation se revendique clairement de la lutte des classes. Les militants mènent un « travail de recrutement, de propagande et d'agitation révolutionnaire ». Arlette Laguiller s'y engage pleinement.

Elle ne cesse pas d'être une militante syndicale pour autant mais se heurte désormais à l'hostilité de ses camarades CGT membres d'un parti communiste toujours aussi hostile à l'endroit du trotskisme. Elle devient pour eux plus qu'une adversaire, comme une ennemie. Un jour, elle entend dans la bouche d'un membre du PCF avec qui elle avait pourtant milité : « À une autre époque, on l'aurait fusillée. » Elle estime ainsi faire là sa « première expérience du stalinisme », qui « n'est pas mort avec Staline » tant à ses yeux « la calomnie et la violence » continuent de s'y perpétrer. L'origine de la rupture se niche dans un article où elle défend l'augmentation uniforme de tous les salaires dans la banque, contrairement à la position de la CGT qui soutient les augmentations en pourcentage, moins égalitaires. Elle est rapidement écartée de toute fonction et responsabilité, malgré la pétition signée par une forte majorité d'employés pour son maintien dans son rôle de déléguée. Elle ne renonce cependant pas au syndicalisme et rejoint finalement Force ouvrière, dont elle deviendra quelques années plus tard permanente au sein du Crédit lyonnais. Son travail syndical la renforce dans sa conviction que les salariés doivent se réunir, discuter et décider par et pour eux-mêmes – et elles-mêmes.

Porte-voix

C'est ce principe qu'elle tente de mettre en pratique en mai-juin 1968. Lors d'une réunion le matin du lundi 20 mai au siège du Crédit lyonnais, elle harangue le personnel à l'aide d'un porte-voix et se trouve à nouveau confrontée aux militants du PCF et de la CGT : ils veulent la faire descendre de son estrade de fortune, une simple table sur laquelle elle s'est juchée. Eux ne se reconnaissent pas dans l'appel à l'occupation de la banque, qu'elle défend. Les vingt-cinq grévistes qui se lancent dans l'occupation des locaux sont rapidement expulsés. La grève dure quinze jours. Arlette Laguiller vit l'événement avec intensité : diffusion de journaux et de tracts le matin, rédaction d'articles durant la journée, manifestations, rassemblements, passages à la Sorbonne pour y débattre, discussions dans les rues... Elle éprouve un sentiment de liberté, d'aspiration à l'émancipation, mais aussi de solidarité. Elle perçoit ce moment comme « la fin des humiliations et des brimades ». « Pour nous, les révolutionnaires, pour nous, communistes qui affirmons qu'une autre société est possible, que d'autres rapports peuvent naître entre les hommes, pour nous qui croyons à la justice et à la fraternité, Mai 68, c'était vraiment un avant-goût du meilleur, un avant-goût de demain. »

Le niveau de conflictualité sociale dans les années 1968 est élevé, on le sait. Le Crédit lyonnais connaît une grève importante et longue entre février et avril 1974 : elle dure neuf semaines et porte sur les conditions de travail comme sur les effectifs jugés insuffisants. Arlette Laguiller y prend une part active. Elle relève l'importance des comités de grève élus et non pas composés uniquement par les syndicats. Elle-même est responsable syndicale mais juge fondamental de subordonner l'action de la section aux décisions des grévistes : c'est un enjeu démocratique qui en fait une grève « active », où chacune et chacun se sent partie prenante et agissante. Les locaux sont d'ailleurs occupés : il faut en l'espèce « faire céder les banquiers ». Avec le recul, ces semaines de grève lui apparaissent comme « épuisantes et merveilleuses. Tous ceux qui les ont vécues avec nous se sont sentis plus forts et plus libres », en secouant un « carcan de préjugés, de solitude, de résignation et de passivité ».

À cette date, Arlette Laguiller est devenue la porte-parole nationale de Lutte ouvrière (LO) et membre de sa direction. LO a été créée en juin 1968, après la dissolution du groupe Voix ouvrière et de dix autres organisations libertaires, maoïstes et trotskistes sur ordre du ministre de l'Intérieur Raymond Marcellin. Si, on l'a dit, son adhésion à ce courant a été en partie le fruit du hasard et d'une rencontre, il y a une cohérence d'existence dans son choix. Il est vrai qu'on aurait pu trouver une telle militante dans la mouvance dite « lambertiste » du trotskisme, attachée elle aussi à la lutte de classes, à la critique du stalinisme, au travail syndical jugé nécessaire et à l'espoir révolutionnaire. C'est ce qui fait le socle commun du trotskisme, que l'on retrouve tout autant dans sa troisième branche en France, la Jeunesse communiste révolutionnaire devenue Ligue communiste en 1969 puis Ligue communiste révolutionnaire en 1974. Mais LO recrute davantage en milieu ouvrier ; elle est moins directement attachée aux autres luttes sociales comme, à compter des années 1970, le féminisme, les combats pour la libération sexuelle et la mobilisation écologique. Sa boussole politique est et demeure la priorité donnée à la lutte du prolétariat. Et c'est en cela qu'Arlette Laguiller s'y reconnaît.

Le travail militant reprend, tourné surtout vers les entreprises, avec un nouveau journal du même nom que l'organisation. Lutte ouvrière est très présente lors des élections législatives de 1973, avec 171 candidats dont 47 femmes, métallurgistes, cheminots, personnels de banque ou d'assurance… « J'ai été choisie pour représenter Lutte ouvrière, explique Arlette Laguiller, non pour mes talents d'oratrice qui sont limités, mais parce que mon activité militante et professionnelle, mes origines sociales sont bien représentatives de notre organisation et de son combat. » C'est donc elle désormais qui portera la voix de LO dans les médias et l'incarnera à chaque élection présidentielle : elle s'y présentera six fois, ce qui constitue un record. Lors des législatives de 1978, elle est aussi candidate dans une circonscription ouvrière du Puy-de-Dôme, celle de Thiers-Ambert ; elle y remporte 8,4 % des suffrages exprimés. Bien plus tard, entre 1998 et 2004, elle sera conseillère régionale d'Île-de-France puis également députée européenne de 1999 à 2004.

Ni elle ni son organisation n'entretiennent d'illusions sur de quelconques victoires électorales, même si un nombre croissant de voix se portent sur le nom d'Arlette Laguiller à l'occasion des élections présidentielles : 600 000 en 1974 (2,33 % des suffrages exprimés), 668 000 en 1981 (2,3 %), 606 000 en 1988 (2,0 %), jusqu'à 1,615 million en 1995 (5,3 %) et 1,630 million en 2002 (5,72 %), pour connaître une chute en 2007 avec 487 000 voix (1,33 %), largement dépassée, alors, par le représentant du « parti frère » Olivier Besancenot (1,498 million et 4,08 % des voix). Ces échéances leur semblent essentielles car le moment est paradoxalement propice à la tenue d'un débat politique accru dans la population, à des discussions et des échanges sur la situation. C'est pourquoi Lutte ouvrière s'en saisit systématiquement, en préparant très en amont la « campagne des maires » puisqu'il s'agit d'obtenir au préalable les cinq cents parrainages d'élus. L'organisation pointe néanmoins du doigt le déséquilibre médiatique qui règne, sous des dehors égalitaires, lors de ces consultations politiques. Certes, les « petits candidats », dont l'expression même les enferme dans ce statut, disposent de quelques minutes d'antenne officielle, à la radio et surtout à la télévision. C'est ce qui va rendre Arlette Laguiller populaire. Mais, au-delà, elles et ils sont beaucoup moins invités dans les médias. En 1995 par exemple, toute une émission de *Sept sur sept* est consacrée à Philippe de Villiers quand Arlette Laguiller n'y intervient que dix minutes à la fin : elle recueille pourtant plus de voix que lui. Cette même année, elle réalise le meilleur audimat pour *L'Heure de vérité* : et pourtant, en quinze ans d'existence de cette émission, elle n'y avait jamais été invitée.

Une « femme politique », une révolutionnaire

Arlette Laguiller devient l'une des encore rares « femmes politiques » – tout en refusant de devenir une politicienne professionnelle : elle n'en vit pas et n'en vivra jamais. En 1974, c'est la première fois qu'une femme se présente à l'élection présidentielle. Elle le souligne d'emblée lors de sa première apparition télévisée : « Eh bien oui, je suis une femme et j'ose me présenter comme candidate à la présidence de cette République d'hommes. » Lutte ouvrière ne se dit pas « féministe », mais l'organisation entend défendre l'égalité femmes-hommes et Arlette Laguiller le justifie ainsi : « Pour les socialistes révolutionnaires, l'égalité de l'homme et de la femme n'est pas un droit, c'est un fait. Si la femme occupe aujourd'hui une situation inférieure à celle de l'homme, ce n'est pas dû à son manque de capacité qui n'existe que dans la tête des réactionnaires, c'est que nous vivons dans une société d'exploitation, qui repose sur l'injustice et l'inégalité. Et les femmes, toutes les femmes, y compris celles de la bourgeoisie, sont victimes de cette société d'exploitation... Certaines ont des cages dorées, mais ce sont des cages quand même. » En avril 1973, elle a participé, en tant que représentante de Lutte ouvrière, à la fondation du Mouvement pour la liberté de la contraception et de l'avortement, le MLAC. Dans les années suivantes, lors des campagnes électorales, LO s'efforce de présenter des listes strictement paritaires et ce sont trois femmes en son sein (Armonie Bordes, Chantal Cauquil et Arlette Laguiller) qui sont élues députées européennes.

Même si les résultats des urnes ne sont pas absolument négligés à Lutte ouvrière, l'essentiel pour ce parti est de pouvoir diffuser ses idées dans ces rares occasions de large audience, idées par ailleurs si peu répandues dans les médias. Quel en est le programme et quelle est la culture politique qui le forge ? Arlette Laguiller se réclame sans détour du socialisme ou du communisme révolutionnaire – les deux termes trouvant une équivalence dans une socialisation des moyens de production, soit une mise en commun de l'appareil productif, mais aussi des transports et des sociétés de services comme les banques et les assurances. Et ce, assure-t-elle, « pour que l'intérêt général l'emporte enfin sur les intérêts particuliers (ce qui est la définition même du mot socialisme) ». Ce courant assume pleinement le terme et, au-delà, la perspective du communisme. Pour Arlette Laguiller, il s'agit tout à la fois d'« être communiste, mais de combattre le stalinisme, qui a fait suffisamment de victimes ». Pour les militantes et militants de Lutte ouvrière, le communisme, caricaturé, défiguré et finalement trahi – comme l'a été la révolution russe aux yeux de Trotski –, ne peut mourir tant que le capitalisme n'a pas disparu. Car, analysé à l'aune du marxisme, le capitalisme y apparaît avant tout comme un système d'exploitation fondé sur le marché, la concurrence et le profit, un système inégalitaire et injuste qui creuse le fossé social « entre une minorité privilégiée et la majorité laborieuse », un système irrationnel enfin car incapable de satisfaire les besoins fondamentaux de tous les êtres humains. Arlette Laguiller insiste : « Les capacités productives sont suffisantes aujourd'hui pour assurer à chacun sur cette planète une vie digne de ce XXIe siècle : se nourrir, se vêtir convenablement, être soigné en cas de maladie, avoir accès à l'éducation et à la culture. Or, dans la réalité, il est refusé à un milliard d'habitants de la Terre l'accès à la nourriture quotidienne ou aux soins les plus simples contre les maladies connues et maîtrisées. » Le communisme est quant à lui imaginé comme une société où il n'y aurait « ni parasites, ni profiteurs, ni exploiteurs ».

Mais il ne s'agit pas seulement de brandir l'espoir d'abolir la propriété privée des moyens de production. Le programme de Lutte ouvrière, tel que le promeut Arlette Laguiller dans les meetings et les médias, les discours et les livres, englobe aussi un ensemble de revendications radicales – au sens où elles s'en prennent à la racine du système. Dit autrement, avec les mots de Trotski, dont cette culture politique s'inspire, ce sont des revendications transitoires, celles qui font un pont entre les demandes immédiates (augmentation des salaires et des pensions, baisse du temps de travail, protection sociale, défense des conventions collectives...) et la société imaginée comme une alternative au capitalisme. Lutte ouvrière, et avec elle Arlette Laguiller, défend par exemple l'ouverture des livres de comptes dans les entreprises, afin de connaître la répartition des salaires et des profits et où ceux-ci sont engloutis. Elles prônent aussi, et pour des raisons similaires, de briser le secret commercial et le secret bancaire. On l'a dit, Trotski – l'homme, l'œuvre, le théoricien – est une référence assumée par la porte-parole emblématique de Lutte ouvrière. Elle adopte donc ce programme de transition tel qu'il l'a formulé en 1938 en fondant la IVe Internationale : c'est encore dans ce sillage que Lutte ouvrière se réclame de l'internationalisme. Pour sa critique du régime stalinien et sa défense des acquis nés de la révolution. Elle admire enfin sa vie : Arlette Laguiller confie avoir été passionnée en lisant *La Révolution trahie*, moins d'ailleurs pour « les épisodes glorieux de la révolution triomphante que les années de la lutte obscure, mais acharnée ». Elle est impressionnée par cette ténacité maintenue, à la fin de son existence et d'exil en exil, dans la quasi-solitude et le danger de mort, jusqu'à l'assassinat dans la maison de Coyoacán, à Mexico, le 21 août 1940.

Dans un tout autre contexte, Lutte ouvrière s'affirme révolutionnaire. Cela n'implique pas de mépris à l'égard des formes électorales. Mais celles-ci semblent à LO trop influencées par de grands médias dont les intérêts sont, en toute logique marxiste, surtout représentatifs d'une « idéologie dominante » qui se ferait passer néanmoins pour neutre ou universelle. « C'est dans la société actuelle que le recours aux élections est faussé par le poids que donne la fortune à ceux qui possèdent ou qui contrôlent les grands moyens d'information », estime Arlette Laguiller. Cette culture révolutionnaire s'oppose aussi au réformisme, représenté par les partis socialiste et communiste. Le souhait proclamé par Lutte ouvrière, c'est en quelque sorte de reconstruire un parti véritablement communiste, qui n'aurait pas tourné le dos à l'espoir d'en finir avec le capitalisme. Il est d'ailleurs certain que les bons résultats électoraux glanés en 1995 et 2002 s'expliquent partiellement par l'effondrement concomitant du Parti communiste français, engendrant un certain report des voix, même si la chute de son résultat en 2007 place Arlette Laguiller légèrement derrière la candidate du PCF, Marie-George Buffet (1,93 % des suffrages exprimés).

« Comment imaginer que puisse se prolonger indéfiniment et s'aggraver une situation où quelques individus disposent de plus de richesses que le revenu national de bien des pays pauvres ? » s'interroge-t-elle. Avec son organisation, elle entend avant tout lutter contre la résignation qui gagne. « Changer la société » ne lui apparaît pas seulement possible ou souhaitable, mais, dans ces conditions, indispensable. Partant, quelle doit être la signification concrète et pratique du militantisme ordinaire ? Militer, tout d'abord, c'est selon Arlette Laguiller « se soucier de tous les aspects de la vie quotidienne » : « On ne peut pas militer sans cette participation profonde, personnelle, attentive à la vie de tous. » Mais l'engagement n'y est pas considéré comme un sacrifice ou un sacerdoce. C'est aussi une forme de fraternité, des solidarités en œuvre et en actes, une source de joies souvent ou parfois. Il est un autre trait spécifique non pas d'ailleurs à cette mouvance politique mais bien à Lutte ouvrière : le souhait et le souci de la lecture et de la culture. Pour se former, ses membres plongent dans la littérature, dans de grands romans en particulier. Arlette Laguiller s'en est expliquée plusieurs fois : la lecture est non seulement un plaisir et une passion, c'est aussi et de surcroît une activité militante. Bien loin de fuir la réalité dans les livres, on l'y trouve : on peut y découvrir et vivre par procuration d'autres expériences et d'autres situations. « Je crois, écrit-elle, qu'on ne peut être ni socialiste ni militant si l'on n'a pas le désir de se lier, y compris par la lecture, à l'humanité et à son histoire. » Et puis il y a bien sûr dans le goût de la culture une volonté politique de l'étendre et de faire en sorte que les travailleurs, les ouvriers, les classes populaires se familiarisent avec elle, outrepassent leurs complexes, leurs hontes et leur pudeur. Il s'agit de contribuer à leur donner confiance dans leurs capacités, en surmontant les barrages et les cloisonnements sociaux dans le rapport à ce que Pierre Bourdieu nommait la « culture cultivée ». Arlette Laguiller elle-même fréquente beaucoup les cinémas et les théâtres. La culture se décline donc ici dans toutes ses acceptions : c'est aussi la culture populaire et notamment le goût de la fête. Lutte ouvrière organise chaque année une fête à Presles dans le Val-d'Oise pour « renouer avec les plaisirs simples des kermesses, des fêtes villageoises ou des noces campagnardes » – et avec « la joie populaire ».

Une vie simple

Ce goût, elle le retrouve dans la vie simple à laquelle elle tient, même si elle parle peu de sa vie privée. D'elle, on sait qu'elle vit aux Lilas, dans la tour d'une cité ; elle a d'ailleurs été élue conseillère municipale de cette ville en juin 1995. Elle verse une partie de ses revenus à son organisation. Des rumeurs, forcément, ont couru sur son compte : elle aurait un « magot » caché ; elle boursicoterait ; elle ne serait pas mariée et n'aurait pas d'enfants parce que sa « secte » le lui interdirait, ou bien parce qu'elle serait lesbienne. À tout cela, elle a tenté de répondre. Elle n'est pas mariée parce qu'elle considère la sanction du curé ou du maire comme un « anachronisme social ». Elle n'a pas d'enfants mais « cela n'a pas de signification particulière et bien des camarades qui militent à Lutte ouvrière en ont ». Elle n'est pas lesbienne et, si elle l'était, elle le dirait sans hésitation ni problème d'aucune sorte. En 2002, elle confie à un magazine : « J'ai dans ma vie un homme que j'aime mais je le cache. J'assume toute seule ma féminité. »

Elle subit d'autres formes de calomnies. En 1981, lors de la campagne électorale, *L'Humanité* explique qu'elle est « fabriquée par Giscard », qu'elle est même un « produit Giscard » (afin de diviser les voix communistes) selon la formule de Jean-Luc Mano dans l'un de ses éditoriaux. Il y sous-entend également que les parrainages d'élus obtenus par LO l'ont été grâce aux services préfectoraux. En avril 1995, un article de *Libération* indique qu'elle appartient à « un groupuscule d'extrême gauche au nom soigneusement tenu secret », l'Union communiste – alors même que c'est le sous-titre du journal *Lutte ouvrière*. En 2002, on évoque tout particulièrement dans les médias l'influence de deux dirigeants de l'organisation, Robert Barcia et Pierre Bois, qui vient alors de mourir ; Arlette Laguiller est parfois présentée comme une simple créature de ces éminences grises et secrètes. Lors d'une émission, elle pleure à cette évocation : « Excusez-moi je suis très émue, Pierre Bois a beaucoup compté pour moi et j'ai du mal à supporter tout ce qui se dit autour de ça. » Quelques années plus tôt, à la mort de François Mitterrand, elle avait essuyé une violente diatribe de Renaud parce qu'elle avait dit ne pas pleurer l'ancien président ; le chanteur avait déclaré dans *Charlie Hebdo* : « Regardez Arlette Laguiller… Miss Pol Pot ne sait probablement même plus ce que “pleurer” veut dire. Ses dernières larmes remontent à la prise du palais d'Hiver en 1917. » Un autre chanteur en revanche lui a consacré des mots plus aimables et bienveillants, Alain Souchon : « Quand Arlette chante, on sent du vrai amour/ Quand les autres font de faux discours. »

Pour beaucoup, elle est devenue « Arlette tout court ». Son franc-parler a marqué, son humilité a séduit, bien au-delà de son camp. On l'associe désormais à son « Travailleuses, travailleurs », dont on oublie qu'elle l'accompagnait souvent d'un « camarades et amis ». Nathalie Arthaud, qui enseigne l'économie dans un lycée d'Aubervilliers, lui a succédé en 2008 tout en empruntant à son style et à son discours : « C'est ma vie, c'est mon combat de changer la société » ; « je mettrai mes pas dans les siens », a-t-elle déclaré, avec un mélange d'admiration et d'affection. Arlette Laguiller a-t-elle pleuré, finalement, lorsqu'elle a prononcé son dernier discours, lors de sa dernière campagne ? Non : « J'ai plutôt eu envie de pleurer lorsque j'ai visité des usines occupées par leurs salariés. Ce sont des gens complètement désespérés, mais qui se battent jusqu'au bout. » À son image sans doute, même si, semble-t-il, elle ne s'est quant à elle jamais découragée.

Bibliographie sélective

Arlette Laguiller, *Moi, une militante*, Stock, 1974.
Arlette Laguiller, *Mon communisme*, Plon, 2002.

Michel Biard, Bernard Gainot, Paul Pasteur et Pierre Serna (dir.), « *Extrême* » *? Identités partisanes et stigmatisation des gauches en Europe. XVIII*e*-XX*e *siècle*, Rennes, PUR, 2012.
Jean-Michel De Waele, Daniel-Louis Seiler (dir.), *Les Partis de la gauche anticapitaliste en Europe*, Economica, 2011.
Magnus Wennerhag, Christian Fröhlich, Grzegorz Piotrowski, *Radical Left Movements in Europe*, London-New York, Routledge, 2016.

Notices biographiques des auteurs

Ludivine Bantigny est historienne, maîtresse de conférences à l'université de Rouen. Elle travaille principalement sur l'histoire des engagements politiques et des mouvements sociaux. Elle a notamment publié *1968. De grands soirs en petits matins* (Seuil, 2018), *La France à l'heure du monde* (Seuil, 2013, rééd. 2019) et *Le Plus Bel Âge ? Jeunes et jeunesse de l'aube des Trente Glorieuses à la guerre d'Algérie* (Fayard, 2007).

Alain Bergounioux travaille au sein de l'Éducation nationale et est l'auteur de plusieurs ouvrages et études sur l'histoire du syndicalisme et du socialisme français et européen, dont *Les Socialistes français et le pouvoir. L'ambition et le remords*, avec Gérard Grunberg (Hachette Littératures, 2007) et *Le Rocardisme. Un devoir d'inventaire*, avec Jean-Francois Merle (Seuil, 2018).

Serge Berstein est professeur émérite des universités à Sciences Po Paris, où il a dirigé le cycle supérieur d'histoire du XXe siècle. Spécialiste de l'histoire politique du

XXe siècle, à laquelle il a consacré de nombreux ouvrages, il a publié entre autres volumes *Histoire du parti radical*, 2 vol. (Presses de la FNSP, 1981-1983) ; *Édouard Herriot ou la République en personne* (Presses de la FNSP, 1985) ; *Les Cultures politiques en France*, dir. (Seuil, 1999-2003) ; *Le Modèle républicain*, avec Odile Rudelle (PUF, 1992) ; *La République recommencée*, avec Olivier Wieviorka et Michel Winock (Seuil, 2017).

Sylvie Brodziak est professeure des universités en littérature française et francophone (XIXe-XXIe siècle) et histoire des idées à l'université de Cergy-Pontoise. Docteure en histoire et docteure en langue et littérature françaises, spécialiste de Clemenceau, ses recherches intéressent l'écriture de l'histoire et des mémoires, les études de genre, la création artistique après les grandes catastrophes : esclavage, colonisation, guerres, génocides, séismes… On lui doit notamment un *Clemenceau* (PUV, coll. « Libre cours », 2015).

Quentin Deluermoz est maître de conférences à l'université Paris-XIII (Pléiade). Ses recherches portent sur l'histoire sociale et culturelle des ordres et des désordres au XIXe siècle (France, Europe, Empire). Il termine actuellement un travail sur la Commune de Paris (1871) combinant une analyse micro-historique et une approche globale, afin d'en comprendre la portée sous un nouveau jour. Parmi ses ouvrages on peut citer *Le Crépuscule des révolutions, 1848-1871, Histoire de France contemporaine*, t. III (Seuil, 2014).

Francis Démier est professeur émérite à l'université de Paris-Nanterre. Spécialiste de la France du premier XIXe siècle, il est notamment l'auteur de *La France du*

XIXe siècle (Seuil, 2014), *La France de la Restauration. L'impossible retour du passé, 1814-1830* (Gallimard, 2012), *La Liberté guidant le peuple. Les Trois Glorieuses* (Hatier, 2014).

Sophie Desormes est agrégée d'histoire et professeur de lycée honoraire. Elle collabore à la revue *L'Histoire*.

Jean-Numa Ducange est maître de conférences en histoire contemporaine à l'université de Rouen-Normandie. Ses recherches portent sur l'histoire croisée des gauches en France, en Allemagne et en Autriche et sur les héritages de la révolution de 1789 aux XIXe et XXe siècles. Il a publié plusieurs ouvrages et articles sur ces sujets et dirigé des travaux collectifs. Il a récemment publié *Jules Guesde. L'anti-Jaurès ?* (Armand Colin, 2017).

Ingrid Galster est professeur émérite à l'université de Paderborn. Spécialiste de Sartre et de Simone de Beauvoir, on lui doit notamment *Le Théâtre de Sartre devant ses premiers critiques* (J.-M. Place, 1986), *Sartre, Vichy et les intellectuels* (L'Harmattan, 2001), *Beauvoir dans tous ses états* (CNRS éditions, 2007).

Jean Garrigues est professeur à l'université d'Orléans et à Sciences Po et président du Comité d'histoire parlementaire et politique. Il a notamment publié *Les Hommes providentiels. Histoire d'une fascination française* (Seuil, 2012), *Le Monde selon Clemenceau* (Tallandier, 2014), *Élysée Circus. Une histoire drôle et cruelle des présidentielles* (Tallandier, 2016), *La République des traîtres. De 1958 à nos jours* (Tallandier, 2018), *La République incarnée. De Léon Gambetta à Emmanuel Macron* (Perrin, 2019).

Gérard Grunberg est directeur de recherche émérite au CNRS en science politique au Centre d'études européennes de Sciences Po. Il a mené de nombreuses recherches sur le comportement électoral et sur les attitudes politiques ainsi que sur les partis socialistes et les systèmes partisans. Il a aussi présidé le département des Sciences de l'homme et de la société du Comité national de la recherche scientifique puis a été directeur adjoint et directeur de la recherche à Sciences Po. Entre 1988 et 1991, il a été conseiller technique au cabinet du Premier ministre, Michel Rocard. Il dirige aujourd'hui l'agence intellectuelle Telos. On lui doit, entre autres ouvrages, *Le Long Remords du pouvoir, le Parti socialiste français (1905-1992)*, avec Alain Bergounioux (Fayard, 1992).

Jeanyves Guérin est professeur émérite de littérature française à Paris-III-Sorbonne nouvelle. Il a été le maître d'œuvre du *Dictionnaire Albert Camus* (Robert Laffont, 2009). Outre deux livres sur Camus, il a également publié *Art nouveau ou homme nouveau* (Honoré Champion, 2002), *Les Listes noires de 1944* (Presses de la Sorbonne nouvelle, 2016) et *Le Théâtre en France de 1914 à 1950* (Honoré Champion, 2019).

Bernard Hamon, après une carrière dans la marine puis dans l'industrie, a soutenu avec succès une thèse de doctorat portant sur George Sand et la politique à l'université de Versailles-Saint-Quentin-en-Yvelines. Il a publié notamment *George Sand et la politique, cette vilaine chose* (L'Harmattan, 2001), *George Sand face aux Églises* (L'Harmattan, 2005) et *George Sand et le prince Napoléon* (Lancosme éditeur, 2008).

Professeur à l'université de Bâle, **Robert Kopp** a enseigné dans plusieurs universités américaines ainsi que dans les universités de Paris-X-Nanterre, Paris-IV-Sorbonne et à l'École pratique des hautes études ; il a succédé, dans la chaire de littérature française moderne, à Marcel Raymond, Albert Béguin, Georges Blin, Jean Starobinski et Claude Pichois. Il est correspondant de l'Académie des sciences morales et politiques. Son domaine de recherches est le romantisme européen, de Rousseau au surréalisme. Dernières publications : *Baudelaire, le soleil noir de la modernité* (Gallimard, 2004), *Album Breton* (Gallimard, 2008), *Un siècle de Goncourt* (Gallimard, 2012). Il collabore régulièrement à la revue *Commentaire*, au *Magazine littéraire*, à *L'Histoire* et à la *Revue des Deux Mondes*.

Jean-Clément Martin est professeur émérite à l'université Paris-I-Sorbonne. Ancien directeur de l'Institut d'histoire de la Révolution française, il a consacré ses recherches à l'étude de la Révolution et de la Contre-Révolution, comme à leurs mémoires. On lui doit notamment un *Robespierre. La fabrication d'un monstre* (Perrin, 2016).

Pascal Ory est professeur émérite à la Sorbonne (Paris-I). Il est l'auteur d'une quarantaine d'ouvrages portant sur l'histoire culturelle et l'histoire politique des sociétés modernes (XVIIIe-XXIe siècles), parmi lesquels : *L'Histoire culturelle* (PUF, coll. « Que sais-je ? », 5e éd., 2019) ; *L'Entre-deux-Mai. La crise d'où nous venons, mai 1968-mai 1981* (2e éd., Alma, 2018) ; *Du fascisme* (Perrin, 2e éd., coll. « Tempus », 2010) ; *Les Intellectuels en France de l'affaire Dreyfus à nos jours*, avec Jean-François Sirinelli (5e éd., Perrin, coll. « Tempus », 2004) ; *Nizan, destin d'un révolté* (2e éd., Complexe, 2005). Il a dirigé la *Nouvelle Histoire des idées politiques* (Hachette, 2e éd., coll. « Pluriel », 1989).

Mona Ozouf est agrégée de philosophie. Elle a consacré une grande partie de son œuvre à l'étude de la Révolution. Codirectrice avec François Furet du *Dictionnaire critique de la Révolution française*, elle a publié un maître livre : *De Révolution en République. Les chemins de la France* (Gallimard, coll. « Quarto », 2015).

Christophe Prochasson est historien et directeur d'études à l'École des hautes études en sciences sociales (EHESS). Il a publié de nombreux articles et ouvrages sur l'histoire culturelle et politique de la France des XIXe et XXe siècles. Il s'est particulièrement consacré à l'histoire des intellectuels, à l'histoire socioculturelle de la IIIe République, à l'histoire du socialisme ainsi qu'à l'histoire socioculturelle de la Première Guerre mondiale. Il est notamment l'auteur de *Saint-Simon ou l'anti-Marx* (Perrin, 2005). Il est actuellement président de l'EHESS.

Matthieu Quyollet est haut fonctionnaire et enseignant à Sciences Po Paris. Il a notamment publié « La démocratie contre l'identitaire » (*Esprit*, n° 427, « L'avenir de la gauche », septembre 2016).

Jean-Pierre Rioux est directeur de recherche au CNRS et inspecteur général de l'Éducation nationale honoraire, spécialiste de l'histoire politique et culturelle de la France contemporaine. Il a récemment publié, entre autres, *Jean Jaurès* (Perrin, coll. « Tempus », 2008), *La Mort du lieutenant Péguy* (Tallandier, 2014), *Ils m'ont appris l'histoire de France* (Odile Jacob, 2017) et *Nos villages. Une histoire de cœur* (Tallandier, 2019).

Jean-Noël Tardy, agrégé et docteur en histoire, est membre associé du Centre d'histoire du XIXe siècle

Paris I-Paris IV. Il a principalement travaillé sur les mouvements politiques clandestins et l'imaginaire du complot en France de 1820 à 1870. Carbonari, bonapartistes, légitimistes, révolutionnaires républicains et socialistes sont au cœur de ses recherches. L'ouvrage *L'Âge des ombres. Complots, conspirations et sociétés secrètes au* XIX*e siècle* (Les Belles Lettres, 2015) est issu de sa thèse de doctorat.

Laurent Theis, président honoraire de la Société de l'histoire du protestantisme français, est notamment biographe de François Guizot, auquel il a consacré de nombreuses publications. Il a également réédité en un volume des œuvres historiques et philosophiques de Mme de Staël, sous le titre *La Passion de la liberté*, préfacé par Michel Winock (Robert Laffont, coll. « Bouquins », 2017).

Gérard Unger est diplômé de l'Institut d'études politiques de Paris (1967) et titulaire d'un DES de droit public (1969). Il a conduit toute sa carrière dans la communication : directeur général adjoint de Radio Monte Carlo (1981-1984), il a été président de la Sofirad (1984-1986) avant de rejoindre le groupe Publicis, où il supervise les filiales françaises du groupe (1988-1996), puis préside la régie publicitaire Métrobus (1996-2016). Il est actuellement vice-président du CRIF et dirige le comité d'orientation scientifique de la LICRA. Il est l'auteur de plusieurs ouvrages historiques, dont des biographies de Lamartine (Flammarion, 1998), Aristide Briand (Fayard, 2006), Gaston Defferre (Fayard, 2011) et d'une *Histoire du Second Empire* (Perrin, 2018).

Annette Wieviorka est directrice de recherche émérite au CNRS. Elle est l'auteure de nombreux ouvrages sur le communisme et la mémoire de la Shoah, notamment *Maurice et Jeannette. Biographie du couple Thorez* (Fayard, 2010 ; rééd. Perrin, coll. « Tempus », 2016), *Ils étaient juifs, résistants, communistes* (Denoël, 1986 ; édition remaniée, Perrin, 2018). Son itinéraire intellectuel a fait l'objet d'un livre d'entretien avec Séverine Nikel, *L'Heure d'exactitude. Histoire, mémoire, témoignage* (Albin Michel, 2011). Son dernier livre (en collaboration avec Danièle Voldman, Seuil) est *Tristes grossesses. L'Affaire des époux Bac (1953-1956)* (Seuil, 2019).

Julien **Winock** est diplômé de Sciences Po Paris, titulaire d'une licence d'histoire à Paris-I-Sorbonne et d'un DEA de science politique à Paris-II. Il est éditeur à la DILA (dont fait partie la Documentation française.). Il a été auparavant responsable de la prospective à France Stratégie et collaborateur ministériel de plusieurs responsables politiques. Il vient de publier une biographie politique de Jean-Louis Crémieux-Brilhac à la Documentation française.

Michel **Winock** est professeur émérite des universités à Sciences Po. Il a publié notamment *Les Voix de la liberté. Les écrivains engagés au* XIX*e* *siècle* (Seuil, 2010), *Le Siècle des intellectuels* (Seuil, 2015) et *Le Monde selon Victor Hugo* (Tallandier, 2018).

Index

Table

collection tempus
Perrin

DÉJÀ PARU

669. *La haine et la honte* – Friedrich Reck-Malleczewen.
670. *La Grande Guerre oubliée* – Alexandre Sumpf.
671. *Histoires de l'Élysée* – François d'Orcival.
672. *Extension du domaine de la guerre* – Pierre Servent.
673. *Versailles au temps des rois* – G. Lenotre.
674. *La fin des empires* (dir. Patrice Gueniffey et Thierry Lentz).
675. *L'Élysée sous l'Occupation* – François d'Orcival.
676. *Histoire de la Russie des tsars* – Richard Pipes.
677. *L'épuration des intellectuels* – Pierre Assouline.
678. *Mourir pour Kobané* – Patrice Franceschi.
679. *Dépêches du Vietnam* – John Steinbeck.
680. *1715, La France et le monde* – Thierry Sarmant.
681. *Spartacus* – Eric Teyssier.
682. *Journal, 1939-1945* – Maurice Garçon.
683. *Les cent derniers jours d'Hitler* – Jean Lopez.
684. *Les sentinelles* – Dror Moreh.
685. *Un Siècle d'Or espagnol* – Bartolomé Bennassar.
686. *Jeanne d'Arc. Le procès de Rouen* – Jacques Trémolet de Villers.
687. *La guerre de face* – Martha Gellhorn.
688. *Le marécage des ayatollahs. Une histoire de la Révolution iranienne* – Pierre et Christian Pahlavi.
689. *Hitler et la France* – Jean-Paul Cointet.
690. *Necker* – Ghislain de Diesbach.
691. *La reine Victoria* – Jacques de Langlade.
692. *Histoire mondiale des services secrets* – Rémi Kauffer.
693. *Gorbatchev* – Bernard Lecomte.
694. *Mémoires* – Erich von Manstein.
695. *Mangeurs de viande* – Marylène Patou-Mathis.
696. *John Fitzgerald Kennedy* – Frédéric Martinez.
697. *L'Empire ottoman et l'Europe* – Jean-François Solnon.
698. *La Russie des tsars* (dir. Emmanuel Hecht).
699. *Testament politique* – Richelieu.
700. *Joukov* – Jean Lopez, Lasha Otkhmezuri.

701. *Le siècle de Louis XIV* (dir. Jean-Christian Petitfils).
702. *Les pathologies politiques françaises* – Alain Duhamel.
703. *1915* – Jean-Yves Le Naour.
704. *La France catholique* – Jean Sévillia.
705. *Dictionnaire amoureux de Jésus* – Jean-Christian Petitfils.
706. *La guerre Iran-Irak, 1980-1988* – Pierre Razoux.
707. *Les troubadours* – Michel Zink.
708. *Nouvelle histoire des idées* – Alain Blondy.
709. *La Grande Guerre* – François Cochet.
710. *La révolution anglaise* – Bernard Cottret.
711. *Histoire de la résistance* – Olivier Wieviorka.
712. *Histoire de la Phénicie* – Josette Elayi.
713. *Souvenirs d'une ambassade à Berlin* – André François-Poncet.
714. *Robespierre* – Jean-Clément Martin.
715. *Histoire des médecins* – Stanis Perez.
716. *Les légendes de la Grande Guerre* – Général Mordacq.
717. *Les châteaux de la Loire* – Jean des Cars.
718. *La guerre de Sept Ans* – Edmond Dziembowski.
719. *Mirabeau* – Jean-Paul Desprat.
720. *Sur la scène internationale avec Hitler* – Paul-Otto Schmidt.
721. *Mai 68. Mémoires* – Maurice Grimaud.
722. *La cause du peuple* – Patrick Buisson.
723. *L'élan du cœur. Propos et souvenirs* – Claude Pompidou.
724. *Les nazis en fuite* – Gerald Steinacher.
725. *La légende du roi Arthur* – Martin Aurell.
726. *Les mythes de la Seconde Guerre mondiale* (dir. Jean Lopez et Olivier Wieviorka).
727. *Un autre regard sur mon grand-père Charles de Gaulle* – Yves de Gaulle.
728. *La Bretagne et la France, du XVe siècle à nos jours* – Philippe Tourault.
729. *Fabuleux destins* – Alain Decaux.
730. *Le crépuscule des rois* – Philippe Erlanger.
731. *Le sceptre et le sang* – Jean des Cars.
732. *Cambacérès* – Pierre-François Pinaud.
733. *François Ier* – Didier Le Fur.
734. *La Seconde Guerre mondiale* – Claude Quétel.
735. *Reagan* – Françoise Coste.
736. *De la guerre* – Napoléon.

737. *La compagnie des ombres* – Michel De Jaeghere.
738. *Lettres de la Wehrmacht* – Marie Moutier.
739. *Grandeur, déclin et destin de la Ve République* – Edouard Balladur et Alain Duhamel.
740. *La Grande Guerre des civils* – Eric Alary.
741. *Louis XV* – Jean-Christian Petitfils.
742. *Pétain* – Bénédicte Vergez-Chaignon.
743. *Dictionnaire amoureux de la Rome antique* – Xavier Darcos.
744. *Histoire du monde*, tome I, *Les âges anciens* – John M. Roberts et Odd A. Westad.
745. *Histoire du monde*, tome II, *Du Moyen Âge aux temps modernes* – John M. Roberts et Odd A. Westad.
746. *Histoire du monde*, tome III, *L'âge des révolutions* – John M. Roberts et Odd A. Westad.
747. *Tout sur* Mein Kampf – Claude Quétel.
748. *Le cimetière de l'espérance* – Nicolas Werth.
749. *Le Moyen Âge et l'argent* – Jacques Le Goff.
750. *Mohammad Réza Pahlavi* – Yves Bomati et Houchang Nahavandi.
751. *L'Histoire des paysans français* – Eric Alary.
752. *Churchill, Seigneur de guerre* – Carlo D'Este.
753. *Les dictateurs* – Jacques Bainville.
754. *Femmes de Versailles* – Alexandre Maral.
755. *À l'épreuve du temps* – Jacques Benoist-Méchin.
756. *La fin d'un monde* – Gérard Courtois.
757. *Histoire de la guerre* – John Keegan.
758. *Le métier de roi* – Louis XIV.
759. *Islam et politique* (dir. Pierre Puchot).
760. *Histoire du terrorisme* – Gilles Ferragu.
761. *François Guizot* – Laurent Theis.
762. *Charles de Foucauld* – Jean-Jacques Antier.
763. *Histoire du Moyen Âge* – Georges Minois.
764. *Les couples illustres de l'histoire de France* (dir. Patrice Gueniffey et Lorraine de Meaux).
765. *Hitler* – Peter Longerich.
766. *Les derniers secrets du IIIe Reich* – François Kersaudy.
767. *Les derniers jours de Paris* – Alexander Werth.
768. *Aumônier de la France libre* – René de Naurois.
769. *Régner et gouverner* – Thierry Sarmant et Mathieu Stoll.

770. *Napoléon* – Élie Faure.
771. *Speer* – Martin Kitchen.
772. *Histoires extraordinaires* – Alain Decaux.
773. *Juliette Récamier* – Catherine Decours.
774. *La traque du* Bismarck – François-Emmanuel Brézet.
775. *Les Présidents et la guerre* – Pierre Servent.
776. *Au palais Farnèse. Souvenirs d'une ambassade à Rome* – André François-Poncet.
777. *La guerre civile russe* – Alexandre Jevakhoff.
778. *Journal 1932-1943* – Ivan Maïski.
779. *L'Empire du Bien* – Philippe Muray.
780. *Baudelaire* – Marie-Christine Natta.
781. *Nouvelle histoire de la Révolution française* – Jean-Clément Martin.
782. *Le soldat oublié* – Guy Sajer.
783. *Une ligne dans le sable* – James Barr.
784. *Le pape qui a vaincu le communisme* – Bernard Lecomte.
785. *Joseph Bonaparte* – Thierry Lentz.
786. *1989, l'année qui a changé le monde* – Pierre Grosser.
787. *Les derniers feux de la monarchie* – Charles-Éloi Vial.
788. *Les secrets de Vichy* – Bénédicte Vergez-Chaignon.
789. *Les lieux de l'Histoire de France* (dir. Michel Winock et Olivier Wieviorka).
790. *Churchill, le dictionnaire* – Antoine Capet.
791. *Des héros ordinaires* – Maurin Picard.
792. *Les grands vaincus de l'histoire* – Jean-Christophe Buisson et Emmanuel Hecht.
793. *Philippe Séguin* – Arnaud Teyssier.
794. *Joséphine* – Pierre Branda.
795. *Le goût des rois* – Jean-François Solnon.
796. *Les services secrets du général de Gaulle* – Sébastien Albertelli.
797. *Du Guesclin* – Thierry Lassabatère.
798. *Histoire mondiale de la guerre économique* – Ali Laïdi.
799. *Les secrets du Kremlin* – Bernard Lecomte.
800. *Joukov* – Jean Lopez et Lasha Otkhmezuri.
801. *Les grands discours de guerre* – Charles de Gaulle.
802. *Souvenirs d'un soldat* – Heinz Guderian.
803. *Dictionnaire du renseignement* (dir. Hugues Moutouh et Jérôme Poirot).

804. *Salan* – Pierre Pellissier.
805. *La vie quotidienne au Moyen Age* – Jean Verdon.
806. *Les hommes d'Hitler* – Jean-Paul Bled.
807. *Les Borgia* – Jean-Yves Boriaud.
808. *Fascisme français* (dir. Serge Berstein et Michel Winock).
809. *La grande défaite, 1870-1871* – Alain Gouttman.
810. *Le 4 septembre 1870* – Pierre Cornut-Gentille.
811. *La guerre de Sécession* – John Keegan.
812. *First Ladies* – Nicole Bacharan, Dominique Simonnet.
813. *De Gaulle* – Eric Roussel.
814. *La vie des châteaux* – Éric Mension-Rigau.
815. *Civilisations* – Niall Ferguson.
816. *Napoléon et de Gaulle* – Patrice Gueniffey.
817. *Exorcismes spirituels*, tome I – Philippe Muray.
818. *Exorcismes spirituels*, tome II – Philippe Muray.
819. *Mémoires d'Orient* – Bernard Bajolet.
820. *Journal intime* – Nicolas II.
821. *Les grands capitaines* – Arnaud Blin.
822. *Les maîtres de l'espionnage* – Rémi Kauffer.
823. *De Gaulle. Les grandes questions* – François Malye.
824. *La saga des Bonaparte* – Pierre Branda.
825. *La première croisade* – Peter Frankopan.
826. *Histoire des ouvriers en France au XXe siècle* – Xavier Vigna.
827. *L'Évangile de la force* – Robert d'Harcourt.
828. *Merci d'être en retard* – Thomas L. Friedman.
829. *La révolution militaire napoléonienne*, tome I, *Les manœuvres* – Stéphane Béraud.
830. *La révolution militaire napoléonienne*, tome II, *Les batailles* – Stéphane Béraud.
831. *À l'ombre de l'épée* – Tom Holland.
832. *Les communards* – Jean-Pierre Azéma et Michel Winock.
833. *Histoire des coureurs de bois* – Gilles Havard.
834. *Kadhafi* – Vincent Hugeux.
835. *Les vérités cachées de la guerre d'Algérie* – Jean Sévillia.
836. *Charles VII* – Philippe Contamine.
837. *Koursk* – Roman Töppel.
838. *Les mythes de la Seconde Guerre mondiale*, tome II (dir. Jean Lopez et Olivier Wieviorka).
839. *François Mitterrand* – Éric Roussel.

840. *Le Mémorial de Sainte-Hélène* – Emmanuel de Las Cases.
841. *Une journée particulière* (dir. Franz-Olivier Giesbert et Claude Quétel).
842. *À la droite d'Hitler* – Nicolaus von Below.
843. *Churchill et la France* – Christian Destremau.
844. *200 questions 200 réponses sur la Seconde Guerre mondiale* (dir. Jean Lopez).
845. *Les énigmes de l'histoire de France* (dir. Jean-Christian Petitfils).
846. *50 nuances de guerre* – Pierre Servent.
847. *Le diable sur la montagne* – Thierry Lentz.
848. *J'étais un kamikaze* – Ryuji Nagatsuka.
849. *Louis XIII* – Jean-Christian Petitfils.
850. *Richelieu* – Arnaud Teyssier.
851. *Staline* – Robert Service.
852. *La guerre du Rif* – Max Schiavon.
853. *Frédéric II* – Sylvain Gouguenheim.
854. *Les grandes décisions de l'Histoire de France* (dir. Patrice Gueniffey et François-Guillaume Lorrain).
855. *Gloires et impostures de la médecine* – Patrick Berche et Jean-Jacques Lefrère.
856. *Histoire militaire de la France*, tome I, *Des Mérovingiens au Second Empire* (dir. Hervé Drévillon et Olivier Wieviorka).
857. *Louis XVI* – Jean-Christian Petitfils.
858. *Une histoire mondiale du communisme*, tome I, *Les bourreaux* – Thierry Wolton.
859. *Une histoire mondiale du communisme*, tome II, *Les victimes* – Thierry Wolton.
860. *Une histoire mondiale du communisme*, tome III, *Les complices* – Thierry Wolton.
861. *Le chef du contre-espionnage nazi parle* – Walter Schellenberg.
862. *Les grandes figures de la droite* (dir. Jean-Christophe Buisson et Guillaume Tabard).
863. *Les figures de proue de la gauche depuis 1789* (dir. Michel Winock).

Achevé d'imprimer en Italie
par Grafica Veneta S.p.A.
en janvier 2022

nickelodeon
RISE OF THE
TEENAGE MUTANT NINJA
TURTLES
LE DESTIN DES
TORTUES NINJA
En chemin vers la gloire
hachette
JEUNESSE

Raph
En tant qu'aîné, Raphael se considère comme le chef du groupe. Et mêm si ses muscles semblen parfois plus développés que son cerveau, il a un cœur gros comme ça.
Leo
Leonardo est le comique de la bande. Il ne peut pas s'empêcher de faire des blagues. Mais son humour n'est pas toujours très bien compris...

MIKEY

Michelangelo est le benjamin de la famille. Impulsif, il a une fâcheuse tendance à agir avant de réfléchir ! Mais il a surtout une âme d'artiste.

DONNIE

Adepte des nouvelles technologies, Donatello est très fier de sa carapace high-tech et de ses armes ultraperfectionnées. Avec elles, il se sent invulnérable !

April

Cette jeune fille pétillan
est la meilleure amie
des Tortues Ninja.
Pleine de ressources,
elle les suit dans toutes
leurs aventures !

Splinter

Splinter est le père
adoptif des Tortues Ninja.
Il a beau être le rat mutant
le plus cool de New York,
il n'est pas toujours facile
avec ses fils.

CHAPITRE 1

De véritables héros

Les Tortues Ninja sont exceptionnelles. Elles n'arrêtent pas de le répéter et il est difficile de les contredire. Déjà, Raph, Leo, Mikey et Donnie sont tous les quatre des combattants incroyables.

Ce sont aussi des héros (enfin, ça, c'est eux qui le disent).

Pour terminer, ce sont des tortues de taille humaine qui parlent, pratiquent les arts martiaux et vivent dans les égouts avec leur père, un rat mutant.

Si vous avez déjà rencontré des créatures plus spéciales que ça... qu'est-ce que vous faites encore là ? Dépêchez-vous de les filmer et de mettre la vidéo sur Internet pour devenir riches et célèbres !

Au fait, qu'est-ce que je disais ?

Ah oui... Les Tortues Ninja sont donc des combattants extraordinaires. Mais comme tout le monde, ils ont aussi besoin de se détendre de temps en temps. Et pour ça, rien de mieux que de regarder un bon vieux film sur un grand écran chez soi.

Ce soir, c'est un classique : *Racket sur le sushi.* Les tortues le connaissent par cœur. Même Splinter regarde avec attention, bien installé dans son fauteuil.

Sur l'écran, deux voyous font irruption dans un restaurant japonais. Ces sales types se mettent immédiatement à tout saccager.

– *File-nous de la bouffe gratos, et que ça saute !* crie le premier au chef cuisinier.

Son complice rit bêtement en cassant un plateau à mains nues.

Mais à cet instant, le chef du restaurant se retourne. Raph surgit alors devant l'écran et mime tout ce qu'il fait.

Je vous avais bien dit que les tortues connaissaient ce film par cœur.

– *Qu'est-ce que je vous sers ? Un bol de nouilles chaud... bouillant ?* demande le chef.

Il attrape les deux affreux par leur chemise. Raph saisit pour sa part Donnie et Mikey et les lance sans ménagement. Ils atterrissent tête la première dans un bol de nouilles en même temps que les méchants du film. Du bouillon et des nouilles giclent, éclaboussant toute la pièce. Il est clair que ce n'est pas la première fois que Raph répète cette scène...

– *Quoi, c'est trop épicé ?* se moque le cuisinier expert en arts martiaux. *Bande de petites natures !*

Une nouille a atterri sur le museau de Splinter. Agacé, il met le film sur pause. Avec ses fils à carapaces, il n'y a pas moyen de regarder la télévision tranquille.

– J'adore *Racket sur le sushi* ! s'écrie Donnie. Ce cuistot est vraiment trop fort !

– C'est sûr, Lou Jitsu assure un max ! renchérit Raph, toujours en position de karaté devant l'écran.

Sans bouger, Splinter lance la télécommande. Elle atteint Raph en pleine face et il s'effondre.

– Si vous admirez autant les arts martiaux, pourquoi est-ce que vous insultez votre maître avec ces techniques de débutants ? rétorque le rat mutant.

Il bondit hors de son fauteuil. Après une impressionnante pirouette dans les airs, il met Donnie et Mikey K.O., cassant les bols de nouilles d'un seul mouvement.

– Ne vous en faites pas. Un jour, vous deviendrez de grands ninjas, vous aussi, les rassure-t-il. Vous avez juste besoin d'un tout petit peu d'entraînement. Enfin, ça, c'est ce que je dirais si j'étais un menteur, ajoute-t-il en s'éloignant.

Splinter n'est pas du genre à faire de faux compliments pour vous remonter le moral.

– Merci pour ta franchise, papa. De toute façon, j'en ai ras-le-bol de m'entraîner ! dit Mikey en faisant la grimace.

– Ouais ! Et on n'en a pas besoin ! Si on en avait envie, on pourrait être des héros comme Lou Jitsu, le cuisinier spécialiste des arts martiaux ! réplique Raph.

Splinter éclate de rire.

– Ah ah, mais bien sûr... Vous êtes mignons !

Nom d'une carapace ! Là, ça devient carrément vexant. Les Tortues Ninja ne peuvent pas se laisser insulter de cette façon !

Puisque c'est comme ça, les quatre frères vont devoir prouver à Splinter et au reste du monde qu'ils sont de véritables héros !

Après avoir regardé en boucle tous les films de Lou Jitsu, ça devrait être du gâteau... pas vrai ?

CHAPITRE 2

Une victime de choix

– Hé, un peu de respect ! On est déterminés, et on a même des costumes de super-héros assortis ! proteste Donnie.

– C'est vrai, on est prêts ! approuve Raph en lui tapant dans les mains. En route, les gars ! Plus une seconde à perdre : on va aller casser du méchant !

Comme à son habitude, Donnie préfère réfléchir avant d'agir. Il sort une tablette de sa carapace.

– D'accord, mais nous devons bien choisir notre première victime avant de nous lancer, dit-il. Laissez-moi regarder ce qu'il y a comme méchants à se mettre sous la dent.

Il fait une recherche sur Internet pour voir quels crimes atroces ont été commis à New York ces derniers temps.

– Ramène-toi, Leo, on va devenir des héros ! s'exclame Mikey.

Leo passe la tête par-dessus le dossier du fauteuil derrière lequel il était couché. Il a vu *Racket sur le sushi* bien trop de fois, alors il a profité de cette énième rediffusion pour piquer un petit somme tranquille.

– OK, c'est quoi, le plan ? demande-t-il sur un ton endormi. Débarrasser New York des rats ?

Il se prend immédiatement un coup de queue de rongeur en plein visage.

– Un peu de respect ! s'énerve Splinter. Je suis ici chez moi... D'ailleurs, vous vivez chez moi, je vous ferais remarquer !

Raph secoue la tête avec mépris.

– Ah, tu rigoles ! On est de grands justiciers, pas de vulgaires dératiseurs.

Donnie pousse une exclamation triomphante : il a enfin trouvé le méchant qu'il leur faut. L'article est illustré par la photo d'un os brisé en deux.

– Hé, regardez, les gars : le Casseur de Vertèbres a encore frappé ! dit-il.

Ses frères se penchent sur la tablette pour lire l'article. Raph ricane en se frottant les mains.

– On va lui casser les os, à ce casseur, s'écrie-t-il avec enthousiasme.

Mais Leo secoue la tête.

– Non merci, je tiens à ma carapace. Qu'est-ce que tu as d'autre à nous proposer ?

Donnie fait défiler les articles jusqu'à trouver une nouvelle affaire criminelle. Sur la photo, la victime a les membres tellement emmêlés qu'il est difficile de différencier ses pieds de ses mains. Elle n'a pas l'air d'aller très bien.

– Euh... OK, j'ai trouvé notre bonheur : l'Essoreur de Long Island ! Personne ne sait où il est passé depuis qu'il a transformé sa dernière victime en sac de nœuds !

Leo soupire. Décidément, ses frères ne sont pas réalistes. S'il ne veut pas qu'un dangereux criminel les transforme tous les quatre en soupe de tortues, il va falloir qu'il prenne les choses en main.

– Écoute, Donnie, j'admire ton courage, mais on devrait peut-être garder les fous furieux et les tueurs en série pour notre deuxième affaire…

histoire de s'échauffer un peu avant, explique-t-il.

Ses frères sont un peu déçus, mais ils doivent reconnaître que Leo n'a pas tout à fait tort.

Il prend la tablette de Donnie pour jeter un coup d'œil au journal. L'article suivant est illustré par une image de caméra de surveillance. Dessus, deux individus masqués prennent la fuite en portant chacun une grosse pile de feuilles, sous le titre : « Les voleurs de papier en liberté ».

Donnie lève les yeux au ciel.

– C'est quoi, ça ? Des criminels qui dévalisent des papeteries ? Franchement, ça fait un peu pitié.

– C’est parfait ! s’écrie Leo. Voilà ce qu’il nous faut ! C’est exactement le genre de crime auquel on est capables de mettre un terme.

Là, Raph, Mikey et Donnie sont carrément dépités. Ce n’est pas du tout l’action héroïque qu’ils avaient imaginé accomplir pour prouver leur courage.

– Tu es sérieux, là ? C'est ça, être un héros ? Sauver du papier ? s'étonne Raph.

Leo éclate de rire.

– *Sauver du papier*. Il est marrant ! Donnie, j'ai bien entendu, il a dit : « sauver du papier » ?

– Oui, répond Donnie.

– Il a dit : « sauver du papier » ? répète Leo.

– Affirmatif, confirme Donnie.

Leo ouvre les bras et prend une pose dramatique.

– Tu te trompes complètement ! Tu crois que le chemin qui mène à la gloire est fait de crimes sensationnels. Pas du tout ! Il est pavé des larmes des pauvres marchands de papier. Et qui va leur venir en aide ? Je vais vous le dire : nous, les Tortues Ninja !

Convaincus par son discours, ses frères essuient une larme. Puis ils poussent un cri de ralliement enthousiaste et quittent les égouts à toute vitesse.

Les fiers défenseurs du papier sont prêts à passer à l'action !

CHAPITRE 3

En embuscade

Les tortues foncent dans la nuit, sautant du toit d'un immeuble à un autre. Enfin, elles atteignent leur objectif : la seule boutique de papier de New York qui n'a pas encore été dévalisée !

Les quatre frères s'installent sur le toit de l'immeuble d'en face pour la surveiller, en

attendant que les terribles voleurs de papier passent à l'attaque. Donnie sort même ses lunettes d'ultravision nocturne pour mieux voir.

– Quand même, il ne faut pas être bien net pour voler du papier, dit Raph. À quoi ça peut leur servir ?

Mikey agite un doigt devant son visage.

– Ils sont peut-être poètes ! Là où, toi, tu ne vois qu'une feuille blanche, eux voient des possibilités infinies !

Raph n'est pas convaincu. De l'argent ou des pizzas, il comprendrait... mais du papier ?

– Regardez, ils sont là ! les interrompt Donnie.

En effet, deux affreux sont arrivés en camion devant la boutique, qu'ils s'empressent de dévaliser.

Et quels affreux ! Ce sont des affreux du genre mocheté, catégorie tronche de cake, option laid comme un pou.

Bref, avec leur peau violette, la trace de pied orange dessinée en plein milieu de leur figure, leurs yeux jaunes et la petite flamme au-dessus de leur crâne chauve, on ne peut rater ni le petit tout sec ni la montagne de muscles.

Sans parler du fait qu'ils ont tous les deux les bras chargés de papier.

– Allons-y ! On va leur tendre une embuscade et leur faire regretter de ne pas voler du papier toilette ! s'écrie Raph.

Les tortues éclatent de rire et sautent du toit. Elles restent suspendues entre deux buildings pour surveiller discrètement les actions des deux voleurs. Malheureusement, Mikey calcule mal son coup. Il perd l'équilibre et tombe droit sur Raph. Ils s'écrasent tous les deux dans une poubelle, faisant un bruit terrible.

Alertés, les voleurs de papier lâchent leur butin et prennent la fuite. Ils se séparent, partant chacun d'un côté de l'immeuble devant lequel ils se trouvent.

Les tortues se lancent sur-le-champ à leur poursuite.

– Leo et Donnie, par la gauche ! ordonne Raph. Mikey, à droite. Comme ça, vous pourrez les prendre en tenaille ! Moi, je monte sur le toit pour leur sauter dessus. Je vais les écraser comme un boss !

Aussitôt dit, aussitôt fait. Leo et Donnie partent en courant d'un côté de l'immeuble pendant que Mikey fonce de l'autre. Les voleurs ne peuvent pas leur échapper ! D'ailleurs, Mikey en aperçoit un en train de tourner au coin de l'immeuble. Il lance son arme, qui s'enroule autour d'une borne à incendie comme un lasso, et s'en sert pour se projeter en avant de tout son poids... en plein sur Leo et Donnie.

Leo frotte sa tête endolorie.

– Ils sont passés où ? demande-t-il en regardant autour de lui. Raph ? Tu les vois ?

Mais, à ce moment-là, le plus musclé (et, soit dit entre nous, le plus lourd) des frères s'élance depuis le toit de l'immeuble.

– Je bombarde comme un boss !

– Non... non, non, non ! crie Leo, désespéré.

Mais il est trop tard : Raph a pris les autres tortues pour les

voleurs et il s'écrase sur elles façon sac de patates.

Aïe.

Les tortues n'ont pas encore réussi à redresser leurs carapaces en compote qu'elles voient la camionnette des voleurs s'éloigner dans un tourbillon de feuilles de papier.

C'est l'humiliation totale.

– Dites, les gars, je me trompe ou on vient de se faire écraser par des voleurs de papier ? demande Donnie, horrifié.

– Je ne bombarde pas comme un boss, je bombarde comme un naze, se lamente Raph.

Mikey se relève lentement en secouant la tête.

– Devenir des héros était une idée super cool jusqu'à ce qu'on se plante lamentablement.

Leo saute sur ses pieds.

– Allons, qu'est-ce que c'est que ces têtes de limaces dépressives ? Mikey, mon frère ! Où est ton optimisme légendaire ?

Mikey pousse un grognement. Sans se décourager, Leo se tourne vers Raph.

– Et toi, Raph ? Il est où, mon gros costaud de frangin, celui qui fonce toujours tête baissée ?

Raph ne répond pas, démoralisé. Leo se dirige alors vers son dernier frère.

– Et toi, Donnie ? Je ne te reconnais pas. Tu es le cerveau

de la bande, le savant passionné qui a toujours un coup d'avance !

– Bof, pas vraiment, répond celui-ci, pas convaincu.

– Allez, un peu de motivation ! On peut encore attraper ces nuls de voleurs de papier !

Donnie secoue la tête.

– Je ne vois pas comment. Je te rappelle qu'ils viennent de dévaliser la dernière papeterie de la ville.

– La dernière, tu en es bien sûr ? demande Leo.

– Certain. J'ai fait ma petite enquête avant de venir, insiste Donnie.

Leo secoue la tête. Vraiment, il faut tout faire soi-même !

Heureusement, il a déjà un plan du tonnerre ! Ces voleurs n'ont qu'à bien se tenir : les Tortues Ninja repassent à l'attaque (mais en mieux, cette fois) !

CHAPITRE 4

Les tortues se mettent immédiatement au travail et, en un tour de main, leur « papeterie » est ouverte.

Bon, en vrai, ils ont juste inscrit « Papier à vendre » sur un écriteau et découpé une fausse devanture dans un grand carton. Ils n'ont pas de papier, évidemment. Les voleurs ont déjà tout emporté : il ne reste plus la moindre feuille dans toute la ville.

Mais les tortues ne sont pas du genre à se décourager pour si peu. De toute façon, elles ont du salami. Beaucoup, beaucoup de salami. Pourquoi des Tortues Ninja vivant dans les égouts ont-elles un stock de salamis géants chez elles ? C'est une autre histoire...

Après avoir caché des tonnes de salami en tranches dans des cartons de façon qu'elles ressemblent à des feuilles de papier (enfin, en quelque sorte... de très loin et si on ne respire pas trop à fond), les quatre frères peignent le nom de la boutique sur la devanture :

LA CASE À PAPIER DE LEO

– Oh, c'est magnifique ! Quel chef-d'œuvre ! s'extasie Mikey en contemplant le résultat de leurs efforts.

Donnie est moins convaincu.

– Tu crois vraiment que les voleurs vont tomber dans le panneau ? On n'a pas de papier, on n'a que des tranches de salami. Le salami, ça n'a rien à voir avec du papier. Déjà, c'est rond... et gras.

– T'inquiète, ça va marcher, le rassure Leo. Enfin, si Raph veut bien arrêter de manger mon plan !

Pris en flagrant délit, Raph se retourne, la bouche pleine de salami. Ce goinfre est incapable de se contrôler devant de la charcuterie.

À ce moment, April s'approche de la fausse boutique avec un journal dans les mains.

– Allez, il n'y a pas de quoi avoir peur : ce n'est qu'un entretien d'embauche, s'encourage-t-elle.

Elle fait son plus beau sourire et pousse la porte. Elle voudrait vraiment trouver un petit boulot pour gagner un peu d'argent. Traîner avec des tortues mutantes, c'est génial, mais ça coûte une fortune en pizzas.

– Bonsoir, je viens pour l'offre d'emploiiiiiiiiiiiii ! Ooooooh, non, s'écrie-t-elle en reconnaissant ses amis. Purée, j'aurais dû m'en douter. Je trouvais ça bizarre, une annonce qui apparaît d'un coup dans le journal pour un entretien d'embauche à minuit !

Mais le bruit d'une voiture s'arrêtant

devant la boutique coupe court à la conversation.

– Oh, un client ! s'exclame Mikey. April, tu es embauchée ! On doit y aller : souviens-toi que le client est roi, sauf quand il s'agit d'un voleur de papier psychotique !

– Heu... d'accord, dit April.

Les quatre tortues se cachent sous un carton et la laissent seule.

Tout à coup, elle a un très mauvais pressentiment.

Une ombre gigantesque entre dans la boutique.

– Bienvenue dans la Case à Papier de Leo. Désirez-vous voir notre...

Mais elle a à peine fini sa phrase que la créature tend une main violette vers elle. Elle bâillonne April et la ficelle comme un rôti, si vite que les tortues n'ont pas le temps de comprendre ce qui se passe.

– Pourquoi elle ne leur parle pas de notre papier ? chuchote Mikey. Qu'est-ce qui se passe ? On ne voit rien.

Impatient, Raph se relève d'un coup, faisant exploser le carton.

– Bon, ça suffit : j'étouffe, là-dedans !

Mais il est déjà trop tard : la boutique est vide et la camionnette des voleurs s'éloigne. Heureusement, ils ont laissé April derrière eux... Il faut croire qu'il n'y a vraiment que le papier qui les intéresse.

– Mes tranches de salami ! Ils ont tout pris ! s'écrie Mikey.

– Je n'y crois pas ! On avait choisi une cible facile exprès ! Comment a-t-on pu rater notre coup ? se désole Leo, vexé.

Seul Donnie n'a pas l'air effondré.

– Leo, tu crois vraiment que je t'aurais laissé vendre des salamis entiers sans placer un mouchard dedans ?

Il appuie sur le bouton situé sur la manche de sa combinaison high-tech. Ses frères retrouvent espoir. Grâce au mouchard, ils vont pouvoir suivre les voleurs à la trace...

Du moins, c'est ce qu'ils pensaient jusqu'à ce que le ventre de Raph se mette à clignoter.

Il a avalé tant de salamis qu'il a mangé le mouchard avec !

– Pas de panique, j'en avais placé deux, les rassure Donnie.

Cette fois-ci, le mouchard s'active. Il ne reste plus qu'à le suivre jusqu'à la cachette des méchants...

CHAPITRE 5

Ennemis en origami

Leur traque sans merci conduit les tortues jusqu'à un port. Le mouchard est juste là... dans un énorme bateau ! Justement, de grosses piles de papier rentrent dans la cale grâce à un tapis roulant.

– Allez, les gars, c'est à nous de jouer ! s'enthousiasme Leo.

Ils nous ont filé entre les doigts une fois...

– Deux fois, même ! J'ai compté, intervient Mikey.

Leo respire à fond pour se calmer.

– Merci pour cette précision, Mikey. Je disais donc : ils nous ont échappé, mais cette fois, on va les coincer. Rien ni personne ne pourra nous arrêter !

N'écoutant que leur courage, les tortues se glissent sur le navire. Et qui découvrent-elles au centre du bateau, entourés de gigantesques piles de feuilles blanches ?

Les deux affreux moches avec des faces de pied.

Leo sort son sabre.

– Hé, vous, le petit chauve et le gros tas de muscles ! Comme vous pouvez le voir, on est quatre contre deux. Alors je vous propose de vous rendre sans faire d'histoires, d'accord ? dit-il.

– Euh... je rêve ou ils ont des flammes sur le crâne ? demande Raph.

Donnie hausse les sourcils.

– Ce n'est pas prudent pour des voleurs de papier, fait-il remarquer. Le papier, ça brûle comme un rien.

Mais les brutes épaisses n'ont aucun sens de l'humour. Le gros vilain donne un coup de poing contre la paume de son énorme main.

– Tortues ! Je vais broyer votre carapace à poings nus !

Son complice a l'air impressionné.

– J'adore ! Quelle créativité démoniaque ! Tremblez, tortues, nous allons vous broyer façon poudre !

Raph lève les yeux au ciel.

– Oui, oui, c'est ça, raille-t-il. Mais écoutez, les gars, avant que je vous imprime un deuxième pied sur la figure, il faut que je vous demande : pourquoi vous volez du papier ? C'est quand même super bizarre...

Le petit chauve attrape une feuille et, vif comme l'éclair, fabrique un ninja en origami.

Malgré elles, les tortues sont impressionnées.

– J'adore les travaux manuels ! dit Mikey.

L'affreux voleur lance alors son origami et celui-ci se transforme en un véritable ninja rouge avec une empreinte de pied sur le visage.

– Wooooooooow, c'est dingue ! s'écrient les tortues.

Le ninja-origami s'abat sur Raph et le projette contre un mur. Il a beau être en papier, cet ennemi n'est pas commode.

– Heu… les gars, je propose qu'on se batte tout de suite et qu'on s'extasie ensuite, d'accord ? dit Donnie.

Sans hésiter une seule seconde, Leo se précipite en avant. Il transperce le ninja en papier avec son sabre. Ce dernier disparaît dans une pluie rouge.

– Ah, quelle horreur ! J'en ai partout ! hurle Leo en essayant d'échapper aux petits bouts de ninja qui flottent dans l'air.

– C'est dégoûtant ! Aaaah, j'ai avalé des bouts de cerveau ! panique Mikey.

Leo attrape un morceau de leur ennemi et l'examine.

– On se calme ! C'est seulement des confettis.

– Ah, ouais. Ouf, c'est que des viscères en papier, confirme Donnie.

Mais pas le temps d'être soulagés : le petit voleur a déjà fabriqué trois nouveaux combattants en origami.

Les tortues se lancent dans la bataille : Raph les explose à coups de tonfas ; Mikey les tranche avec ses nunchakus magiques ; Leo les réduit en confettis grâce à son sabre et Donnie les écrase de son bâton.

Ils ont beau vaincre des tonnes de ninjas de papier, le voleur les fabrique plus vite qu'ils ne peuvent s'en débarrasser : ça ne finira jamais !

– Laissez tomber, ça ne sert à rien de combattre les origamis. Il faut s'attaquer aux deux affreux ! annonce Leo.

Il s'élance sur la montagne de muscles. Malheureusement, le voleur rend coup pour coup. Impossible de le toucher.

Haletant, Leo est obligé de reculer.

– Tu te prends pour un caïd, hein ? demande-t-il en essayant

de reprendre son souffle. Tu crois que tu es le plus fort ?

Leo tente une prise de karaté façon Lou Jitsu et saute, la jambe en avant. La brute épaisse attrape son pied sans même cligner des paupières et le lance contre une immense pile de papiers.

– Carrément, répond-il.

– Ouais, c'est pas faux, admet Leo, encore trop étourdi pour se remettre sur ses pieds.

À cet instant, une tornade de papier commence à se former dans les airs. Les feuilles tournent de plus en plus vite autour des deux méchants.

Les tortues lèvent les yeux, pas rassurées.

Tout ça n'annonce rien de bon. Tu parles d'une mission facile !

CHAPITRE 6

Le salami de la victoire

Une gigantesque main de papier aux doigts crochus apparaît. Puis une tête encore plus énorme aux yeux rouges.

C'est un ninja géant ! Et il n'a pas l'air sympa du tout !

Il attrape Leo dans son énorme poing et le soulève.

– Leo, non ! crie Raph. Allons-y, faisons exploser la piñata !

Les trois frères se précipitent vers la créature. Celle-ci frappe le sol de ses gros poings, manquant d'écrabouiller nos héros à carapace. Donnie et Mikey arrivent de justesse à s'accrocher au poing dans lequel Leo est retenu prisonnier. Mais le monstrueux ninja se contente de les soulever et de les prendre tous les deux dans son autre main. Ils sont maintenant tous les trois immobilisés.

Il n'y a plus que Raph pour venir les secourir.

Horrifié, il jette un coup d'œil aux voleurs de papier. Le maître des origamis le regarde dans les yeux et frappe ses deux poings l'un contre l'autre. Aussitôt, le monstre de papier fait pareil, écrasant Leo contre Donnie et Mikey.

Ce coup-ci, Raph est énervé ! Il ne va pas laisser qui que ce soit faire du mal à ses frères, même des types coiffés avec des flammes et super doués en arts plastiques !

Il prend son élan et court vers les deux voleurs.

– Qui c'est qui va devenir un hérooooooooooooos ? crie-t-il

pour se donner du courage. C'est moooooooiiiiiiiiiiii !

Ses tonfas magiques se mettent à briller et lui donnent une force surhumaine. Il attrape les deux voleurs et les fait tournoyer dans les airs avant de les lancer contre un mur. Ils sont aplatis façon crêpes flambées.

– Wouhou ! s'écrie-t-il, surpris d'avoir aussi bien réussi son coup.

Aussitôt, le ninja de papier géant s'effondre comme un monstrueux château de cartes en lâchant ses proies. La cale du bateau se transforme alors en une piscine remplie de feuilles blanches.

Pas découragés, les deux voleurs attrapent les feuilles pour recommencer à faire des origamis.

Ah non, ça suffit ! Leo n'a pas du tout envie de recommencer

à se battre. Il cherche une solution et aperçoit finalement quelque chose.

– Mikey, les extincteurs automatiques ! crie-t-il en désignant les tuyaux qui passent au-dessus de leurs têtes.

Heureusement, Mikey comprend tout de suite ce qu'il veut.

Il lance en l'air ses nunchakus magiques. Ceux-ci s'enflamment juste sous le détecteur d'incendie et les extincteurs se déclenchent. En quelques secondes, le papier est complètement trempé. Impossible de faire un origami avec ça !

– Oh, non ! se plaint la montagne de muscles. À cause de vous, nos beaux projets tombent à l'eau. Mais on se retrouvera, et la prochaine fois, on sera une armée !

– Oh, tu es en feu aujourd'hui ! le complimente son camarade.

Ce dernier attrape du salami et fait une dernière tentative pour créer un ninja en origami.

Une créature de charcuterie toute dégoulinante et franchement répugnante apparaît.

– Beurk ! Je vais faire des cauchemars toute la nuit ! dit Mikey.

Mais le monstre fait seulement deux pas avant de se désagréger en un tas de rondelles de salami. Quand les Tortues Ninja relèvent les yeux, les voleurs se sont enfuis.

– Hé, regardez ! Les voleurs ont disparu ! s'écrie Raph.

Donnie soupire.

– Dans ce cas, il n'y a rien à regarder... se moque-t-il.

Mais Raph ne lui prête déjà plus attention. Il a les yeux fixés sur le tas de rondelles de salami de l'origami raté.

– Raph, c'est quoi, ce regard ? Ne fais pas ça ! s'exclame Leo.

– Non, Raph ! Stop ! dit Donnie.

– Retiens-toi, Raph ! Regarde-moi ! ajoute Leo, désespéré.

– Nooooooooooon ! hurle Donnie.

Mais c'est trop tard : Raph a commencé à se goinfrer.

– Oh, dégoûtant ! Espèce de gros crado ! dit Mikey.

– Quoi ? demande Raph en avalant. Ce n'est pas tombé par terre, c'est sur du papier !

Mikey se cache les yeux. Il ne veut vraiment pas voir son frère manger les morceaux de l'origami répugnant.

– Alors, finalement… on a gagné ou pas ?

Leo fait semblant de réfléchir.

– Je n'en sais rien. Voyons voir : est-ce que les méchants

ont réussi à emporter leur papier ? Euh... non. Est-ce qu'ils ont fabriqué leur armée de ninjas avec ?

Il fait une pause dramatique et éclate de rire.

– Non, ils ont échoué, reprend-il finalement. Et est-ce qu'ils se

sont enfuis en nous laissant la victoire ?

– Ouais ! confirme Raph.

– Alors, mission héroïque accomplie ! conclut Leo.

Après cette dangereuse aventure, les tortues ont bien mérité une petite nage de la victoire dans leur piscine de papier.

Et des pizzas avec plein de salami pas répugnant dessus. Ils ont hâte de tout raconter à Splinter pour lui montrer qu'il avait tort.

Lou Jitsu n'a qu'à bien se tenir : ils sont à présent de véritables héros !